中国版《股票大作手回忆录》，揭密庄家内幕

一本书看透股市庄家

曹明成 谭文◎著

以亲身经历讲述庄家坐庄的流程与手法

- 超级畅销书《一根K线决定成败》姊妹篇，
  百万散户翘首以盼
- 中国最大的专业财经类网站和讯网隆重推荐
- 与庄共舞，你也可以成为短线猎金的赢家

立信会计 出版社
LIXIN ACCOUNTING PUBLISHING HOUSE

图书在版编目（CIP）数据

一本书看透股市庄家 / 曹明成，谭文著. -- 上海：
立信会计出版社，2015.2
（擒住大牛）
ISBN 978-7-5429-4471-9

Ⅰ.①一… Ⅱ.①曹… ②谭… Ⅲ.①股票交易－基本知识
Ⅳ.①F830.91

中国版本图书馆CIP数据核字（2014）第296244号

策划编辑　　蔡伟莉
责任编辑　　蔡伟莉　　何颖颖
封面设计　　久品轩

一本书看透股市庄家

出版发行　　立信会计出版社

地　　址　　上海市中山西路2230号　　　　邮政编码　　200235

电　　话　　（021）64411389　　　　　　传　真　　（021）64411325

网　　址　　www.lixinaph.com　　　　　　电子邮箱　　lxaph@sh163.net

网上书店　　www.shlx.net　　　　　　　　电　话　　（021）64411071

经　　销　　各地新华书店

印　　刷　　廊坊市华北石油华星印务有限公司

开　　本　　787毫米×1092毫米　　　1/16

印　　张　　21.5　　　　　　　　　　插　页　　1

字　　数　　407千字

版　　次　　2015年2月第1版

印　　次　　2016年11月第6次

书　　号　　ISBN 978-7-5429-4471-9/F

定　　价　　48.00元

如有印订差错，请与本社联系调换

序一　我为什么不讲价值投资①

理财一周报记者/林奇

"在中国的资本市场，我从来不讲价值投资。所谓的价值，不过是给庄家炒作的理由而已。我选股思路是跟庄，操作理论讲究趋势为先。"

——曹明成

私募大鳄曹明成是私募圈内资深的操盘手，曾在多家咨询公司及投资机构任职，直接参与过多次大资金的操盘。

1999年"5·19"行情中，曹明成因成功阻击网络科技股而一战成名。

在互联网行情中，曹明成亲身领教了亿安科技、海虹控股等庄家李彪、蔡明的狠辣操盘手法。

在股海中摸爬滚打十几年的老曹，博客名为"十年股灰"，在东方财富网的财经博客中排名第十四位。

从湘财证券的一名普通经纪人做起，再到操盘手、主操盘手、私募基金经理，曹明成经过10多年的实战，总结出"曹氏八线"，并著有《吃定庄家》、《擒庄实战技法》、《庄家内幕揭秘》、《K线实战技术精要》和《庄股经典出货模式》等书。

"11月还有两本书出版，今年可能还有两本书稿，有出版社约稿了，但还没写完。"曹明成如是介绍。

10月26日，曹明成接受《理财一周报》专访，揭露了许多不为人知的坐庄、跟庄内幕。

阻击网络股一战成名

理财一周报：像许多私募基金经理一样，您也是从经纪人做起的？

曹明成：差不多，早年和李华（第二代操盘手）是一批。最早是在湘财证券。离开湘财证券后，跟老板做操盘手，后来干脆出来单干了。

理财一周报：是不是因为做操盘手待遇都不太高？

---

① 2009年11月7日，东方早报理财一周对曹明成先生的人物专访，刊登在"资本大亨"版面。原文标题为："私募大鳄曹明成：坐庄岁月里的那些往事"

曹明成：操盘手要看是什么样级别的，资深的主操盘手负责决策，与老板有分成，待遇还可以。

理财一周报：当时做操盘手都经历过哪些比较大的战役？

曹明成：最早是阻击网络科技股的那一年了，阻击网络科技股不是自己坐庄，是跟庄。当时发现有大批私募资金成堆地扎入了网络科技概念类的股票，不少同类题材的股票都在底部放量，大资金入驻明显，就开始关注这个题材。

理财一周报：发现此类股票后是直接跟进吗？还是后来跟进的？

曹明成：先是试探性跟进。后来科技概念股开始成为当时的热点。与以往的概念炒作不同，这次很意外的是：炒作之后，入驻的庄家资金不见撤退，这在以往的概念炒作中是很少见的。当时经过考虑之后，就把所有的资金全线投入该类题材股。

理财一周报：这样追题材股会不会很冒险？

曹明成：这是很大胆的做法，当时遭到其他辅助操盘手的非议。因为这样做风险大，概念股炒作成热点后，一般都开始进入高位，这个时候介入，弄不好就成了庄家出货的牺牲品。

理财一周报：那为什么还决定满仓追进，当时是怎么考虑的？

曹明成：当时是依据庄家的操盘手法判断的。大量的庄家资金入驻了该类题材股，而在第一轮炒作之后，还在高位加仓。显而易见，目标不在短期。

理财一周报：当时网络股您跟的是哪只？

曹明成：做了很多只，蔡明的海虹控股就是其中的一只。

理财一周报：这波物联网炒作海虹控股也是龙头，您觉得这波物联网会不会像当初的互联网一样爆炒起来？

曹明成：这波物联网入驻的庄家资金还远远不够，暂时没有那种可能。但庄家的炒作计划可能会因为行情的变化而变化。就像当年的网络科技股，并不是开始大家都看好，后来"5·19"井喷，人气被完全带动，大量的私募资金进入了。因此，就出现了炒作一波后，新资金大量入驻，造就了一轮两年的行情。

亲身领教李彪跌停板洗盘法

理财一周报：当时最有名的应该是罗成操控下的亿安科技，您跟的是这只吗？

曹明成：网络科技股的行情从1999年5月开始，直到2001年，经历了1年多时间，这轮题材的炒作，只要与网络科技挂边的都被炒作起来了。其中的龙头亿安科技、海

虹控股、四川湖山都被炒作到了非理性的高度。亿安科技是第一个百元股，是罗成坐庄，操盘主要是郑伟和李彪负责。海虹控股是蔡明坐庄。去年李彪去世的时候我知道消息的。

理财一周报：李彪总感觉对不起自己的弟弟，知道具体是为什么吗？

曹明成：他弟弟是李彬，当时坐庄亿安科技用的是金易投资公司，郑伟是控制人，法人代表写的是李彬的名字，但李彬是圈外人，后来被扯进去了，被搞得很惨。据说李彪没有办法救无辜的弟弟，导致了李彬的破产，并差点入狱。

理财一周报：李彪是什么样的人？

曹明成：现实中的李彪长得比较斯文，光头戴眼镜，但行事泼辣，脾气有些暴躁。郭庆、李彪、蔡明，这些都算是第一代操盘手，他们比我早一代，我那时候是小字辈。李彪操盘非常凶悍，他当时发明了跌停板洗盘法，鬼神莫测。

理财一周报：连续跌停，只要看盘操作无一幸免，当时亿安科技启动前就是连续3个跌停板。

曹明成：这种手法在当时很难判断。

理财一周报：为什么很多早年的庄家都不得善终？

曹明成：早年的操盘手生活都不太好，心理压力大，真正功成名就的极少。一部分人是被查了或逃亡了，另一部分人在后来的4年熊市（2001—2005年）中又赔进去了。

理财一周报：那4年熊市够惨的，2008年也很惨。

曹明成：2008年的大熊市也是套了很多的庄家。

理财一周报：当时为什么没有跟进亿安科技？

曹明成：亿安科技不敢跟。开始完全是逼空。强势股就是这样，一开始逼空，散户不跟进，继续逼空，开始震荡，散户眼红了，进去了，再拔高，出货了。

亿安科技当年也是被逼上去的，前期的计划肯定没想要炒那么高。拉到40元的时候，没有人敢买了，怎么办，接着拉。亿安科技控盘最后达到90%以上。其实玩到那个时候已经算失败了，最后出货比较艰难。

理财一周报：有个庄家跟我讲过，说很多筹码是在跌破100元后卖给了抢反弹的人。

曹明成：平均没有那么高。出货的平均价格，我们那时候判断应该在40元左右。60元左右制造假反弹，结果还是很少有人买。市场信心没有了，下跌趋势形成了。最大的抢反弹成交量在27元左右。平均出货价位在40~50元。

理财一周报：庄家要出货一般都要先跌很多吧？

曹明成：一般庄家拉到离谱的位置，出货的价位定在下跌一半的位置，通过做假反弹出货。

信奉自己的操盘理念

理财一周报：您信奉价值投资吗？

曹明成：在中国的资本市场，我从来不讲价值投资。所谓的价值，不过是给庄家炒作的理由而已。我选股思路是跟庄，操作理论讲究趋势为先。

理财一周报：看来您是趋势派。

曹明成：我自己有一套操盘理念，在趋势形成之后，形态明朗之后才操作。但又不等同于右侧交易，我的买入点在次低点或次次低点，卖出位在次高点或次次高点。

理财一周：那您的这些东西是跟谁学的呢，还是自己悟的？

曹明成：自己悟出来的。早年是受一位老股民的启发，一位比较执著的老股民，他完全依据10日线买卖，获利很稳定。

理财一周报：线上持股，线下持币？

曹明成：是的。简单地说，可以用这8个字来概括。

理财一周报：这方法最厉害，化繁为简了，但很多人不经过多年的实战永远不理解。可是单独只看一个10日线会不会有点片面？

曹明成：我当时研究这个10日线很长时间，但也发现很多弊端。首先一点，如果不判断趋势，依据10日线买卖会在平衡市里不知所措。另外，10日线经常被庄家作为洗盘的工具。实战中操作纪律最重要，比如下降通道就是线下持币，需要放弃所有的诱惑和机会。

理财一周报：您现在主要看些什么指标？

曹明成：都是一些我自己的指标，帮我写指标的有一个工作室，我提供我的思路，他们帮我完成。我有个学生叫谭文，他是这方面的高手。现在计算机信息技术太发达了，把传统技术分析与计算机分析相结合，真的是事半功倍。我们原来为了总结一个形态，自己画图，花大量的时间统计，再分析和总结，现在计算机可以在很短的时间内全部做完。

（原文中对当时行情的看法，作了删节。本期采访的电子版地址在：http：//www.licaiyizhou.com/content.jsp？category=00008&id=1074）

序二 我认识的"小曹"与"老曹"

李 华

近年来市场上的股票类书籍渐有泛滥之势，且良莠不齐，多有鱼目混珠之作，真正能指导投资者实战应用的作品可谓少之又少。然最近读曹明成先生主笔的实战系列丛书，感觉甚好。细读之下，书中不乏作者多年实战的经验心得与"不传之密"，实为"用心之作"，相信读者阅后当有所裨益。

我与曹明成先生相识已久。初识其人，还是1997年在湘财证券的营业部，当时因本人虚长几岁，故称他为"小曹"。其时的"小曹"瘦瘦小小，貌不惊人，书生气十足，亦没有什么名气。后常有散户打听"曹明成"，发展到不断有大户托我的关系来约"曹先生"吃饭，这才让我刮目相看。再到1999年的狙击网络科技股一战成名，早年的"小曹"已经成为了当时湘楚一带赫赫有名的"老曹"。

几年后我们也相继开始了单干，都有了自己的事业，与曹明成先生联系渐少。偶闻他的消息也只是在报刊杂志上见他的跟庄理论的文章。这次接他的电话让我为丛书写序，颇感意外。在我的印象中，他身体并不太好，甚至可用"体弱多病"四个字来形容，又常沉溺于股票实战之中，写书这种耗时耗力之事，以他一人之力怎能办到？

见面后我才知道，原来他这几年收了一个得意门生——谭文。谈论间他得意之色溢于言表："已得我九成功力。"

小谭属于新时代的复合型人才，精通计算机编程，自行钻研了传统技术分析与计算机海量数据模拟测试相结合的分析方式，丛书的写作过程就曾大量使用计算机模拟测试的论证，纠正了许多人力所无法克服和发现的错误，使书中的理论更趋于完美，大有青出于蓝更胜于蓝之势！真是后生可畏！"曹氏八线理论"是曹明成与谭文师徒两人多年实战理论研究的结晶，曾被股民朋友冠以"零风险操作理论"的美誉。该理论我个人觉得至少有两点值得推崇：一是最大限度地回避了风险；二是几乎不会错过任何一波有价值的行情。炒股不是纸上谈兵，能在实战中真正做到稳定获利的理论才是好理论。我了解曹明成先生的实力，更了解曹明成先生的为人。他不会忽悠人，他主笔的丛书更不会忽悠人！

鉴于此，我愿为此丛书作序，并向全国的广大股民朋友们推荐。

（作者原为湘财证券高层管理人员，现为广东某私募基金总裁）

序三　跟庄是战略，K线是战术

中国的证券市场有两个特征：一是政策市；一是庄家市。中国的庄家有翻天覆地之能，基本面一塌糊涂的股票经过庄家的精心包装，便穿上了漂亮的外衣，翻出数倍的行情，最终还能体面地甩卖给市场上的投资者。而大多数的散户在这个过程中并不知情，深深落入了庄家事先策划、设置好的各式陷阱之中，一次又一次地成为买单者，亏损累累，苦不堪言。

散户朋友若想摆脱这个困境，在与"庄"博弈之中占据赢面，就须了解庄家、研读庄家，清楚庄股炒作的种种潜规则。本书试图对庄家的内涵予以剖析，让投资者从中对照，减少掉进陷阱的概率，增加实战的成功率。

笔者早年曾参与过大资金的运作，接触过大大小小不少的庄家，熟知其中的一些故事。本书以笔者的亲身经历，介绍了庄家坐庄的详细手法，揭秘了庄家内部一些鲜为人知的内幕，以及与上市公司、股评和其他中介机构相互勾结的种种黑幕。书中所列举的一些违规案例，都是经过了监管部门的查处和媒体的披露，皆有根可查，非笔者杜撰。在此，借用思想型学者章诒和的话来说："往事并不如烟。"

今天，随着监管力度增强和相关法制的完善，这些违规现象将会越来越少。2009年5月15日，证监会主席尚福林在出席陆家嘴论坛演讲时表示，市场法律环境日益改善，执法效率得到加强。5年来，我国共制定和修订各类法律、法规307件，占资本市场现行有效法律文件的73.1%，为我国股票市场规范发展提供了重要的保障。

本书的编写，感谢北京兴盛乐书刊发行有限公司的策划约稿，感谢立信会计出版社蔡伟莉等老师的编辑指导。由于笔者水平有限，书中的观点与理念不一定成熟，很高兴与各位朋友探讨。我的邮箱caomingcheng@yeah.net，QQ：150610568，网址：www.8stock.net。同时我们也接收大资金的理财合作，欢迎来函交流。

曹明成　2011年1月初稿

2014年12月二稿

序四　修订再版时的话

2011年我写作的《K线技术精要》、《庄家那些事儿》两本书出版后获得了很好的市场反响，得到了和讯网、新浪财经、搜狐财经、凤凰网、中国财经网等众多媒体的联合推荐。《K线技术精要》被认为是国内首部提供公式源代码的实战作品，填补了形态分析、电脑操作与中国股市大数据相结合的市场空白；《庄家那些事儿》一书更是被誉为"中国版《股票大作手回忆录》"。

这些都是笔者始料未及的。从笔者的角度来说，也仅是自己十多年来的股市经历与操盘心得，整理归纳之后与读者朋友们分享，远谈不上经典。感谢同行的认可，感谢投资朋友们的厚爱。这也是我和谭文在紧张的投资之余，笔耕不辍的动力源泉。

其实读者朋友们对丛书的喜爱和追捧，更多的应该是来自追求与"庄家"的信息对称、交易平等与市场自由的心底渴望。笔者曾接到一些读者的来信："曹大师，您那一套庄家理论已经过时了吧？新时代股市已经没有庄家操控了吧？"可惜的是，这还只能是一个美好的愿景。资本的贪婪本质决定了股市的博弈永远是血腥的。在各项政策法规未完全规范之前，操纵的快感决定了庄家对股市不会放弃。我们对庄家的研究远未结束。

在过去的2014年，大盘行情在8月启动，但创业板和小盘股的牛市行情早在一年前就来到了，过半数的庄股都提前实现了翻番。这两个板块中存在着大量的庄家暴力操作痕迹。如果要寻根问祖，在笔者的书中都能一一找到对应的原型。

在书中，笔者希望通过对庄家操作手法的透视、对庄家内幕的揭露，让真相接近我们，让证券市场的雾霾远离我们！

修订版根据当前市场的变化增补了一些庄家新的操作手法，对部分章节进行了修改与合并，剔除了部分重复内容。如此"与时俱进"和"去芜存菁"之后，形成了一个渐趋严整的新套系，第一辑先出版三本，分别是：

● 《一本书看透股市庄家》，以亲身经历讲述庄家坐庄的流程与手法。

● 《一根K线决定成败》，延续第一版的基本内容，重新验证了K线组合在实战中出现的概率。

● 《一本书看透买点与卖点》（待出），从实战盘口分析入手，讲述买卖点时机的把握之道。

人生有涯，而知也无涯。祝愿投资朋友能感受到学习实战技术的乐趣，然后学以致用，用投资改变人生，用智慧创造财富。

感谢修订再版本书的立信会计出版社及蔡伟莉女士，也感谢图书策划人赵涛先生的真诚和努力。

曹明成

2015年元旦

目　录

第 1 章

神秘的庄家

在中国股市中，恐怕再没有一个词汇比"庄家"的使用频率更高。在大部分股民的眼中，庄家是神秘的、鬼神莫测的、强大凶悍的。在波谲云诡的股市里，深海万丈，不知隐藏着多少大鱼。而每逢机会降临，这些平时深藏着的庄家必会兴风作浪，使股民跟庄追涨，深度套牢，乃至割肉，演出一幕幕人间悲剧。

找概念、编题材、造谣言、使诡计、玩儿隐蔽是庄家最拿手的本事，而找庄家、跟庄家、赢庄家却是股民最甜美的梦想。市场上探讨庄家的作品应运而生，近年来已有泛滥之势。但大多数作者由于并无实际参与过坐庄的经验，并不真正了解庄家操作内幕，其作品大多是根据道听途说而编写的，以人云亦云的居多，其中的描述与实际相去甚远。笔者曾直接参与过坐庄的设计和大资金的操盘运行，与一些著名的私募和游资也多有接触，在本书中希望和大家一起分享这些经验。

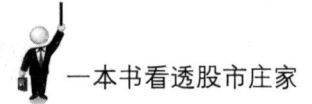

谁是庄家

中国证券市场的庄家和股市同时诞生，同时发展壮大，同兴衰，共进退。庄家从1990年3月份随着深圳股票的热潮开始从街头步入大雅之堂。

1990年6月，在深圳股票热潮愈演愈烈之际，上海的市场还是静悄悄的，丝毫感觉不到南方的那种诱人的财富效用，从而导致深圳的一群眼光独到的大户联手携巨资奔袭上海股市。

自此，庄家正式登上了中国股市这个历史的舞台，成为影响股市的一股举足轻重的重要力量之一。

一、庄家的定义

辞典中未给股市中的庄家一个明确的定义，笔者根据自己的理解对"庄家"作以下定义：

庄家是指控制证券市场流通筹码或控制某个股票流通筹码，且有能力操纵股价运行的个人或机构。

庄家需具备两个条件：

第一是有能力控制一段时间内的股价走势；

第二是有意识地进行与目的相反方向的操作。

即要买入时，还得不时地卖出以稳定股价；要卖出时，还要买入以拉高股价。

庄家控制股价，制造股价高低，从而达到获利目的的过程就是庄家行为。庄家行为会对股价的运行产生一定的影响，和庄家对应的另一部分投资者通常叫作散户。股市是个博弈市场，任何投资者进入股市的目的都是为了实现自己的利益，庄家和散户也不例外。

但不同的是，庄家的各项条件都比较优越，比如，舆论、信息优势：庄家在进驻一只股票之前，会不惜动用大量的人力、物力，对该股所处的领域进行系统的了解，包括政策信息、经济动态，对相关的上市公司更是了如指掌；资金和技术优势：庄家资金实力雄厚，自己有一批进行股市分析、决策的技术团体，因此，对于庄家来说，他们更容易达到自己的目的。而作为市场的弱势群体散户，只有更深层次地了解庄家、熟悉庄家行为的运作手法、把握庄家的进出脉搏，才能更好地在股市中立于不败之地，在与庄共舞中做到游刃有余。

（一）庄家与大户的区别

庄家是那些能主导股市、带领行情以赚取大钱的投资者。而大户是指进出股票和金额庞大的投资人，是相对于股市中小投资人而言，一般由各证券营业部自行规定，配有专门的电脑等交易工具及设施，享有较为便捷的服务。庄家与大户的区别就在于庄家定义的第二个条件，即有意识地进行与目的相反方向的操作。即要买入时，还得不时地卖出以稳定股价；要卖出时，还要买入以拉高股价。而大户资金的进出有可能影响股价，但一般并不有意识地控制股价。而庄家则不同，庄家若不对股价进行控制，则充其量不过是一个超级散户而已，庞大的资金随价而流，风险自不待言。

举个例子，老股民可能听说过，一批潮州暴发户，以为在股市里有钱就能做庄，于是在这里发挥他们的"聪明才智"，结果被市场"消灭"了。

可以看出，大户与散户只是一个相对的概念，无丰富实战经验和专业知识的大户其资本有可能一步步缩水，最终沦为"散户"；而小资金的散户如果掌握了合理、高效的投资方法，极有可能资本成倍放大，最终会脱离"散户"这一弱势群体，可与庄家抗衡。当然，拥有资金量大的人要么自身是高手，要么委托理财，用借脑的办法，同样可以避免与弱势群体为伍，不会沦为庄家爪下的羔羊。

（二）庄家与机构的区别

这两者也经常被一些文章搞混淆，其实两者差异很大。机构投资者从广义上讲是指用自有资金或者从分散的公众手中所筹集的资金专门进行有价证券投资活动的法人机构，主要包括证券公司、基金、保险资金、企业年金、符合资格的境外机构投资者（QFII）等。除了机构投资者，私募和游资都是庄家组成形式中的一部分，短线庄家有可能在一个月内快速完成一波行情的炒作，只要这股力量控制某个股票流通筹码，并且在这段时间内操纵股价运行，我们就应定义其为"庄家"（关于庄家的详细分类，后文将有详细的阐述）。

庄家与机构的一个重要区别在于"庄家"特指行为不规范、隐蔽性很强的"市场操纵者"。"庄家"的投资理念、投资方法具有信息优势（甚至信息欺诈）、资金优势、"老鼠仓"横行、与监管"博弈"等特征。而机构投资者一旦控制证券市场流通筹码，或控制某个股票流通筹码时，也就成为了我们所说的"庄家"，可见，机构投资者也有可能成为庄家的组成之一。

（三）庄家与主力的区别

在很多文章中，庄家和主力也被画上了等号，这种观点也并不严谨。笔者认为，主力是市场的主导力量，有时候这股力量可能就是庄家的力量，有时候是包括庄家和

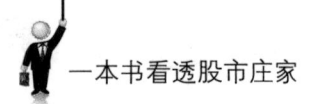

散户共同的合力，有时甚至就是散户的力量；而庄家是能够影响股价、控制股价的投资者，且有意识地进行与目的相反方向的操作。庄家可以操控一只股票的价格，而主力只能短期影响股价的波动，每只股票都存在主力，但是不一定都存在庄家。

以上是笔者对"庄家"与"主力"的严格意义上的区分，这里仅仅是提出来作个探讨。现在很多的文章并没有对庄家与主力进行区别，他们所说的"主力"就是指庄家，读者不必深究，按照自己的习惯把"庄家"与"主力"画上等号也未尝不可。对此类定义进行过分的深抠就成了酸味十足的学术研究了，没有意义。

二、各类庄家及应对策略

按不同的标准可以将庄家分成不同的类型。有的股票类书籍分出了老庄、新庄、被套庄，善庄、恶庄，面庄、凶庄，强庄、弱庄……不一而足。其实没有必要，咱们不是教科书，不用那么复杂。对于投资者来说，重点了解以下三类就可以了。

（一）按操作周期的长短

根据庄家操作周期的长短划分，可把庄家分为短线庄家、中线庄家、长线庄家。这是最为重要的三类，了解不深有可能影响您以后的投资生涯。

1.短线庄家及应对策略

短线庄家是指入驻股票时间较短的庄家，一般多为"短线套利"的游资。江浙一带的私募游资喜欢这种形式，建仓、洗盘、拉升一气呵成，短时间股价飞涨。这分为两种：一种是抢反弹的，在广大散户开始抢反弹的时候出局；另一种是炒题材的，出重大利好消息前拉高出货，或在重大利好后立即拉高吃货，之后继续迅速拉升，并快速离场。

例如2009年，游资前仆后继，主导多波炒作甲型H1N1流感行情，每波行情都不太长，为典型的短线庄家手法。

在对待短线庄股时，一定要有明确的思路，不可有中长线思维。对付短线庄应注意以下策略：

（1）以快制胜。"天下武功，无坚不破，唯快不破"，这是电影《功夫》里的经典台词。在跟短线庄时也应该以快制胜，不可恋战。短线庄家的特征之一就是他们往往速战速决，长则1个月左右，短则数天，快进快出，盘面特征为不经洗盘，获利即退，尽快落袋为安；即使亏损，也会尽快止损离场。

（2）看量不看基本面。首先搞清楚，跟短线庄就是投机！这个问题笔者在和许多的大户交流时，就一再提醒他们。投机千万不要最后变成了"中长线投资"。这类股票低位突然放量时应立即跟进，投机就不要作基本面分析，只要有量就行，既然庄家要做，就一定会有题材。

（3）注重热点转移。强势市场有一个热点轮转的特征，短线炒家必须紧扣市场脉搏，注意观察下一板块的启动迹象，以免延误时机。短线庄家借助于朦胧利好时大量进货，待股价上扬，众人追涨时，赶紧出货。

（4）集中出击。资金股票要集中。股票最多不能超过两种，资金应集中投入，一般在90%～100%，这样才有利于跟踪观察，才有可能取得较大回报。

（5）目标不应太高。短线庄家操作股票重势不重价，也不强求持仓量。收集筹码少，控盘程度（流通股）5%～20%；收集期特别短，部分游资的操作，在1～2天就可以收集完毕，这类情况下拉升空间一般为10%～30%，获利目标一般为5%～20%。当然也有不少的短线庄家会根据市场的跟风程度加长做庄的周期，炒作的目标价定位在20%～50%。

因此，对待短线庄家不能贪高，上涨20%时就卖出，应及时获利出货，落袋为安。

2. 中线庄家及应对策略

中线庄家是我们见得最多的庄家。中线庄家是指入驻时间较长的庄家，一般是投资与投机兼顾的机构为多，有时也会是庄家专门分配来进行稳定、拉抬股价或洗盘、震仓的"控盘"资金。中线坐庄长则半年，短则两个月左右。看好的往往是大盘的中级行情，或某只股票的题材，中线庄家经常会对某个板块进行炒作。中线庄家往往是在底部进行1～2个月的建仓，持仓量并不是很高，然后借大盘或者利好进行拉高，通过板块联动效应节省成本，方便出货，然后在较短时间内迅速出局。

对付中线庄应注意以下策略：

（1）不轻易放手。中线庄股一般有较大的获利空间。中线庄家拉升空间一般为50%～100%，获利目标一般为50%以上。由于中线庄家锁定大量筹码很容易把股价抬高，而且正因为吸筹太多，将来出货也难，因而须有较大升幅以保证在出货时价格下跌仍能有所盈利。

因此，对付中线庄家不应轻易放手，做足波段。只要该股的基本面情况没有变化，不管它的短线涨跌，坚决持股不放。

（2）注意介入点。中线炒作应在有量盘整时介入。如不注意几个点的差价，很可能就是在买套时抄底成功。中线庄家往往采取波段式操作。因为要有较大升幅，所以每拉升一段要充分洗盘，让散户手中部分筹码换手，当然，洗盘时又不致破坏上升趋势线。

（3）关注年报行情和中报行情。中线庄家所依赖的东西都是他本身能力以外的，风险比较大，操作起来比较谨慎。中线操作通常有一个良好的炒作题材，如购并、送配股、股权转让等，以便庄家拉抬时师出有名。

因此，中线庄股的炒作要注重题材面和业绩面。一般年报行情和中报行情应关注，中报行情应注重绩优股因为绩优股始终是报表行情的热点，庄家也会借题发挥；

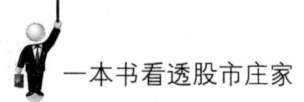

而年报行情应注重次新股，尤其是资本公积金高、股本较小、业绩又不错的股票，因为这类股题材丰富，易受市场追捧。

（4）注意出货点。中线庄家的出货判断并不太难。中线庄家有明显的收集期和派发期。其控盘程度（流通股）30%～80%，因此前期收集时间长，盘面特征为营造波段式的上升趋势。在日线图上，往往留下明显的痕迹。具体表现在：在接近底部时大市持续下跌而该股不再下跌；大市盘整时，它却盘升，成交量温和增大。

中线庄家由于手中筹码多，派发时间自然比较长。中线庄家不仅高位派发，而且下跌过程也派发，甚至在股价急落到低位时，也会将获利筹码贱价卖出。

3.长线庄家及应对策略

所谓的黑马一般都是从长庄股票中产生的。长线庄家是指入驻股票时间较长的庄家，炒作周期较长，一般是半年至一年以上。一般多为主导股价运行的大型投资机构，往往看重的是股票的业绩，他们是以投资者的心态入市的。由于长线庄家资金实力大，底气足，操作时间长。长线庄家一个最重要的特点就是持仓量，由于持股时间非常长，预期涨幅非常大，所以要求庄家能够买下流通盘中绝大部分。其实庄家也非常愿意这样做，这样股价从底部算起，有时涨了一倍了，可庄家还在吃货。出货的过程也同样漫长，而且到后期会不计价格抛售，这些都应该引起注意。

对付长线庄应注意以下策略：

（1）选择合适的介入时机。介入时应选择市场较为清淡时，因为这样可以避免高位套牢。长线庄家一般在大市跌至底部时大量吸足筹码，大市好转时开始拉升。当人气高涨，指数进入高位时，庄家则大量派发。长线庄家吸货时敢于拉高，派发时意志坚决，可谓重势不重价，重股更重时。

（2）不理会波动。长线庄股平时可以不理会股价的波动，在基本面条件没有发生根本变化的情况下，无论庄家如何炒作，不轻易抛售股票，下决心捂股，中间也坚决不做差价，非到自己设定的价位方才出货。

长线庄家坐庄时间通常在一年以上。坐庄的股票由于筹码锁定好，收集时间长，控盘程度（流通股）50%以上。盘面特征形成较长期的上升通道，拉升空间100%以上，获利目标一般为100%以上。

需要注意的是，中报及年报时应注意上市公司送配的方案，以免错过配股时间。

（3）选择炒作对象。庄家吃进多少筹码，掀起什么样的行情，是决定散户抱多高期望值和跟庄策略的关键。

如果庄家选择新股和龙头股板块，采取轮炒方式，投入资金不多，只在于调动股市人气，则散户应该警惕主力庄家在大盘股上悄悄出货。

散户跟庄，最要紧的就是要跟定这类庄家。由于庄家实力强大，一般不会受挫。同时还由于是跟上了一波大行情至少是中级行情，散户的收益可观。此外，庄家炒大市所借助的手段往往是炒作大盘股板块、新板块或龙头股板块，散户较易于鉴别，加上庄家进货、出货量大，时间长，散户具有从容应对的时机。

长线庄中还有一种"养鸡生蛋"，即庄家在某个股票中长期驻扎，利用手中筹码不断地获取差价。

（二）按操作主体的性质

按庄家主体的性质，可以把庄家分为政府主导类庄家、基金庄家、券商庄家、上市公司庄家、投资机构庄家和超级个体投资者庄家。

1.政府主导类庄家

政府主导类庄家性质类似于常规的平准基金，只是不具备平准基金的公开性、长期性和规模化。它往往会在股市极度暴跌导致市场处于最危急的时刻，为了维护国家的金融秩序，引导股市健康发展而出面扮演"救市"的主力角色。像国内证券史上最著名的"333"主力就是这一类别。一般由政府（管理层）支持、组织或者联合一些机构来统一操作，或者直接参与市场，左右市场发展方向。政府庄家主要运用各种手段来影响、调控指数，平衡股市，使市场保持稳定发展，特别是在面对国际炒家时，更能显示出政府庄家无可替代的巨大作用。

如1998年8月中下旬，香港特区政府为击退国际炒家在香港金融市场上采用港币、股市和期指三线做空，以动摇联系汇率的投机活动，不惜动用1 180亿港币直接入市护盘，促使香港恒生指数从当时的最低6 500点上升到13 000多点，而香港特区政府投入的资金也在一年内盈利超过1 200亿元。这是我们了解到的最大的庄家。

在我国股市中，虽然还没有达到政府明确宣布直接出资进入股市的程度，但在国际国内突发的经济、金融风波引起国内股市连续暴跌，走势极度低迷，甚至影响新股发行和配股时，政府总会"御驾亲征"，力挽狂澜，使股市走上复苏、稳定发展的道路。例如1991年9月，深股进入熊市末期，政府用2亿元资金救市，主攻发展股，带动全局，使股市由"熊"转向"牛"。又如1994年5月，沪市大盘在536点时，国务院证券委员会已推出若干救市措施，一些机构相继入市，却全线被套，沪市一直跌至325点，终于导致7月31日国务院宣布三大救市政策，以雷霆万钧之势席卷空方老巢，一个半月便令股指翻了一番。

政府主导类庄家的特点是：

（1）政府主导类庄家的目的是为了维持金融秩序，引导股市的健康发展。只有到大家都对市场丧失信心，市场极度低迷时政府才会出面。

（2）政府主导类庄家的一般选择在熊市末期，否则，政府救市也难奏效。因为此时大市已由跌转稳，只是成交极度低迷，救市者拉一把才有显著功效，起到四两拨千斤的作用。

（3）政府坐庄救市出资是一方面，与之相适应的是出台各种利好政策。一旦股市过热，政府马上抽资，并出台利空政策。

2. 基金庄家

基金庄家是指利用公开募集方式或私募方式发挥规模资金的巨大优势，操纵二级市场上市公司股价的证券投资类基金。基金庄家在庄家的大家族里也是一个很重要的角色。投资基金在国外已经比较普遍，在我国香港和台湾地区也比较普遍。在西方成熟的股市中，投资基金的资金规模占总市值的70%以上，我国大陆地区的基金投资在最近发展较快，但未达到这一水平。投资基金虽担负一定的稳定大盘的使命，但主要以盈利为目的。

基金庄家的特点如下：

（1）基金庄家一般"不把鸡蛋放在一个篮子里"，多以组合投资分散风险，力求资金的安全为原则。

（2）基金庄家崇尚价值，注重绩优。投资基金选择股票时，绩优股以及科技股所占比重较大。一些经营稳定、收益可靠的国企大盘股也是选择的目标。

（3）基金庄家利用政策和地位的特殊，具有对上市公司的信息（业绩、送股和题材等）的把握和价值再发现的优势。

（4）基金庄家与投资基金管理公司所属券商有千丝万缕的联系，在选股上亦有较大的契合性，利益相关。

在市场愈来愈规范的前提下，理性投资将越来越占主导市场。基金长期重仓持有的股票本身已说明股票具有内在潜质，散户投资者也可以长期持有。

3. 券商庄家

券商庄家指利用自身极为丰富的宏观经济研究能力和雄厚的人才及资金优势，操纵二级市场上市公司股价的综合类证券商。事先由操盘手制订严谨的炒作计划，在报送主管领导批准之后，由公司资金部调集资金实施。券商庄家有时明知亏本也会坐庄。主要是由于某种需要（如配股承销）进行护盘。

券商庄家的特点如下：

（1）券商常年与股市打交道，经验丰富，拥有大批高水平的从业人员，总体专业水准高于其他庄家。

（2）券商庄家的操盘手法比较正规，一般在一年当中只做两三波大的行情。通常

被称为市场主力中的正规军，主要指的是证券公司的自营业务。

（3）喜欢做大成交量赚取手续费，并吸引中小散户。因为成交量大，券商既可以多收手续费，又可在交易所成交量排行榜上名列前茅，可谓一举两得、名利双收。

（4）券商庄家坐庄时间不会太长。由于其炒作资金多为短期拆借或挪用客户保证金，故一般不长线持股。坐庄的时间一般2～3个月，最长不超过半年。

（5）券商庄家信息灵通。作为金融机构，券商对国家的金融政策变化反应敏锐，而且还能够利用其担任上市公司的推荐人、配股承销商等便利条件，迅速了解到上市公司的重大信息。

（6）进庄之前一般与上市公司会达成某种默契。

4. 上市公司庄家

上市公司庄家指通过各种变通的方式，绕开法律的约束与障碍，利用自身得天独厚的资金和信息优势，操纵和炒作本公司或其他上市公司股票的上市公司。简单地说，就是上市公司自己坐庄，炒作本公司股票的庄家。尽管《证券法》对此有严格规定，不允许上市公司炒作股票，实际上仍然有一些公司在里面有重资。上市公司庄家是一些实力比较大的机构，有的在单一个股上的投入就会超过10亿元。一般来说，多数上市公司介入二级市场是为了在熊市时期维护自身形象，活跃股票股性，也有一些公司是为了配合内部职工股上市或顺利进行配股而采取行动。当然，其中也不乏个别公司纯属为了获利而兴风作浪，自我坐庄。

现在上市公司的炒作手法一般不直接买卖自家股票，大多是间接委托他人代为炒作。其资金来源多为公司暂时闲置的流动资金，一般在"投资收益"科目中列支。

上市公司庄家的特点如下：

（1）上市公司庄家由于自身的优势，经常会出台或炮制利好消息（题材）配合炒作。如有的公司放出风声，年报有高比例送股，吸引散户纷纷跟进，庄家则乘机大量派发，然后再通过股东大会否决分配预案。

（2）上市公司庄家往往在其内部职工股上市前后拉抬股价，或者为了顺利实施配股、改善和维护公司形象进行护盘或拉抬，有时不惜亏本。除券商和上市公司以外，其他机构庄家往往不护盘，不做亏本生意。

（3）上市公司庄家坐庄的股票往往抗跌性强，在大盘下挫时跌幅通常比同行业其他个股小，但此时一般也不会上涨，原因就在于庄家护盘。

5. 投资机构庄家

投资机构庄家指利用丰富的操盘能力和巨大的资金优势，常常会联手上市公司，依据完善的信息渠道和市场经验，操纵二级市场上市公司股价的机构投资者。

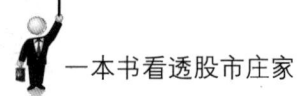

6. 超级个体投资者庄家

超级个体投资者庄家指通过丰富的操盘能力和巨大的资金优势，操纵二级市场上市公司股价的个人超级大户，包括一些私募、游资等大户。这类庄家相对实力较弱，但具备某一方面的优势，如资金优势或技术优势，多采取短线操作，要求速战速决，见好就收。

（三）按影响力和控制力

根据影响力和控制力，可把庄家分为个股庄家、板块庄家和大盘庄家。深入了解这三类庄家有利于把握大势。

1. 个股庄家

我们平时所提到的庄家多是指个股庄家，这也是最常见的庄家。顾名思义，个股庄家只以某只股票作为炒作对象，用各种办法控制该股的价格升跌。由于庄家实力一般不够雄厚，而且发掘个股题材比发掘同类板块或大盘题材容易，所以炒个股盛行。

散户跟个股庄家的机会是最多的，投资者应研究图表，了解庄家进货时间、成本、数量等情况，预测庄家坐庄时间的长短以及可能炒作的幅度。如果是短庄，晚了就不要跟，是中线和长线庄家则要在入市之后密切关注其出货，以免错过获利时机。

2. 大盘庄家

大盘庄家拥有巨额资金，一般为证券经营机构或兼营机构。如几家中央级、全国性的大型公司，都是在中国人民银行管理下的国有商业银行或其他大型国有企业出资组建的，拥有雄厚的实力，注册资本都有几亿元，实际营运资金来源更是充足。个别情况是拥有巨资的个人投资者联手炒作。

大盘庄家一般选择大盘指标股或龙头股，一来进出方便，二来可以调控大盘指数。其特点是进出量大且时间较长，吞吃的个股越多，仓位越重，则发动行情的力度也越大。大盘庄家进入股市，他们所推动的至少是一波中级行情。如果主力庄家炒作大盘股板块，吃进五成以上筹码，则定会有一波大行情；而如果主力庄家只吃进大盘股两成左右的筹码，则只能是一波中级行情。

3. 板块庄家

板块庄家主要指那些把整个板块作为炒作对象，通过各种方法影响各个板块股价涨跌的庄家。经常以某一龙头股作为领涨股，同一板块其余个股随后呼应，即采取轮动（轮炒）的方式，整个板块全面启动之时，则往往是主要品种调整（减仓）之际。庄家炒作这类个股时，往往伴之以行业题材（或区域利好）的配合。利用题材和概念进行炒作，是板块庄家的惯用手法。炒作前看准某个题材，不断营造一种概念的气氛，然后动用资金炒作其中一只具有特点的股票，以拉动其他相关股票，造成大众投资者一种心理定势，形成齐涨齐跌的错觉，以吸引散户跟进。

博弈的资本

世界上的任何一个资金市场，都脱离不了资金间的博弈。庄家与散户之间的博弈，这是一场惊险的游戏，也是永远的智慧较量。股民以战胜庄家自豪，而庄家则把骗散户当成自己的最终目标。正是他们之间日日精彩的"博弈"，才构成了证券市场上永不停息的话题。

不可否认，在这场博弈之中，庄家往往都是最终的胜利者，这是因为庄家与散户相比，在资金、信息、资源和渠道方面存在不可比拟的优势，在博弈战中拥有制胜的资本。本节试图探讨庄家与散户博弈战中双方各自的资本与软肋。

一、认识庄家

知己知彼，方能百战百胜，也就是说，如果想要在股市中有所作为，就一定要先了解庄家的优势与劣势，知道自己与庄家的差距到底在什么地方。这样才能使我们在实战操作中，避其锋芒，展己长处，从而最终取得胜利。

（一）庄家博弈的资本

1.资本之一：庄家的资金

相对于中小散户，庄家无疑是坐拥巨资。巨资是庄家博弈战中获取胜利的重要资本之一！由于证券市场的发展，庄家拥有的资金也在不断增加，当年深圳市政府护盘，主攻龙头深发展，共动用资金不过2亿元，而现在一个个人超级大户就能拿出这么多资金来！近年来，机构资金得到快速壮大：一大批证券投资基金募集成立，一批老基金加速改造，通过扩募、合并等方式，达到了较大的规模；一批券商通过增资扩股或合并的方式，壮大了资金实力；还有一批民间投资机构、个人大户在迅速崛起、壮大等。这一切都表明，庄家机构的资金优势得到了进一步增强。庄家都拥有巨额资金，数亿至几十亿或者更多，巨额资金是庄家独有的主要优势。庄家的资金优势主要表现在两个方面：

一方面，庄家凭借其资金实力呼风唤雨，视股价、K线如作品，随意发挥。由于他们持有相当大的资金，可以尽可能地持有大部分流通筹码，进而可以随心所欲地对逐步形成股票的趋势和价格进行控制。当然，资金可以是自有资金，也可以是通过拆借而来的资金，资金来源对主力坐庄的期限长短有一定影响。庞大的资金量使庄家显得

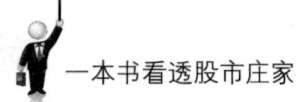

财大气粗，他们通过高抛低吸、逢低建仓、逢高出货的操作策略及科学的投资组合，可以有效地规避风险，获得最大的收益。

由于庄家拥有最大的筹码，盘中的一举一动非常清楚。如买一买二买三中的托单和卖一卖二卖三中的抛单，多少是庄家自己的，多少是散户的，庄家一目了然。股价上升到了什么价位会遇到强大的抛压，下跌到什么价位会出现强大的反弹，只有庄家清楚。散户仅凭公开的技术分析去研判（不少属于想当然），往往落入庄家设下的陷阱。庄家在操盘中股价未到高点，而庄家已开始撤退，未到低点偏偏转身而上，常常打擦边球，使散户追撤不及。

另一方面，庄家能凭借自身的巨资，清清楚楚地计算出散户的持仓量。将流通盘总数减去庄家持仓量，便是散户阵营的持仓量了。作为单个的散户，却没有谁能准确知道庄家的持仓量是多少，因为散户与散户之间无法进行有效的沟通和信息传递。在这场庄家与散户对垒的战争中，庄家在暗处，既知己又知彼（散户）；散户在明处，虽知己却无法知彼（庄家）。在这种不平等的格局中，即使"战争"尚未展开，胜券早已偏向庄家一边了。

2. 资本之二：人力资源

庄家一般都有高素质的操盘手级别的团队通力协作，有专家或专业技术人员为其服务，人力资源优势比较突出，使其具有研发力量雄厚的巨大优势。庄家的人力资源优势是庄家博弈战中的资本之二。

庄家坐庄之前，首先会做好人力资源方面的准备工作，优秀的操盘手、政策研究员、行业分析师以及高级公关人才等，都是庄家坐庄时重点招揽的对象。对于大型投资资金和券商而言，他们天然具备人才优势。在坐庄前的调研阶段，有专门调研人员对市场进行调查研究，这些人不但专业水平高，其综合分析能力也十分强，根据对市场的调查分析，能提出正确的意见和建议给老板。在具体操盘过程中，庄家有高水平的操盘手进行操作。操盘手的个人文化水平一般在本科以上，大多数属于综合类人才。他们精通基础分析和技术分析技巧，具备操纵股价的技巧和经验，能够准确预测大盘的近期走势，并能够根据市场的变化及时调整操作思路，基本可以保证在低位吸货，在高位出货，为老板创造最大利润。

3. 资本之三：信息

庄家的信息优势是庄家博弈战中的资本之三。庄家多有畅通的信息渠道，信息渠道包括获取信息的渠道和传播信息的渠道。对庄家有价值的信息，也就是能够影响股市价格的信息，如国家经济、政治、社会的重大事件，法律法规的出台，重大的政策调整，尤其是国家金融政策的重要事项，上市公司的业绩信息等。

庄家收集信息多、快、准：从地域上看有国际的和国内的、从结构上看有宏观的和微观的、从性质上看有政治的和财经的……总之，凡对坐庄有影响的信息都在收集之列。由于信息量大，而且有些内容要求具备较强的专业知识和良好的分析能力才能正确使用，有些内容需要广泛的社会关系才能获得，有些内容需要强大的资金实力支持才能去炮制，而散户不具备这些条件，这就是庄家的信息优势。具体来说，有以下几个方面：

（1）获取消息。坐庄资金通常有足够的专业信息搜索和研究人员进行市场调研，目标上市公司的有关信息通常也是坐庄机构或者大股东首先获得，这几乎很难通过市场规范加以改变。

（2）制造信息。坐庄资金对于目标公司的炒作方式正在不断变化，由过去单纯的在市场上收集、拉高、派发演变为参与公司管理，甚至给上市公司当推销员，制造信息改变上市公司的市场评价，达到成功炒作的目的。

（3）控制信息。例如，通过串通股评人士制造市场炒作气氛，通过对倒放量，控制价格，改变技术图形。这些手段都可以被庄家用来制造多头或空头信息，使中小投资者出现判断失误，达到收集和派发筹码的目的。

从坐庄资金所拥有的信息优势来看，单枪匹马的中小投资者是很难与之抗衡的，虽然有众多市场咨询机构为你出谋划策，但有时这不但无益于准确判断，反而成为严重的信息干扰。

4.资本之四：成本优势

庄家融资后，表面上庄家在更高的位置加仓或拉升提高了持仓成本，但实际上筹集的资金多，则坐庄成功的概率高，拉升空间大。相对于其初始自有资金而言，获利的可能性增大，获利空间增加，无形之中降低了成本。另外，庄家可以反复进行做波段降低成本，不断高抛低吸，在不丢失筹码的情况下得到差价，从而进一步降低成本。对散户而言，波段操作难度极大，要么做波段被套牢，要么做波段把筹码做没了，很少有成功的。

另外，庄家还可以通过一些变通的手法钻法律法规和政策的漏洞，比如多开户头，以逃避持股达一定比例必须向社会公告的规定。在交易中仍存在着许多不规范行为，庄家还可以有条件进行内幕交易，等等。

庄家虽然占有多方面优势，可以先知先觉，可以随意操纵股票的趋势和价格。但任何事情都有正反两面，庄家有其优势也必然有其弱点，而这些弱点足以致命。尽管庄家在坐庄过程中尽可能地利用自身优势来弥补弱点，但仍然有兼顾不到或力所不及的地方，这恰恰为散户提供了可以利用的方面。

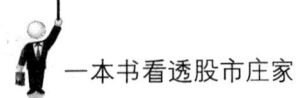

（二）庄家博弈的软肋

庄家的某些优势有时候又有可能成为博弈战中致命的软肋。

1. 软肋之一：不能快进快出

资金雄厚、持仓量大是庄家的主要优势，也是庄家的弱点之一。因为持仓太重，船大难调头，要想成功兑现出局并非一件容易的事。股价在走势过程中，庄家要玩弄很多花样，使用许多指标。但如果被散户投资者识破，不受他吹嘘的美好前景诱惑，不肯在远离股票价值的高位接过这最后一棒，庄家是无可奈何的。在这个时候，庄家被关在自己亲手制作的套子里，靠对倒维持股价，而聪明的散户早已将这个烫手的山芋甩给庄家，去享受丰厚的利润去了。

尤其在遇到突发事件时，庄家无法及时有效地避免损失，容易引起其他庄家的参与分享成果。在每波行情见顶之后，总会有一些庄家因操作失误而重仓被套。如果大盘处于极度弱势，则庄家的处境就更艰难。因为这时若一味将股价维持在高位，则控盘成本太高；若顺势将股价打至低位，又可能遭到其他庄家伏击从而丢掉部分低价筹码。可见庄家若想成功地运作于股市，其难度也是相当大的。

2. 软肋之二：资金成本高

拿破仑与奥地利公主玛丽亚·路易莎结婚后，曾到奥地利的一所学校视察。拿破仑在对学校赞美之余，认为还有所欠缺，于是，决定赠送一些鲜花给这所学校。但是，由于季节的原因，当时还没有这些花。拿破仑承诺将在来年的春季再赠花给学校。此后，拿破仑因为陷入对俄战争的困境中，将这件事忘记了。

直到20世纪末，奥地利方面向法国索要当年承诺的鲜花，并说如果法国人不支付这笔鲜花的费用的话，就证明拿破仑言而无信。法国人怎么会因为区区一笔鲜花的费用，而让自己的皇帝背上失信的名声呢？当即答应一定会支付这笔费用，但是，等计算结果出来以后，法国人大吃一惊。原来，经过几百年的利滚利后，当年一笔微不足道的鲜花费用，如今已经超过了法国人全年的教育经费。无奈之余，法国人只好请求奥地利放弃催款，并承诺今后一定在教育事业方面尽力给奥地利提供帮助。

一笔鲜花的费用能演变成巨额资金，这就是时间成本的魅力所在。

庄家的资金虽然强大，但都是有时间成本的，而且绝大部分资金的利息是高于同期存款利息的。这些资金在短时间内确实能发挥强大的威力。但是，天长日久，庄家就不堪重负了。市场中常会出现这样的现象，长假来临前，都会有部分流动性强的主力资金撤出股市，这就是时间成本造成的结果。庄家的资金大多背负着沉重的利息负担，如果无法及时兑现出局，其压力之大可以想象。另外，庄家大多设置了庞大的咨询机构等组织，聘请了若干投资顾问和操盘手，并且要花相当大的代价去和各方搞好

关系，并且每一次控盘动作都需要成本消耗。所有这些，都注定了庄家最后的毛利润要大大地打上一个折扣。

3.软肋之三：技术面的痕迹

庄家在坐庄的整个过程中，庄家行为在股票走势图上都必然留下痕迹，一旦被市场投资者识破，就给市场投资者提供了赚钱的机会。坐庄一定要拉抬股价，如果庄家不造市，就很难有高位派发的机会。但是，几次拉抬之后，聪明的股民就能从技术指标中观察到不寻常之处，即技术指标会显示出超买迹象。这会让散户们望而却步，庄家的最后一棒难以脱手，中小股民则因数量较小，可把包袱扔给庄家轻易脱身，而庄家对此毫无办法。

另外，如果上市公司不配合庄家，目标个股早已有别的庄家潜伏其中，这些都将增加庄家坐庄的难度。庄家投入资金多，如果股价没有足够的上升空间是赚不到钱的，庄家完成目标股的整个坐庄全流程，需要足够的时间和空间。在这个较长的周期中，给散户提供了足够的赚钱机会。

二、认识散户

股市的运行规律正体现了庄家与散户的运行特征。这就告诉投资者必须要大胆地面对现实，面对庄家，挑战庄家。在这场博弈战中，打败敌人的前提是要了解敌人，剖析对手的长处、短处、弱点、强项，同时，也需要寻找自身在博弈中用以攻击的资本，发现自身的长处、短处、弱点、强项，以自己的长处和强项在适当的时机、适当的地点去攻击敌人（庄家）的短处、弱点，做到知己知彼、百战百胜。

同样我们从两个方面来认识散户。

（一）散户博弈的资本

1.资本之一：机动灵活性强

资金量小、灵活性强是散户在与庄家博弈中的最大资本。散户手中握有少量资金，想入市时随时可以买入；同样的道理，船小好调头，持有的少量筹码想出局，也比较容易实现，因为市场上总会有人接手，不愁卖不出去。散户不知道庄家持仓量多少，不知道上市公司会出什么利空或利好信息，也不知道庄家会要什么样的阴谋诡计，但散户却具有灵活机动、易进易出的优势。

散户进出较随意，遇到情况，几分钟内便可完成进出操作。相对庄家而言，小资金进出股市的优势是显而易见的，散户随时可以决定止赚（或止损）而出局。比如，散户在观察、辨识庄家的操作手法时，一旦识破庄家的企图，可在任何时候采取对策立即换手，或买或卖，机动性强，灵活性高。而庄家却没有这种方便，即使他愿意在

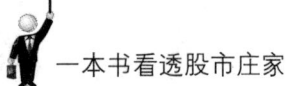

低价位抛出，也不一定有那么多跟风者愿意买入。如果众多散户一齐调头，那庄家就难以承受了。

2.资本之二：资金成本

与庄家相比，散户不用支付高昂的资金成本，这是散户能与庄家抗衡的资本之二。散户的钱是自己的，一般只是拿自己闲余资金的一部分炒股，股市上贷款炒股的毕竟是少数，因此也不必负担高昂的利息费用。存款不但利息低，而且利息所得还得交税。因此，把钱投在股市上的机会成本大大降低，这也在某种程度上降低了散户的操作成本。

散户投资者往往都是个人行为，与他人无关，既不需要庞大的咨询机构，也没有必要雇佣投资顾问，投入的其他费用几乎可以忽略不计。而庄家无论是赔是赚，都得支付一笔可观的咨询费、投资顾问费，甚至借款利息费。

3.资本之三：时间成本

散户由于资金数额小，时间成本很低，几乎可以忽略不计。即使有好事的散户自己计算时间成本，那也不过是账面上的，用不着真的支付高息，更没有严格的期限要求。因为散户的钱"都是自己的"，持股时间可以自由支配。一只股票可以拿个3年，可以拿个5年，再高兴你就可以拿个50年。除了生活，没有人跟你要钱。但是，对于众多的庄家是不行的。其一，他们的资金是有成本的，利息、汇率等因素，拖得太久，对他们来讲成本就更大。其二，他们的资金是有保值增值的需求的。比如说基金，如果说一定时期内做得不太好，可能就会换人。而散户不用每个季度都要拿自己的市值去排名，哪怕你输得再多，除了你老婆，恐怕没有人管你。对于散户来说，股票套了，那就放那里吧，哪怕套得再多，只要不退市，总会回来的。对于机构，这种方法对他们肯定行不通。若是股票被套许多，那些出资人肯定会去找机构退资。这个时候就很容易出现资金链断裂。

所以，对于广大散户来讲，还拥有一个明显的优势：时间。是自己的资金让自己享受到的最自由的时间。机构就不行，熊市时，很多证券公司倒闭，很多庄家血本无归，若他们能支撑到牛市，肯定会解套赚大钱的，但是他们撑不到，他们的钱不是自己的，这些钱不会给他这些时间。

（二）散户的劣势

与有实力的庄家机构相比较，可以说散户与生俱来就处于劣势。正是这些劣势导致大部分散户成为股市中的牺牲品。诚然，有些弱点是没办法改变的，但也有一些弱点是完全可以改变或可以克服的，扬长避短，是一切战略战术的核心。散户只有认清这些弱点并采取积极的措施加以改变，才能在这场博弈中取胜。

1.劣势之一：个体资金量小

在股市中，广大的中小散户投资者基本上是由在职工薪族、一般私营企业中小业主、退休人员、下岗人员组成。他们手中的富余钱不多，资金量较少。散户没有机构投资者的大资金实力，不能呼风唤雨，控制不了股价涨跌的局面，始终处于被动的买卖局面。也正因为资金规模小，散户在股市中不免处于"人为刀俎，我为鱼肉"的弱者地位。

2.劣势之二：技术水平相对较低

散户对股市技术分析理论的研究判断能力远远落后于庄家机构。散户买卖股票，很多时间凭借仅仅是一知半解的技术分析方法或某股票理论；或者股评舆论的推荐介绍，或者传言、小道消息、感觉等。这些依据没有经过严密的分析推断，均有极不负责任的误导性。

散户投资股市一般是自主的个人行为，没有聘请专门的投资顾问，也没有咨询机构，他们买股的依据只是某位名家股评的看法或上市公司中年报所载信息或自己的主观判断，他们一般水平有限，技术指标所知甚少，没有能力对技术指标进行研读。买进股票后，面对主力打压、拉升的反复上下折腾，显得不知所措，心烦意乱。技术工具的缺乏以及分析水平的限制，使他们一般不能沉静下来，哪怕是最简单的原则也没有考虑过，这些导致持股信心丧失，产生错误操作，割肉亏损出局，或者赚了蝇头小利就出局，享受不到后来涨升的大块利润。

3.劣势之三：信息资源贫乏

散户与实力雄厚的庄家相比，信息获得明显不对称。散户通常得不到内部消息，他们获取信息的渠道极其狭隘有限，不知道股票涨跌的原因和时机，只能跟风，或者犹豫不决，错失买卖良机。在股市里，信息就是金钱，你比别人先获取信息，你就能发大财。而机构投资者往往与上市公司关系密切，对上市公司的内部信息是"近水楼台先得月"，并且他们还经常与上市公司、主承销商、咨询机构勾结搞内幕交易。股市是错综复杂、变化无常的，存在着各种谣言，有的甚至是上市公司或庄家刻意制造的。散户由于信息渠道不畅，经验不足，可能会把谣言当成好消息据此采取行动，结果往往成为假消息的牺牲品。

4.劣势之四：时间投入少

股票的分析和统计需要大量的时间，而散户投资者一般都是业余投资者，他们中大部分有固定的全职工作，拿不出更多的时间和精力去关注股市，在时间投入上处于劣势。买卖股票不是依靠科学的方法，凭的只是道听途说或自己的主观意愿。股市投资过程实质上是一个从认识到实践，再从实践到认识的不断提高的过程，有些新入市的股民在对证券市场还没有充分认识、不具备分析能力的情况下匆忙入市，入市后也没有注重花时间和精力去总结经验，吸取教训，因此，屡看屡错，屡做屡赔，尝了不少苦果。而时间和精力不足是散户的客观情况，相比之下，庄家以炒股为业，不像散户投资者"三天打鱼，两天晒网"，有足够的时间和精力在股市中磨炼。

神秘的巨资来源

在庄家操纵股票的整个过程中，还有一个关键点是许多投资者所关注的，那就是庄家坐庄的巨资从何而来？

一、不同形态庄家的资金来源

证券市场上的运作资金，主要来源于国内居民储蓄资金转化、民营企业剩余资金、国有企业的资金、各类证券投资基金的资金、券商的资金和银行的借贷资金，以及某些通过某种渠道流入的国外游资等。庄家需要操纵某只股票，其坐庄过程中所需要的资金流量是巨大的，这些巨额资金是控盘主力庄家得以生存的生命线，也是唯一决定控盘主力庄家最终获利与亏损的强力支柱。这些巨资的来源，除了他们自身所拥有的那一部分能够自主调控的资金之外，其他最主要来源就要根据其自身的庄家形态来决定了，但一般都不外乎如下几种渠道：①要求券商配合融资坐庄；②用股票向银行抵押贷款坐庄；③几大市场操作机构联手共同坐庄；④券商挪用用户保证金坐庄；⑤上市公司上市时坐自己股票的庄。

庄家资金来源的构成情况，决定了庄家手头的资金多数属于拆借、信贷等短期资金，而长期资金则相对缺乏，这就使得股市的短期化行为较为突出。资金是做庄的先决条件，是庄家的生命线，如果没有资金，则其他一切都无从谈起。因此，除了正常渠道的资金以外，庄家的资金往往还另有来源。违规资金一直是市场关注的焦点问题。有的金融机构通过高息拆借、转存、委托经营、非法集资等形形色色的手法，违反规定将资金进入股市，为庄家在股市兴风作浪提供了条件。早些年证券公司给庄家大户透支炒作提供方便，对股市的过度投机起了推波助澜的作用。但近年来随着证券市场的逐步规范，投资主体的多元化日渐显现。

2009年，央行实行宽松的货币政策，在保持物价稳定的同时，加大信贷支持力度，增加信贷投放总量，促进经济增长。仅2009年上半年半年时间，各大银行的信贷额度就达到数万亿之多，而部分机构将巨额的信贷资金违规挪入股市，这部分资金在短期时间内形成了新的坐庄资金。《珠海特区报》2009年8月6日的一篇文章《20%的信贷资金流入股市》就以社科院的报告为依据计算，2009年1～6月，有大约1.47万亿元的信贷资金流入股市。

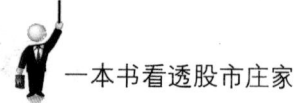

二、庄家的融资

庄家在坐庄过程中，由于现实中众所周知的原因，控盘主力庄家自身所具有的资金总量，毕竟还是有一定程度上的限度。坐庄资金随着庄家策划的所有操作逐步地铺开、深入，也就会相对地日渐收紧。为了促使他们自己的资金收益率能够进一步实现最优化、最大化，巨大的资金需求量也常常使得庄家会有某种临时阶段性的资金紧张。这样一来，融资自然也就成为他们的家常便饭，融资渠道的畅通与否也就成了决定控盘主力庄家成败的关键性因素。

事实上，对大多数的投资者来说，庄家们的融资方式并不是一个秘密，不少企业或是资金量在50万元以上的投资者或许都曾参与过庄家的融资。庄家的资金有一部分是自筹的，但大多数是通过企业或是个人间接从银行贷款获取。这种融资的模式大体如下：

如果有企业以投资某个项目为由，向某银行借出1亿元人民币，那么庄家为得到这1亿元的资金，在企业同意的情况下，由庄家向该企业在某证券营业部开立的资金户头里打入资金总额的20%，即2 000万元人民币，那么企业在证券公司的资金账户里便有了1.2亿元人民币。根据双方约定，庄家便可以对这1.2亿元资金进行操控。由此，庄家顺利地将市值2 000万元的股票放大成了1.2亿元。

在双方的合作中，庄家与提供资金的企业、个人或是机构都会约定，一旦股价下跌至其购入面值的10%，可以进行平仓。而券商在其中扮演的是中间人角色，并承担着监督的职能。

向庄家提供资金的企业或是个人可以得到大致如下的回报：保底收益10%，如果还有更高利润，则按一定的比例再分成，在10%～20%的企业与庄家之间按6∶4的比例分成，20%～30%按5∶5，高于30%按4∶6分成，具体的情况根据庄家对资金需求的不同，会有不同的收益比例。

从表面上看，企业或是个人是不可能吃亏的，但事实不是如此。在股市没有大跌时，许多人都不会意识到这种模式的资金链具有很大的风险。2007年股市下跌后，大量出现跌停，庄家无法出货。在这种情况下，到了接近庄家融资时的股票价位，大多数人都执行了平仓的命令。随着股市的下跌，卖盘不仅没有减少反而越来越多，最后产生了非理性的暴跌，这也是那些庄股会有十几个、甚至是二十几个跌停产生的原因。如图1—1，S ST华新（000010）在2007年年底至2008年年底的熊市中，多次出现连续非理性跌停的局面。

庄家的资金还有部分来自其各分仓所在的证券营业部。为吸引庄家到营业部进行

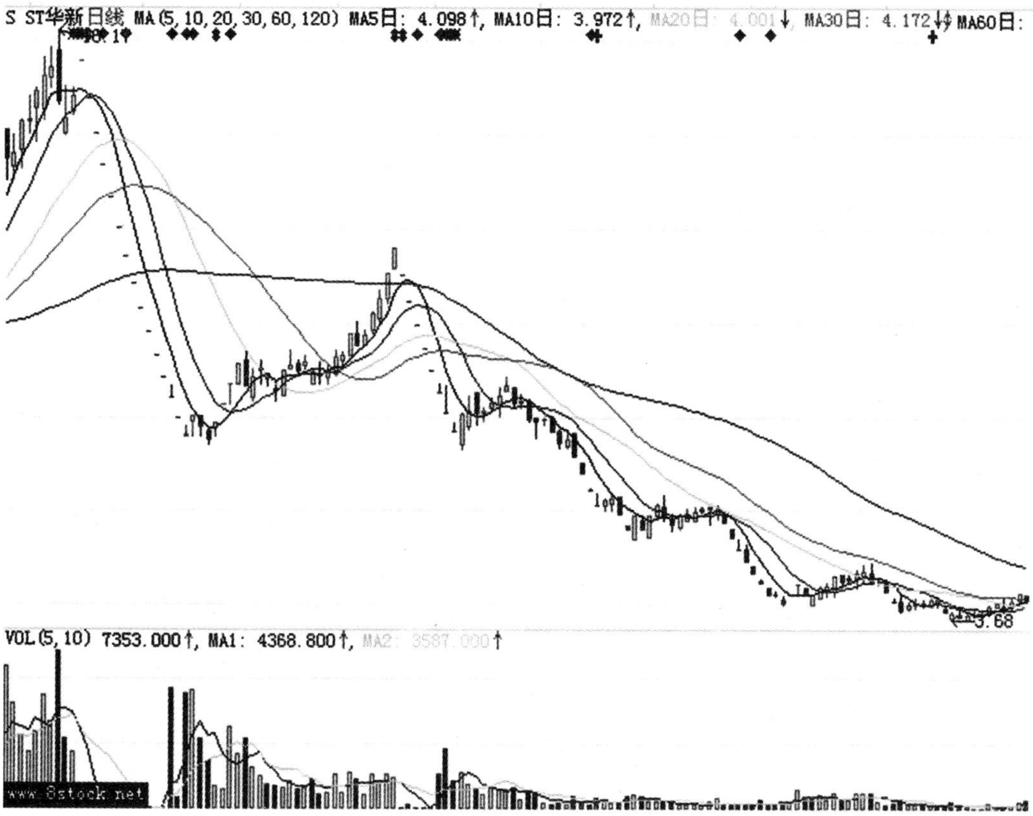

图1-1

交易，营业部作为交换条件提供配套资金。另外还有就是帮助锁仓的资金。这部分的资金一般掌握在投资者手中，庄家与其协议在某个规定的时间不出售股票，到最后出售后按其买入股票时的市值多还少补，然后由庄家再行支付20%或是更高的回报。

在这种融资模式的运作下，一个庄家可以从少量的自有资金开始，通过控有一只股票的流通股，在无法出货的情况下，利用对敲将其市值几倍或是十几倍地拉升，然后再以该市值的股票向银行抵押，进行另一次的资金放大，然后用获得的资金去偿还前期融来的资金，并对其他只的股票再进行控盘，后进行雷同的运作，最终形成了如"中科系"这样由同一庄家控制的资金链式庄股系列。

这种资金链的连接是非常脆弱的，环节中涉及了太多的资金提供方，一旦有一个大笔的资金试图退出，那么在股市下跌的情况下，就会像多米诺骨牌一样，引起连锁反应，并最终引起整个股市非理性的暴跌。

三、资产托管业务

随着国内证券市场不断壮大发展，大量社会闲散资金希望从证券市场上寻找出路。许多证券公司因为市场的激烈竞争，同时又因证券公司主营方向转向，特别需要定向拉一些大客户来证券公司进行投资。久而久之，双方在资金管理形式上相应地形成了某种较为信任的关系，证券公司也自然顺理成章地成为这些资金的委托代理人。出于对投资风险方面上的考虑，许多证券公司在开展这一类资产管理业务时几乎都有十分雷同的承诺，如保证收回本金、保证年收益率等。

众所周知，要在二级市场上保证绝对没有风险，同时又能获得较高的收益率，成千上亿元的大资金就远远不如小资金有保证，并且其风险系数也更大。故此，为了能够有效地吸引大量资金来源，一些证券公司营业部就专门有一种投资一级市场的资产托管业务。

这种资产托管业务主要是一些不愿承担风险的投资者，他们在一定程度上，既不愿只有银行那一点利息，又不愿意轻易地相信其他人，因此只好将自己的资金变成银行存单后再托管给相关银行的资产管理部门，从而基本上可以获得近8%的稳定性收益。

与此同时，相关银行的资产管理部门一般都与有关证券公司签订了某种程度上的合作协议，他们再将此笔资金转给证券公司托管，并因此可以获得15%左右的稳定性收益。而有关证券公司则充分利用其营业部的优势，专门用此笔资金在一级市场中申购新股。

由于这种方式得来的收益率不仅较高，而且完全没有什么投资风险，国内证券市场上"一级市场"非常活跃的现状，就自然变得非常容易理解了。以至于许多上市公司纷纷照样"画葫芦"，也开始将证券市场募集来的资金全权委托给主承销商进行投资，充分享受无风险的高额利润。

四、私募基金

证券市场上还存在着一类不可忽视的坐庄资金，即非阳光的私募基金，他们有的以法人的形式出现，有的则以股票工作室或者干脆以个人的名义出现。这类资金来源渠道也更广泛。

这里重点探讨一下私募基金中的专户理财。

（一）何谓专户理财

由于各种原因，国内私募基金尚没有合法化和阳光化，但私募基金所具有的独特优势，使其以各种形式始终存在。其中越来越被大众普遍认可的私募性质的投资方式就是专户代理投资，人们通常称之为专户理财。专户理财也经常被称作代理理财、代客理财。

专户理财是指投资者以自己的名义向深沪证券交易所申请登记，获取股东卡，并

持股东卡、身份证、银行卡等相关资料或证件，以自己的名义在证券经纪公司开立独立地进行股票交易的账户，然后把交易账号和交易密码交给专业的投资代理人（机构或个人）进行投资操作的投资方式。其中专业代理人的收益主要来自客户的投资收益分成。专户理财很大程度上要让投资与出资双方同时达到某种和谐状态，从而使双方存在一种相互信任关系。

在我国，金融市场中常说的私募基金或地下基金，往往是指相对于受我国政府主管部门监管的，向不特定投资人公开发行收益凭证的证券投资基金而言，是一种非公开宣传的，私下向特定投资人募集资金进行的一种集合投资。

与封闭基金、开放式基金等公募基金相比，私募基金具有十分鲜明的特点，也正是这些特点使其具有公募基金无法比拟的优势。

第一，私募基金通过非公开方式募集资金。在美国，共同基金和退休金基金等公募基金，一般通过公开媒体做广告来招徕客户，而按有关规定，私募基金则不得利用任何传播媒体做广告宣传，其参加者主要通过获得的所谓"投资可靠消息"，或者直接认识基金管理者的形式加入。

第二，在募集对象上，私募基金的对象只是少数特定的投资者，圈子虽小门槛却不低。如在美国，对冲基金对参与者有非常严格的规定：若以个人名义参加，最近两年个人年收入至少在20万美元以上；若以家庭名义参加，家庭近两年的收入至少在30万美元以上；若以机构名义参加，其净资产至少在100万美元以上，而且对参与人数也有相应的限制。因此，私募基金具有针对性较强的投资目标，它更像为中产阶级投资者量身定做的投资服务产品。

第三，和公募基金严格的信息披露要求不同，私募基金这方面的要求低得多，加之政府监管也相应比较宽松，因此私募基金的投资更具隐蔽性，运作也更为灵活，相应获得高收益回报的机会也更大。

（二）专户理财的融资方式

专户理财的具体操作方式和融资方式基本上有下列三种。

1.投资委托方自行开户，同时把资金账户全权委托给受托方

在实际投资过程中，受托方大多都是在市场中摸爬滚打了多年的投资高手，或者是证券公司的精英人物，后来自己跳槽出来单独开展业务，他们多以股票工作室的名义进行相关活动，一方面，他们既没有进行有关的工商登记，另一方面，也没有所谓的法人账户。但是，他们往往能够依托于所在证券商的大力支持，将自己各种各样的资金托管以代客理财的方式得以实施。

他们手中所支配资金除了客户委托的资金外，一旦他们主动地承担操纵某些股票

的价格，便常常会有相关券商暗中给以透支的资金并与之联手运作，因此，他们在某种程度上来说，也同样是证券市场中一股不可忽视的力量。

以高额回报作为承诺募集资金的起点，是这一类股票工作室的主要特点，他们的收入主要有三种：①证券投资过程中操盘收益的提成；②大额股票成交量交易佣金的返还；③咨询服务热线的收益分成。其中，交易佣金返还基本上是他们赖以生存的根本。它们把大批资金量较大的客户拉到与自己有协议提成的券商营业部中，从而将这些大额的成交交易额都记在"股票工作室"名下，大都可以得到大额股票成交量交易佣金30%~60%的返还比例。故此，在这种利益的操纵之下，不少"股票工作室"的操作人员也在很大程度上以增加返佣为自己的首要操作目标。

基于这种原因，许多证券公司里也豢养了一大批如此"追涨杀跌"的超级短线高手，在某些行情较好的时候，因为他们强力操纵的大量"快枪"资金造成的大量交易资金量，使得所谓市场"龙虎榜"里面的资金流量陡然增大，从而促使场外众多不明真相的投资者误以为那是控盘主力庄家的操纵资金。

但投资委托方也有可能不在受托方（"股票工作室"）所指定的券商营业部中开户，那么这种情况下交易佣金返还这一块收益"股票工作室"就没有了。

"股票工作室"在代客理财的具体运作过程中，一般是投资客户自己掌握银行存折和密码，之后凭投资客户自己的深沪市股东代码卡办理委托理财手续，证券公司会出具一份资金监管担保书，这样调动资金必须经投资客户本人和公司共同盖章签名才有效，资金不会有太大的问题。

而对于这些资金来说，一般都是不保底的。如果亏损股票工作室一方也不需负责，全部由投资客户自己单方面负责。投资客户当然也多有一个考察期，当他们认为能够为他们赢来利润时，他们才会把自己全部的资金交给这些股票工作室进行全权运作。

为了提高回避投资风险的系数，这种合作方式股票工作室所要求的最低投资期限多为6个月以上。并根据投资客户投资资金量的大小来决定分成比例，资金面大的，提成一般会相对比较少，一般都是在10%~50%。

在市场上同样有这么一些喜欢与人合作的券商，他们一旦介入证券市场做庄，由于他们手中所掌握资金的性质与众不同，更多的时候，他们常常需要某些寄居在自己营业部里的大量资金帮助锁仓。这样一来，才能够很方便、有效地调动自己的"自营"资金。因此，他们在市场上真正操作起来，就总让一般市场上的投资者感到莫名其妙。他们往往看到某些控盘的股票成交量隔一段时间就会放大一下，并且，这种时间的间距一般都较为均匀：每每到了某一十分关键的时刻，这些被他们控盘的股票总是能够及时地有一定增量资金介入托市，同时股票的图形形态也相应地会同步走好，

但是只要场外的众多投资者一追进去，在很大的程度上大都会被套得结结实实。

2.投资委托方把委托资金打入受托方账户，双方签订有关融资操作的投资合同书

这与他人和机构进行融资的合作形式，完全改变了一般合作方式中资金所有权不变的特性。投资委托方向受托方提供一定比例的操作资金，在受托方管理人提供一定资金数量上约为投资委托方资金15%~30%的担保后，然后再由所在证券公司负责相应的监管。受托方管理人则以自己的名义、账户进行买卖投资证券。由受托方按事先的约定向投资委托方支付利息和盈利分成。一旦该笔资金因受托方的操作原因影响而出现亏损，只要一接近其所提供担保资金一定量度系数时，证券公司即会要求受托方增加保证金，否则负责监管的证券公司就可能会马上进行平仓。

在操作的时间方面，一般都是要求投资委托方本金至少1年不抽走，至少需一个季度结算一次利润。而有关分红方面，受托方给出的回报率基本上都是可以达到12%~15%。交易量的佣金则一般要归受托方所有。

在证券市场的实际操作中，投资者要求私募基金代自己打理有关资金之时，种种合乎情理的做法在双方协议之中，变得非常盛行。例如投资一方拥有3 000万元银行信贷额度尚未用足，又不想再投入自有资金，于是私募基金就多会以自己所持有的股票向银行进行抵押，这借贷来的3 000万元依然算入投资一方的资金内。至于一些私募基金也让一些较大资金的投资者专门做自己资金的监管人，以此更能够增强双方的信任程度。

正是这样一种十分宽松的投资合作机遇与环境，只要合作投资双方通过某种程度上的协调发展，取得了相当操作程度上的共识之后，一切存在于投资双方之间的合作障碍也自然迎刃而解。随之而来的也就是方方面面各种渠道巨额资金的流入，各式各样的市场运作也相应地接连不断，畅通无阻。

3.投资委托方与受托方基于共同的投资，共同出资入股成立一家股份公司进行相关的投资

随着国内证券市场的快速发展，对证券投资类型人才的需求量也呈现出一种同步增长趋势，大量证券公司的精英人物纷纷自己跳槽出来单独开展业务。由于他们专业知识熟悉，前期又有较好的各种类型大客户基础，因此诸如"投资顾问有限公司"、"投资咨询公司"、"投资管理公司"、"融资服务公司"、"市场策划服务公司"、"财务管理公司"和"财务顾问公司"等新型投资公司，如雨后春笋一般拔地而起。

它们与其他操作形式的私募基金之间最大的区别在于：正式注册设立了一家专门的投资公司，进而以这个投资公司的名义和账户进行相关证券买卖。如果这种公司类

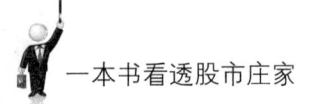

型的资金在具体运作上比较合乎规范的话，则势必难以避免地将产生两个使它们难以逾越的难关：一是公司资金的整体进出殊为不易；二是它们除了在买卖证券时需要缴纳有关税费外，在平时还需要缴纳营业所得税，分红派息部分可能还需为之缴纳个人所得税。

在一般的情况下，这些投资类公司都有一部分自有资金，并因它们规模大小的不同，受到监管的力度也完全不一样。"投资管理有限公司"一般要求拥有500万元人民币以上的注册资金，并要求该类公司的核心员工持有相关行业从业资格证书，而且常常被有关部门纳入重点调查对象之列。而相应的"信息咨询服务公司"注册资本仅需10万元人民币，并且常常不受什么约束，也很少受到有关监管部门的重视。不过，这类公司大多不像投资管理公司那样名正言顺地打着大招牌，所以多半只做熟客生意。

像这样的一些投资类公司，它们往往会尽可能地设立一些与之相关联的公司。因为这样一来，不管它们是以什么名义在使用那些流动性极强的生产经营性资金，更多地甚至是银行出来的贷款资金，只要在具体操作程序上巧妙地拐上了一个弯，资金马上就可以辗转流入某个股票资金的账户里。

同时，这些账户不仅仅只是可以分散所有的流通股票筹码，以掩人耳目，规避高层的监管，也可以更加方便地申购新股，从而形成一条十分稳定的资金收益渠道。

国内很多种类型的投资管理公司除了在做二级市场的投资业务之外，还同时积极地参与相关的资产运营中介服务。

这些主要是他们有着大量而又广泛的社会关系网络，其触角涉及各地政府部门、上市公司、金融机构、各类财经媒体，以及各类科研院校。他们巧妙地策划着各类上市公司与其他企业之间的兼并、重组、行业调整、资源整合，大肆玩弄着"空手套白狼"的投资游戏。

（三）专户理财操作中的几点问题

近几年，非阳光的私募基金对证券市场的影响越来越大，投资者不可避免地会接触到一些私募基金。我们有必要对私募形式的专户理财（专户代理投资，或称代客理财、代理理财）有一个更清晰的了解。

1.专户理财的特点

专户理财有两个显而易见的特点：

（1）资金安全有保障。投资者的投资资金存入过程是首先把钱存入自己的银行账户，然后再把资金转入自己的股票账户进行投资。资金的取出则需要通过相反的操作过程，即首先把资金转入自己的银行账户，然后再通过银行卡或存折把资金取出。银行账户和密码都由投资者自己保存，而代理人只有股票账户的用户名和密码，只有买

卖股票的权利而没有存取资金的权利。所以，采用这种代理投资方式，代理人不可能把资金转走或挪用，投资本金和收益的安全性是绝对有保障的，投资者无需担心资金的安全信用。

（2）独立账户，结算简单。由于采用自己的独立账户，不与任何其他资金混淆，所有的操作纪录又均可在证券公司备查，所以不易发生结算纠纷。开始合作时，投资者只要告知账户名和密码；终止合作时，在完成结算后，投资者只要更改密码即可保证账户的安全，操作简便易行。

2.操作中的关键问题

专户代理投资虽然优势明显，但同样存在不少问题，投资者必须提前考虑周全方可保证投资的成功。如何善用专户理财是操作中的关键问题。

（1）签订合作协议。首先要记住的是，代理投资作为一种借助专业人士进行投资的方式是受到法律保护的，所以投资者和代理人之间签订一份周全的合作合同或协议，把双方的权利、义务和责任界定清楚是十分重要的。投资者对此决不可只凭信任行事。"先小人，后君子"是投资安全的保障。合同或协议的最主要方面是内容要周全、清晰。过于简单、不公平或条款不清的协议等于没有协议。

（2）风险由谁承担。证券投资的高收益伴随着高风险，所以对风险责任和收益分配的界定肯定是协议的一项主要内容。就目前的实际情况而言，主要具有三种合作方式：代理人不承担投资风险，利润收取15%~30%；代理人承担部分风险，比如50%，同时也享有相应部分的收益；代理人承担全部风险，利润收取50%以上。

在代理人不承担风险的情况下，由于风险完全由投资者承担，而到底会产生多大的风险投资者又无法加于判断，所以投资者可以事先确定一个最大风险额。当资金亏损达到高限时，投资者有权随时终止协议。有时，资金亏损虽没有达到最大亏损额，但长时间没有盈利时，也应当有提前终止的权利。总之，投资者在自己承担风险的情况下，应当有权提出终止协议。另外，投资者代理人不能更改操作密码，以便投资者随时监控账户盈亏情况。

在代理人承担风险的情况下，也要注意明确两个问题：一是合作的期限问题。由于代理人承担了部分或全部的风险，所以当账户出现亏损但合作期限尚未结束时，投资者不能单方面终止协议，也就是说，投资的期限是相对固定不变的，除非投资者自己愿意承担此时的投资风险。所以，在投资之前，投资者应事先想好在投资期限内不动用资金，否则可能造成本金的损失。当然在处于盈利的状态时，如果投资者要求提前终止协议，可以进行利润分割后终止。另外一个比较重要的问题是，代理人承诺承担部分或全部风险时，要弄清楚是信用承诺还是资金担保。有不少代理人口头或书面承诺承担风险，但是协议到期出现亏损时，投资者不能或长期不能得到补偿，这是代理投资最容易出现的问题，多数代理纠纷也是由此而起，投资者不可不查。相比而言，现金担保的方式要安全得多，主要方式是代理人也在投资者开户的券商处开立一个账户，并用其中的资金作为担保，同时投资者、代理人和券商签订一份三方监管协议，但此种方式已被国家有关部门禁止，所以已不再受法律保护。现在适用较多的仍然是类似的并列账户的方式，由券商或中间人负责监管或执行。总之，关于投资代理人承担风险的信用问题必须提前加以认真考虑。

（3）清算方式要明确。何时可以终止或提前终止协议，协议到期或中途结算时在多长时间结清资金等问题也要在协议中表明。再有，结算或到期结算后，若继续合作，一定要重新签订协议，且不可嫌麻烦或认为已经合作一段时间了，有了信任度而不再签订协议。

3.如何找到真正的投资专家

如前所述，让投资专家为自己投资比自己亲自操刀取胜的把握无疑要大得多。与投资专家合作才是真正的投资之道，除非你自己改变职业，通过长期的学习、投资，让自己成为投资专家。但是，许多投资者如同有病乱投医一样，不知谁是专家。一位投资者曾5次把账户交给所谓的专家，但5次亏损，结果伤心至极，再也不敢轻信他人。可以说，绝大多数愿意与投资专家合作的投资者都不吝啬把投资收益的一部分支付给代理人，但问题是他们都抱怨难以找到理想的代理人。

其实，要找寻像巴菲特、索罗斯那样的投资专家的确很难，但要找到能为自己挣钱的投资专家还是有可能的，关键是自己要有评判的能力。有相当一部分投资者开始并没有专家理财的观念，认为自己就能做投资，所以他们往往把精力和时间花在研究投资上，等投资失败后才想起借助专家的力量，于时盲目找人并轻率地把账户交给他人操作，结果投资同样蒙受损失。正确的做法是，作为投资者要花精力思考怎样寻找和判断真正的专家。

以下是几个比较重要的有关判断投资专家能力的问题，提出来供投资者参考。

（1）名人不一定是专家。电视、报纸或网站等媒体上的名人最容易被投资者奉为专家，但名人的确不一定是专家。其中的道理不言自明。

（2）不要被高回报陷阱所迷惑。高回报、高风险，其结果有较高的不确定性。真正的投资人寻求的是长期、稳定的回报而不是高回报。如果你把证券投资看成是一项专业的投资，并期望获得合理的回报，你会发现它是一项很好的投资；但如果你期望在短时间内获得高回报，那就不得不承担必要的高风险。如果你期望获得相当高的回报，同时也不想承担较大的风险，那么最终你注定要失败。要知道，世界级的大师也

无法满足你的要求。所以，如果你要做长期、稳定的投资，而一位"专家"说他的收益率是每个季度都有30%以上的回报，你最好赶快远离他。

（3）交割单不能证明一切。代理人常常拿出诱人的交割单来证明自己的能力，这一点无可厚非，但作为投资者要特别注意几点：一是交割单的期限是否足够长。掐头去尾的、只反映某一时期或大盘处于上升阶段时的交割单有什么参考价值呢？二是是否有许多不同账户但同时操作、内容或操作风格相同的操作记录单，单一的、好看的交割并不难找，当然也不说明任何问题。三是别忘了考证交割单的真伪。

（4）把握正确的操作理念。如果把证券投资看做是一项专业的投资并期望获得合理的回报，其投资的原理与实业投资并无二致。所以在选择和判断"专家"的水平时，不要看其过去的业绩，更要知道他们是如何实现的。要通过认真的沟通，仔细了解和考虑"专家"们的投资思路。有实际投资经验的人更容易判断出其投资理念是否合理。不合常理、前后矛盾以及夸大其辞的投资思路肯定是有问题的。

（5）合作方式有疑点。有些投资代理人以操作方便、券商信用好、下单软件稳定等种种理由为借口，要求与之合作的投资者把账户转至代理人指定的营业部进行操作。这种情况多数属于代理人在指定的券商处收取交易佣金。也就是说，无论投资者是否盈利，代理人都会通过交易获取一定的收益，从而为代理人炒单提供了方便。换言之，代理人和投资者的利益表面上是一致的，但实际上存在着一定的冲突，或者说两者的利益是不一致的。投资者对此一定要有所察觉，对这样的专家更要提高警惕。

（6）有比较才有鉴别。虽然说真正的专家是可遇而不可求的，但只要有心并非难不可及。多跑几家证券公司、多找一些人去问、多找一些"专家"去谈，必定能有所收获。其实，判断一个代理人的能力在一定程度上与自己的综合能力、证券或其他方面的投资经验以及社会能力等诸多因素相关联，也就是说，做出正确的判断有相当大的难度。但如同久病成医的道理一样，只有多与各种"专家"沟通，通过各个方面的比较最终一定能找到理想的合作人。

综上所述，找投资专家代理投资肯定是明智之举，也可以获得理想的投资回报。但投资者要做的是，除了要有专业投资的观念外，更要花时间和精力用于思考和研究与专家合作的方式，以及如何选择真正的专业人士。

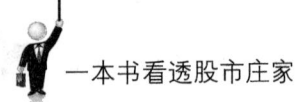

坐庄的流程

庄家坐庄的基本原理就是利用证券市场上运作的某些潜在规律，人为控制、操纵目标上市公司的股价，通过各种不同成本之间的交换，为自身谋取暴利。

为了能够控制、操纵目标上市公司股价而达到自身获利的目的，不同的庄家之间，按照他们自身操作经验的丰富程度、资金实力的大小等方面，都各自会有他们自己完全不同的坐庄思维与手法。而最简单、最原始也最容易让人理解的，实际上就只有四个字："低吸高抛"，采取锁定不同时期的筹码与成本进行交换。

庄家的操作按照简单的方式可以分为三步，即建仓阶段、拉升阶段、出货阶段。坐庄过程中，这三步必不可少，这是庄家坐庄"三部曲"。如果将庄家的操作阶段以时间顺序来安排，其可分为：进庄前的准备、建仓、试盘、调整、初升、洗盘、拉升、出货、反弹、砸盘、扫尾。这是一个比较完整、标准的坐庄流程，思路非常清晰。标准化后可以认为是完整的八浪循环。如图1-2所示。

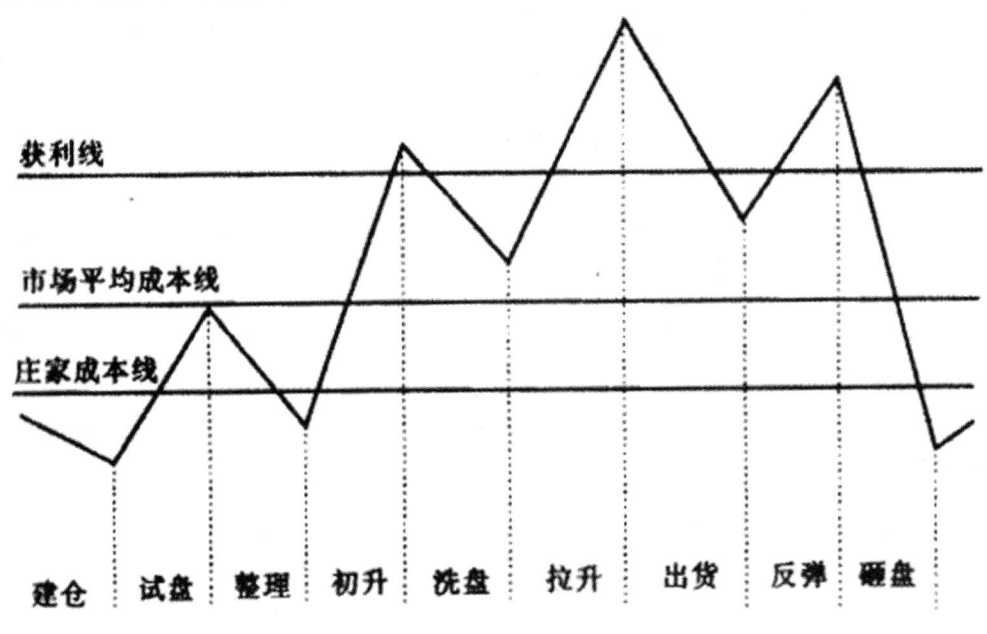

图1-2

这种模式的每一个阶段，庄家都有其侧重点。如在进庄前的准备阶段讲究充分调研。在建仓阶段讲究耐心温和，并散布到内容传闻让市场不看好该股以便进货。试

盘阶段讲究控盘程度。调整阶段讲究底部构筑情况，强调股市有风险，入市须谨慎。初升阶段讲究股价脱离成本区的种种现象。在洗盘震仓阶段讲究盘中的技巧，瞬间巨幅震荡，并保持消息的真空。股价大起大落，让人不明不白。在拉抬阶段讲究高举猛打，强调高风险、高收益，并以此维持市场人气。在派货阶段强调真做假时假亦真，假作真时真亦假，引诱公众、投资者进场接货，最终实现低吸高抛的目的。反弹阶段讲究以高度和减仓为主。砸盘阶段讲究庄家如何不计成本地压价，寻找、孕育新一轮行情。

一轮完整的庄家坐庄过程是从庄家发现了一只极有上涨潜力和空间的上市公司股票并准备买入开始，一般的庄家多会充分利用大盘下跌所导致的"空头"环境氛围或辅助以人为"利空"制造出来的恐慌情绪，以此来达到打压目标上市公司股价使之大幅下挫的目的，为未来的股价上涨创造出相对较大的盈利空间。他们总是想方设法地在相对较低的股价位置上开始吸货建仓，等到吸筹达到了足够多的份额之后就会开始把股价拉抬起来，并使之迅速地离开自己持有筹码的成本区域。待他们把股价拉抬到了一个相对较高的位置上时，就会开始寻找各种时机对目标股票进行打压股价，采取震仓、砸盘等多种手法来反复清洗场外的筹码，他们就在这种主动控制、引导所创造出来的市场机会之中扩大自身的盈利。如此循环往复，一旦他们从股市上榨取到了极大的利润，就会寻找各种机会千方百计地把手中的"仓位"全部套现卖出，而这买入与卖出两者价格之间所存有的那一段价格上的空间，就是庄家的获利空间，也是庄家坐庄的主要利润来源。

1.准备阶段

庄家主要注重于对目标上市公司的市场调研，以确定其中可能存在的投资风险与收益。此时，对目标上市公司的实质性了解，对目标上市公司管理层和其他协助投资机构的公关，对后备的融资渠道与流畅，以及对某些媒体部门的预热等显得尤为重要。

2.建仓阶段

庄家在初期操作上一般多是耐心温和，等待机会，股价也多会因此而波澜不惊；到了操作后期则多会极力通过各种渠道去散布各类利空传闻，让市场上的投资人不看好目标上市公司股票，以便自己加大建仓吸筹的力度，使散户手中的流通筹码大比例流向自己手中，并严格控制好底仓的成本（亦即是：庄家成本）。

3.试盘阶段

庄家坐庄前，为了准确掌握市场上的真实状况和闲散资金的动向，常常会以长上影线或长下影线来测试股价上端的抛压与下端的支撑程度，并会寻找适当的时机，迅速拉抬股价使之离开自己的成本区域。

4.整理阶段

庄家为了使日后股价顺利拉升，一般情况下庄家都会使股价事先在固定价格区域

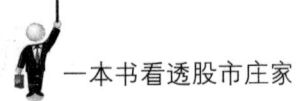

内整理一段时间，以最后消磨场外散户投资者的耐心，并多会制造出一轮跌幅，跌破前期低点的洗盘，让人难以揣测其真实意图，极具杀伤力，让人防不胜防。

5.初升阶段

庄家往往会通过快速拉升股价的方式，让股价迅速脱离自己"底仓"的成本区域，使自身的筹码首先处于一种盈利状态，从而为后期的市场运作充分赢得主动控制权，进可以攻，退可以守，完全左右市场的未来动向。

6.洗盘阶段

庄家会利用自身丰富的盘中操作技巧，多采取股价瞬间的巨幅震荡和各类图形形态组合的方式，来刻意误导场外的散户投资者，并会适当地保持上市公司信息面处于真空状态。市场上股价的大起大落，此时常常会让散户投资者心绪不定，进退两难。

7.拉升阶段

庄家一旦发现市场上筹码控制、成本需求都已经明显对自身有利的情形之时，往往会迅速、果断地采取高举猛打的方式去拉抬股价，一来达到激发市场人气，充分营造出一种极为良性的投资氛围；二来又可以大幅度地引发散户投资者的追捧，进一步推高股价。

8.出货阶段

庄家准备出货之际，常常会通过各种渠道来散发出各种"利好"传闻，引诱场外的散户投资者进场接货，慢慢使自己手中持有的"底仓"大比例流向散户手中，最终以实现自身出局套现获利的目的。

9.反弹阶段

一般情形之下，庄家在最高位上都是无法一次性就出完自身所持有的庞大"底仓"筹码，此时如果大量继续抛售，则往往会使市场氛围进一步恶化，从而导致自身无法离场。故此，为了更好地完全出局，暂时无法出尽的剩余部分筹码多会在市场上营造出各种反弹机会时，才逐步进行减仓套现。

10.砸盘阶段

庄家在临近出货的尾声之际，多会寻找在股价走势中的相对波动高点进行不计成本的砸盘，这种做法的目的就是快速套现出局，而强行将自己最后剩余的部分筹码"平仓"。这虽然可能会使自己的获利大幅减少，但是却能够及时达到自身的目的。

11.回抽阶段

庄家也多会在股价迅速下跌到一定幅度时，出手托一托，以帮助稳定一下快速下探的股价，使之回抽到一个相对较高的价格位置区域波动，以便自己寻找最后的机会进行"清仓"操作。

12.打压阶段

庄家在出货的最后阶段，所剩余的"仓位"筹码基本上都已经没有任何成本可言，任何价格对它们来说都是盈利。故此，庄家往往都会把握住最后的股价反弹机会，将手中残余的"仓位"筹码不计成本地全部卖出套现。

13.反弹阶段

股价在庄家完全出局之后，一般都不会再有很大的抛压，散户基本上都已经处于严重被套状态。此时，由于股价短期内的迅猛下跌，被压制的股价一直没有像样的反弹出现。长时间的技术性要求，均会在投资者惜售的心态日益严重之际酝酿出股价的触底反弹，其高度和力度虽然都极为有限，但是股价经过沉寂一段时间之后，即可能会孕育新一轮行情。

要注意的是，庄家的操作风格千姿百态，不是每个庄家都经历以上几道程序。有的庄家采取交叉进行，各阶段的操作手法很难截然分开，往往是吸、洗、拉等并用。一些私募和游资的短线庄家，往往会省掉其中的一些环节，采取快速吸筹，强硬拉抬。一路进货一路拉高，目标位一到则坚决出货。行情来得快，去得也快，操作手法非常凶悍，普通投资者根本来不及反应，在犹豫和观望之中，这一波行情已经接近尾声。如图1-3的国金证券（600109）在2008年4月至6月的走势图。

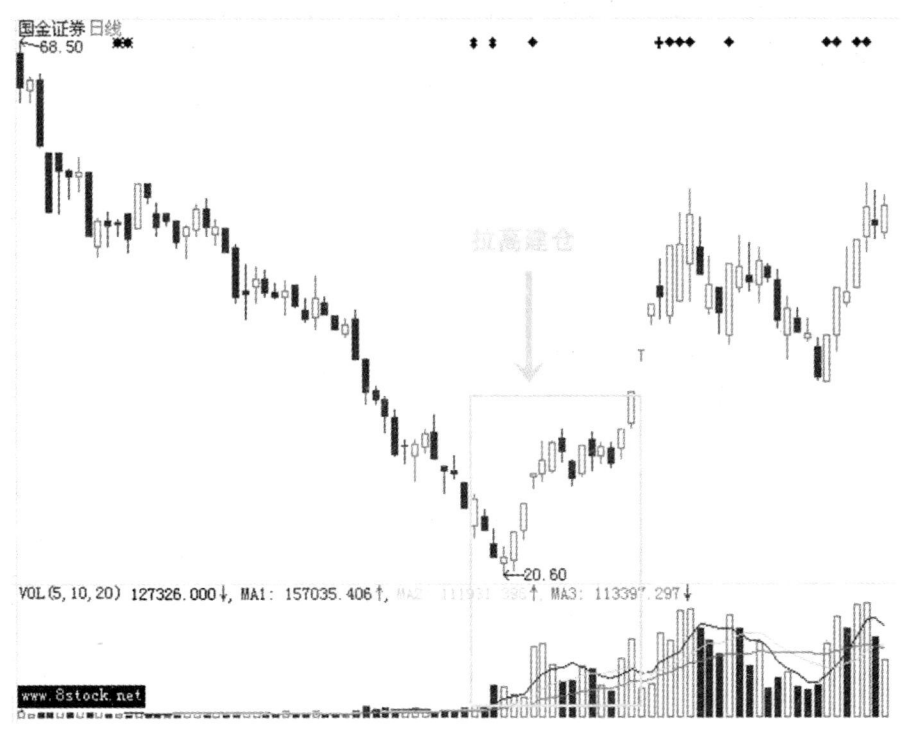

图1-3

　　该股在2008年4月之前一路下跌，量能极度萎缩，庄家并未开始建仓。4月份开始，政策面出台了调整印花税等两个利好，证券行业股受此刺激开始走强，庄家这个时候已经来不及底部建仓，采取了拉高建仓方式，成交量也开始密集大幅放大。庄家边吸筹边拉升，庄家建完仓后，不经过试盘、初开、洗盘这几个阶段，就直接进入拉升阶段。短短的一个月之内完成了一波行情的炒作，股价从底部的20元拉升到55元，这是又一次爆炒的典范。

　　更有甚者，有短线庄家在新股的炒作中，一天之内完成建仓、拉升（见图1-4），如2008年4月25日上市的三只新股紫金矿业（601899）、三力士（002224）、濮耐股份（002225），三只新股上市当日上午看起来风平浪静，但庄家已经悄悄地开始了吸筹，迅速完成了建仓，下午开始疯狂的拉升。一个小时左右时间，三只新股的涨幅都达到了200%以上。其中紫金矿业从10元一口气涨到21.6元，该股被上交所于14时25分紧急停牌半小时，于收市前的14时55分复牌交易，复牌后的五分钟内，紫金矿业从高位垂直下跌，两分钟即跌到12.5元，最终收报13.92元。高位接盘的投资者损失惨重，而另外两个新股濮耐股份和三力士，收盘分别上涨213.15%，收盘价大涨164.39%。这类炒作一般都是次日接连几个跌停，做一个假反弹，庄家打压出货。

　　庄家坐庄的操作手法多样，我们按照坐庄几个常见的阶段分为五个部分：建仓阶段，试盘阶段，洗盘阶段，拉升阶段，出货阶段。在后面的章节中我们将分别阐述。

图1-4

第 2 章

错综复杂的关系网

庄家之所以能在证券市场呼风唤雨，玩弄散户于股掌之间，除了具备雄厚的资金优势之外，还由于他们本身地位的特殊性以及自身严密的组织管理。庄家与各个层面都有着先天的、天然的联系，又加上实力的不对等，他们后天也可以创建出错综复杂的关系网，这就是我们所称的公关优势。笔者以亲身的经历，在本章向广大读者揭开一些鲜为人知的内幕。

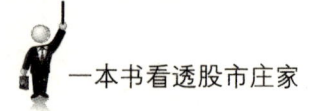

庄家内部机构揭秘

要了解庄家坐庄的内幕，就必须先清楚庄家的内部机构及职能分工。做庄流程一般先由主管制订严谨的投资计划，在经过决策者研究批准之后正式实施，高层统一进行资金的筹措调拨，严密监视做庄过程，造势动作严格按照计划进行，目标价位事先制定，利润目标明确，严格控制市场风险。在整个流程中，涉及庄家内部机构中的各个职能部门。

一般来说，不同类型的庄家，如政府背景的庄家、基金庄家、券商庄家或是上市公司庄家、私募等，其人员分工差异很大。常见的可以分为这几个角色：总管、调研人员、公关人员、调资员和操盘手五种。

一、操盘手及其职能

操盘手是散户谈论最多的一个角色，也是最为神秘的一个角色。人们对于操盘手的想象常出自小说、电视的描写，这其实和实际生活中的操盘手相差很大。

对于庄家来说，操盘手虽不是整个环节中处于主导作用的角色，但因其直接操纵强势资金来左右股票走势，他的成败能影响整个坐庄计划。因此庄家对操盘手的筛选较为严格。一般来说，这些操盘手要精通基础分析和技术分析技巧，具备操纵股价的技巧和经验。在选股、吸货时，深谙散户股民心理，手段隐蔽，防止进货时被人察觉，难以吸到低成本筹码，这将为日后拉抬、洗盘、出货增添困难，如有不慎，甚至会导致到高位将自己套住。

操盘手这个角色又可以分为主操盘手和辅助操盘手。主操盘手指操作股票的决策者，辅助操盘手往往是最终操作股票的直接操盘人。私募庄家、基金公司、券商庄家或上市公司都有自己的操盘手，他们以不同的头衔出现，可以是基金经理，可以是投资顾问，也可以是直接操盘的下单员。

主操盘手，即决策的制定者，比如为了控盘、操纵股票的走势，证券公司由主操盘手总指挥制定策略，部署各个营业部将某只股票往上拉升或往下打压。主操盘手常常不是单个的人，而是由六七人组成，有明确的角色分工。有人负责大背景，如宏观政策，市场是被高估还是低估，目前应该吸货还是拉升等；两到三个人负责跟踪操作的股票的行业变动，比如龙头个股的走势等。

辅助操盘手，即策略的执行者，也就是我们通常理解的直接在电脑前操作买卖的操盘手。决策者下达的指令有三个要素，即一个时间段，浮动的价格区间以及要交易成功的资金量。至于如何在规定的时间段内达到目标，则要考验操盘手的操作手法了。操盘手的素质、个人情绪、个人品质基本上影响了股票的价格走势。同样一只股票，让不同的操盘手来做，它的走势、风格是完全不一样的。即使是同一个主管下的不同操盘手，他们的操作手法也是不一样的。所以在操作时，研究操盘手的思路非常重要。

主操盘手一般是较为资深的人士，辅助操盘手则不一定，多数年龄在25～35岁之间。25岁以下一般是刚毕业的学生，或者踏上社会时间不长，主管对这样的人信任度不足，而超过35岁，在市场上的应变能力变差，一般会被市场淘汰，即使不淘汰，自己也会身居二线。所以操盘手的年龄一般在25～35岁之间为多，甚至35岁左右的都很少，一般在30岁左右。

操盘手也不一定是金融或者经济专业的科班毕业生，而可能是一个综合类的人才，他可能是工科的学生，也可能是理科的学生，文科毕业生学习操盘的也不少。在基金公司，基金管理人的指令很简单，总管说今天买什么股票、什么价格、多少量、最后收盘收在什么价格，剩下的就是由操盘手来做。

对操盘手的管理一般很严格，如果有大项目操作的时候，是要与外界断绝联系的。操盘手的工资差异也很大。一般来说，资深的主操盘手是与老板分成的，比如10%的水平，就是净利润达到1个亿后，就分给你1千万元。而辅助操盘手要差一些，一般视奖金多少。举个例子，主管会给他一份操盘的股票流通股股东排名，被画了叉的就是让他洗盘出局的对象，20日清单上不见该股东，他就会拿到奖金。如果操盘手的水平不到位，经常也有失败的时候，比如某个操盘手接到指令，要在涨幅2%以内买100万股，但当他只买了二三十万股的时候这只股就被拉升上去，这时只能再打电话请示下一步战略。

操盘手的奖金情况在不同类型的庄家中差别很大，比如有政府背景的庄家、基金、券商、上市公司等的操盘手就不一定有分成，一般也就是基本工资加点奖金。这种情况下容易滋生暗盘，市场中最多的暗盘都是来自他们。由于暗盘的存在，操盘手在操盘时平添了一些困难。2001年后，长达5年的熊市曾经将一大批精英操盘手逐出这个行业。这也使得第一代操盘手的情形比较惨淡。表2-1是中国第一批操盘手的结局。

表2-1

姓名	属性	结局	经典案例	文凭	风格	爱好	最高财富	备　注
马　晓	私募	赔光	界龙实业	高中	激进	赌博	1 000万元	
唐万新	私募	赔光	湘火炬	大专	重组	旅游	30亿元	
康晓阳	券商	入狱	申华股份	本科	差价	围棋	6000万元	
庄晓雁	券商	逃亡	苏常柴	本科	双轨	钓鱼	100万元	

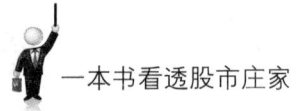

（续表）

姓名	属性	结局	经典案例	文凭	风格	爱好	最高财富	备　注
张少鸿	期货	入狱	深发展	中专	策动	历史	1亿元	
吕新建	私募	逃亡	中科创业	本科	重组	诗歌	2 000万元	一般都称：吕梁
夏晓雪	券商	禁入	新亚快餐	本科	重组	洗澡	500万元	
王寒冰	券商	逃亡	琼民源	本科	差价	围棋	200万元	
蔡　明	券商	窘况	海虹控股	硕士	双轨		1 000万元	2003年操作长安汽车，1995年操作琼金盘和1998年、2000年操作万风华高科
华　实	私募	窘况		本科	顺势	旅游	2 000万元	
苏　华	私募	赔光		本科	顺势	赌博	1 000万元	
陈　荣	私募	转行	本地板块	大专	重组	保龄球	27亿元	
赵笑云	私募	胜利	青山纸业	本科	差价	音乐	1亿元	东方趋势掌门人，现在全家在美国"留学"
高　岭	券商	逃亡	辽源得亨	大专	差价	足球	100万元	
常晓建	企业	窘况	漳泽电力	本科	闪电	读书	1亿元	
花　荣	私募	窘况	西藏明珠	本科	盲点	足球	2 000万元	狐狸系列对很多人产生了重要的影响，了解一个神秘群体
肖建华	私募	窘况	明天科技	本科	重组	旅游	1亿元	北大明天系实际控制
张　海	港资	转行	方正科技	本科	收购	足球	8亿元	凯地系灵魂人物，曾因健力宝事件入狱
孙田志	券商	入狱	虹桥机场	大专	策动		2 000万元	南方证券首席操盘手，目前因为对南方负有领导责任而被收押
刘志远	私募	逃亡	世纪中天	硕士	收购	历史	1亿元	
黄　镇	期货	窘况	绍兴百大	中专	差价	赌博	1亿元	
张雁翎	券商	窘况	郑州煤电	大学	差价	历史	200万元	远不止这个数字，当年在北京以信达信托前门和灵境两个席位（即目前银河前门和双榆树两营业部）对敲拉升，堪称经典
洪　猛	券商	窘况	太极集团	大学	顺势	旅游	6 000万元	最有名的成名作还是2000年做网络股龙头600073上海梅林
苗少锋	券商	失踪	浙江中汇	大专	差价	赌博	100万元	
罗　成	企业	逃亡	亿安科技	大学	重组	读书	2亿元	
雷立军	私募	转行	深天地	高中	闪电		5 000万元	当年干出4 000万封单买进3 600万股盘子000021，即原深科技A的杰作，显示实力，那时就是钱多就行的时代
李宏卫	企业	逃亡	兴业房产	高中	收购	哲学	100万元	
魏建军	券商	入狱	外高桥	硕士	策动	诗歌	100万元	
石　军	券商	入狱	华银电力	本科	顺势	骑马	2000万元	

这份名单中还少了北京的王峰（国电电力）、君安的杨俊（厦海发）、国信博时的葛旋（风华高科和凤凰光学）、原银河证券自营部总经理罗善强（东风汽车）、东方证券王国彬（四川长虹）、王星风（新疆屯河）、北融投资马世兵（粤电力）等著名操盘手，这些或身居私募，或券商，或期货，或企业中的著名操盘手们，虽曾在当年的股市中叱咤风云，最后的结局却是发家的极少，多数都赔了，不由得令人唏嘘。股市数年的低迷套住无数小老百姓，这些曾和数十亿上百亿资金打交道的证券玩家们竟也逃不出宿命。不是他们无能，而是市场规律使然，当散户被斩杀之后，他们也没有好下场。这是一个最终没有赢家的市场。只有那些赢了钱急流勇退的人，才是笑到最后的高手。财富可以成就一个人，更可以毁灭一个人。对于操纵大资金的操盘手们而言，人生更是需要修炼的功课。

二、总管及其职能

总管的主要职责就是制定一个大的方针、决策，包括选择什么样的品种，什么时机进场，持仓总量，操作手法，出货方式以及资金调度，这一切的一切由总管来总体协调管理。

总管这个角色可以是券商的老板、上市公司中的董事长等。某些机构的第一把手会指定一个人来做总管，自己并不直接参与。有时候，这个角色的职责也会与主操盘手有交叉。

三、调研人员及其职能

这个角色的主要工作是与上市公司进行沟通，通过接触上市公司，提出一些意见和建议给老板。有的券商在做单一股票的时候，甚至可以派一个人长期驻扎在上市公司。这个调研人员要能处理好各方面的关系，所以也是一个好的公关人员，否则就拿不到第一手的资料或者得不到真实的信息。同时，这个人还是善于进行综合研究和分析的技术人士，否则，得到的信息也是没有用的。

四、公关人员及其职能

公关这个角色类似于新闻发言人，是庄家派出的脸面，必须要接触形形色色的人，包括上市公司、咨询公司、电台、散户、大户、股评家。公关人员需要贯彻总管的意图，很多消息的散布就是这些人来做的。公关人员看起来不显眼，一般的人可能想不到他们的背后有雄厚的资金做支撑，这些人发布的信息一定是总管或副总管要求他发布的，所以，他说的每一句话都是纯净水，经过了复杂的过滤程序。

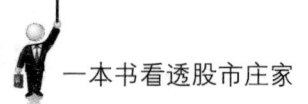

五、调资员及其职能

调资员负责资金调度。如果是券商、企业或者上市公司在坐庄，一般其财务人员就兼任资金调度人员。联合坐庄的资金调度人员一般由主管来定，他只跟银行打交道，与其他人联系很少。

六、坐庄流程中的组织协调

股票市场情况瞬息万变，存在很多可能性，既提供了获取利润的巨大空间，又蕴藏着高度的风险。庄家在力求资金安全和保证盈利的基础上，通过制订严密的计划和管理规章制度，建立完善的决策和风险控制体系。庄家内部都有严密的组织管理，整个做庄过程高度重视做庄的保密性、计划性和过程控制。

一般情况下，一只股票的坐庄可能会按以下流程进行：在与上市公司谈好后，庄家的核心人物——一般2~3人，就会制订一个完整的操盘计划。而股票二级市场的K线走势大体形状，也在早于资金入市前就会设计好，然后，坐庄就开始进入吸筹阶段。

在吸筹阶段，庄家一般利用上市公司利空消息的打压，在K线的走势上做一个平台，这被称为底前平台。在这个平台的吸筹会压缩个股成交量，在大多数人认为股票不可能下跌的情况下，庄家一般还会往下打压股价，打破中小投资者的心理底线，这个价位大多数是整数价。但大多数庄家在打破该价位后，一般很快就会复位，并形成一个"V"字形的反转，复位大多数情况下会在当天或是第二天就完成。最后在拉升之前还会有一跌。

吸筹是坐庄比较重要的阶段，一般为减少知情者，此阶段的操盘手配备一个辅助操盘手，控制5亿元左右资金进行吸筹。而且一般庄家会租一个地方让操盘手吃住都在那里，以减少操盘手与外界的接触。严格上讲，操盘手（一般是指辅助操盘手）只是庄家的一个工具，他们按庄家的要求行事，大多数的操盘手（在一些类型的庄家中负责筹划的主操盘手除外）并不知道股价的升跌计划，有时甚至会出现庄家明明是在出货，但有的操盘手还认为是在进货的情况。

筹码，也就是二级市场流通股的股份吸得越多，那么庄家拉升过程中所需的资金就越少，因此一般的庄家会对该股进行控盘，通过上千个的户头来持有该股流通盘的60%以上股票，这里会出现上市公司流通股股东人数大量减少的情况。

在完成吸筹后，配合以上市公司的少量利好消息，股价开始上升。在这期间，所有股价的上升或是下降都是庄家通过一个或是两个操盘手，在同一个庄家不同的账户

里通过股票对敲买卖来实现。这种对敲的交易成本并不高。如果坐庄者本身就是证券公司的话，那么支付的也只有印花税，如果不是券商坐庄，庄家一般与券商之间也会有合作，手续费很低。

进入拉升阶段后，庄家手下的操盘手人数开始增加，并随着股票市值的增长开始分散筹码。操盘手被分散到各个证券公司营业部，相互之间有很多人都互不相识，这样可以不让操盘手交流。此时有的操盘手可能是在买进，有的则是在卖出，因此操盘手是无法搞清庄家到底是在出货还是在吸货的。

到达庄家设计的顶部目标价位之下20%的价位，庄家开始边拉升边出货。此时，上市公司在消息面上的配合会渐入高潮，一些具有股评资格的咨询公司也开始配合庄家向投资者推荐该股。事实上，到股价调头向下时庄家也在出货。后期庄家出货越来越难，股价拉升到最后只有自拉自唱了。

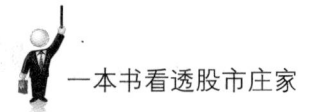

庄家与上市公司的关系

我们讲述了庄家的内部机构组成，其中有几类角色就是专门联系各方关系的。庄家坐庄是一个极为复杂的工程体系，牵涉到社会的方方面面。庄家往往会借助各种力量，调动一切可以调动的因素，动用一切可以动用的力量来支持和协助整个坐庄活动。在这个坐庄过程中，投入一定的人力、财力、物力搞公关，是他们为达到坐庄成功的一种必不可少的手段。

公关人员的工作就是贯彻总管的意图，与各种社会关系打好交道，把消息顺利发布出去。但如何顺利地发布出去呢？总不能拿着一个高音喇叭当街叫卖吧？这里面就涉及庄家的公共关系。

庄家的公共关系包括：与上市公司的关系、与媒体的关系、与股评机构的关系、与券商的关系，还包括与交易所的关系、与当地政府的关系、与监管机构的关系等。前三者与消息发布关系密切，我们分别讨论。本节我们重点探讨庄家与上市公司之间的关系。

一、庄家为何要攀上市公司

庄家坐庄过程中，为何要寻找上市公司建立关系呢？这其中的好处可数不胜数。

（1）首先必须从上市公司处获取公司流动盘筹码的分布情况，尤其是要了解前几名筹码持仓量的情况，为日后操作提供第一手资料。

（2）庄家在坐庄时，庄家要与上市公司搞好关系，上市公司的经营状况、重大事项的变化，庄家都能第一时间获得消息。

（3）在坐庄过程中，能获得上市公司的密切配合，为发布消息、制造题材提供方便。庄家与上市公司形成一个特殊的利益群体，结成一种特殊的同盟，以达到利益的互助和坐庄计划的顺利完成。

由于庄家自身都具备各自的优势，他们与上市公司之间就很容易建立起超乎寻常的密切关系。比如券商类庄家，对于自己承销发行或配股的上市公司，在进行投行业务的过程中，就建立了密切的合作关系，对上市公司的发展前景、如何包装等问题了然于胸。一旦决定坐庄，必然对题材的把握、上市公司如何配合等问题全部搞定，才会真正运作。玩弄散户也就不在话下。

二、上市公司为何要勾搭庄家

上市公司为什么会配合各路庄家一起兴风作浪呢？在坐庄运作过程中会得到哪些好处呢？以下简要加以分析。

1.上市公司高层管理人员个人会获得暴利

获取收益的途径可以是组织资金跟庄买入自己公司的股票，也可以直接从庄家的操纵利润中分一杯羹。由于我国尚未实现个人资产实名制，有些法律上的限制形同虚设，比如不准高管人员及其亲属购买自身公司的股票，那就随便找一批无直接关联关系的身份证照样可以操作，且存取资金非常方便，连"洗钱"的步骤都省去了。

2.股价炒高有利于上市公司"圈钱"

"圈钱"是投资者对上市公司筹资的形象称谓，因为我们的上市公司中确实存在一批"重筹资、轻转制"的分子，一心只想在证券市场上伸爪子捞钱，从不打算回报投资者。这类公司上市之后，发行筹集一笔资金，利用这笔资金勉强维持局面，甚至依靠"投资收益"维持业绩，保持配股资格，股价炒高之后，就可以将配股价格定得高一些，以利于圈到更多的钱！

3.可能提高公司"业绩"

有时候庄家为了达到大幅提升上市公司业绩，以利于炒作的目的，会主动找笔钱将上市公司的破烂当宝贝高价接手，这种牺牲一点操纵利润，却能收到奇效的高招在市场上屡见不鲜，去翻翻一批重组黑马的报表，您就会恍然大悟！

当然，随着近年来法律制度的健全及上市公司自身素质的提高，很多上市公司都是拒绝与庄家同流合污的。

三、庄家与上市公司的几类关系

在庄家与上市公司的特殊关系中，一般有以下几种形式：一种是庄家寻求上市公司的配合，一种是上市公司主动寻找庄家，还有一种特殊情况是上市公司自己就是庄家。当然，也有一些庄家并没有与上市公司形成同盟。下面分别讲述。

1.庄家寻求上市公司的配合

一般是庄家筹集了资金之后，但缺乏项目，于是通过种种分析寻找目标公司，最后与公司谈判合作。为什么庄家要找公司呢？因为坐庄本来风险就很大，如果上市公司不配合，该出利好的时候出利空，该出好业绩的时候偏宣布亏损，庄家就有苦难言了。但公司不能只口头上说配合，一般要出一部分资金交给庄家来做，美其名曰"投资"。

由于这是庄家有求于上市公司，所以一些庄家要送钱给公司。庄家给上市公司的钱不多但也不少，一般是几千万左右。有的还根据上市公司出资的多少给一定的回报，比如公司出3 000万元，庄家一般给公司分3 000万元。这笔资金上市公司要妥善处理才能入账，变成利润，也有的不入账，但留给了母公司，因为母公司的报表不要公布。还有是利润分成的，但是利润分成不好控制，所以比较少。由于有这种情况的存在，凡是出现这种情形的庄家，多数要给上市公司某些领导一定的回扣。上述情形是很丑陋的，作风很恶劣，随着法律法规的规范，相信今后会越来越少。

因此，与上市公司的联系是非常重要的一节，事实上，大多数的上市公司在庄家调查之前就与庄家早有接触。一般来讲，如果没有与上市公司达成合作之前就吸货的话，一般庄家只会吸收流通股的15%左右就罢手。这样，庄家如果可以顺利与上市公司达成合作，则继续吸筹，谈不成的话则少做一把就顺利撤出。

上市公司拿了人家的钱，必须给予充分的消息配合，你让出什么消息我就出什么消息，你让什么时候出我就什么时候出。有的上市公司的报表必须经过庄家审查，甚至就是庄家帮助做的。

这种情况下的上市公司业绩早在一年前就可以策划好。研究员的水平再高，也没有办法预测出来。

比如2004年赛马实业第一季度报亏，第二季度报预增50%，死马变成了黑马。2004年赛马实业公布上半年度业绩增长的提示性公告：鉴于宁夏赛马实业股份有限公司2003年8月成功发行股票所募集资金偿还了银行贷款，致使公司财务费用大幅下降，经初步估算，公司2004年上半年实现净利润与去年同期相比将上升50%以上，具体财务数据将在2004年上半年度报告中披露。2004年第一季度报亏，股价以10元一直掉到5.98元，属严重超跌。第二季度报预增50%后，开始了一波拉升。如图2-1所示。

2.上市公司主动寻找庄家

这种情况一般是，上市公司进入配股时期，或者有好的项目，但股价比较低，上市公司希望股价涨上去，所以找庄家来做自己的股票。尽管是他来找庄家，但庄家也是要给上市公司好处的，为什么呢？因为庄家能赚1个亿或是2个亿，需要公司的充分配合，所以庄家愿意给公司好处。另外一方面就是为了充分地笼络上市公司，让公司彻底地为他服务，甚至要给上市公司某些领导一些好处。比如有的庄家会想方设法找到上市公司的高层，通过各种办法打通环节，让公司高层配合着出一些消息，至于回报，让这位高层用别人的名字开户买点本公司的股票就可以了。

在双方的合作中，上市公司主要负责消息面的配合。如果是单纯进行消息面的配合，上市公司获得的报酬往往就是坐庄纯利润总额的20%左右。这笔资金大多会通过

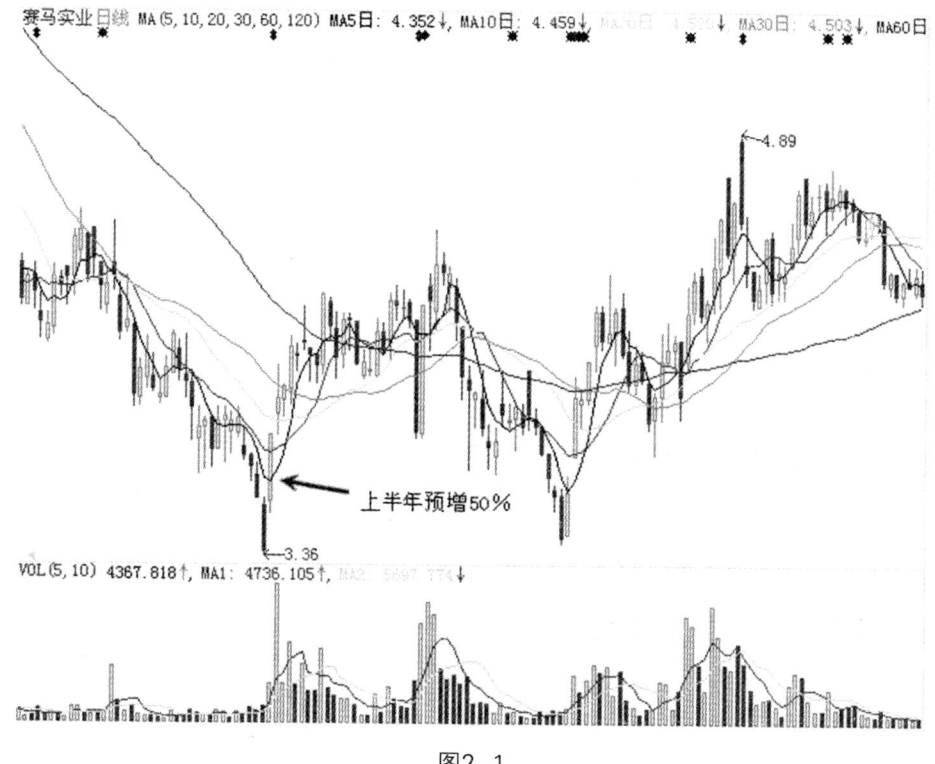

图2-1

某个公司与上市公司进行贸易（以非公允价格或是大批量购入上市公司产品），或是上市公司投资的某个公司以投资回报的方式输入上市公司，成为上市公司业绩的一个重要补充。

3.上市公司自己就是庄家

这样的例子也不少。由于自己就是庄家，所以在操作的时候更加从容，进出也更方便，利润更丰富。几年之前许多上市公司就是依靠做自己的股票才包装出利润的。现在这种现象逐渐少了。

这种情形一般上市公司会把资金通过其他的渠道参与到股票的买卖中，用资金直接参与到坐庄。为逃避监管，上市公司最常用的模式就是通过母公司向股份公司借款，由母公司出面与庄家进行合作，然后把赚来的钱以其他的名义，比如母公司向股份公司高价包销某种产品，这样通过产生利润的方式把钱注入股份公司，做好业绩。

4.庄家与上市公司无联系

这种情况一般发生在部分私募或者游资为主的短线庄上，他们快进快出，操作手法凶狠，短时间内完成建仓、拉升、出货，这种庄往往难以持久，一般是自顾自，吃一波就走。也有的时候是被其他庄阻击，吃不了兜着走。

还有部分中线庄和长线庄家也采取这种做法。如某只股票上市当天就有人在做，坐庄的买了一大堆，上市公司根本就不知道。上市公司本意是希望公司的业绩改善了，找个庄来做一做，但是这个庄不跟公司打招呼，一买就是上千万股。由于没有公司配合，结果就做不起来，只好在做到20元的时候与上市公司联系，后来通过给上市公司宣传和注入生物工程项目什么的，终于有机会拉高出货。一般来说，与上市公司不联系的庄一般都是短庄，或者是小庄，如果要做成大庄就必须有这种联系。据笔者所知，有不少庄家在操作的时候与上市公司不联系，但后来由于恰好遇上大势反转，结果照样顺利出货。还有的庄家则没有这样的好运气，到最后不得不求上市公司配合，当然代价是很大的。

四、两者如何勾结炒作

在前面三种合作模式下，庄家与上市公司两者谈好合作后，经过对上市公司的调查，一般一套完整的坐庄消息配合计划就会产生。根据计划，上市公司在庄家吸筹阶段开始出利空消息，在庄家的拉升阶段限量出利好消息，在其出货阶段发出大量的利好，以利于庄家的出货。这些消息有上市公司主营业务的收入公告、资金投向公告、合作项目公告以及上市公司的各种收购、重组与兼并等。所有这一切在决定坐庄前就会全套设计好了。具体的公告内容和时间会根据大盘情况、庄家的吸货情况和出货情况来决定。

关于上市公司与庄家之间的合作，在上市公司里一般有四个职位的人可能会知道内情，即公司的董事长、总经理、财务总监与董事会秘书。这四人中，董事长一定是知情的，而其他人有可能会不知情。但是，上市公司一般只是知道消息配合的具体情况，并不知道庄家的具体操作手法。事实上，由于多一个人就多一份风险，因此现在与庄家配合的上市公司往往都是掌控在庄家的手中，也就是庄家利用资金收购上市公司股票的同时也做该公司的庄家。

由上述分析可以看出，上市公司与庄家互相合作、互相利用、互相勾结，才能使一只股票做得完美。跟庄，也只能跟这样的庄，否则，一旦上市公司不配合，庄家只有望洋兴叹。

如2006年5～8月，深圳某公司连续多次发出警告，说公司没有重组、没有重大信息、生产状况一般甚至可能亏损等，结果该股在市场最热的时候也走得异常艰难。中期报表果然是亏损的，显示出庄家不与公司联系的特征。当庄家与公司沟通后，即使该公司是亏损的，股价也仍是15元以上。2006年10月，广东某公司股票刚刚出现一个涨停板，公司就急忙声明没有重组、没有股权转让、没有利好、照样亏损，结果该股12元附近就是上不去，庄家只有斩仓出局。

同样由上述分析可以看出，如果上市公司与庄家勾结，一般来说可以决定如下事项：

（1）公司的利润多少，有的庄家可以提前两年知道公司的未来业绩。

（2）公司的报表如何做，写什么话，不写什么话，都有讲究。

（3）公司董事会决定什么事情，公告怎样写。

（4）公司的报表和重大事项公布的时间和方式，公司宣传报道的内容和披露的媒体。

（5）公司老总的访谈录、公司董事会秘书的答记者问的内容。

（6）公司资产重组的内容和方式。

（7）公司大股东股权转让的方式和价格以及受让方的选择。

（8）公司辟谣公告的刊登与内容。

（9）公司部分产品的销售量与销售价格。

由于上述原因的存在，要通过调查研究弄清楚上市公司的业绩和重组内容，几乎比登天还难。

比如有一家企业，承销商与上市公司勾结，居然能把注册的时间提前，把本来没有的利润变成有，把本来没有发行的股票变成已经发行，到最后，除了公司新股发行拿到的钱是真的之外，一切都是假的。又比如前几年某只令人深恶痛绝的股票，公司居然能虚构利润6亿多元！而该公司老总在银铛入狱的时候还喊冤：大家都这么做，凭什么只抓我！

庄家为所操作的股票制造各种利好，制造利好的方法有很多，如果做的是小盘绩差股，甚至ST股，可以通过别的公司向这个上市公司下订单，上市公司生产什么就买什么，把产品买过来再找下家低价卖出去，在这方面虽然赔钱，但上市公司的业绩却在短期内增长，季报一出，连拉两个涨停损失就弥补了。

还有比较高明的方法就是专门成立一个空壳公司，然后用这个公司跟上市公司谈资产置换、重组。上市公司当然会积极响应，然后庄家往外一放重组的消息，股价立刻翻番地涨。近两年新出了一种手法，也非常高明，就是庄家选择一只质地不错的股票建仓，然后也像公募基金那样，派人到上市公司去搞调研，做出完整的调研报告，去卖给公募基金，一旦有几家公募基金的经理看中这只股票，开始建仓，那庄家就省了很多拉升的力气。因此，目前许多基金重仓的股票，其实也可能有庄家活跃其中。

当然，股市总是在规范、在发展。随着相关法规的进一步完善，上述互相勾结的丑陋行为已经越来越少。

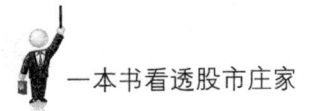

庄家与传媒的关系

一、庄家利用传媒

现代信息的高度发达，使传媒发挥的作用越来越重要。庄家为便于炒作，往往与传媒建立和维持良好的关系，以其在传播信息时，得到传媒的支持与配合，至少不至于作对或拆台。另外还可以借助媒体传播、发布利好或利空等各种消息和题材，在市场中起到推波助澜的作用。比如，可以假手传播有关利好或利空的小道消息，借权威之口夸张某种题材的意义，需要唱多时让各种媒体唱多；反之，让他们一致唱空，以此操纵股民心理和行为，配合各阶段炒作行动，以此来迷惑投资者扰乱投资者的行为，这样有利于庄家很好地按自己的规划布置市场。

二、利用传媒的次序

市场中各种有影响力的报刊是庄家密切关注的目标。庄家在利用媒体的时候有个基本次序：先通过记者或者通讯员发一些小道消息，再逐渐通过记者或者通讯员发一些老总的访谈录，再在报纸上开一个专栏连续宣传，随后在报纸上出整版的投资价值报告。你可以根据这个原则判断庄家的操作步骤。一般来说，出小道消息的时候正是股价上涨的中期，庄家出消息的目的是减轻拉高的压力。到了出老总访谈录的时候，一般就可以开始初期的出货了，到出整版投资价值报告的时候，一般就到了出货的中期了。很少有庄家光花钱做宣传而不出货的。

举个例子，某只股票从2006年2月的8元涨到6月的28元，报纸上几乎没有任何宣传。到股价接近29元的时候，开始有小道消息报道说某项目竣工，到30元的时候，有公司老总的访谈录；到33元附近的时候，出来了整版的宣传报告，甚至拿出某家会计师事务所的评估报告来告诉大家该公司的业绩能上涨到什么高度，让你看了恨不能立刻杀进去。可惜，此后该股却持续下跌。

所以，做股票的时候要坚持一个基本原则：股评说得越好时，媒体上宣传做得越多时，就是庄家要出货了。

2009年的一个周末，有一家报纸的荐股栏目有5家机构同时看中了某只股票，而在随后的星期一，这只股票一开盘就涨停，无数的散户在等待，最后涨停板打开，庄家

顺利出货。这个涨停板也就成了中长期的头部。这也是庄家利用媒体、利用机构、利用图形造价的一个典型例子。

三、散户的应对

对散户来说，了解到庄家与传媒等的关系，也可以为我所用。比如，当利空出现，走势并不弱且还有庄家吸货痕迹时，则可以相互印证，坚定自己跟进的信心；反之，已有相当的升幅，此时又有众多利好流传，而看盘面，量大而价不涨，那么此类利好消息应当可视为庄家出货前发射的烟幕弹，先溜为妙。

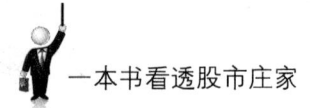

庄家与股评机构的关系

股评家是股市舞台的前台演员，但广大投资者对他们的了解未必全面、深入。经常出现在电视、报纸上的专业股评人士，有一个响亮的头衔——证券分析师。他们必须是参加考试取得从业资格后，方能上岗从事证券咨询、分析业务，为投资者提供服务的。作为专业人士，股评家处于信息的中心地位，形成某种程度的权威，拥有比较大的影响力。专业地位决定了他们能够了解更多更全面的消息，作出准确的判断，预测未来的走势。按说这应该是能受到广大投资者喜爱和尊敬的职业。

但现实情况并非如此，前些年某大学社会调查报告显示：在100种社会职业中，股评家的社会地位排名第96名。

应当肯定的是，绝大多数咨询业的从业人员是尽到责任，严格按照市场的原则和行业要求进行业务工作的，但不可否认，仍存在部分机构和个人采取种种手段，进行不正当的活动。市场上常见有分析意见，给投资者提供信誓旦旦的预测，甚至某些人士提出在某某时刻某某价位进行买卖，保证收益等。某一些别有用心的股评人士和股评机构，他们在某种程度上与庄家连手，在推荐潜力股时总是选那些连拉长阳的股票叫人坚决介入，并一再强调其基本面如何如何之好，后续题材如何如何的丰富，让市场上投资者一买就套。或是推荐那些散户买不到的股票，而等你买得到的时候，股票的风险已经相当大了。

所以，做股票的时候要坚持一个基本原则：股评说得越好的，媒体上宣传做得越多时，多半是庄家要出货了。

有时作为甲方的券商研究员亦会边写利好报告边自买股票谋利，乙方基金们然后用资金为其造势。

典型案例来自联合证券宋某与广济药业案。2007年4月17日，广济药业召开股东大会，据有关人士透露，当天股东大会上来了9个专业人士，其中有包括宋某在内的几个行业研究员，还有几个做私募的人。而就在当日，宋某完成了关于广济药业的第一篇报告，随之，公司股价就出现连续5个涨停。如图2-2所示。

此后，宋某又分别于4月23日、4月27日、5月11日分别发布了《VB2价格持续涨夯实广济投资价值》、《广济药业更新报告——2007年业绩增长趋势已彻底明朗》、《VB2价格再创新高，上调广济2007年盈利预测》三篇报告，在最后一篇研究报告中，

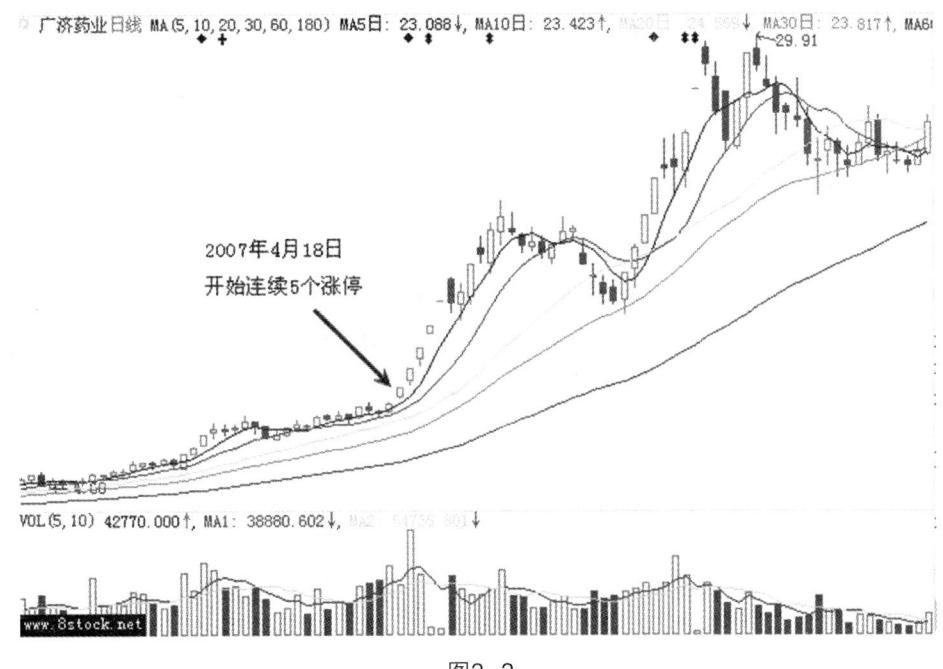

2007年4月18日
开始连续5个涨停

图2-2

宋某分析，广济药业VB2（核黄素）出厂价由240元每千克上调到340元每千克，涨幅高达40%左右，由此将公司2007年的盈利预测从0.49元调高至0.77元，未来四个季度的业绩将会达到1.1元。所给出的投资建议为："只要股价尚处于合理区间内，产品价格仍处于明显的上升通道中，投资者应该耐心持有，充分享受因产品价格不断上涨带来的超额收益。"

从宋某4月17日出炉第一篇关于广济药业报告算起，到5月11日四篇报告出毕，公司股价一直从9.42元上涨至19.10元，上涨幅度高达114.61%。5月14日周一开盘，广济药业被深交所进行临时停牌，深交所由此开始对公司股价异动进行调查。

深交所的最后调查显示，刚毕业不久的宋某利用其实名账户就从广济药业中获利12万元。

类似宋某的情况并不鲜见。2004年4月，著名股评家孙某就因炒卖自荐股票安源股份，成为首个被曝光的"黑嘴"。2004年4月6日，2003年年报，在公司十大股东名单中，位居第十大股东和第四大流通股东的就是孙某，截至2003年12月31日，他手持流通股股份达22.03万股。而孙某执掌的山东神光证券咨询公司在去年11月28日和12月26日发布的"神光预测"中都力荐安源股份。早在2002年安源股份首日上市，神光新股定位准确预测了该股12元的开盘价，一分不差、一厘不少；2003年11月28日和12月26日，《神光预测每日传真》机构版在谈到煤炭板块时均推荐了安源股份，随后该股也一路上扬，而孙某正是在去年12月31日出现在了十大股东之列；2004年3月4日，《神光预测每日午间传真》机构版再次推荐安源股份，当日大盘只是微涨，而安源股份则大涨了4.36%（见图2-3）。

图2-3

在当时的《证券从业人员行为守则（试行）》中第二十四条就明确规定了"证券投资咨询机构及其投资咨询人员，不得从事为自己买卖股票的活动"，而孙某身为咨询公司老总，却亲自用自己的账户买股，这自然就违反了相关规定。

庄家与其他各方的关系

一、与券商的关系

庄家与券商之间也有着密切的关系。若庄家自身即为券商或基金公司，这根本就不是问题；若庄家为民间投资机构或其他形式的机构，他们会借助券商的力量协助自己完成坐庄任务。具体而言，券商在庄家坐庄过程中提供如下帮助。

1.资金支持

庄家在建仓完成后，往往需要融出拉升所需资金，而券商是重要渠道之一。

2.投行业务支持

由券商出面协调与上市公司及其他层面的关系，往往事半功倍，而券商的投资银行业务能力往往是各路庄家所羡慕的。比如借公司配股或增发之际，将股价打穿配股价或增发价，由券商包销后倒仓，可以坐拥廉价仓底货。

3.二级市场运作支持

诸如设立多账户联结资金账号、高比例佣金返还。在出局时若有困难，个别不良券商会为了庄家的让利而引诱本部投资者高位接盘。

当然，庄家对券商而言也是有很大诱惑力的。比如，大笔交易造就的大额成交，除能带来实实在在的佣金之外，还能因成交额做大，而使营业部在交易所的成交排行榜上排位居前，提升自身在证券市场中的地位；在融资过程中，券商会得到资金收益；在为庄家提供其他服务或协助时，券商同时能得到相当可观的收益。而这些都是中小投资者不具备的，这就决定了在券商眼里，两者的地位是不可能对等的。

二、与银行的关系

庄家由于财大气粗，当然是银行的大客户。由于各行业在经济调整中，盈利能力降低，而银行商业化改造后，出于贷款安全性的考虑，也愿意通过三方协议将资金融给股市中各路庄家。这种活动在证券抵押贷款政策实施前已是公开的秘密。因为最不济事的庄家也能通过一级市场打新股来获取贷款利率和一级市场收益率之间的差价。这种既能保证银行储蓄资金有出路，又能满足庄家的融资需求，形成双赢的美事，何乐而不为呢？

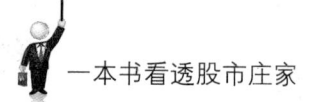

三、与中介机构的关系

中介机构主要包括具备证券从业资格的会计师事务所、律师事务所和投资咨询顾问公司等。

一般的中小散户没有能力、也没有必要与这些中介机构建立密切的关系，但庄家则不同，与中介机构建立起良好的合作关系，是坐庄成功的重要环节之一。庄家出于牟取暴利的目的，善于利用天然的优势去对中介机构施加影响，必要的时候可以利诱，那么这些中介机构对坐庄会有哪些重要影响呢？

1.会计师事务所的作用

会计师事务所对上市公司的年报、配股、发行、增发及T类公司中报均负有审计的职责。目前，市场上的会计师事务所坚持公正、各尽职守的仍为主流，但是PT红光、ST郑百文的欺诈上市，让我们清楚地看到会计师事务所玩忽职守、甚至故意隐瞒真相，联合上市公司、券商或庄家欺骗中小投资者的现象仍相当普遍。抛开这些欺诈不说，在会计准则许可范围内调整会计科目的记账方法、进行利润调节等合法化手段也经常成为会计师事务所与庄家合谋的方式。普通投资者由于不具备专业会计知识，即便是懂得，用合法化手段做出的报表，由于缺乏详细的资料，也无法得到准确的信息。这样，只能以会计师事务所的审计意见为准。可见会计师事务所的重要性。庄家若想利用报表、重组等方案来操纵股价，就有必要利用会计师事务所了。

2.律师事务所的作用

律师事务所介入上市公司的重要事件之中，是近两年管理层规范管理加强的一种表现，这同时使庄家又必须面对新的形势调整策略。上市公司的重要事件是在律师事务所监督的，若庄家想搞点猫腻，就必须把律师事务所搞定，相互配合才能成事。否则，心血白费。公正地指出"程序不合法"的结论就可以否决一项重大决议。庄家敢对此掉以轻心吗？

至于投资咨询、财务顾问公司，同样与庄家有着或多或少的关系。在许多投资顾问报告中，能在真正具备投资价值区域撰写，介入后确有较好收益的寥若晨星，更多的是协助上市公司或庄家找出诸多卖点的在高价区域才能见到的报告。

由以上分析可知，庄家对中介机构的公关优势可以帮助其在诸多方面完成坐庄的部署，其重要性不言而喻。

四、与专家、学者的关系

庄家与传媒及对经济决策有影响的专家、学者保持良好关系，能够充分利用这些

人士的作用，获得他们的指点与忠告；还可以了解国家政策的意图，及时把握影响上市公司的最新发展动态，提前知晓利空或利好政策的出台，可有效地防范风险，减少不必要的损失。同时，更可以早一步知晓对股市有重大影响的政策出台的时机，从而有效地避免政策变动风险，化风险为机遇，抓住有利战机。

五、与当地政府部门的关系

由于经济发展不平衡，我国区域差别很大，致使形成当地政府对上市公司的支持有很大的差别。例如，少数民族地区的上市公司能获得当地政府的支持和保护。这样有利于庄家的坐庄活动，也有利于庄家逃避监管、推卸责任。

在有重大资产重组行为发生时，一般都要涉及地方或行业的利益，有些地方政府本身还保留着上市公司大股东的位置，因此，需要妥善处理相关各方的利益，重组才能进行。

六、与交易所的关系

庄家必须随时与交易所取得联系，确认是否有其他主力进入，确认进入的主力为哪个机构，以便采取策略，如割肉止损、谈判合作、强势驱逐等。

我国证券市场除了《证券法》、《公司法》之外，还有一系列针对上市公司规范运作的规定和规则，有些直接由证监会授权交易所把关或执行。这样，庄家的一些活动必然受到交易所的监管，比如二级市场的对敲、倒仓行为，交易所电脑主机撮合成交时，所有席位及账户的成交数量、成交方向一目了然，若严格按《证券法》细究起来，很多庄家根本没法做下去。然而，为了保持证券市场的相对活跃，对不是特别猖獗的行为，交易所不过分追究就是了。因为《证券法》本身也没有对这些行为有严格的司法解释以划定界限。

此外，坐庄前都要了解目标股的筹码分布情况，单纯从二级市场分析或试盘，无疑困难较大，若能有交易所的数据则省去许多麻烦。例如，上证所信息公司的"赢富数据"于2009年1月1日全线摘牌，其原因就是投资者能通过该产品看到每一只股票在过去某一个交易日中的买进、卖出总量排名前十位的席位代码，使庄家的行为无法遁形，打乱了庄家的操作计划，使其操作成本大大提高，最后迫于机构的压力而摘牌。

七、庄家与监管部门的关系

除公募基金以外，其余均不接受监管部门监管，公募基金的基金产品必须经过监管部门审批。

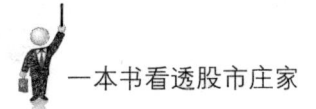

现在的庄家很多已改变过去资金短炒的方法，而采用二级市场收集筹码，从基本面改造上市公司，进而实现上市公司的脱胎换骨，这就是常说的资产重组。而资产重组往往涉及大宗股权转让、公司注册地址变更、税收政策优惠、富余人员安置等一系列复杂问题，这些若无管理层的支持，肯定是难以顺利进行的。

八、庄家与其他机构的关系

当某主力在操纵股票遇到意外抵抗而无力支撑时，可以与友好机构一起合力操纵，消除意外抵抗，共同获利。

对于联手炒作，还涉及联络、谈判、投入资金多少和进出时机协调，利润分享办法的确定等，需要周密细致的策划。

综合来看，庄家公关的目标对自己实施坐庄计划有明显的倾向性。庄家的主体不同，实力有差异，所公关的对象选择也有差异。资金实力较小的庄家，公关的重点放在上市公司；炒大市、炒板块的庄家对传媒专家较重视；上市公司自己坐庄，主要放在主承销商上。还有一种庄家实力雄厚、目标远大，能调用市场上一切的公共关系来为自己所用。

股评背后的隐私

前面我们谈了股评机构与庄家的各类千丝万缕的关系。股评与股民朋友可谓关系密切，几乎没有几个股民炒股不接触股评的，毕竟在确切信息来源有限的市场大环境下，这是一个难得的正规途径。于是乎，电视、报纸、电台、网络……铺天盖地，股评实实在在地影响着我们的投资生活。鉴于股评的影响之大，后面几节我们再重点探讨股评及其对股评荐股的处理原则。

在中国证券市场发展史上，股评家曾经荣光一时，成为众多股民们顶礼膜拜的偶像。他们所作的投资预测曾被当初狂热的股民奉为金科玉律。但是前几年相继曝光的琼民源、亿安科技、中科系、银广夏等案件中，股评家都在其中扮演了非常不光彩的角色。部分股评家在其中推波助澜，大肆炒作，披露虚假信息，使得无数中小股民被深度套牢，以至于血本无归、欲哭无泪。股评家的职业形象一落千丈，部分利用股评预测欺骗和误导投资者的股评家，被广大中小股民斥为"黑嘴"、"庄托"。

其实，相对而言，大多数股评家还是诚实正直的，他们用自己所学的知识为投资人提供服务。而股评家因为自己的特殊身份，不可避免地与庄家有着错综复杂的关系。一些比较大的机构庄家，往往与股评机构或媒体有着千丝万缕的关系。

庄家与股评家是利用和被利用的关系。庄家希望股评机构来介绍他这只股票，使大家知道这只股票。庄家需要出货或是想让股票上涨，也会要求股评家来"吹捧"，以减轻自己的资金压力，这些时候，庄家会给股评机构一些贿赂。而股评家也可凭借与庄家的良好关系，在资金拆借、会员理财、对外咨询业务上得益。因此，同在一个"江湖"混，证券分析师对庄家来说也是万万不能得罪的。

某些时候，庄家还会与股评机构"遥相呼应"，通过某种程度上的特殊控制手段，进行联合"造市"。更有甚者，他们有时候为了故意抬高股评家建议、预测的准确度，甚至于不惜以连续性涨停板或跌停板的方式，让股评家在市场上形成一种绝对权威，使之能够在一般中、小散户投资者中形成并强化具有某种特殊影响的身份和地位，从而达到自己日后在某一关键时刻，能够充分地影响和利用市场上一般中、小散户投资者的炒作方向，从而为自己"投资"牟利。

有时候为了达到一种操作行为目的，在一般操作程序中，庄家会故意在股评家提出建议投资者退出某只股票之时，利用手中掌握的筹码把股价砸低，让其在图形上变成一种破位的样子，以提高股评家对市场预测的准确性。而待自己悄悄取得某只股票的一些筹码之后，股评家也就会马上出面来向市场上的投资者大力推荐，这边的庄家则快速拉升股票价格，让已经卖出的投资者踏空，无法再重新介入，即使想回头再介入，也已经是相对高位了。

还有的股评机构未必收钱，有的自己也做股票，所以就会要求庄家在盘中对敲给自己一些股票，当然，价格要便宜一些。因此，如果你看到某只股票突然大幅度低开，同时某家知名机构又在推荐，就应考虑这其中可能有"猫腻"。

投资咨询公司发布股评或是研究报告协助庄家当然也会获得一定的回报。庄家给咨询公司的报酬一般是根据其知名度的大小，支付从数十万到上百万不等的费用。

一、庄家如何利用股评

庄家除了主动与股评机构勾结或者利用外，有些机构还出其不意地利用股评机构。主要有以下几种类型。

1.锁仓型

现在的股评家可掌控的资金越来越多，委托理财或会员资金也迫切需要寻找投资回报。庄家在面临资金缺口的情况下，也会找股评家帮忙锁仓，或请求融资。而一旦股评家参与其中，会严重影响股评的公正性。股评家会按照自有资金—委托资金—客户—其他投资者的顺序，安排信息服务顺序。有时甚至会刻意在不同层次间发布逆向信息，以帮助核心层实现利益。

作为外围的投资者（特别是免费股评的接收者），自然成了"食物链"吞噬的对象。

2.骚扰型

庄家下面专门有人负责看股评，若恰好处于建仓阶段就被某位股评家发现，或者该股评家的思路恰好与庄家一致，以至于打乱了庄家的步骤，于是庄家就骚扰股评家，处处与预测反向操作，直至股评家转变思路，才重新上涨或者重新建仓。

3.反向利用型

一些有名气的股评家常常会被庄家盯住，当你宣传某只股票时，他会先配合一下，甚至连买卖价格都恰好到位，而当庄家准备出货时，会故意把图形做得很好，而在股评家麻痹之时，突然出其不意大批出货。到最后，股评家落个"庄托"的名声。

4.先养后杀型

某不知名的股评家推荐的股票突然大涨，而且推荐一个涨一个，市场关注的人越来越多，且跟风盘也不少。但突然有一天，该股评家推荐的股票在高位放量后不断下

跌，以后这样的例子层出不穷，慢慢这位股评家退出了股评界。这就是庄家先养后杀的一个例子。庄家可以先牺牲一部分利益，把股评家捧红，然后在最关键的时候利用他出货。

5.威逼利诱型

有的股评家不看好某只股票，于是就提示出货或者有风险，但偏偏该股又有庄家在做，有的庄家常常就会主动与股评家联系，采取威胁或利诱等手段，要求股评家按照他的意思评股。

股评机构大多实力一般，所以得罪不起庄家，因此，我们可以看到市场中敢于指点某只股票不好或者抨击某家公司不行的股评家很少，有的话也多是自由撰稿人。

现在信息技术日益发达，互联网也成了庄家的宣传阵地之一。但只有知名度大的股评人士庄家才可能关注。互联网上有不少博客、论坛、专栏在荐股，经常见到不少浏览者留言的时候大骂"庄托"，这也是不对的。"庄托"并非人人都有"资格"可以做，这些推荐股票的作者大多都是自由撰稿人。而有一些人在网上不遗余力地推荐某只股票，也并非庄托，很大的可能性是自己已经介入了该只股票，被套住了或者希望快点涨起来，就自作聪明地开始大肆宣扬这个股票如何如何好了，当然其影响力几乎可以忽略。

二、股评的常见套路

生活中的不少股评人士为了"股评"而"股评"，实战水平却不怎么样，我们一起来看一下某些股评的常见套路。

股民都希望股评能为他们预测股市的走势，帮他们推荐包赚不赔的黑马股；而深被信任的股评家自然不会辜负股民的信任，他们很乐意地分析大势，点评个股，其精彩程度与表现出的分析能力真是让人不折服都不行。一串串股民们看不懂的数据，一个个只有他们能自圆其说的图表把股民们哄得团团转，就如三岁孩童一般。还有弄得更玄乎的，他们把周易八卦、五行术、星相术都搬进了股市的预测。然后是一通胡编乱造的话，怎么也算出个一二三四来，然后就郑重其事地推荐自己理想的股票。

2007年6月6日，中国股市一个平常的调整的前夜，许多股评人在电视上、报纸上大放"大牛市""奔八千"；然后迎接他们的却是七天连续下跌，狠狠地扇了他们一个大耳光。之后，他们又惊呼中国的股市失控了。6月6日，其中的一位宣布休息了，一位明确表示看空，一位建议政府救市，一位则给股民们发布了当断则断的警告。不过，自那以后，中国股市就开始一路狂奔到6 000多点，因此可看出他们的预测总是显得那么荒谬。

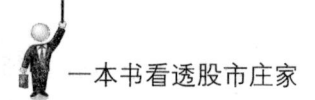

还有某些股评人士的言论完全是为了哗众取宠，制造"刺激"效用，不负责任地夸大其辞，仅仅是为了博取媒体的眼球。如2009年某位有"空军司令"之称的"大师"在各大媒体声称"未来两到三年2 500点将是铁顶"，可惜2009年的行情丝毫没给他面子，2 500、3 000点转眼就攻破了，下半年8月大盘最高剑指3 500点。这位"大师"完全不负责任的言论成了股民们的笑柄。

股评家们为了能够使自己说的话有说服力，能最大限度地煽动股民们，总免不了制造一些套路套话。以下10条就是出现频率比较高的套话，读者若是听到股评家们嘴里说出这样的话，一定要小心了。

（1）经过连续的下跌，报复性反弹随时可能出现。

（2）××股份已经率先上涨，作为具有同样题材的××股份也必将跟随上涨。

（3）最近成交量明显放大，显示有主力资金进入，后市有望走出突破行情。

（4）公司最近大手笔投资进入××领域，前景一片光明。

（5）公司在××领域居于国内领先水平，市场占有率全国第一。

（6）从最新报表显示，十大股东中机构，后市值得高看一线。

（7）公司持有大量股权，如果卖出，每股收益至少可以提高到××元。

（8）公司报表显示，利润同比增长超过300%，未来高速增长可期。

（9）今天两万亿元的新股申购资金解冻，资金面充裕，将支持股指走强。

（10）今天接受调查的机构中有85%的机构看涨！

不少股评或似是而非，或避实就虚，使投资人无所适从，那些股评家每天挂在嘴边翻来覆去地讲的糊弄股民的几个关键词，这里我们给广大读者予以总结：

（1）"低吸高抛"或"逢低吸纳、逢高抛出"。低吸高抛或逢低吸纳、逢高抛出可以说是投资股票的最基本法则，是永远无法磨灭的真理，也是股票交易的最高境界。因此，这句话也就成为了股评人用得最多的一句术语。不管大盘是涨是落，不管个股境况如何，将这句话抛出，是不会有人非议的。但实际上这也是最无用处的一句话，何为高何为低，每个人心里的底线都不是一样的。

（2）"牛市久盘必涨。熊市久盘必跌"。在股市进入盘局时，股评引用的较多的就是牛市久盘必涨，熊市久盘必跌。在股市中，盘局往往都是变盘的先兆，而久盘之后是涨是跌并无什么规律性。牛市久盘必涨，熊市久盘必跌，这句话的前提是要确定股市是牛还是熊。如果已知股市正处于牛市阶段，盘不盘它得涨；如果股市正处于熊市，盘不盘它将还继续跌。

如果在盘整中牛市已尽，股民还全然不知，仍抱着牛市久盘必涨的信条，就会在高位套牢；反之，如果在盘整中即将结束熊市，股民仍守着熊市久盘必跌，将会失去

在低位建仓的机会。所以问题的关键不是盘不盘，而是要正确判断股价运动的趋势，准确地把握股市的运动脉搏。

（3）"顺势而为"。顺势而为就是要依照股价的运动方向进行操作，具体就是在股价的上升阶段持股跟进而不要抛出，而在股价的下跌阶段沽出而不要买进。"顺势而为"本身没有错，道氏理论的精髓就是强调"顺势"，但关键还是这个"势"，不少的股评并不知道该如何分析"势"，只会在行情之后才会放一个马后炮：顺势而为啊。

（4）"逆向思维"。逆向思维，是股评者经常教诲股民的一句话，听起来好像只有逆向思维，股民才能赚大钱。但这里面有一个问题，逆向思维，逆谁的"向"。首先，人不能逆自己的"向"，自己认为好的东西非要想方设法想着它不好，而认为坏的东西偏要想出它的优点来，久而久之非"逆"出点毛病，搞得个精神错乱不可，做股票赚的钱恐怕还不够治病救人的。其次，他人的"向"难以把握。股市上股票总是有买又有卖，且买与卖的数量相等，如果不这样，交易就不能进行，所以这个"向"就难以辨别。再者，股民还不能逆着股市运动的方向。当股价开始下跌时你就认为它一定上涨非得套牢不可，而在股价上升时你非要认为它要下跌，你一定会踏空。所以逆向思维听起来很有道理，其实在实际中根本不能做到，因为逆向思维的"向"根本就是一个难以确定的参照物。

（5）"久涨必跌、久跌必涨"。股价的运动总是有涨有跌、涨跌相间，好似一个钟摆。股市涨的时间长了，下跌的可能性就增大了；而下跌的时间久了，上升的可能性就具备了。所以股票的久涨必跌、久跌必涨就具有一定的必然性。但久涨必跌、久跌必涨里的这个"久"字大有学问，多长时间就可定义为久呢？综观世界股市，短者有涨三天就跌的，而时间长的如日本东京股市在1983年后却连涨7年才回头；而跌的时间也是一样长短不一，美国纽约股市自1929年下跌后到20世纪50年代才回到当年的高度。所以股市久涨必跌、久跌必涨也只能是说说而已，谁也难以给这个"久"字下一个确切的定义。

（6）永远不要满仓、永远不要空仓。由于股市的风险难以预测，所以即使股价处在低位，也还存在着下跌的可能，股评就告诫股民永远不要满仓；反之，当股价处于高位时，它还存在着上行的可能，因而股民就不能空仓。既然股民永远都不要满仓，股民何不将这些预留的闲钱从股市抽出存银行或买债券呢？这样资金的投资收益不是更高吗？而永远不要空仓就是总是要持有一部分股票，但如果股价真的见了顶，而自己非要握住不放，岂不是又违背了低吸高抛的原理？顺势而为，所以"势"是为的先决条件。

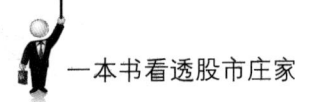

三、股评家收入知多少

人分三六九等，自然股评家也是有等级之分的。如果说一个拿工资的，一个月能拿到万儿八千元的，当然不算低了，可在股评界，可没有人看得起那份钱。一些有名的股评家，如果愿意为某一只庄股"出力"，通常得到的报酬都是以十万元为单位计的。年收入上百万元的股评家并不在少数。

对于一大部分股评家来说，股评收入并不是他们收入的主要来源，而只是作为一种最基本的来源，就像工资里的基本工资。

其实就是这个"基本工资"的收入也是绝大部分人望尘莫及的，更不要说其他的收入了。那这些股评家还有一些什么样的发家手段呢？

1. 充当枪手

首先，能充当枪手的股评家一定是具有一定知名度的股评家。确实，没有知名度，谁看你的文章？这些充当枪手的股评家不会介入某只股票，却乐于接受"庄家"的邀请，为庄家推荐股票。一些老股民叫这些人为"吹股手"。写了这样的文章后，庄家就会给他润笔费，通常这样的润笔费对于普通人来说都是非常惊人，动辄就达20万元以上。但这样的费用在股评界也算不得什么天文数字。但是话又说回来，并不是每个股评家都有这样的威望和能力去当枪手的，而且还有一个条件就是庄家相中了他他才有这样的机会。

其次，至于专门为庄家做"吹股手"的股评家，如果推荐的是蛰伏很久的股票，经常一开盘就会被巨单封涨停，使持股者产生惜售心理，遇到市道好的话，可能会出现第二、第三个涨停，谨慎的投资者几乎没有买进机会，但随后就是放量回落。

2. 讲课

讲课几乎是每个人都可以讲，只要能说会道，就可以。尤其是在股市火暴或者某个地方的人对股票时常特别热心的时候。不过虽然是每个人都可以讲，但是讲课的费用却也不一样。这个与股评类似，看一个人的知名度和水平而区别。行情火暴的时候，稍出名的股评家每逢周末都相当忙碌，经常过市跨省去做专场股评报告，行内多叫"讲课"。具有全国性知名度的股评家，出场费可以拿到10 000元以上，当然还有更高的；而那些有地区性影响的股评家，出场费一般在5 000元左右，这很有些像歌星影星的"走穴"。当然，这方面的收入与市况有一定联系，市道火暴时，不仅要价较高，每天做的场次也较多，最多的时候一天要赶四次"集"，财源自然滚滚而来。换成股市萧条时，有几个机构有兴趣举办报告会？股评家周末也就待在家里修身养性了。

3.资金实力有限的股评家做二级市场

这类做二级市场的股评家专门赚取佣金。他们推荐的股票，一般建议投资者在赚取3~5个点时就出货。这样除了赚稿费外，他们自己还能赚什么钱？当然可以，要不他们怎么会做呢？其实这些人往往控制着一笔资金，自己早在推荐前一两天就买进那只股票，然后在全国各地传媒上推荐，在市道好的时候，很容易被散户抢上去，一有几个点的涨幅，他们就会出货。市道不好时，只要涨幅够手续费，他们也能捞到油水，因为只要做出成交量，他们就能得到证券部返还的佣金。积小胜为大胜，积小溪以成江河。这样做一年下来，收入也是非常不错的，普通的拿工资的人是无法望其项背的。

4.资金实力雄厚的股评家做二级市场

这类股评家是圈中最牛的，他们既有较雄厚的资金又有较高的知名度，收入更多来源于项目策划费以及成功后的利润分成。实际上，他们已集股评家与操盘手甚至庄家于一身了。如果是这样的股评家，通常他推荐的股票在很短时间内会如他们所预测的一样，成为某个阶段内的黑马股，但是最终可能并不会赚多少钱。

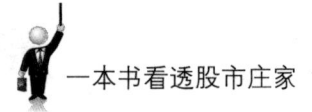

股评荐股的处理原则

人们总有一个狭隘的认识，那就是证券市场的咨询工作就是股评，因此，股评也是受众面最广的一种形式。实际上股评只是证券市场上咨询服务的一个方面。

几乎每一个股民对股评都不会陌生，于是对股评也就有不同的见解。有的人曾将其奉为圣典，言必听计必从，不敢有一丝懈怠；有的人则将其作为茶余饭后的消遣，虽说不可缺少，但你纵有千条理由万般道理，操作中依然我行我素；套在盘中的股票坚决不出，获利的品种也轻易不卖。报纸、电视等新闻媒体是股评最主要的传播媒介，而且有比重越来越大的趋势，而随着其内容和风格的不断翻新，投资者对股评这个本属于咨询的东西的概念也越来越模糊，很多时候对股评的评价也不够客观。

一、如何识别"黑嘴"

大多数股评家诚实正直、任劳任怨，他们用自己所学的知识为投资人提供着无偿的服务，这是值得广大投资者敬佩的。对于一些影响力较大的权威股评家，我们该如何识别他们是否是股市"黑嘴"呢？

1.神话级的股评家不可信

有一类股评家喜欢用十分精确的预测获取投资者的信任。我们知道股市从市场长远趋势或股价大致运行规律等方面是可以预测的，但具体到特定时间、价位的精确预测是不可能的。如果有股评家能够精确地预测股价在未来的某日，甚至是某时将产生拐点，将能涨跌到具体某个价位，对这样的股评，投资者大可置之一笑。

极少数股评家之所以能成为"黑嘴"，其首要条件是要股民信任他，甚至是要崇拜他的预测能力。于是，"黑嘴"往往会与庄家联手，制造种种神话，骗取股民的信任。

例如，某位赵姓股评家，在某次模拟实战中，创造了累计收益率2 000%的惊人战绩，为同期市场收益的50倍。其所推荐的股票青山纸业，也曾经一度涨幅惊人，许多股民因此对他佩服得五体投地，奉其为"中国荐股第一人"。此后，只要赵氏股评所点之处，数以百万计的买盘就会跟风而来。2000年9月，赵接受专访时表示："笑云不是托，青山可为证"，然而，最终的结果是：无数"咬定青山"的投资者被套于青山之巅。经过证监会审查后，该股评家未通过年检，被取消了股评资格。

世上没有神，股市中同样也没有神。所以，对于那些模拟比赛获利惊人或推荐股票极为精确的神话级股评家，投资者千万不能过于迷信，因为，他们很可能是庄家培养的"托"。

2.和个股有利害关系的股评家不可信

某些股评家平时发表股评也比较规矩，但是，一旦所做的股评与自己所在的单位有利益冲突，或与自己有利害关系时，往往就难以遵守职业道德了。所以，投资者在听股评时，对于和个股之间有利害关系的股评家不能轻易相信。

例如，2007年11月形成6 000点大顶之后，2008年年初不少深陷其中的庄家开始了自救，年初开始一段有力度的反弹，大盘反弹至5 522点时明显乏力，即调头下行，此时有的机构明明是将自己的重仓股不计成本地跳楼大甩卖，而身为这家机构的分析师却到处宣称：超级大牛市回来了。结果，使得很多相信这种言论的投资者数年不能解套。如图2-4所示。

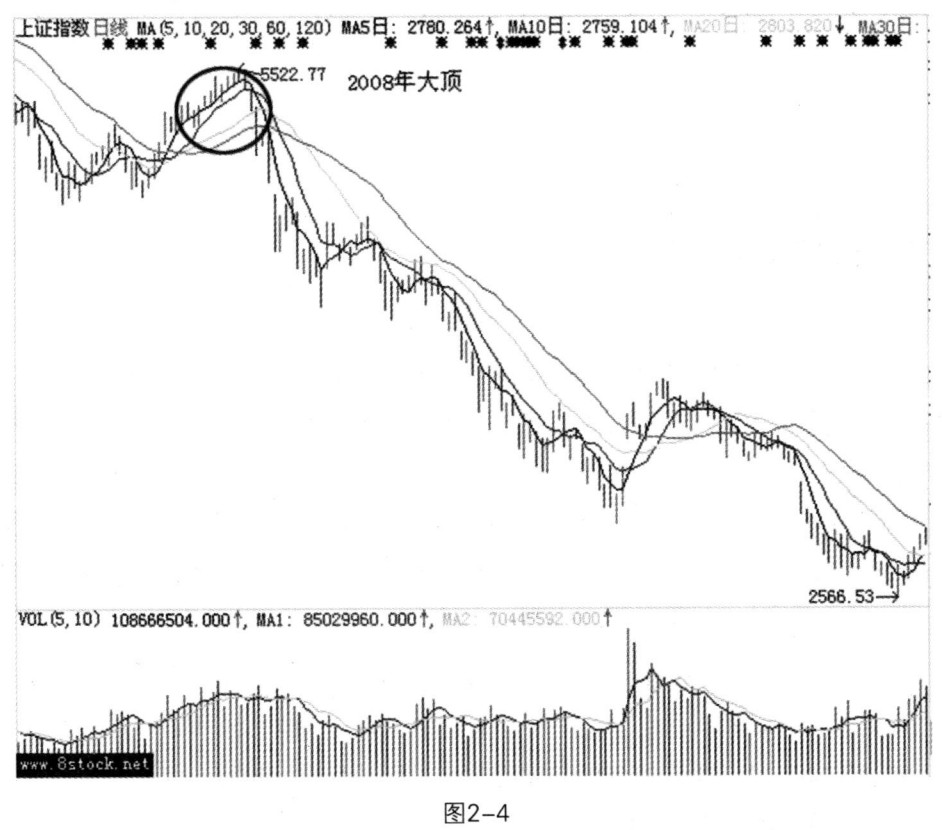

图2-4

二、看股评的心态一定要端正

投资者往往把股评内容作为自己选择投资品种和操作时机的参考工具。不可以否认，股评中不乏有价值和独到的市场观点，还有一些媒体将市场一些有潜力的板块或者股票分门别类地列出，为投资者的操作提供了一定的方便。但是，对于股评内容的吸收大家还是要谨慎，因为股评的观点出错也不是一次两次的事情。市场的演化是随机的，是受多方面因素影响和制约的，特别是像我国这样的新兴市场，由于各类投资人未形成一个被市场共同接受的、成熟的投资理念，市场的走势变化有着很大的不稳定性，对市场的分析判断出现偏差在所难免。如果对股评家过于苛求，认为他们所说的每一句话都是必须正确的，是不可以犯错误的，要不就是用心不良，要不就是故意欺骗，这显然是带有偏见的看法。其实就像我们生活里的医生，没有医生可以保证他一定能治好所有的病。

如果投资者过于信赖股评，而股评又与实际情况出现了偏差，投资者对股评与股评人就会在这个时候出现较为偏激的评判。与此相反，另外一些投资者则表现出对股评完全否定的态度，他们认为股评都是胡说八道，在证券市场中没有任何价值。但是，我们绝不否认在市场里存在招摇撞骗的股评人，就是他们败坏了股评界的名声。但是就像我们去买某种商品一样，商品的质量良莠不齐那是必然的，假如我们不小心挑到了一件质量差的商品，就说整个行业的商品都不好，那显然是片面的，也是不客观的。

三、辩证看待股评

正确、辩证地看待股评可以总结成以下几个方面：

（1）有一部分股评家的观点是综合了多方面的信息和自己的经验而得出的，这些股评家抱着对股民负责的态度，因此股评也比较准确，可信度比较高，这些人的股评值得借鉴和参考。

（2）也有为数不少的一部分股评人本身素质不高，又受利益的驱动，为了达到操纵某只股票的目的，给庄家或机构做违心的股评。这些人败坏了股评的名声，一般被股民称为"黑嘴"。对于这些用心不良的股评人，要保持高度的警惕。

（3）股市无专家，只有赢家和输家。股市本来就变幻无穷，不可能有专家，特别是中国这样年轻的市场里。我们必须时刻告诉自己，股评人的观点肯定没有完全正确的，即便是正确的，等到发现的时候可能也为时已晚了。所以对股评不可以盲目听从，一定要有自己的判断和分析。

（4）股评家不是神，是人。因为股票市场不确定的因素实在太多，他们能做的仅仅是对市场过去的评论和今后的预测，绝对左右不了市场。至于犯错和预测不准，也是无法避免的。

（5）谋事在人，成事在天。股票投资的赔或赚一小半靠操作，一大半靠运气，那些千方百计托关系、找消息、寄希望于股评的人，是不适合做股票的。

（6）股市有风险，入市需谨慎，这是股市最经典的格言，是无数投资者心血和智慧的结晶，更是需要我们投资者时刻牢牢把握的。

（7）所有股评的性质和意义仅仅属于提供参考。如果仅仅根据股评而不加分析就进入市场，也怪不得股评害人。

第 3 章

解密庄家的信息战

《孙子兵法》中讲："知彼知己，百战不殆。"信息历来就是军事斗争中制胜的重要因素。现代战争中，战时宣传也是一种必不可少的战略手法。通过运用传播学和心理学的原理，以各种信息传播载体为媒介，对作为战争主体的人施加影响，对外瓦解敌军，对内鼓舞士气，从而达到不战而屈人之兵或小战大胜的目的。在庄家与散户的这场没有硝烟的战争中，庄家会充分利用自身"财大气粗"的优势，调动一切可调动的社会关系，向市场猛烈发起信息战中的舆论宣传攻势，用诱人的"馅饼"来迷惑芸芸散户，将其一步步引进自己精心设计好的"陷阱"中。

消息发布是庄家设置陷阱常用的一种工具，庄家往往会散布各类真真假假的消息作为烟幕弹，以掩护自己的真实意图。在市场中有较多散户主要是依靠消息炒股，以消息来作为自己投资的决策依据，这样的环境也为庄家利用消息坐庄提供了市场。

先看这样一个例子，某只股票2009年2月从8元涨到6月的28元（图3—1的A区域），消息面上静悄悄的，报纸上几乎没有任何宣传。震荡一段时间后上涨乏力，开始有小道消息：某项目竣工，这给市场留下幻想无限。到了C位置，有公司老总的访谈录，股价开始再次拉升；D位置，一根长阴洗盘，次日恢复后，股评家开始推荐，媒体也出来了整版的宣传报告，甚至拿出某家会计师事务所的评估报告来说服大家该公司的业绩能上涨到什么高度，让你看了恨不能立刻砸锅卖铁杀进去。股价作急速的飙升，成交量持续放大。当市场热情高涨之时，庄家顺利出货。此后该股持续下跌。

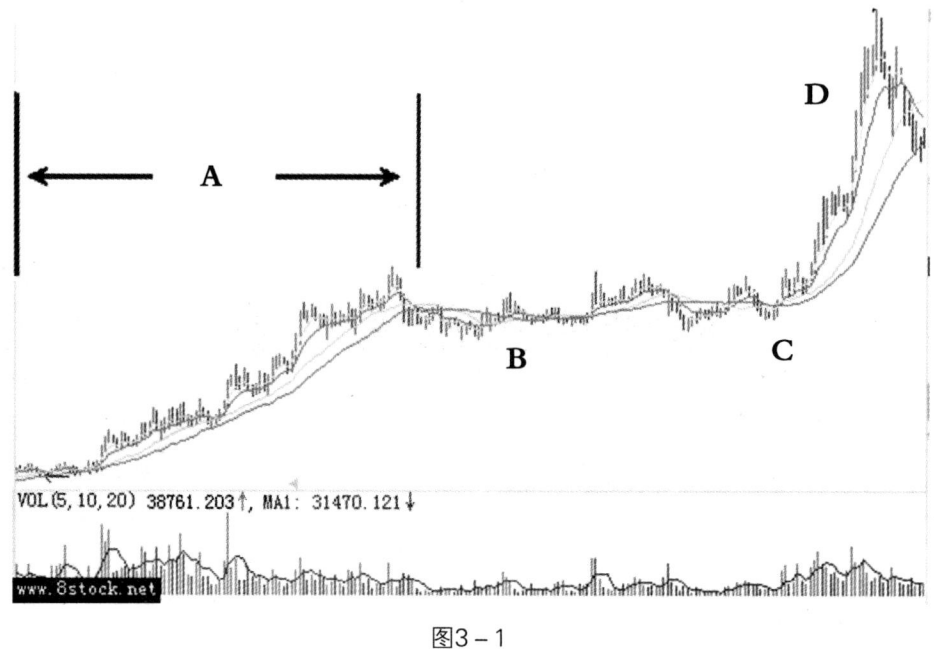

VOL(5,10,20) 38761.203↑, MA1: 31470.121↓

www.8stock.net

图3－1

在这个例子中，庄家就使用了信息战的多种手段。至于具体使用了哪些手段，请往下看。

庄家信息战的种类

把庄家的"信息战"系统地作为庄家坐庄理论的一部分是笔者的自创。这部分内容，市场上研究庄家的相关文章中虽有涉及，但不系统，且大部分的作者都没有真正参与过坐庄过程，即使写出来也是道听途说、人云亦云的居多，与实际相差甚远。庄家坐庄其实是一个极为复杂的工程体系，牵涉到社会的方方面面。庄家往往会借助各种力量，调动一切可以调动的因素，动用一切可以动用的力量来支持和协助整个坐庄活动。

一、庄家的信息优势

庄家的目的是为了最大限度地赢得市场利润。那么，庄家必须使自己手中的股票成为市场的最佳购买对象，使最大多数的投资者购买，制造最大程度的供求不平衡状态，从而尽可能提高价格卖出。在以金钱和信息为中心的股票市场里，掌握和传播信息就成为关键中的关键。庄家的信息优势体现在以下几个方面。

1. 抢先一步获得信息

信息价值的大小与提供信息的时间密切相关。实践证明，信息一经形成，所提供的速度越快，时间越早，其实现价值越大。特别是在博弈非常激烈的资金市场，市场信息稍一迟缓，就可能贻误时机。庄家的优势在于能在第一时间获得信息，抢先一步布局。

上市公司的内幕信息是影响股票价格的最直接因素，在这些信息尚未向社会公开之前而由庄家先期获得，至关重要，因为这有利于庄家提前采取对策。这方面的信息主要有：上市公司的经营政策或重大投资项目的决策；与其他公司订立的重要合同；公司的资本和资产运营情况；股东或董事会管理层的变动以及其他商业秘密等。此外，还有上市公司对其经营利润、赢利水平是否真实的情况，是否进行了人为操纵、弄虚作假等。因有的公司连年亏损，担心受到摘牌或停牌处理，于是人为提高公司经营业绩，以达到规定要求的净资产收益率10%，这样方可配股和扩股融资。

坐庄资金通常具有足够的专业信息搜索和研究人员进行市场调研，目标上市公司的有关信息通常也是坐庄机构或者大股东首先获得，这几乎很难通过市场规范加以改变。

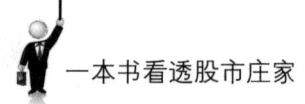

2. 制造虚假信息

庄家有专业的团队，可与上市公司勾结炮制题材，制造各类虚假信息，使自己做庄和做盘的真实目的得到掩盖。庄家甚至摇身一变，参与公司管理，甚至给上市公司当推销员，改变上市公司的市场评价，达到成功炒作的目的。

3. 操控信息

庄家常利用公关手段，与媒体和股评等各类中介机构串通，散布信息迷雾，制造市场炒作气氛；通过对倒放量，控制价格，改变技术图形。庄家以此来制造多头或空头信息，使中小投资者出现判断失误，达到收集和派发筹码的目的。

4. 熟知对手底牌

牌局中，如果能看穿对手底牌，自然胜券在握。庄家在与散户的博弈中，就能看穿散户的底牌，也就是散户的筹码分布状况。

庄家得到散户底牌有两类途径：一类是通过与交易所的公关，获取散户的筹码数据；另一类是通过现有的市场技术手段和自己对筹码的控制程度，了解中小投资者的持筹情况，因此，庄家在这场博弈中知己知彼，占尽先机。

从坐庄资金所拥有的信息优势来看，单枪匹马的中小投资者是很难与之抗衡的，虽然有众多市场咨询机构为你出谋划策，但有时这不但无益于准确的判断，反而成为严重的信息干扰。

庄家拥有足够的获利筹码，掌握了应有的题材信息，一定会选择在适当的时机，适当的媒体，以适当的方式，发出有关的投资信息，告诉广大传媒受众，引起大众注目，诱使投资者购买。市场主力的声音及其作用、意义和真正的目的，就值得投资者当做投资分析的重要环节。

二、庄家发布消息的种类

庄家发布消息的种类主要有：传媒舆论、小道消息、股评机构、上市公司的公告等。

1. 传媒舆论

单独零星的传媒声音能够逐渐吸引大众注意力，加热公众情绪，而任何事情一达到公开讨论的时候，就有形成社会舆论的趋势。在股票市场中，时刻都有各种声音存在，各自影响其认同的投资者；而多数市场人士意见比较一致，容易达成共识，再经过宣传、扩散，家喻户晓，最终形成市场舆论，非常容易引起共同的购买冲动，形成相同的购买行为。股票市场的舆论作为一种具有指导意义的意见，一种起鼓动作用的宣传，一种无形中的强制力量，是庄家能够利用，并且经常利用的做市工具。

现代的报纸、刊物、广播、电视、互联网等大众传播媒介，都相当关心金融股票市场的动向，力图及时、真实、直接地反映市场的动向，影响市场参与者，起到舆论导向的正面作用。

人们的生活离不开传媒，时时刻刻都在受到传媒的影响，而庄家正好利用了社会传媒。股票市场上从来没有"酒香不怕巷子深"的时候，"花钱买吆喝"的现象很多。庄家总是通过传媒发布各种信息，或者善于利用传媒的公开信息，制造股票的利好利空消息，调节市场的节奏，配合做庄的活动。

在早年的《人民日报》特约评论员文章中指出了庄家利用大众传媒的典型模式："一部分报刊、电台、电视台、声讯台的股评节目和证券咨询机构极少进行风险告诫，一味鼓噪，有的甚至误导股民。一些非法出版物信口开河，发布大牛市赚大钱一类毫不负责的言论，以此招徕读者，牟取利益。"实际上情况确实普遍和严重，以至于后来传媒都必须采取多种意见并存的办法，避免刻意造市误导的嫌疑，保持媒体的公正客观。

媒体反映了庄家的存在，也有意无意传播了庄家操控的市场运行机制，进而加深了这种机制的威力和覆盖面。虽然很少提"投机"，但其实际比之境外成熟市场的专业评论更倾向于投机。虽然媒体也提醒市场风险，虽然也鼓吹理性投资，但在一些影响巨大的专业证券媒体上，开设的一些所谓的庄家行情的栏目，介绍个股的市场表现，都是围绕着庄家做文章。下面是从某报随手抽出的一篇栏目文章片段：

本周二沪深两市大盘出现了较大程度的调整，在热门股纷纷进入调整之时，部分庄股在弱势中却显示出它的魅力。

前期的强势股在周二的盘中出现了整体性的回调……在目前的调整下短期获利盘及解套甚至杀跌盘纷纷涌出，造成了这些前期热门股的大幅回落，这一现象可能还将持续几个交易日。但随着大盘的调整，这种动能正在迅速地衰减，而此时正是对强势股吸纳的良机。

昨日热点主要集中在庄股上。其中沪市本地股正在转好，特别是些有题材的本地庄股再次表现出了比较活跃的走势……这些本地庄股在前期大多已经出现了40%~50%的调整，周二已经初步调整到位，下午已经开始向上拉动，因而成为盘中最为惹眼的热点。

深市方面，一批调整充分的老庄股也已经拒绝了下跌，开始了小幅的上扬……

从此栏目文章的片段可以看出市场的庄家机制和思维是如此的具有影响力。

近年来，随着互联网的发展，大小财经网站以及个人博客在传媒舆论中起到了日趋重要的作用，也常常被庄家利用。

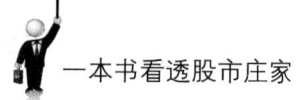

2. 小道消息

中国的股票市场是一个新兴的市场，公开信息的不足，也就导致了小道消息的盛行。信息的不对称，也增加了投资的风险和机会。在一个信息不对称的市场里，或低效的市场里，90%以上的中小投资者由于无法从正规的渠道获得充分的信息和缺乏解读信息的能力，他们更多的担当的是抬轿者的角色；而坐轿的仅仅是那些有能力获得或解读有效信息的明智投资者。流行是一种社会心理现象，在股票市场相当普遍，社会上许多人同时都去炒作某种题材，使这种行为在短时间内到处可见，从而导致人们彼此之间发生连锁性的感染，即所谓的"一窝蜂"。流行往往突然来临而又突然消失，周期性明显又很短促。大众传媒的介入，会使流行推广和加速。

传言是没有任何确切根据的小道消息，在人们之间互相传播。传言会给听到的人留下深刻的印象，经过他的再次传播后，自己会更加强调其中印象深刻的部分；接受者会以自己已经有的知识经验、关心程度等主观因素理解流言的内容，凡是符合他的思维逻辑的部分，就会加油添醋加工之后再广为传播，内容越来越简洁扼要，没有具体细节，后来的人收到的内容越来越一般化；传言只流传给那些关系密切的人，有共同关心利益的人们，通常只在某个特定的圈子里传播，并且要求群体内的成员保密，"不要告诉其他人"；传言的流行开始比较缓慢，然后不断加速，达到高潮，传言到最后是几乎人人皆知。传言产生并经过流传之后，就会形成社会心理环境，人们处在这种环境中，自然而然就受到影响，信以为真，"三人成虎"，产生强烈的影响。

在缺乏可靠的信息来源的时候，最容易产生和传播流言，越是无法得知事实的真相，传言就越多。

庄家在市场中的主力地位、上市股票的中心地位，都使人们议论和产生传言。

3. 股评机构

对市场上一般中、小散户投资者来说，由于他们先天的某些不足，听、看"股评"几乎早已经成为其每天必修的主要功课。在大家的思路里始终都认为：国家规定股评人员都需要取得一定的认证资格，他们往往又都是证券界的专业人士，相对于市场上的散户而言，他拥有丰富的看盘经验、纯熟的操作技巧和极为灵通的信息来源。对于日后大市到底应该如何发展，黑马股评到底又会以何种方式奔跑出来，一些股评家为了他们在市场上的信誉和实力，面对各式各样影响后市发展的关键性因素、可能性结果以及应注意的事项等，自然会从不同渠道、不同侧面为市场上的散户投资者进行分析、筛选、汇总和推荐。

甚至有相当的一部分投资者，他们可以把所有的证券报刊、电台、电视台、互联网博客等中的"股评家"们统统都罗列出来，细心、耐心、用心地关注他们在每一

天、每一周发表的观点，并将之记录下来，然后再长期性地对他们进行跟踪、观察、印证，最终才正式确定几个自己可以信赖的"股评家"，以决定日后自己在市场上的操作指向。

可见，大大小小的股评机构和股评家其实是有着广泛的市场的，部分投资者（多为初入市者）甚至把他们说出的话当成了金科玉律，深信不疑。但可惜的是，少数的股评机构和股评家因为利益的驱动，或明或暗地被庄家利用，甚至变成了庄家的喉舌和操盘活动的工具。这部分内容我们在后文详细阐述。

4. 上市公司的公告

上市公司的各类公告是庄家发布消息骗术最为重要的途径。在下一章我们单独探讨。

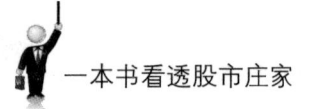

讲故事——庄家的题材炒作

中国股民把投资股票叫作"炒股"，可谓寓意甚远。股嘛，都是来"炒"的。无论蓝筹股还是垃圾股，没有不炒的。股票要不炒，也就意味着没有人去投资了，无法吸收到资本，那就失去它真正的意义了。

写小说，作家都很看重题材；炒股，炒家更注重题材。庄家对题材的炒作就是炒作的一种方式。有题材，股票就能活，股市就能活。于是不管是股民、庄家还是上市公司，都有一个重要的任务，这就是找题材。只是股市里的题材不需要小说里的题材那样，需要作家辛苦地去挖掘，而只是需要从现成的题材库里取，甚至可以自己瞎编胡造——创造。从题材库里拿的是经久不衰的题材，而水平高的人创造的，参与了自己的喜好，有时一只股票居然可以挖掘出好几个题材来。曾经有一只股票的题材被挖掘得如此丰富：网络题材+生物制药题材+三无概念题材+西部开发题材+扭亏为盈题材。

而在题材的炒作中，庄家会使用信息战的拿手好戏——讲故事。

一、庄家是讲故事的高手

在题材炒作中，庄家会充分利用信息战的优势，为手中的股票编织一个美好的未来，业内称之为"讲故事"。这可以让散户心甘情愿地掏空口袋中的钞票。故事讲得越动听，市场就会相信你有越好的成长性。这样投资者就会跟进，股价就会上涨。所以在很大程度上，成长性是编出来的。"讲故事"在早几年十分盛行，在笔者早年参与的一些坐庄实例中，给市场讲故事是庄家在操纵股票走势时必要上演的重头戏。

庄家喜欢讲故事，市场也爱听故事。庄家是讲故事的高手，业绩好的股票可以讲一个前景广阔的故事，业绩差的股票可以讲一个重组的故事，实在没有什么特别的股票呢，可以讲一个有大庄家坐庄的故事……市场题材可以层出不穷，只要是散户喜欢听的，庄家都可以讲出来：纳米、基因、网络、光谷、硅谷、原子、克隆、航天……2008年还大炒了一把"奥运"。散户们就在这一个个动听的故事里渐渐失去方向，一旦头脑发热掏腰包买下这些时髦玩意儿，很快便会发现都是些质次价高的劣质货。

如图3-2中体产业（600158），该股在2008年曾被作为一只炙手可热的"奥运概念"股被恶炒了一把，等到奥运真正到来之前，庄家就已经早早把这些筹码转让给了市场上的散户投资者们，该股其后以连续跌停的方式快速暴跌。

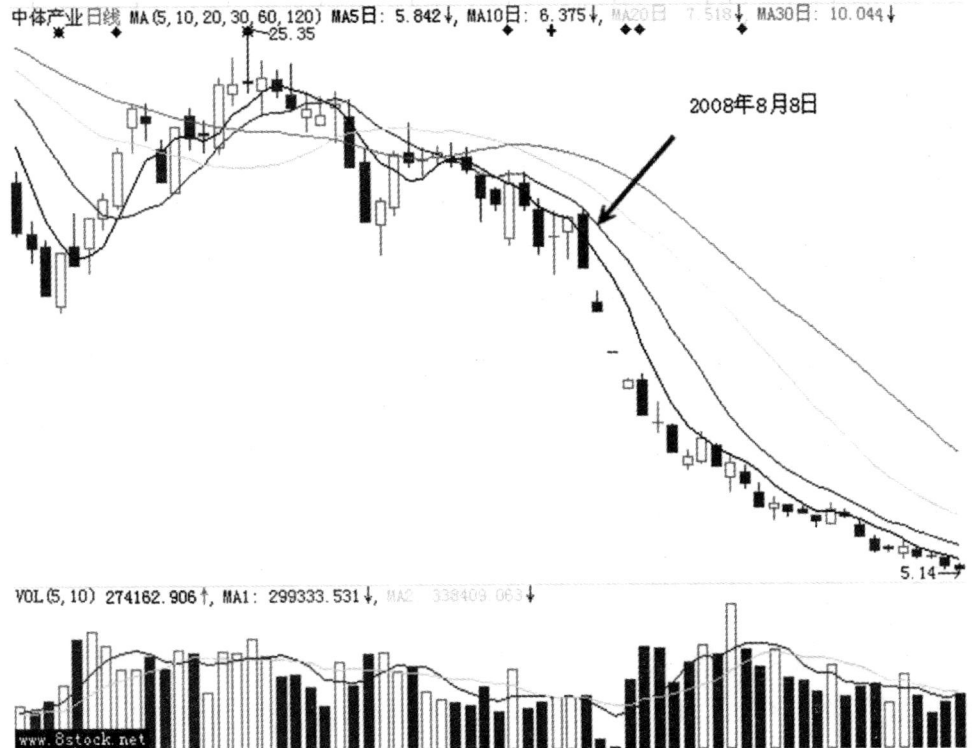

图3-2

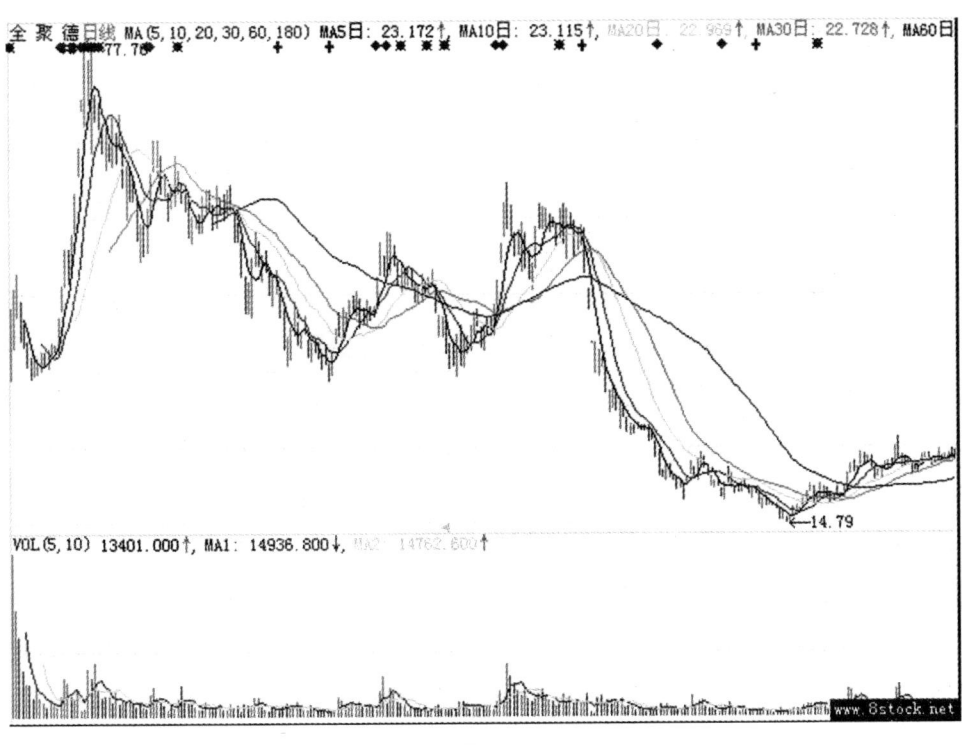

图3-3

再如2007年11月20日，"全聚德"在中小企业板挂牌上市，首日36.81元开盘，在随后的20个交易日，由于受奥运概念的影响，股价一飞冲天，最高涨至78.56元。此后股价一路下跌，3个多月就下跌超过50%，2008年11月7日报14.79元，2009年4月13日收盘报28.3元，比最高点下跌近64%。见图3-3。

这就是庄家讲出了一个"概念"的故事。什么是概念？概念可能意味着对市场未来走向的深入挖掘，但也可能仅仅是一个市场炒作的借口，甚至就是一个自欺欺人的幌子。投资者一定要睁大"火眼金睛"，仔细辨别各类纷繁复杂的"概念"。

以上面提到的奥运概念"全聚德"的炒作为例。全聚德奥运概念的"逻辑"很简单：奥运会期间，将有众多外宾光临北京，而全聚德作为北京的"标志"，将是外宾必到的饭店，全聚德的业绩将会有大幅提升。乍一听，仿佛很有道理，确实是货真价实的奥运概念。事实究竟怎样呢？全聚德2008年年报已经公布，从年报数据看，全聚德全年接待宾客人数仅增长了不到8%，并不足以支撑股价的大幅飙升，与"概念"的期望值相差甚远。

概念终究是虚的，只有公司拥有良好的现金流量、不断增长的盈利能力、不断增长的市场占有率，才能受到市场的最终认同。能给投资者带来真金白银的才是真的好公司。结果全聚德的股价怎么涨上去的，又怎么跌下来，最低跌到15元左右，到现在股价仍在28元左右，距离"概念"炒作后的股价顶峰连半山腰都不到。

故事讲得再好，再玄的概念也必须以企业盈利为基础。脱离了基础的概念只能是虚无的东西。"资本市场不相信眼泪"，概念"包装"只能"蒙"得了一时，只有货真价实才是根本的长久之计。

"讲故事"在过去盛行，现在存在，将来也不会轻易退出股市舞台。故事不一定都是幼稚的，它可以乔装打扮、招摇过市。为了使故事变得真实一些，可以挟带些真的成分，或者说当事人所讲的不再是纯粹的谎言了，甚至会在"故事"的花瓶中多注入些酒，而少搀些水；或许，"讲故事"也有与"讲道理"结盟的可能，对接受者更有影响力，更能吸引人的眼球，更能迷惑人的心智。这也许正是股性和人性共同决定了的，价值是酒，投机是水，凡是从事股票操纵交易的，都会往酒里掺水。

在近几年的市场中，我们更要提防另一种"讲故事"的方式。如果说早几年国内庄家讲故事、炒概念讲得比较幼稚，有点"姜太公钓鱼——愿者上钩"的意味，而近几年的QFII则要高明得多。外国人的故事讲得让人口服心服，仿佛十分接近事物的本质，这就是他的高明之处。如价值投资，实际上，这是一个纯粹的投资理论，国际机构中目前还没有完全遵循该理论的典范。但就是这样一个概念，却被我们的市场视为宝典。

二、题材炒作的种类

在信息战中，哪些题材经常被庄家利用呢？

1. 上市公司的业绩改善

业绩改善，这是被庄家利用最多的题材，也就是最有说服力的题材。因为从根本上来讲，业绩是股市的根本所在，业绩是硬道理。所谓利好的预期最终都会反映到业绩上来，因此这是最有号召力的题材。

这里又包括两个方面，经营业绩改善或有望改善。而其中，业绩可望改善比业绩已经改善更有吸引力。因为人们更看重上市公司的未来。这类题材每到公布业绩报告期间显得尤为活跃，而公布完后，就暂时告一段落。

2. 上市公司的控股与收购

控股收购是一个企业通过证券市场或协议方式收购另外一个企业的股份并获得该企业的经营控制权，是企业实现快速扩张的重要途径。上市公司的控股与收购，在国外发达市场中是股市最有吸引力的题材之一。因为它给人以无限的想象空间。控股指某财团在股票市场上大量吸纳某只股票，以求最终控制该公司。不过在中国股市的二级市场上发生真正意义上的抢股收购是不太可能的。这与上市公司的股本结构有关。所以就目前而言，控股或收购还仅仅是一个炒作题材。多数控股行是由于庄家炒作失当，手中的股票越来越多，以至于达到或超过举牌的界限，而不得不举牌。

3. 公司拥有的土地资产有升值潜力

近年来，土地资产是一块香饽饽，拥有庞大的土地资产升值，则意味着公司业绩有较大提升空间。该类题材极具想象力，但最终要看是否有人挖掘并宣传这个题材。如果有人对这个题材进行深度挖掘，那么这将是一个潜力巨大的题材；相反，如果所有人都对这个题材冷落，就算它的潜质再大，也就是一只平平庸庸不起眼的小股票。

4. 国家产业政策扶持

这个题材的未来成长，最关键的是看优惠的税收政策和贷款政策。如果国家出文说对这类题材实行某方面的优惠政策，这样的题材就会像芝麻开花一样，一天比一天高。属于这个题材的有能源、交通、化工、通信、高科技等产业的股票。

5. 合资合作或股权转让

分析合资题材，要全面考虑合资伙伴的经济实力和市场能量，分清有利的真合资和纯粹为造题材而吹捧的假合资，分清合资的前景是好是坏。

6. 增资配股或送股分红

增资配股本身并不是分红行为，它并没有给股东什么回报，只是给股东一个增加投资的权利。在牛市中，这种优先投资的权利往往显得非常重要，并具有一定的价值，因为牛市中人们预期股价会上升，可以优先投资必定会带来良好的收益。送股分红是上市公司给股东的真正回报，在这种回报真正兑现之前，往往会出现抢权现象，因为预期牛市会填权。增资配股或送股分红成为一种题材，是因为人们的牛市预期，一旦市势逆转，人们预期熊市到来，送股也好，配股也好，都不能激起人们的购买欲望。

从以上可以看出，所谓的题材就是他们要炒作的借口，目的是为了激发市场人气。我们不排除有些题材是有实质内容的，但很多都是子虚乌有、空穴来风的，甚至干脆就是散布谣言。

通常情况下，当某个大庄家或者机构准备炒作哪只股票时，就会利用他们的宣传工具制造一些理由然后套上"某某题材"的花环或者贴上醒目的标签，引起广大散户的注意，然后再伺机牟取暴利并将广大散户套牢。

从历次题材操作看，题材确实有聚集人气、活跃股市的作用，但是我们一定要看清楚股市的真实面目，不要因为庄家换了个说法而信以为真。题材不是起关键作用的，起关键作用的是整个市场的行情。

三、题材中的陷阱

很多股民一听到新题材，就会趋之若鹜地争相购买，从来都不认真去分析这些题材的真假、风险，有没有潜力。下面就提出几个题材可能存在的陷阱，望读者能以此谨慎地对待题材股。

1.购并题材的真假

对于购并题材，首先要辨认其真假，不要盲目听从和跟风，一定要自己分析。而且就事实来说，绝大多数的购并题材，都是雷声大雨点小，尤其是在二级市场的举牌收购，成功者更是寥寥无几。如果股民辨不清真假，分不清虚实，只要是购并的题材就跟进去，大都逃脱不了高位套牢的厄运；其实要学会操作，就算能分清楚购并的真假，还需要会操作，要知道购并对估价的影响到底有多大，还有就是这个购并的题材出来的时间的长短，如果刚出来，那不妨进去，如果已经被炒得火热了，就没有必要进去了，这个时候的股价肯定已经是在高位了，进去只有被高位套牢的危险。

2.黑幕重重的重组

不少股民都热衷于重组题材的炒作，这得益于重组股在二级市场上的良好表现，每次上市公司重组过后，其股价翻番都是稀松平常的事情，有的甚至会翻上几番。

其实重组的实质并不像它的表面那样光鲜，先踢开真假不说，就其作用的大小，

毫无疑问就掺和了庄家炒作的因素。还有一个事实，能真正从重组题材上挣到钱的股民可是少之又少。

究其原因，一方面，因为许多重组本身就是假的，股价的上涨就是昙花一现；另一方面，就是真的重组了，也并不意味着上市公司就真的可以脱胎换骨，野鸡变成火凤凰。

为此，作为投资者，一定要认真看待重组，正确地去评估重组。

3. 恶炒的新股风险大

我国的股民有一个很特殊的喜好，那就是特别爱炒新股。简单地认为新股没有套牢盘，也没有什么历史遗留问题，炒起来容易，也更容易赚钱。我们来看这样一篇媒体报道：《哈投股份主营打新股，上市公司打新被叫停》。

2007年，借助前两年的上市公司大扩容，中国特有的打新模式造就了28%的无风险收益率，在这种高诱惑背景下，各渠道资金汇聚一级市场分一杯羹，其中包括作为甲方的上市公司。

参与新股配售、申购所获得的无风险利润，对于上市公司来说收益远超实业投资，于是有些上市公司还动用刚从市场中募集而得的资金来"打新股"，这些上市公司包括冠城大通、新黄浦、金融街等，最后竟然冒出了一家主营打新股的上市公司哈投股份（创造了又一项吉尼斯世界纪录）。

上市公司若一味炒股，忽视实业经营，上市公司业绩增长得不到实业扩张的支撑，很可能造成整个股市泡沫化。也有业内人士提醒称，打新股的资金迟早有一天会被套，作为公众公司的上市公司，一旦遭遇市场风险，必然会将风险扩大化，最终可能影响到每一个市场投资者的利益。

大量事实证明，新股上涨是没有持续性的，尤其是首日暴涨之后，随之而来的肯定是大跌。脱离基本面的新股恶炒，风险性比之旧股有过之而无不及。2007年，中国石油回归A股就是很好的例证。

2007年，有着亚洲最赚钱的公司的股票回归A股，发行价为16.7元，很快股价就飙升到48.60元的历史高位。但之后就再也没有上涨，而是一直往下跌，到2008年4月18日首次跌破发行价，至此一个中国石油的A股神话彻底结束，七成股民被套牢其中。如图3-4所示。

新股上市当日由于没有涨跌幅的限制，一旦被恶炒，其风险不言而喻。例如2009年沪市重启IPO后首个上市新股四川成渝，演出可谓惊心动魄。

2009年7月27日，四川成渝（601107）以7.6元开盘，这个价格远高于市场的预计，也高于同板块股票的平均价格，而这仅仅是好戏的开始。开盘后就遭遇大量抛盘，股

图3-4

价急速下跌，最低跌至7.03元，但成交量却大增，换手率极高，开盘5分钟换手率就超过30%，半个小时换手已接近60%，此时股价已回升到开盘价附近，股价上升到7.9元附近徘徊了约一个小时，随后开始大幅飙升，一刻钟里一口气上涨到9.89元，较开盘价上涨了30%。

按照上海证券交易所去年5月14日发布的《上海证券交易所证券异常交易实时监控指引》规定，无价格涨跌幅限制的股票盘中交易价格较当日开盘价首次上涨或下跌超过30%，可以实施盘中临时停牌，四川成渝被停牌半小时，于下午1：25复牌。更意外的是，下午复牌短暂震荡后，继续上冲，由于半天的换手率超过80%，达到很多新股一天的换手率，下午抛盘骤然减少，因此，不到半小时股价上冲到15.25元，达到较开盘价上涨100%（15.2元）的异常交易情况，被交易所再次停牌，也是新股恢复以来首次出现一天两次停牌的现象。此时，四川成渝按发行价计算的涨幅高达323.61%，为新股恢复以来最高涨幅。四川成渝被停牌至收市前5分钟，但复牌后股价急剧下跌，以10.9元报收。虽然较发行价上涨了202.78%，但短短的5分钟里下跌了28.52%，其风险可见一斑。如图3-5为四川成渝在2009年7月27日的分时走势图。

沪市历史上和四川成渝相近的新股恶炒的案例是紫金矿业（601899），2008年4月25日上市，该股以9.98元开盘，股价最高上冲到22元，也是较开盘价上涨一倍，但收盘回落到13.92元，但随后该股连续两个跌停板，等打开跌停板的时候股价已经回到10元

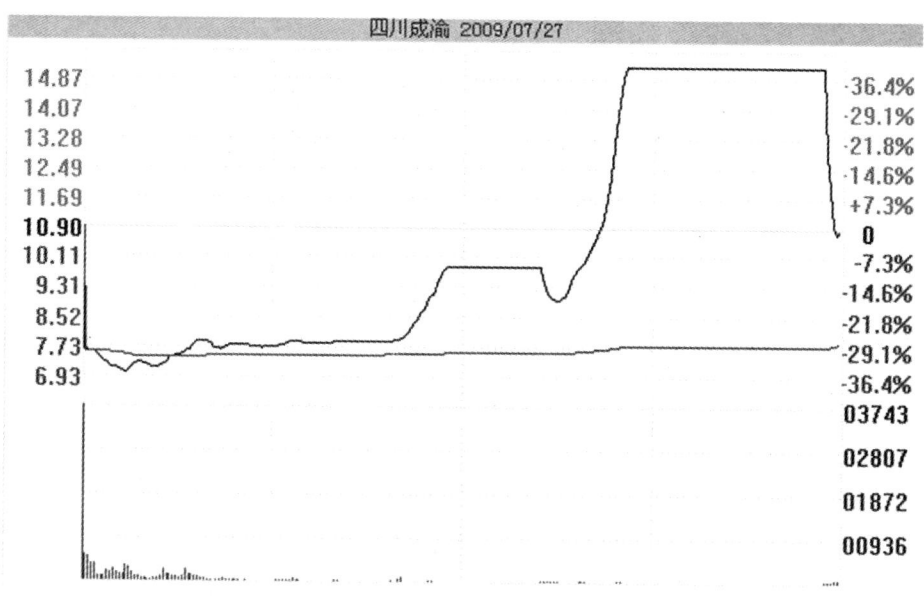

图3-5

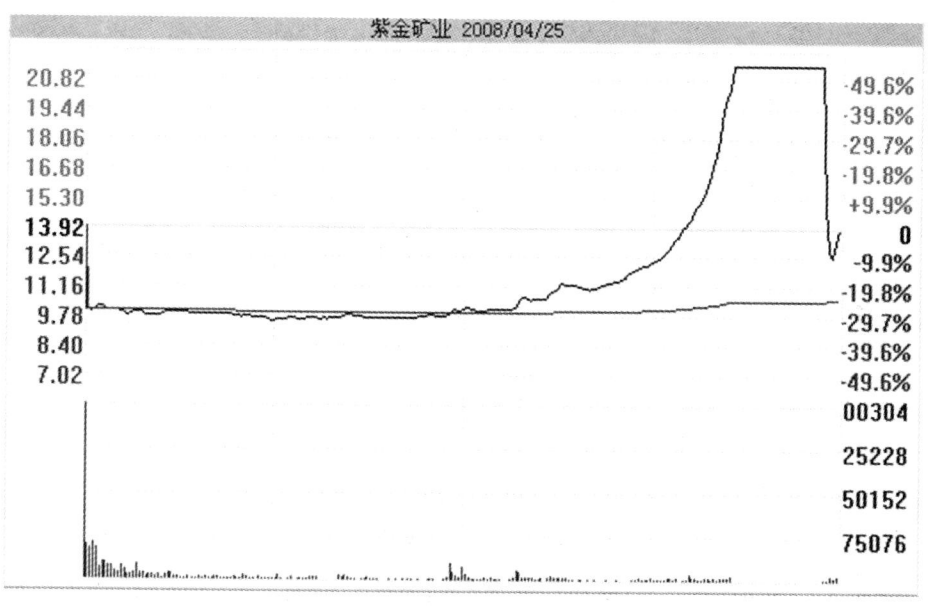

图3-6

左右，开盘价买入的人最终没有赚到多少钱，至于最高买入的人至今还没有解套。如图3-6所示。只要能炒的都尽其所能地炒，然后就有人设置陷阱，等着别人往里面钻。

2009年10月底创业板上市首日的炒作更是如此，发行价已是天价，市盈率高达六七十倍，再经过一番炒作，部分股票涨幅200%以上，市盈率都在100倍以上，要100多年的盈利才抵得上当时的股价。

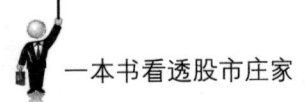

四、题材炒作的真相

（一）炮制题材

炮制题材是庄家的信息战手段之一。由于这一方法效果好，一直为各路庄家所采用，其内容可谓五花八门，可以是市场上热炒的题材，也可以是重大事项。

庄家炮制题材的手法很多，如通过交易方式给上市公司输送业绩，进而与上市公司勾结推出高送转的分配方案；协助上市公司介入市场认同的热门领域，如"5·19"行情大批庄股纷纷与网络结缘，2009年甲型H1N1流感行情炒作，庄股又纷纷开始与"甲型H1N1"沾边。很多形式的资产重组事实上就是完整炮制题材的过程。

（二）源自炒作与投机

股市炒作的过程实质上就是投机的过程。股票投机是股票市场的必然产物。健全的股票市场，既需要长线的投资者以保持市场的稳定，又需要短线的投机者，以活跃股市。因此，投机不可缺少，适度的投机是市场的催化剂，有利于市场的兴旺活跃，但投机也会给股票带来灾难性的后果，尤其是投资者的目的都是投机的时候。

大家都见过洗衣服时候的泡沫，真是七彩绚烂，可轻轻一戳破，就什么都没了，过度的炒作则将形成泡沫。

1711年，英国的南海公司发明了这种成人的泡沫游戏，当时英国的经济正处在全盛时期，私人资本膨胀，储蓄增加，投资机会不足，大量的闲置资金正在寻求出路。

南海公司发行股票后，因为其奴隶生意做得非常好，以至于公司的业绩很好，很多人就以为买他们的股票可以挣钱，于是就争先恐后地购买，而且股票的价格也是疯长，可是到了1922年，南海公司自己都觉得股票的价格实在是太离谱了，与公司的实际经营状况丝毫不沾边，于是老板和员工率先抛售股票。南海公司很快就倒闭了，那些股票自然分文不值，给广大投资者造成巨大的损失。后来就有人称这个事件为"南海气泡"——一个容易起来，也容易破碎的泡沫。

虽然有"南海气泡"的前车之鉴，可对金钱的热爱，依然挡不住人们重蹈覆辙。

300年后，世界各地的人都还在热衷于追求这个气泡，在中国也出现了类似的情况。1993年的"宝延事件"、新世纪初的"网络风潮"都是这个气泡的后来者。

在中国，股市制度远未成熟，也不规范，因此投机者在中国的股民中占了相当大的部分，他们买股票时不分析股票的净资产、公司的经营状况、赢利水平及发展潜力，而是仅仅停留在打听是否有庄家，是否有题材，于是造成了同类股票、同样赢利水平而股价却相差悬殊的特殊股情。一些业绩好、潜力大的公司的股票经常被遗忘，而一些赢利只有几分钱甚至是亏本的企业的股价却被炒得天高，股票的价值与价格内

在的关系被严重地扭曲。这些都是盲目的投机行为惹的祸。

五、题材炒作的应对

对于庄家信息战中花样繁多的题材炒作，投资者首先需要分析题材的真假。在题材的分析中，可以分析上市公司的各种公告和报表。但最好的方法是拿题材来与盘面比较，看盘面是否支持该题材的存在。对于真正的炒股高手来说，根本用不着整天打听什么消息，一切都在盘面上清楚地反映出来了。

某个题材到底能给盘面造成多大的影响，那不决定于题材的情况，而决定于盘面当时的处境。盘面的反应就是供求关系的变化，盘面的状态就是指目前供求关系的状态。比如说一根火柴能否引起森林大火呢？不一定，那不决定于这根火柴，而决定于森林的状态。市场也是这样，气氛有高有低，人气有旺有衰，同样的题材投入到市场中，反应常常因时而异，这就是市场的微妙之处。只有懂得了题材与市场的这种关系，就等于站到了市场之上，置身事外来分析市场的反应。

反过来，通过市场对题材的反应，也可以看出目前市场所处的状态。一个对坏消息毫无反应的市场无疑是个强势市场，而一个对庄家鼓吹的种种利好题材没有什么反应的市场是弱势市场。在牛市中，即使庄家不去鼓吹，投资者也会自己去发掘。所以题材是借口，市场状态才是关键。

说白了，题材的真假无关紧要，重要的是市场的反应、题材的号召力、跟风者多不多。即使庄家炒作出了"公鸡会下蛋"，只要市场积极反应，跟风者云集，同样能制造机会。因此，投资者此时可适当地利用题材，在庄家的信息战中打个漂亮的阻击战。

例如在当年的5·19网络科技股炒作中，笔者当年就身居其中，记忆深刻。在1999年的5月19日，中国股市在历经1年的大调之后发生井喷。一场以网络、科技股为主导的"5·19"行情突然降临A股市场。1999年后，股市就迎来以网络为首的高科技风暴。上市公司触网忙，无论真假，只要名字沾上"数码"或者"网络"两字，股价就会扶摇直上。这种情况一直延续到2001年。

在这场网络科技股炒作中，当时不少的题材股都是庄家挖掘的，与当时的热点"网络"基本不挨边，甚至众多公司纷纷改名为网络、科技公司，以迎合市场的炒作。但笔者当时就根据市场的反应及跟风程度，大胆地利用庄家的炒作坐了一回轿子。现在想来还颇为得意。

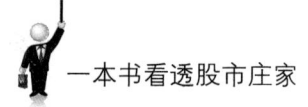

亦真亦假的小道消息

庄家在介入某只股票的过程中，总会有许多不同版本的传闻或小道消息在市场上广为流传。其中绝大多数时候，都是他们有目的地策划、故意地"泄露"消息的圈套。这些消息或市场传闻通过各种渠道的大量传播，在某一程度上，大多会"有意"或"无意"地误导场外广大散户投资者的正确判断能力，十分有利于他们在市场上的整体操作行为。

先看这样一个例子，笔者的工作室曾有一位资金过千万的陈先生，他就亲身经历了这样的一个故事：

陈先生原来是做实业的，在2008年美国次贷危机引爆的以金融危机为急先锋的经济危机中，实体经济投资环境恶化，他抽出部分资金投资到了股市。2008年，一位原来跟他生意上有联系的朋友（暂称为A）聊天时悄悄告诉他，说某只股票近期将翻番，庄家就是A的舅舅。当时这只股票已经借资产重组从4元左右涨到了10元，上涨了150%左右。A已经在10元左右全仓买入了1 000万元，并当场将账户打开让陈先生看，并告诉陈先生，A的舅舅说了，不到20元绝不出局。陈先生一看，动心了，但他也是比较谨慎的人，先买进了200万股。之后，每天A都向陈先生预告庄家的动向和收盘的目标价，对比一段时间后，发现非常神，基本与A预告的一致。陈先生这时候不再犹豫，不但自己账户上的1 000多万元全仓杀入，又纠集几个好友筹集了数千万进去了。股价很快冲过了12元，短短时间获利20%，陈先生现在深信不疑。股价继续上冲，过了13元。陈先生想把自己的账户先出一部分，这时候A信誓旦旦：舅舅说了一定能到20元！谁知没过多久，股价冲上14元后没站稳，陈先生耐不住了，A劝他："我舅舅告诉我，这几天要洗盘，你可要拿好了。现在正在缩量，不用怕。"陈先生看了一下走势，觉得有道理。后来股价震荡了1个月，一下跌破支撑，回到了11元。这时A的舅舅说了：坚决守住！陈先生想，A都没出呢，我怕什么，继续守仓。但股价小幅反弹后，很快跌破了8元。突然A的舅舅来消息说：上头开始查他们，没法做了。A的账户全部斩仓，陈先生被迫割肉出局，损失惨重。

得知这个故事后，笔者当时给陈先生点破：A在这中间扮演了"托"的身份！后来证实，A的账户确实是被他舅舅利用来做托，不过他自己并不知道真相，他的舅舅后来从坐庄的利润上打了1 000万元给他。

一、有意制造小道消息

一般来说，庄家在介入某只股票之前，会刻意地制造出一些目标上市公司"利空"的消息传闻，并且利用手中所掌握的大量资金优势，在股票市场上刻意打压目标股票的股价，借以引诱、恐吓场外散户投资者抛售股票，以达到自己快速洗筹、建仓的目的。而在已经获得大量超额利润之时，密谋出货套现自然成了当务之急，此时也就会相应地运用一些"非常"手段，并通过某些非常有用的媒体优势或其他有利途径，释放出一些更加准确、更加绝密的重要"内幕"消息，向场外散户投资者"汇报"一下自己日后的整个思维方式、工作计划、操作动向，以及自己的最终目标价等，其主要用以诱骗广大场外投资者在价位处于较高位置时能够介入，进而将风险完全彻底地转嫁给场外广大散户投资者。

可能很多股民朋友都遇到过这种事情：有亲近的朋友把一个"千万不能告诉别人"的消息慎重地告诉了你，但当你一旦买进这只股票，套也就不知不觉戴在头上了。

二、庄家助长小道消息

股民朋友都会有这样一个感受，而这也是中国股市里一个最奇特的现象，凡是正道消息都是遮遮掩掩、羞羞答答登场的，而小道消息却如没了窝的马蜂飞得到处都是。股民们错把小道消息当做正确的市场信息进行操作，可以说是比比皆是；正道消息刚出来时，他们反而将信将疑，观望着，以至于最后把机会都放跑了。去过证券交易厅的人都知道，传播得最快的就是小道消息，股民们见面后，往往打听的也就是这些东西。什么股评家评股，什么最近的利好传闻。这些消息的出处不管是官方的也罢、报刊上刊登的也罢或者是马路上听到的也罢，只要是有一点影子，股民们就会毫不思索地抓来，当作自己操作的依据，然后继续散播。

小道消息的肆意蔓延，自然与我国股市的信息披露不及时、不全面有一定关系，但与股民本身迷信小道消息也不是毫无关系的。反观那些正道消息，股民认为那些消息出来后，就没有意义了，过时了。所以只有正道消息还没有完全出台，只是处在萌芽状态的时候，即时操作才能有利可图。但小道消息来源不明，而且相当一部分与现实不符，甚至有的是庄家故意放的烟幕弹。

小道消息之所以经久不衰，最重要的一个原因是被一小部分人利用，这与庄家是分不开的。小道消息之所以诱人，是因为有的时候它被包装得光芒四射，比如中国的股民大凡都喜欢"内部消息"，也相信这样的消息能赚钱，但是实际上这样的内部消

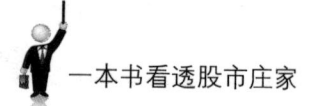
息以谣言居多，有的根本就是庄家用来实施自己计划的陷阱。至于那些马路上的道听途说更加要想清楚了，有必要的话一定要找人核实，确定消息的准确性。

是是非非的小道消息，在你准备按照它操作的时候，一定要想清楚了，要时时刻刻提醒自己，可能这一个小道消息就会让自己血本无归，还落得个笑柄。

三、捏造谣言

内幕消息就是谣言陷阱。也许很多股民都有过以下这样的经历：自己偶然听到了一则内幕消息，然后就买了某只股票，然后就仿佛走入了迷魂阵。

买了股票之后，股票是涨了，但是涨幅却不像听说的那么大。如果这样的事情放在平时，看到这种情况很多人也就抛了，既然挣不到钱，又何必在这样的股票上耗费时间和精力呢？可有内幕消息在支撑着，既然买了，就相信到底，结果股票就是在那里徘徊。

这还算好的，没有赔本。而有的自从买了这样的股票开始，就一直下跌。要是在平时，跌到自己的承受极限就抛了，亏损也不会那么严重。可现在有内幕消息支撑啊，涨是肯定的，于是就留着。也有的股票会在中途反弹，可是这样的情况又没有维持多久，然后再继续往深处下跌，这样，相信内幕的投资者就越陷越深，越套越紧了。由于我国股市制度尚不健全，内幕消息泄露的现象不是没有，但是这些泄露内幕消息的事情，都是法律禁止的。

而且就算是泄露了内幕消息，知道的也就是那一小部分人，怎么可能满天飞得到处都是呢？

至于内幕消息，还有一个特别荒谬的事情，就是在网上居然有人拿它来叫卖，一些消费者也就真的信以为真，看看那些"股票推荐月度涨50%"、"股票推荐年度翻番"、"年内增长几倍"的叫卖，细心的人会发现，有这样好的股票，他们为什么自己不去做，反倒让别人发财。

一般说来，散布谣言的人都有自己的目的，比如大机构散布谣言，自然是为了自己在股市中的某个步骤做准备，在成熟以后再赚股民的钱。

但不可否认的是，谣言就是谣言，不具备推动市场上涨的能力，就算是被人们误以为真，也只是一时的涨落，绝不会持续得长久。而至于谁会是谣言的赢家，毫无疑问，就是散布谣言的人。吃亏的就是听信谣言的人。

四、消息发布的层次

庄家在发布消息时是很讲究的，其发布在什么时间、在什么价位、对什么人发

布什么消息，并预知其市场的影响力的大小。一个比较成功的庄在自己收集的过程中是绝对不会发消息的，不能让任何人知道，否则就难以成功。对庄家来说，投入10个亿，可以赚几个亿，如果跟亲戚朋友说一声，他们可能赚一二百万，但是庄家的大头就没了，可谓得不偿失。所以，越是在建仓的过程中基本上没有消息的股票，说明庄家的纪律性越强，后来涨的也越好。

每年中报或年报公布前，一些炒业绩的个股涨幅已高，这时，消息满天飞，追涨者也特别多。消息公布后，主力倾仓而出，这些投资者便大祸临头。而在报表公布完毕，一些券商的研发部，咨询机构的研发部，配合庄家长篇大论地登出该股的投资价值分析报告，公司的重组消息也被证实。而这些利好放出来时，刚开始没人会注意，后来随着股价盘升半信半疑，当投资者最终坚定信心时股价已高，一些投资者若不明庄家的炒作思路，往往会在庄家的诱忑下以为股价仍会看高一些，而一旦接手，便成为这些消息的牺牲品

庄家在有预谋地发布一个消息时，正常情况下的信息发布有这样几个层次：

第一层：亲戚朋友。庄家建仓完毕，开始拉高之前，此时庄家需要发布消息，因为庄家不可能把所有的筹码都收过来，他要让市场中形成赚钱效应，要别人都跟进来。既然你可以跟，他也可以跟，当然亲戚朋友先跟进来最好。所以，庄家的亲戚朋友最早介入，成本大致与庄家的成本一致，其中与庄家关系密切者，可能成本比庄家还低。

第二层次：各个方面的关系。比如说上级，比如说自己的关系客户。有些时候有的股票会突然低开，这是操盘手故意送钱给人家。所以一只股票盘了一段时间之后刚刚启动，突然有一天低开，这个低开可能就是一个行情启动的机会。因为这是庄家在送钱，送的肯定不是一般的人，可能是领导，也可能是关系户。既然送钱给他就不能让他赔钱，股价盘面走势特征是，只有短暂的下探，随后会快速提升使散户没有介入机会。

第三个层次：大户和股评家。除了亲戚朋友、关系户之外，大户也是比较优先得到信息的群体。由于证券商之间的竞争激烈，一般来说每家券商都有一个自己的信息渠道，专门提供给自己的大户。为了留住资金，他们就提供各方面有价值的信息，客户的资金量越大，得到的服务就越多，所以他们最先得到消息。大户跟股评家有时候得到消息的时间是一致的。

第四个层次：散户。一般大户买完了，需要别人跟进，便会向其他人强烈推荐，同时机构也放风让散户跟进，而且早期跟进的人一般是赚钱的。很多散户都知道这只股票怎么怎么样，买进的人就很多。在因特网上，此时的信息也最多。

第五个层次：各种传媒。有什么股票庄家要出货了，就在报纸上发消息，因为知道的人越多，庄家越容易出货。但有个别情况是例外的，有的机构发布消息是要配合做行情。

第六个层次：股票低价循环圈内发布利空消息，并且消息越坏越好。

第七个层次：在股票高价循环圈内发布利好消息，并且消息越好越佳。

知道了上述几个层次，在得到一些关于个股的传闻和消息的时候就应该明白，你的消息来源很可能就是这样的：庄家的七大姑八大姨把这个消息告诉了自己的亲侄子二狗子，二狗子在和自己的老婆谈论的时候被隔壁卖菜的王大妈听到了，王大妈在家里自言自语的时候被小保姆听到了，小保姆回头告诉了自己的闺中密友，而这个闺中密友就是你的女朋友。这样的消息你觉得还有可信的价值吗？

事实上，任何人都无法回避一些消息，尤其是资金大一点的投资人，对消息进行综合判断，审视市场消息的真实性、可靠性，就有赖于我们介绍的一些常识和知识。投资者要从股价所处阶段和自己能获取消息的层次，分析自己得到的消息属于哪一个层次，然后再结合股价表现来作出投资决策。

研究报告的幕后

研究报告曾经为市场各方所倚重，其对上市公司基本面的深度挖掘和价值判断是公司股价的评价标准之一。在中国股市，任何一个基金经理、投资总监、私募基金、资产管理公司、投资公司、保险公司、信托公司、银行投资部门等，他们可能不读报纸，可能不听新闻，但是没有一个会不去研究主流机构的研究报告。

随着市场逐渐回归理性与成熟，投资者越来越关注公司的基本面。迎合这样一种趋势，主要反映基本面的研究报告开始流行，大多数证券公司都把研究部门作为公司的核心部门来对待，不惜重金网罗人才。过去只有机构能看到的很多研究资料现在连普通投资者也能看到。而作为普通投资者，能接触到研究报告是件好事，因为这样能引导市场朝更健康成熟的方向发展。

一、研究报告是否值得信赖

然而研究报告是否真的值得信赖，却需要以辩证的眼光来看待。阅读这些研究资料时，一定要睁大眼睛。在庄家的信息战中，研究报告很有可能成为庄家的"武器"之一。

1.研究报告"有奶便是娘"

不少研究报告鱼目混珠，良莠不齐，谁给你钱，你就要为谁说话、服务，这是部分研究报告出笼的"潜规则"，对于影响力不大的公司尤其如此。甚至花几万元钱就可以搞定一份想要的研究报告。这也就给了庄家可趁之机，他们可以利用研究报告发动信息战攻势，使研究报告成为庄家操纵股价的工具。

2.研究报告"为自己的利益说话"

出报告的机构大多是这个市场的参与者，自然该为自己的利益说话。当该机构持有该上市公司相当数量的股票，正在坐庄这只股票时，出研究报告自然就猫腻多多了。如2007年中国神华上市之初，招商证券就发表报告称，中国神华成长性不逊于小公司，相当于1亿吨产能的渐次收购将逐步推升股价，未来1年目标价为100元。中国神华将变成"中国神话"。

著名国际投行瑞银公司更是鼓吹，"应考虑内地投资者愿意支付购买神华股票的价钱，来计算神华能源的正确价值"，瑞银以内地煤炭股最高的市盈率为准，给予神

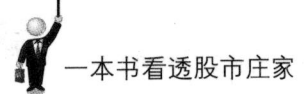

华15%的溢价，因而将目标价由每股35.15元大幅调高至101元。

如图3-7中，中国神华上市当天上涨87.35%。从当天的盘面看，盘中10万股以上的买单层出不穷，卖单明显较为稀薄，反映出大量的机构积极推高，而后两天，中国神华强势涨停，第三天，在大盘剧烈震荡的情况下，中国神华股价依然坚挺，再次冲击涨停板，大涨9.86%。中国神华的市盈率也被推到了100倍。

图3-7

上市第四天，中国神华冲高94.88元之后，开始了漫长的下跌之路，到3月28日的42.53元，跌幅已超过55%。机构100元的目标终成"镜中花、水中月"。当散户按照中国神华目标价100元、中国平安目标价200元的报告操作时，机构正在大举出货，中国的散户为这些分析报告付出了太大的代价。

二、研究报告存在的问题

部分研究报告的不值得信赖，还因为以下原因。

1.主观臆断代替了实地考证

如果研究员始终能够坚持客观、严谨、公正的态度，研究报告的影响力无疑有助于市场的健康发展。遗憾的是，近期一种不良的风气正在一些研究报告中蔓延。过多的主观臆断和大胆猜测出现在报告中，这使得报告的公信力受到质疑。

以某券商对西飞国际的研究报告为例，"飞机制造业的龙头"、"呈现爆炸式成长态势"等极具煽动性的文字频频出现在报告中；在没有依据的情况下大胆猜测"集团所有国际转包业务资产都注入西飞国际，或者将飞机总装资产整合到西飞国际"。这些说法遭到了上市公司的有力反驳，也让一些投资者对研究报告产生戒备心理。

2.盲目乐观评级的潜规则

有个笑话说，一群证券公司行业研究员受邀去打猎，猎捕的对象是两种同样凶猛的动物，野牛和狗熊。结果所有研究员都跑去打野牛了，没一个愿意对付狗熊。组织者问他们为什么会这样选择，研究员们的解释是，他们的工作向来以推荐牛股为主，养成了跟牛打交道的职业习惯。

这个笑话讽刺的是，分析师们发表的上市公司研究报告绝大多数都是推荐和持有乐观评级现象，换句话说就是调研报告总是越来越乐观，而这一现象中外普遍存在，在股市兴旺期尤其明显。

美国有关调查机构的统计发现，在某一年牛市中华尔街分析师对6 000家公司作出的评级中，仅有1%是建议卖出或减持，而69.5%的建议为买入或增持，29.5%为持有。

《新财富》杂志对2007年以来国内42家证券研究机构的657位分析师所作的投资评级统计显示，其中82.6%的投资评级为"增持"、"买入"或"推荐"；"持有"或"同步大市"的评级占16%；"减持"、"卖出"或"回避"评级仅占1.4%。

3.做不到客观公正

"推荐"评级一统天下在牛市初期和发展期无可厚非，但是随着股价的短期飙升，估值水涨船高，"推荐"依然占绝对优势，任凭政策调控和市场调整风吹雨打兀自岿然不动，是何原因？根本原因还在于卖方报告难以做到真正的客观独立。作为卖方，券商研究报告的主要客户是基金公司等机构，研究报告的优劣对基金在券商的分仓量影响越来越大，关系到佣金收入，如果因为一篇负面报告而导致股价下跌，有可能失去基金大客户。

作为调研对象的上市公司，相对于研究员和证券公司同样处于强势地位，得罪不起。

这个道理就跟记者写批评报道一样，如果研究员出了减持这样的负面评级，公司很可能也会封杀他们，从此失去进入公司进行实地调研的资格。研究员绝大多数时候不愿出具负面评级报告的潜规则，即使一个股票价格已经高估到没法再给正面评级了，通常他们也不会轻易出一份提醒投资者减持的报告，这已经是业内的潜规则了。

相关调查表明，当观点与外部客户发生利益冲突时，近六成分析师表示"不撰写相关研究报告"或"与有关方面进一步协调"。而在证券公司，受制于自营部门和投

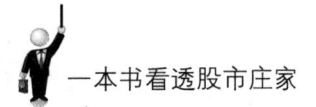

行而放弃负面评级，甚至为服务于投行业务而被迫提高评级水平，也是普遍现象。

东方证券房地产行业研究员王树娟就是一例。2007年9月王树娟对外发布《地产板块2007年中报盘点报告》"看淡"房地产行业，并认为地产板块总市值已达1.4万亿元左右，PB平均达到9倍左右，PE普遍在50~60倍以上，泡沫特征明显。她的报告让当时手握大量地产股的基金经理愤怒了，他们联合起来集体封杀王树娟，最终王树娟离开了这个行业。

4.业务水平参差不齐

研究员的业务水平参差不齐，部分甚至财务低能。而不少调研员不去实地调查，闭门造车只对着财务数据想文章，或者依靠上网东抄西摘、七拼八凑。这样出来的研究报告自然大打折扣。

三、辩证看待研究报告

1.充分利用这类信息

要了解研究人员所具备的核心优势，充分信任和使用这些信息。研究员的优势主要在以下几点：

一是大多数研究人员是行业专家，研究机构对行业研究人员有行业背景和财务专业两方面的要求，很多研究员都具有所研究行业的工作经历，对行业的生命周期、竞争结构、上下游的利益关系以及替代行业都非常熟悉，了解行业发展规律和发展方向。优秀的研究人员还能提前预测到行业内可能发生的变化，并且能比较准确地分析出这些变化对行业的影响，这是一般投资人所不具备的。

二是行业内人脉熟悉，能及时了解行业动态、预测可能出现的政策以及主要上市公司的经营情况，提前提醒投资机会与风险。

三是优秀的研究人员能影响资金的投资方向。

2.回避不合理的部分

我们要注意研究报告中还有少量不合理的部分，尽量去回避。

一是相对的评级标准和确定性的个股目标价格之间的矛盾，大部分研究报告给出的评级标准都是根据相对大盘的强弱来判断的，但是不少研究机构对个股给出了明确的目标价格区间甚至目标价格，而且时间跨度都在1年以上，这么长的时间大盘不可能没有变化。

二是在目前沪深两市没有做空机制的体系中研究人员的"牛市倾向"非常严重。"牛市倾向"是指投资者往往无视市场的变化，更倾向于市场会上升的交易行为。国外曾经有人用10年的时间跟踪主要研究机构的近20万份研究报告，其中评级为"卖

出"的不足11%，而实际表现是涨跌各半，国内也有这种现象，股票涨得越多，评级越高，明显与价值投资理念不符合。

三是"熟人"规则难以避免。由于研究员会跟踪一个行业很多年甚至几十年，研究人员和很多公司领导层很熟悉，熟人好话容易说而负面消息很难出口。优秀的研究人员会在研究报告中暗示，会在研究报告中罗列很多看好的理由，而最后给出的评级并不高，投资者要学会分辨其中的奥妙。

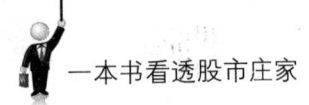

信息战的各个阶段

庄家信息战发布消息通常经历了这样的过程。

一、建仓阶段

庄家在建仓吸筹阶段，其目的是为了在尽量短的时间、以尽量低的价格买足筹码。当庄家正在埋头苦干，暗中进行吸纳筹码的时候，它会保持绝对的沉默。这一阶段庄家通过各种途径发布的消息主要属于利空性质，如业绩亏损、诉讼事件、财务状况恶化、经营环境变坏、原材料涨价、自然灾害等。甚至管理班子的一些问题也成为庄家吸纳的绝好时机。这些消息足以导致持股人果断减仓甚至恐慌性抛售，庄家便可顺利地在尽量短的时间内买到足够多的廉价筹码。这类利空消息的主要特点是突发性、公开性。其实有关消息往往有真有伪，特别是业绩亏损、经营环境恶化方面容易形成庄家与上市公司联手造假的行为，如利润隐瞒、虚报亏损或者是夸大经营环境的恶化事实与程度等。同样的道理，在洗盘或震仓时，常会利用利空消息设置空头陷阱，让中小散户纷纷落入其陷阱之内。

二、拉升阶段

庄家在底部吃饱喝足后，廉价筹码都已经到手，要获利就要开始进入拉升阶段了。在此期间，为了防止所控筹码的计划外随机增加太多以及随之而来的成本上升，庄家往往需要借助外在的市场力量来实现其推高的意图。准备拉升股价的时候，有上市公司有节制有保留地公布一些利好消息，有股评人士的个人推荐、从技术上造势，有咨询机构的所谓投资分析报告等。通常不会正面鼓吹炒作对象，多数采用迂回战术，介绍目标所在行业、地域、板块、概念等炒作题材，达到唤起市场气氛的目的，使目标股票开始引人注目，配合庄家的画图手法，千方百计引起市场关注。

因而在这一阶段，庄股的消息一般会初露端倪，其传播方式往往是朦胧的市场传言。市场传言的弹性一般都很大，也许一个小小的题材也会被惟妙惟肖地夸大到无以复加的地步。那么作为中小投资者对于传言的巨大市场号召力就绝对不可小视，必然要提高警惕，以防成为"抬轿一族"，或者落入庄家虎口。在这一阶段，消息的最大特点就是朦胧性、易变性与黑箱性。

三、出货阶段

庄家出货套现才是最终的目的。在拉抬过程中，公司公布重大利好消息，股评人士有意无意作出强势的判断，引发市场的追捧，众多投资者眼见着逐渐成为忠实的脚夫，股价作最后阶段的飙升。

这个时候，庄家的"故事"往往会以重磅炸弹的方式闪亮登场，随之而来的便是铺天盖地的宣传攻势。这类庄股故事即重大题材，往往对投资者会形成极为强大的视觉冲击力，并使相当多数的人足以相信其仍然存在巨大的上扬空间和成长潜力，从而终于在已经高企的市场价位上买入，庄家乘机大规模派货，实现"胜利大逃亡"。因此这个阶段的题材基本上脱离黑箱特点，其正式出台时也就往往是庄家的出货信号。

近年来，庄家坐庄的时候，还善于利用新闻报道，或者中央级的电视台做黄金时段的广告的影响，辐射面遍及全国各地，真是善于利用现代传播媒介的巨大力量。

庄家为了使自己能够顺利建仓、拉升、出货，最终成功获得预期利润，往往是绞尽脑筋，使尽浑身解数，有计划、有步骤地处处设陷阱、布圈套，采取时真时假、虚虚实实的手段，来诱惑广大散户。

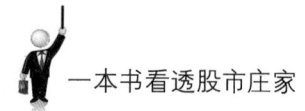

如何应对信息战

一、辨别消息的真假

散户要识破庄家消息发布的骗局，就必须辨别消息的真假。

1.判断股票所处阶段

当消息出现时，首先应判断该只股票是否是一只庄股，如果是庄股，则应判断该只股票处在庄家操盘哪个位置，是建仓吸筹阶段，拉升阶段，或者是出货阶段。只有判断清楚了庄股所处的阶段，才能做到心中有数，有的放矢。（如何判断庄家操盘几个阶段详见本人其他拙著）

无法判断庄股阶段的，则可以根据股价所处相对位置进行判断。看股价是处于低位，中位还是高位。如果股价处于底部，极有可能是庄家保密不严走漏风声。如果股价已大幅拉高，八成是为了配合庄家的出货散布的假消息，在判断时可以参照成交量的变化以及股价在各个位置的形态变化。

2.从市场性质去研判消息

利空消息在多头市场中就会形成一个良好的介入机会，由于多头市场人气鼎沸，强劲的购买欲一时很难平息，因而利空只造成短线客的出逃观望，不会造成大的下跌。同理，在一个熊市的初期，任何利好都会构成出货机会。在一个熊市的末端，成交量一缩再缩，技术上周、月KDJ在20以下钝化，此时的利空也是一个买入机会。因为在一个连续下跌的过程中投资者心理承受着巨大的压力，在这种情况下，庄家就会利用散民的恐慌心理，借用消息打压指数。因此趋势对消息的影响是至关重要的，**趋势会改变消息对市场的作用力**。

3.从权威媒体验证消息

如果有些消息是源于基本面，可以在权威的新闻媒体上得以证实。某一年，山东铝业、焦作万方、同仁铝业股价出现异常波动，传闻美国一家铝厂发生爆炸，致使世界铝的供给量大幅下降，影响铝的供求关系，给其他各国的铝业带来了机会。这种消息出现时，可以从近期的《人民日报》、《经济日报》、《经济参考》或者有关铝业的专业性杂志上得出结论，减少盲目性，也可以直接从互联网上查询消息的来源。

4. 从股价的走势判断消息的真伪

散民的操作多以媒体为依托，但总有一种"迟来的爱"的感觉。例如某只绩优股按每10股派现金1元，并以资本公积金每10股转增5股。业绩优良的白马股又有高额送配，公司推出如此诱人的"馅饼"，自然有馋嘴的鱼儿上钩，但该股继续小幅上涨了数口，不久出现破位下行，跟进者均有"最后的晚餐"的感觉。类似的实例举不胜举，什么重组、预亏等五花八门的消息使投资者无所适从。但这一切庄家的操作思想均会留在盘面的价格中，一旦被大幅拉升过的个股如遇到利好不涨反跌或小幅盘上，均为出货信号；而在一个利空消息出台时，股价不跌反涨，应视为庄家的吸货行为。

5. 利用价格与消息实施操作

在操作中，投资者首先要学会辨别大势的性质和个股的庄家成本。在这个基础上，还要学会反向操作技术。例如，上文所说的股票，在利好出台时，股价并没有像人们想象的那样，出现上扬的行情，反而与大势背离，在这种情况下，基本可以确认是诱多消息，在这种情况下，一旦股价跌破发布消息前日价格时应离场。如果出利空，股价不跌反涨或虽有下跌，但在一段时间内股价又重新站在利空前日价格时，应果断跟进。

6. 以快制胜

听到消息买进，消息证实卖出的炒作股票原则是"以快制胜"。当你无法确认谣言真伪时，可以在市场刚传出此类谣言时立即少量买入，并密切关注。一旦有拉高放量出货的迹象，不论是否获利，也应立即平仓，消息证实时即使被浅套，也应割肉。

总之，作为广大中小投资者的散户，就应该小心谨慎，随机应变，用游击战之方式来对付庄家险恶的诡计。

二、如何辨明利好利空消息

利好消息是指有利于市价上涨的消息。而利空消息是指不利于市价上涨的消息。

一个股民能够判断消息的真伪，那还是远远不够的，因为消息的真伪后面必须有其影响，这就是利好消息还是利空消息，而且还要判断出这个利好利空到底有多大的影响。从技术上讲，区分利好利空一般可以分为几个方面：

一是对股市供求关系的影响。因为股市上的资金与股票的供求关系在一定程度上影响着股价的涨落。具体是有关资金扩容的消息都是利好消息，而有关股票扩容的都是利空消息。

二是对股民炒作收益或交易难以判断程度的影响。如对股票分红、股民的资本所得是否征税或税率的调整，股票交易费、股票交易税及交割期限的延长或者缩短等的影响。

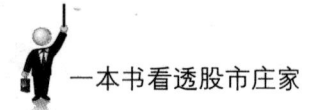
三是对上市公司经营效率的影响。通俗地讲，对公司经营效率不利的消息是利空消息，而对于公司效率有利的消息就是利好消息。

四是对股票投资价值的影响。一切将会降低股票投资的相对价值的都是利空消息，而一切将会增加股票投资的相对价值的都是利好消息。

以上的分类都是基本的分类，在股票的实际操作中，利好利空消息都非常复杂，不是一两个因素就能划清的，而且对于市场影响的强弱快慢也不尽相同，往往这些利好利空消息还有一些所谓的超前性或滞后性，甚至还有真实性和欺骗性，更加加大了判断消息时利好还是利空的难度。

三、充分利用消息背驰

可能大家都知道技术指标的背驰（包括顶背驰和底背驰）。这种背驰出现时，就意味着顶部或底部的出现，而判断大势或具体股票的顶部或底部对于整个操作过程而言至关重要，深为一些技术派人士所喜爱和运用。

而消息背驰，可能许多人就不那么熟悉，其实消息背驰和技术指标的背驰一样，也能及时准确地反映市场的顶部和底部，只不过一般人更容易被消息所蒙蔽而显得麻木不仁，忽视它所发出的警报。所谓消息背驰就是指当普遍被认为利好的消息出现时，市场的反应却是大跌，而当普遍被认为利空的消息出现时，市场反应却是大涨，这种消息出现之后与人们的预期正常判断相反的现象就是消息背驰。它通常及时、准确地预示着市场头部或底部的出现，一般都比较准确。

其实消息通常被庄家机构用作出货或入货的良机。以好消息为例，在大家都认为的好消息出现或即将出现时，普通的散户由于对利好的期望过高，会出现盲目乐观的现象，对市场明显的加速下跌视而不见，反而加码买进，并且不做任何风险防范工作，已经获利丰厚的庄家或主力机构就会利用这种时机出货。由于此时散户一般都踊跃买进，疏于防范，主力庄家此时撤离，一般都可以走得比较干净、利索，极为顺利地获利出局。

在实际的操作中当消息出现时，应特别注意盘面的状况变化。以正常的市场反应为指导，即好消息出现就应该升，至少不大跌；而坏消息出现就应该跌，至少不大升。如果消息背驰出现时，就应始终坚持根据盘面的变化来分析、处理问题，即盘面反映一切，切忌盲目乐观或过度悲观，以防深度套牢或过早出局。

四、跟着消息的节拍走

股市变化莫测，消息、谣言漫天飞舞，而很多股民却又缺乏行情认识和消息的

甄别能力，只要一有风吹草动，就贸然地作出决定，而这些人也是最容易吃亏的那些人。探究其原因：一是各种消息本身就具有不确定性，据此操作自然得倍加小心；二是市场传闻可能就是某个人为了自己的利益编造出来的，盲目听信谣言必然吃亏。即便是有些消息证明了其真实性，可能到了股民耳中的时候已经失去了价值。对于股民来说，最好的做法就是不要一有风吹草动就坐立不安，有的时候更是需要忍耐，不要受到周围人的情绪的影响，盲目地追涨追杀，更有人建议股民采取"违反自我意愿的方法"，在非常急切想买的时候不买，特别想卖的时候不卖。毕竟在这样心情下的人，很少有理智思维的。

如何根据市场的消息进行操作，这是一个非常现实的问题。有人简单地认为利好消息就是买进的讯号，利空消息就是卖出的讯号。实际上消息除了利好利空之外，还有真假、强弱，是否是庄家的陷阱，甚至有消息背驰的可能。这就必须认真地分析市场，不要单凭市场感性就作出自己的决定。按照市场的节拍，认真分析市场的节拍，不要被周围的人所左右。

第 4 章

公告中的玄机

真亦假时假亦真，无为有处有还无。股市中的消息从来都是真真假假、虚虚实实，庄家通过不同的途径发布消息，用以配合在操盘各阶段不同的需要。公告既可以通过上市公司发布，也可以通过媒体发布，还可以通过咨询公司或者股评家的嘴发布等。而其中还可以再次细分。比如，庄家通过上市公司发布消息，既可以利用上市公司的各类公告作秀，也可以通过上市公司与媒体的接触（如董事长的访谈录）等方式间接达到目的。

作为投资者，对媒体信息、小道消息固然需加以提防，对上市公司的公告这些"正道消息"亦宜保持警惕。散户如果不辨真伪，盲目地相信上市公司的公告，说不定不知不觉就掉进了深不可测的陷阱中。在前面的章节中，我们曾经讲到过，庄家与上市公司多数保持有千丝万缕的关系。一般来说，中长线的庄家都会与上市公司之间达成某些协议，庄家在操盘阶段会寻求上市公司各类消息的配合。在笔者早年参与坐庄的一些案例中，上市公司公告发布前都要经过庄家的过目，一些关键报表甚至都是提前半年就由庄家写好了。

那是不是上市公司的公告都是庄家的杰作？都含有庄家的意图？当然不是。前面的章节提到过，庄家与上市公司的关系一般有这样几种：第一种是庄家寻求上市公司的配合，第二种是上市公司主动寻找庄家，第三种是上市公司自己就是庄家。还有一种情况，庄家与上市公司无联系。在最后这种情况下，庄家独来独往，与上市公司之间没有相互配合，比如最近几年江浙一带私募和游资的短线炒作，都是来去匆匆。但中长线的庄家，如果没有与上市公司形成共同进退的同盟，操盘难度会大大增加，成功率也会大打折扣，

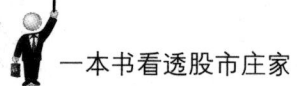

这种情况较少出现。比如，庄家在拉升阶段，正想制造市场人气、形成追涨之时，上市公司出公告辟谣："无应披露未披露信息，年内没有整体上市安排，也尚未制定重大资产重组方案……请投资者注意风险……"云云，股价应声而落，庄家的尴尬就可想而知了，这就是双方没有形成同盟的劣势。

由此可见，上市公司的部分公告中，确实有着庄家的影子，对于这类公告，就需要我们正确分辨，不要走进了庄家精心布置好的口袋之中。

公告与庄家行为

一、上市公司公告概述

在我国，上市公司受《公司法》和《证券法》的双重规制。根据规定，上市公司公开披露的信息应当在至少一种指定报纸上公告。投资者可以在指定信息披露的报纸上查找相关信息，例如，《中国证券报》、《证券时报》、《上海证券报》等。

上市公司应当设立董事会秘书，负责协调和组织上市公司信息披露事宜，包括健全信息披露的制度、接待来访、负责与新闻媒体及投资者的联系、回答社会公众的咨询、联系股东、向符合资格的投资者及时提供公司公开披露过的资料，以保证上市公司信息披露的及时性、合法性、真实性和完整性。所以，遇到有关公司公告的疑难，可以通过电话方式咨询该公司的董事会秘书。

上市公司公告重大信息的制度即《证券法》中的信息披露制度。信息披露制度，也称公示制度、公开披露制度，是上市公司为保障投资者利益、接受社会公众的监督而依照法律规定必须将其自身的财务变化、经营状况等信息和资料向证券管理部门和证券交易所报告，并向社会公开或公告，以便使投资者充分了解情况的制度。信息披露是投资者了解上市公司、证券监管机构监管上市公司的主要途径，信息披露制度是各国证券法律制度的重要原则，信息披露在这两个法律中均有所要求。

二、上市公司公告的种类

上市公司的公告既包括发行前的公告，也包括上市后的持续信息公开。发行前的披露包括招股说明书、募集说明书、上市公告书，上市后的持续信息公开，也就是我们平时经常见到的日常公告，又可以分为定期公告和临时公告两类。

定期公告包括年度报告、中期报告、季度报告；临时公告包括重要会议（董事会、监事会、股东大会决议）公告，收购和出售资产公告、关联交易公告、其他重大事项如重大担保、重大合同（借贷、委托或受托经营、委托理财、承包、租赁等）、股票交易异常波动、公司的合并与分立、停牌或复牌公告等。

定期公告和临时公告将是本章我们需要探讨的重点。

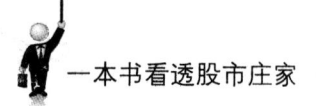

三、上市公司日常公告详解

上市后的持续信息公开，即日常公告主要包括三类：董事会公告、股东大会决议公告和监事会公告。

（一）董事会公告

董事会公告是投资者平时见得最多，也是最有参考价值的日常公告，特别是董事会通过的决议公告，往往将对上市公司当前的资产结构和产业结构产生重大影响，投资者需要逐字逐句认真研读，有疑问时可以请专业人士给予解释，或者直接打电话给上市公司董事会秘书，寻求进一步的说明。

如爱建股份（600643）公司董事会会议于2009年7月9日召开，审核通过《重大重组合作意向书》，并于7月13日发布公告并停牌："拟与上海国际集团有限公司筹划重大资产重组事宜，公司股票将于2009年7月13日起连续停牌"。爱建股份之前曾三次出现重组失败，这是第四次抛出"绣球"。对于此类公告，投资者宜仔细研读，不宜盲目追高。实盘上，该股由于前期大幅炒作及重组进程低于市场预期，8月12日复牌后出现一番暴涨暴跌，先于8月12日封涨停板，又在8月13日开始的随后几个交易日出现四根长阴，让不少追高买入的散户损失惨重。8月13日下午就曾有一位客户打电话咨询笔者，这位客户在6月份以13.6元左右买入该股，在8月12日复牌涨停当日舍不得抛出，8月13日早盘出现震荡时仍舍不得卖出。该股下午随着大盘的走弱一路走低，跌到

图4-1

7个点左右时咨询笔者该怎么办，笔者当时认为大盘当日正处在下跌中继日，该股抛压严重，且庄家早已出逃，建议"就地卖出"，还可以保留部分利润。通完电话之后，尾盘大盘出现小幅走高，这位客户又看到了希望，认为爱建股份应还有反弹，继续持有，没有卖出。很不幸，该股随后几个交易日一路跌到10.27元才见到像样的反弹，多跌近30%。后来这位客户打电话过来说"悔到肠子都青了"。可见，董事会的重大消息公告对股票走势有至关重要的影响，投资者必须慎重研究。爱建股份走势如图4-1所示。

需要说明的是，上市公司董事会公告的有关信息并不能完全代表上市公司的最终结果。因为根据《公司法》和《证券法》的有关规定，上市公司董事会决议的事项，必须报请股东大会批准，在股东大会通过并形成股东大会决议后，该项业务就正式生效，才会形成最后的"结论"，董事会才能据此去具体贯彻实施。

虽然董事会决议公告还要在股东大会上通过后才能实施，但是董事会公告是第一时间的公告，往往会涉及上市公司对外的重大投资行为和股权变动事宜，且一般情况下，股东大会否决董事会决议的概率还很低，投资者对董事会公告应给予特别关注。

（二）股东大会公告

股东大会的决议有最终的法律效用，所以从法律意义上来说，股东大会公告要远远重要于董事会公告。但是由于一般股东大会召开都是在上市公司董事会发布公告一个月以后才进行，存在一个月的时间滞后现象，并且股东大会的审议事项都必须在董事会公告中予以说明，所以对于一个瞬息万变的证券市场来说，对于一个竞赛抢时间、竞赛抢先机的投资者来说，董事会公告就远远重要于股东大会决议公告。

依照公司法的规定，上市公司的股东大会分为定期股东大会和临时股东大会。定期股东大会原则上一年两次，主要部分在每年的年度报告后和中期报告后，所以它们属于例行式股东大会。年度股东大会主要是审议与年报有关的各类议案；中期股东大会主要审议与中报有关的各类议案。临时股东大会是在定期股东大会之外，之所以是"临时"，因为公司董事会认为有必要，公司监事会认为有必要，或公司持股比例达到一定限度以上的股东（可以联合）认为有必要。因而，临时股东大会往往涉及上市公司重大事项的揭示。

（三）监事会公告

至于监事会公告，投资者可以不看。因为目前中国《公司法》中所称的法人治理结构还没有真正建立起来，也就是说，上市公司里的股东大会、董事会、监事会的三权分立及相互制衡机制还没有完全建立起来，监事会的作用地位还不能充分地彰显。结果，上市公司的监事会形同虚设，不能很好地发挥监督职责，也不能对董事会决议提出否决性意见，这就使得监事会的公告内容对于投资者来说不具有"可读性"。

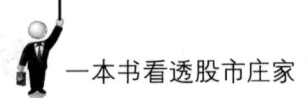

四、庄家如何利用公告

前面我们提到，中国的庄家除了有外国的庄家一样的优势外，还有一个特别的优势，那就是信息优势。众所周知，中国的股市是一个严重的消息不对等的股市，而庄家往往都会先于一般的小股民得知那些利好利空的消息：某一上市公司利好兑现，往往都是该股票逢高了结之时；某一上市公司利空兑现，则往往是庄家逢低吃货之机。一只股票在利好兑现前几个月，庄家就已掌握，于是利用消息的朦胧期拉升股价，等到利好消息公布的时候，也是庄家大肆派发的时候，此时股价已上了高位，中小户一旦进入，便有可能被套；而相反，某一只股票利空之前，庄家早已知晓，往往以出货为主，股价也是缓慢下滑，等到利空兑现，散户仓皇出逃，庄家正好把散户割的肉吃到肚子里。这显然是庄家知道了内幕消息，而不是庄家有什么通天的本事。

庄家得到内幕消息的途径很多，而其中最可怕的就是庄家与上市公司联手，庄家需要利好时便利好，庄家需要利空时便利空。这样的股票，广大股民是不可能从中获益的。

例如2007年被查处的杭萧钢构一案，该案系由公司内部人员（甲方）与私募游资（乙方）联合拉抬股价所致。

2007年2月12日上市以来一直默默无闻的杭萧钢构突然爆发，股价连续3个涨停。2月15日，杭萧钢构发布公告称与中基公司签署金额344亿元和大单，当日复牌后股价又是连续3个涨停。2月27日，杭萧钢构开始停牌，停半个月。3月13日，杭萧钢构再次公告确认签订344亿合同。当天股票复牌后，又是连续4个涨停。3月19日，上证所对杭萧钢构实行停牌处理，相关监督部门正式介入调查。

至此，杭萧钢构10个交易日股价飙升至10.75元，累计涨幅159%。如图4—2所示。

虽然已经被监管部门调查，但基金也没有放弃这次短炒的机会。2007年4月初，长盛基金公司旗下同智成长基金在两日内速买速卖杭萧钢构，获利108万元，信诚基金公司旗下的信诚精粹基金在杭萧钢构停牌前一日追进，4月2日复牌后即卖出，获利122万元。

经过近一个月的立案调查和审理，中国证监会日前对杭萧钢构下达了行政处罚书，认定杭萧钢构在信息披露方面存在违法违规行为。

此案最后提起公诉的当事人分别是：罗高峰、陈玉兴和王向东。

据调查核实，2007年1月下旬，陈玉兴从杭萧钢构安徽子公司总经理王更新处获悉"杭萧钢构签了个18亿元左右的合同"。2月5日左右，陈又在与杭萧钢构成都办事处主任罗晓君等人聚会时，从罗处得知杭萧钢构正与中基公司洽谈安哥拉项目，金额高达300亿元。

于是他指令王向东从2月12日开始全仓买入杭萧钢构股票开始，至3月15日陈玉兴

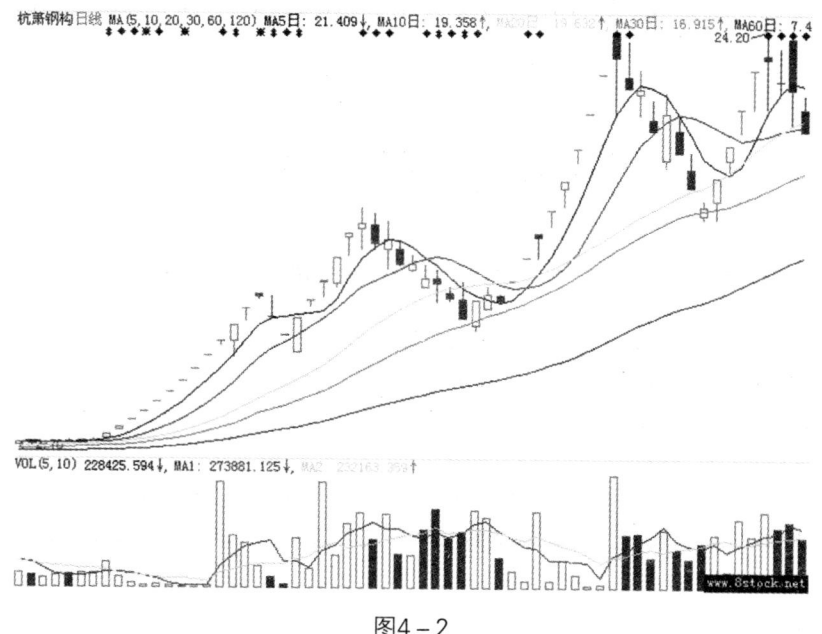

图4-2

从罗高峰处获悉证券监管部门正在调查杭萧钢构公司，再指令王向东于3月16日全部卖出杭萧钢构股票时止，两人所持的961 896股杭萧钢构股票全部卖出后非法获利高达4 037万元。4月10日，陈玉兴又将晁某账户上的42 800股杭萧钢构股票全部卖出，非法获利367 810.90元。

股市仿佛就是一个谣言四起的地方，有一个非常重要的因素就是我国证券市场的消息披露不及时、不全面、不规范。很简单，就拿重组来说，如果上市公司能够及时地披露其资产重组的消息，哪还有人去相信市场里的并购谣传呢？再说业绩，如果公司能够及时、真实地公布业绩，哪还有人去相信市场里的业绩传闻呢？所以说，消息的不畅通，才是导致小道消息漫天飞舞的重要因素。

依照我们的法律规定，信息的披露是法律赋予上市公司的基本义务。如果上市公司不能够及时、准确、真实、完整地披露自己的经营成果、财务现状以及公司的重大事件，不仅仅是上市公司没有很好地履行自己的义务，也是对股民本身的不尊重。

再看看中国的上市公司是怎么做的，信息披露不及时、不准确、不完整比比皆是，而且就算披露的，也有相当大的一部分是有意弄虚作假，欺骗股民。他们是怕股民从中看到那些触目惊心的事实。

还有一些公告做法更是置股民的死活不顾：公司的内幕消息已经被庄家炒得满天飞，可是公司还厚着脸皮发布澄清公告，说自己没有披露不应该披露的消息，把散户们骗得个结结实实。为此，一些散户股民宁愿相信市场里的传闻，也不相信公司所谓的辟谣。这几类玄机我们在随后的几节中还将进一步阐述。

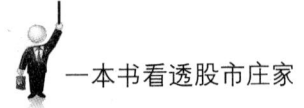

利好公告对股价的影响

利好是指刺激股价上涨的信息，如股票上市公司经营业绩好转、银行利率降低、社会资金充足、银行信贷资金放宽、市场繁荣等，以及其他政治、经济、军事、外交等方面对股价上涨有利的信息。本节我们分析的是上市公司的利好公告。

一般来说，利好的公告往往会推动股价的上扬，利空的公告往往会形成打压的力量，进一步推低股价。实战中，上市公司每次公告的内容不同，对市场的影响也不同，不同的公告我们要具体分析。重大利好消息出台后股价的市场表现形式，主要有以下三种：

一、股价快速上涨

在利好公告之后，股价出现快速上涨，甚至直接封住涨停。这类走势一般是庄家对上市公司的这一利好早有所知，并已经做好了充分的思想准备、资金准备和筹码准备，利好消息一出台就急速拉升，不给其他投资者太多的机会。如果这时股价直接以涨停板的形式出现，则表明该庄家完全不给其他投资者任何机会，该利好消息也一定是重大利好，甚至是特大利好。一般的，这种情况下不宜跟进，因为市场风险很大，不知道庄家什么时候出货，毕竟他已经有很大的盈利空间了。

二、股价横盘震荡

利好消息之后，股价出现小幅回落，并处在横盘震荡之后。横盘震荡是比较稳健的一种走势，该方法无论是对庄家，对上市公司，还是对股性的活跃度和市场参与度来说，都有很大的助益，因为回落横盘可以让庄家的思路更清楚，可以让其他投资者都有机会参与，可以为庄家在今后的出货过程中派发顺畅。而在中国证监会加强监管力度、"清理"二级市场中"操纵行为"的背景下，横盘震荡的操作方式最有利于保护庄家和上市公司，当然也为一般中小投资者提供介入的最佳时机。

股票在重大利好消息出台之后，继续横盘震荡，这段盘整期无疑成了散户入场的最佳时机。那么，为什么庄家在重大利好消息出台之后还会有耐心进行横盘呢？难道庄家不怕低位筹码被别人抢走？这主要是因以下几种可能：

第一种情况：抛压太重。

这种情况一般是由于重大利好公告出台之前，市场往往已经有所反应，获利盘累积较多，利好公告后，大部分获利筹码抱着"见利好卖出"的心态，一部分获利盘涌出，抛压沉重庄家只能等待该部分获利盘抛完之后再行拉升。

另一种情况：主力庄家在上市公司合约签字之时资金尚未筹集到位，这时只能在冲高之后回落进行盘整，以赢得时间。

第二种情况：市场反应积极。

利好的市场效用超出预期，上市公司的题材在市场反响很大，各类投资者均在市场中吸纳筹码。庄家见势改变操作计划，停止出货，反吸筹码。收集到相当的筹码之后再"歇一歇"，以积蓄力量来日再攻。

第三种情况：重新制订方案。

庄家在建仓的同时，突然发现操盘人员建仓数量超过了最初的意料，原有的计划被打破，需要重新制订方案。这时的盘整就是给庄家的一个缓冲时间。

第四种情况：进一步吸纳筹码。

庄家发现筹码过多地被别人抢走，不利于自己坐庄。于是就通过回调盘整的方式来进一步"洗盘"，这样，一方面庄家可以将不坚定分子洗出来，另一方面还可以在低位买到更多的筹码。

三、股价冲高后大跌

利好消息公布之后，股价开盘出现冲高，随后出现深幅回调。这种情形主要是基于以下两种可能的情况：一种是筹码被他人抢走太多，说明该消息在市场中的认可度较高，庄家采用深幅回调的方式来"震仓"；另一种是庄家拉高之后借机出货，说明庄家不再看好该股票，在K线图上表现出放量大阴线收盘，这时是不应该再跟进的。因为即使是前一种情况，投资者可以在深幅回调的过程中选择较低价格介入，并且可以长期持有。

如长丰汽车（600991）在2009年5月18日公告：公司控股股东长丰集团拟进行资产重组，并签订重大协议，公司股票2009年5月19日起停牌。5月25日复牌后出现快速冲高回落，如图4-3所示。

该股在2009年5月25日收出成交巨量，当日的分时图上形成"高开探天"的卖出定式，当时笔者的工作室手中正持有这只股票，曾给助手详细讲解了当天的分时图。如图4-4，开盘半小时内即快速上冲，冲高后回落整理一个小时，随后一路走低，全天运行在均价线之下。当日上冲的价位为"后悔价位"，这是庄家充分利用市场的心理设计好的陷阱。对于前日介入的筹码，当日高开后快速上冲，但由于时间较短，获利筹

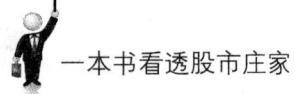

图4-3

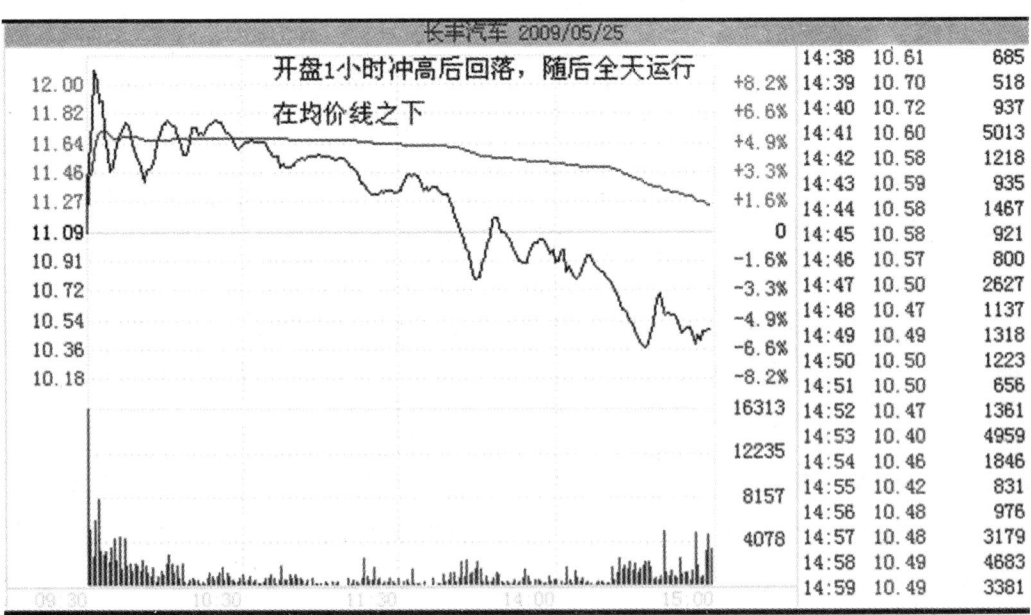

图4-4

码还在犹豫之中股价便已经回落，根本来不及卖出，此时的高位便成为当日的"后悔价位"，即冲高时未卖出，再下调更不愿卖出，盘中的每一次反弹都给人带来希望，幻想股价再一次涨停再卖出。不少的投资者甚至直接挂单在涨停板上，当然这个价位直到收盘都无法成交。这些不愿意低位卖出的筹码无疑很好地为庄家锁仓，减轻了出货时的压力。为了进一步吸引跟风盘，股价多会出现数波上攻，不断地给盯盘的短线炒手制造幻想，诱使往外的抄底盘不断杀入，从而使庄家从容出货。但股价每次反弹都难以突破均价线。为典型的"高开探天"的卖出定式，该定式的描述可详见笔者的另一本拙著。

　　该股从2008年年底至2009年5月，最高涨幅接近4倍，该股属于新老庄联合坐庄，该股老庄的筹码来自2008年的套路筹码，而新庄入场是在2008年12月底至2009年1月中旬这段时间。庄家出货并非是在5月25日这根冲高长影阴线中一天完成的，这根巨量的阴线却是出货的开始，老庄的大部分的筹码都甩卖在随后的震荡平台上，如图4-5所示。

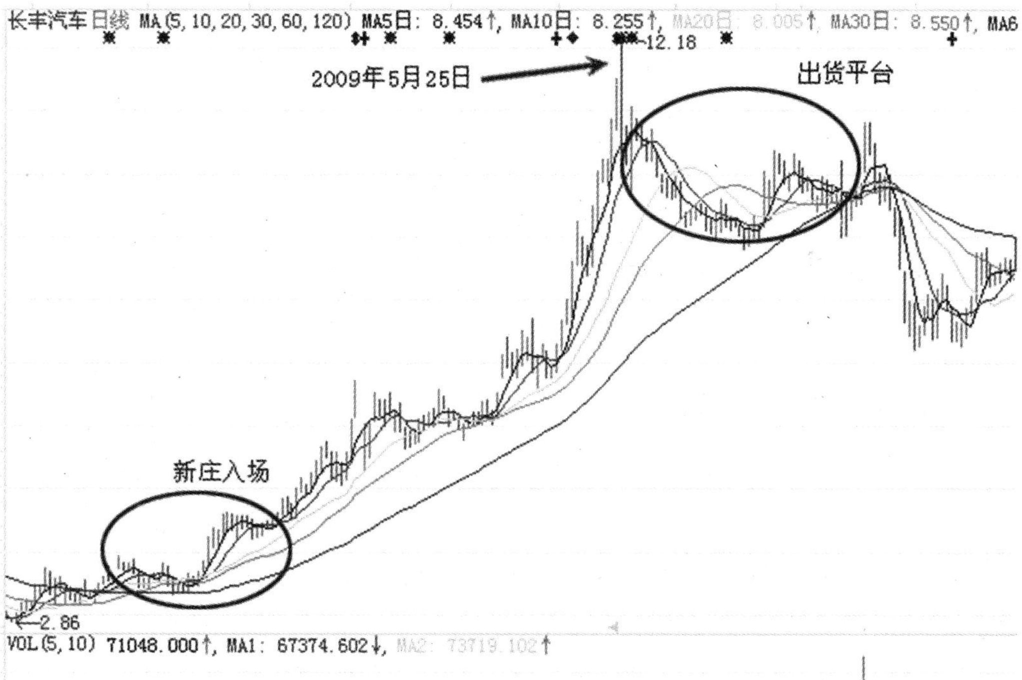

图4-5

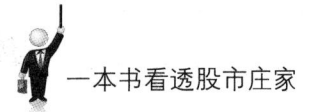

公告中的种种猫腻

为了达到某些不可告人的目的，庄家有时会将股票装扮成温柔可爱的美女，露出甜美的微笑，展现自己漂亮的一面吸引异性或同性。有时候，庄家又戴上狼头面具，露出狰狞的面容，赶跑现实竞争者，威胁潜在竞争者。而这些化妆术经常是通过上市公司公告的形式来实现。在上市公司的公告发布过程中，散布虚假信息、隐匿真实信息或滥用信息操纵市场、欺诈投资者、转嫁风险的现象时有发生，严重干扰了证券市场的完善和有序化。主要包括以下几类形式。

一、谎话连篇：公告虚假陈述

某些上市公司公告披露的信息严重失实，存在虚假记载、误导或欺诈，不符合相关规定中要求信息披露必须准确、真实的基本要求。

如2008年ST绵高（600139，现为"绵阳高新"），该股2008年3个月内六度停复牌，期间数次复牌时换手率剧增，公司股价也从2007年11月16日12.38元（还权价格，下同）升至2008年2月19日最高22.67元，区间最大涨幅达83%。期间ST绵高公告内容前后矛盾、出尔反尔：2007年12月3日，ST绵高公告称不存在应披露而未披露的重大敏感信息。但仅仅3天后，公司公然违背此前公告承诺，于12月6日公告称"公司正在讨论重大事项，因有关事项尚存在不确定性"，申请自当日起停牌。公司的停复牌"游戏"由此开始。此后，12月13日、12月17日、12月24日，因重大事项讨论的反复，公司股票也分别在上述日期中反复地复牌、停牌、复牌。2008年1月10日，公司发布公告称"正在讨论重大事项，因有关事项尚存在不确定性"，第三次申请停牌。1月17日、1月28日、2月4日，公司三度发布重大事项继续停牌公告。直至2月15日，谜底终于揭开：拟非公开发行股票4000万股，收购控股股东四川恒康发展公司阳坝铜业资产。可此时股价已经在天上了，"有"还是"无"，全凭公司一张嘴。如图4—6所示。

上市公司公告虚假陈述主要包括以下几类形式。

（1）在报告中虚构数字和业务，从招股说明书到临时、定期报告，一直是谎话连篇。

该类现象最早见于"西藏圣地"事件，在西藏圣地的股权纠纷中，投资者才发现西藏圣地的第一大股东四川省经济技术协作开发公司自西藏圣地发行设立至今出资未

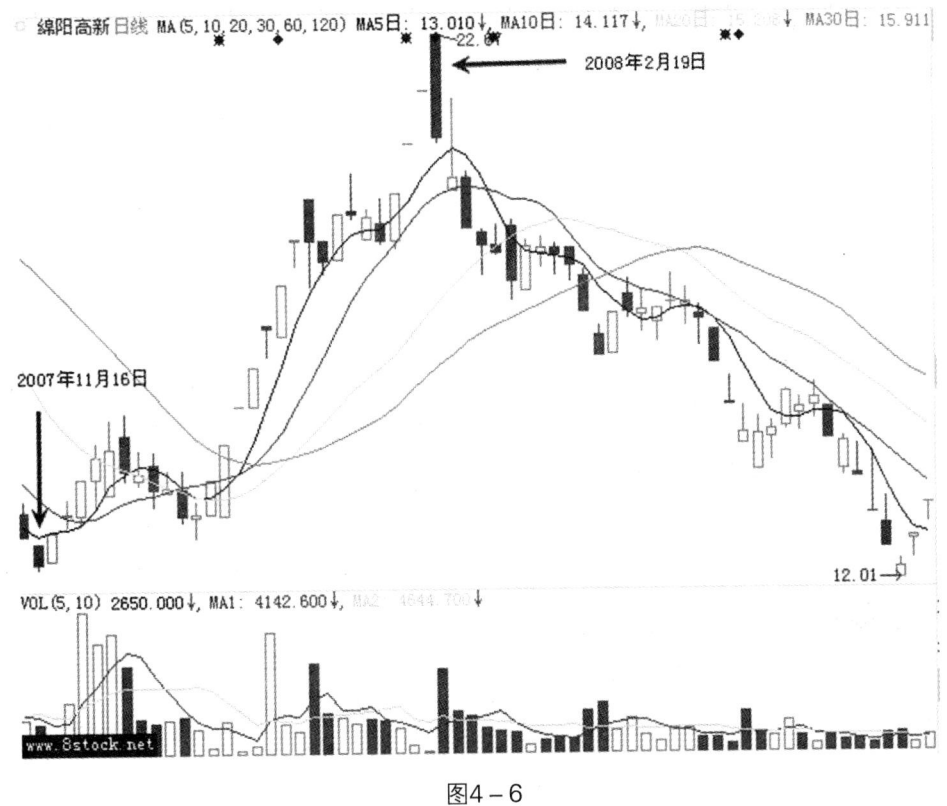

图4－6

到位（其原定出资1624.2万元，占全部股份的32.57%），缺此出资，西藏圣地的资金根本就达不到上市要求，但西藏圣地自上市以来，不但对此一直未作披露，而且企图欲盖弥彰。而早年轰动一时的"琼民源"更以其1996年年度报告虚构利润5.4亿元，虚增资本公积金6.57亿元而"震惊"股市。

（2）有的公司有意歪曲经营业内容，通过各种方法把不合法不合理的业务收支变为合理的业务收支，通过虚假的陈述表现出来。

（3）有的上市公司运用不恰当的会计处理办法，提供带有明显误导性的财务报告。

二、犹抱琵琶半遮面：公告重大遗漏

对于重大事项和法规规定的有关事项，上市公司未按规定或按期披露，此类行为也会造成信息失真。主要包括以下几类形式。

（1）借保护商业秘密为由，隐瞒对企业不利的会计信息的披露。

依照有关规定，上市公司应"依法充分公开内容完整的财务报告，充分公开实际发生的法定重大事件范围内的事项"。事实上，中国上市公司的财务报表大多是不完

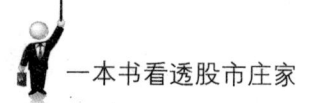

整的，一些上市公司信息披露避重就轻，很多证券投资者需要的信息，事关上市公司存亡的信息不公布或含糊，特别是对有关上市公司大股东侵害流通股股东和上市公益的信息，更是想方设法地遮掩；有些重大的违法、违规在被查处之前相关公司很少或根本没有通过任何形式披露。

（2）上市公司对关联交易的确认、披露，总是遮遮掩掩，不能按照国家法律、法规要求客观完整地披露。

（3）对一些重要事项的披露不完整。

如没有按法律、法规的要求披露持股数在前十名的重大股东情况、公司董事、监事及高级管理人员持股变动情况、上述人员持股数年度内增减变动及原因。

典型的案例：如蓝田股份将公司股票公开发行前的总股本由8 370万股改为6 696万股，对公司国家股、法人股和内部职工股数额作了相应缩减，却一直未公开披露这件缩减公司股本的重大事项，后受到中国证监会的严厉查处。又如棱光实业长期隐瞒对关联企业的担保事件，致使投资者损失严重。

（4）对资金投放去向信息披露不完整。

如许多公司仅列出前次募集资金的实际投入情况，未明确说明是否改变前次募集资金用途情况，改变募集资金用途的是否经过法定程序批准等。

（5）对企业偿债能力的揭示不完整。

很多企业在存在大量应收账款的情况下，却不对应收账款的构成进行分析，更没有计提坏账准备金，或者对企业的对外担保情况、或有负债的具体内容进行隐瞒等。

（6）盈利预测披露不完整。

股市中的小道消息固然真伪难辨，可有些公告甚至比小道消息更加错漏百出。"错"了不可怕，公司有的是办法，往往会在"适当的时候"像模像样地出来一个致歉公告："由于公司工作人员工作作风不够仔细"。"致歉"后股价大幅回落，投资者的钱财亦在工作人员的"疏忽"中被砍去一大块儿。我们经常可见年报、中报中的错误被指出后公司不得不发补充公告，如纵横国际2000年年报中未披露1999年至2000年与三家公司签订的三份总额为2.5亿元的互保协议及其协议项下多份担保合同。

再如2008年有名的"*ST北生连环局"（见图4—7）。

该案例《21世纪经济报道》曾作了详细报道，*ST北生（600556）其过程可谓扑朔迷离，显而易见的财务问题、居心叵测的资金侵吞、乌龙百出的公式公告、真假莫辨的资产重组，让投资者如同掉入了迷魂阵。2008年7月9日，经过三日的等待，*ST北生（600556）发布的公告让投资者对于其重组的希望再次破灭。*ST北生在当日的公告中也全盘正面承认，这也是自*ST北生上市以来，在对之前媒体对其违规行为质疑的数次

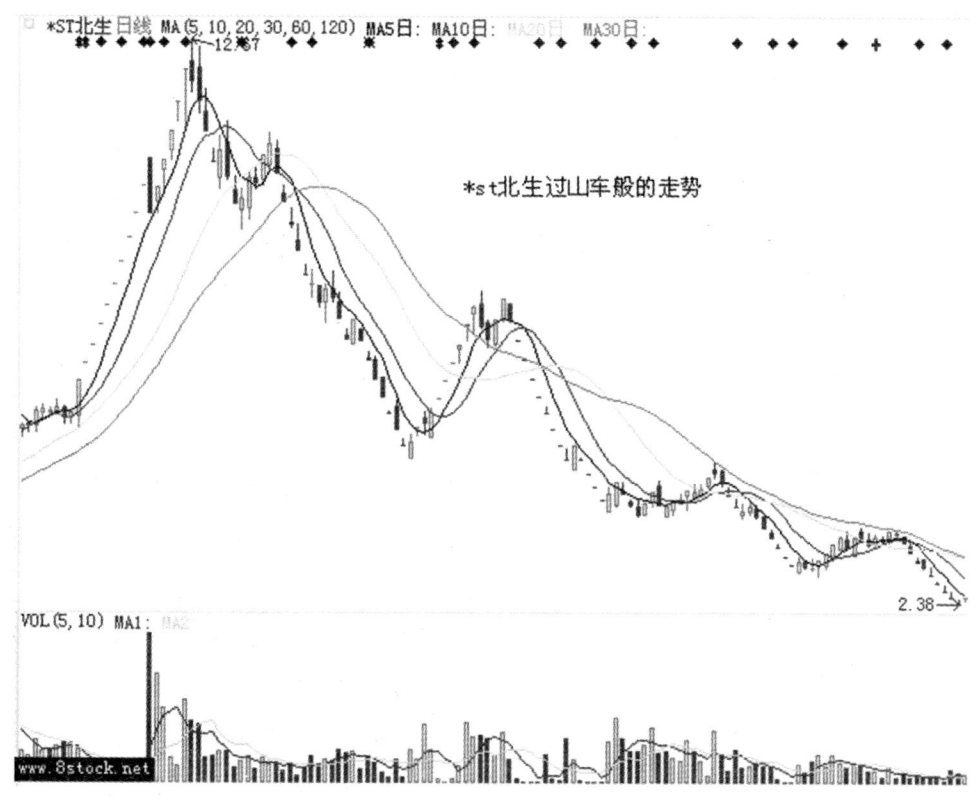

图4-7

否认后首次正面承认。同时该公告指出：重组方中能石油新增战略投资者由于自身原因无法履行增资承诺，且前期由公司前董事长何玉良保管的相关重组资料流失，导致本次重大资产重组工作没有进展，已经存在无法继续推进的风险。*ST北生由此形成的过山车走势给投资者构成的重大损失又该由谁来承担呢？

从公司的角度出发，大量的信息披露不但加重报告成本，而且容易使自己在市场竞争中处于被动地位，这在一定程度上是上市公司不愿作充分信息披露的客观原因。所以，证券法律允许上市公司自行决定是否公开那些与商业秘密有关的重大事件，以便在保护公司利益的基础上，保护股东及广大投资者的利益。与此同时，法律也一再强调，上市公司必须披露那些不利于公司股票价格、但有利于投资者作出重新选择的重大事件，比如上市公司涉及诉讼、仲裁事件，公司领导、高层管理人员违法受制裁的事件，等等。

三、迟来的爱：信息披露不及时

对于证券市场上的投资者来说，时间就是金钱，及时的信息披露，有助于投资者作出正确的投资判断。可有的上市公司未按规定及时披露信息，利好利空总是"迟

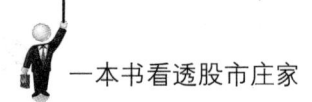

来的爱"。这也导致经常可见不及时的信息披露，为内幕人员利用时间差进行内幕交易、牟取暴利或及时避险提供了条件。上市公司披露的信息与其股票的市场价格是息息相关的，信息往往起到价格信号的作用。信息披露不及时，这对于普通的中小投资者而言，无疑是极不公平、不公正的。

信息披露不及时，又分为两类：一类是未及时披露年报和中报，如重庆东源2003年2月11日才公布2002年中期报告；另一类是对重大事项未及时进行临时公告。如2000年9月至2003年1月，四通高科共有5笔借款，总计金额18 750万元和开出银行承兑汇票114份，总计金额97 000万元。上述重大债务未在相关定期报告中披露，部分重大协议签订后还未依法履行临时公告义务。

迟来的公告杀伤力往往很大，投资者有时候见到上市公司的公告香味诱人，如同一个好吃又好看的"馅饼"，但一旦一口吞下去，很快发现馅饼已变成了陷阱，股价稍一折腾之后便一去不回头，庄家趁公告掀起的抢购风且战且退（边拉边出）。

某一石化企业7月至8月股价涨了一大截之后，公司及时出来公告：本公司第一大股东正与北京一公司洽谈股权转让事宜，合作方从事环保行业。一纸公告，给人以无穷的想象空间："股权转让"，不正是市场最热门的重组概念吗？从事"环保行业"，这不是最有发展前景的行业吗？同行业的环保股份股价不知涨多少倍。公司抛出如此诱人的"馅饼"，自然有馋嘴的鱼儿上钩，引发市场的热烈追捧，但股价继续小幅上涨了数天，8月2日便大幅下挫，企稳连收小阳后24日再度下跌，25日甚至以跌停板的方式开盘后大幅换手，两天合计成交3 000万股，换手率约30%。筹码巨量换手之后公司在9月初公告"大股东与合作方谈不拢，已无法合作"，"馅饼"此时变成了陷阱，9月6日股价当即跌停，跟进的投资者体会到了"最后的晚餐"的独特风味。

四、其他形式的违规行为

2009年是大小非解禁最为密集的一年。随着大小非减持越发频繁，很多上市公司高管违规减持的现象也时有发生，投资者很可能会在不明就里的情况下，从上市公司高管那里"高位接盘"。如2009年兴发水电"乌龙球"事件：

2009年2月兴发集团公告称，公司第二大股东兴山水电减持公司股份违规，将卖出公司股票误操作成买入公司股票，出现了短线交易的情形，违反了有关规定。

公告显示，兴山水电原持有公司股份2 629.16万股，占公司股份总数的10.43%，其中无限售流通股960万股。2月23日，兴山水电在卖出公司股票时，因操作失误，将其中卖出"兴发集团"8万股操作成买入8万股，当即成交，买入价格为16.29元/股（卖出最高价格16.37元/股），获利6 400元。

　　兴山水电由于操作失误造成了此次买卖公司股票行为违反了《证券法》"上市公司董事、监事、高级管理人员、持有上市公司股份5%以上的股东，将其持有的该公司股票在买入后6个月内卖出，或者在卖出后6个月内买入，由此所得收益归该公司所有，公司董事会应当收到其所得收益"的规定。

　　"卖出股票"误操作成"买入股票"，这个"失误"可谓大矣。

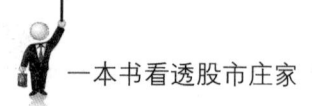

恶意欺骗上市的伎俩

第一节我们提到公司上市发行前的公告披露包括招股说明书、募集说明书、上市公告书等。少数企业在上市之前就开始玩公告的骗术，不择手段地包装上市，甚至是欺骗相关部门，欺骗未来的投资者，圈占投资者的资金。

一、欺骗上市的常用花招

公司如果能够上市，将能给公司带来众多的好处，其中包括：

（1）开辟了一个新的直接融资渠道，虽然是规范的市场，股权融资成本一般来说比债权融资的成本要高。

（2）企业上市后，成为一家公司，对于提升公司品牌有一定的作用。

（3）上市后，必须按照规定，建立一套规范的管理体制和财务体制。对于提升公司的管理水平有一定的促进作用。

全球经济一体化使企业面临越来越严峻的生存挑战。为了在市场中站稳脚跟，筹集充足的资金成为企业生存与发展的原动力，在选择筹资方式时，越来越多的企业和资本家看准了风险较小的资本市场。于是为了获取上市的资格，以达到融资和其他的目的，少数企业大玩花招，制造虚假公告。主要包括以下几种。

（一）虚假陈述

虚假陈述即提供给相关的审计部门不符合实际的公司材料和信息，以骗取通过审核。主要表现形式有以下几个方面。

（1）编制虚假利润，骗取上市资格。我国《公司法》规定，申请上市的公司最近3年必须连续盈利。有的公司尽管巨额亏损，但为了骗取上市资格，大肆造假。红光实业和"郑百文"就是编造虚假利润，骗取上市资格的典型代表。红光实业于1997年获准上市，在其股票发行上市申报材料中称1996年度盈利5 000万元，而公司1996年实际亏损10 300万元，显然不符合上市资格，但该公司为了骗取上市资格。恶意造假，通过虚构产品销售、虚增产品库存和违规账务处理等手段，虚报利润15 700万元。就这样，一个巨额亏损的"垃圾"公司，摇身一变成为业绩优良的"绩优"公司。"郑百文"为了达到上市圈钱的目的，专门组建了造假账的班子，把亏损做成盈利，在上市申请文件中称"1986年至1996年10年，销售收入增长45倍，利润增长36倍，1996年销售收

入达41亿元"。

编制虚假利润的方法和手段有很多种，而且手段也越来越高明，就连很多专业的人员也未必能在第一时间里发现其中的猫腻。

（2）少报亏损，欺骗投资者。对于公司的亏损状况，有的企业是只字不提，有的干脆修改财务报表，把亏损写成盈利，以欺骗投资者。这样的企业迟早会露出马脚，而最终跟着他们一起倒霉的还有相信了他们并且买了他们股票的投资者。

（3）隐瞒重大事项。公司的重大事项是会影响到公司形象和上市的，在申报材料中，能隐瞒的就隐瞒住。有的时候，一些关键性技术出现问题和影响生产的重大事件，为了能成功上市公司也隐瞒不报。以上几点都是虚假陈述，这些虚假陈述，一旦企业上市成功并且发行了自己的股票就往往会被曝光，这将直接影响到股票的价格。这样的消息往往一传出，此股票在短时间内就会一蹶不振。

（二）挪用募集资金规定买卖股票

1997年6月，红光公司将募集资金14 086万元（占募集资金总额的34.3%）投入股市炒股。其中，红光公司动用9 086万元，通过开立217个个人股票账户，自行买卖股票，共获利780万元；此外，红光公司还将5 000万元委托其财务顾问中兴发企业托管有限公司（以下简称中兴托管）进行证券投资，由中兴托管利用11个个人股票账户买卖股票，截至1998年4月，造成亏损330万元。盈亏相抵，红光公司在股票交易中共获利450万元。红光公司的上述行为，违反了国务院证券委、中国人民银行、国家经贸委《关于严禁国有企业和上市公司炒作股票的规定》第二条和第四条的有关规定，构成《股票发行与交易管理暂行条例》第七十四条第十项所述"其他非法从事股票发行、交易及其相关活动"的行为。

中国证监会目前已经制定了《关于进一步规范上市公司募集资金使用的通知》，禁止上市公司挪用闲置募集资金参与新股配售、申购，或用于股票及其衍生品种或可转换债券等的交易。

（三）未履行重大事件的披露义务

这类企业往往会在招标说明中称"募集资金将全部用于某项目建设"。但是在实际情况下，公司募集的资金除了少部分用于招标说明所陈述的项目外，其他的大部分资金都用于其他的业务。比如填补亏损，比如还银行的贷款。总之资金的投向没有按照在招标书所陈述的履行。

（四）虚假利润预测

每年都有新股上市，在上市前总会看到其为本年度或者下一年度的预测。而这种预测则经常会构成投资者投资的重要因素。但是这些所谓的预测往往都是极度带有

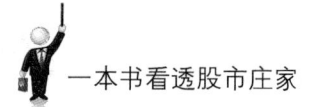

欺骗性的，而相信了这些预测然后去购买股票的人都会有损失，有的甚至会被套牢或者深度套牢。尽管中国证监会发布了有关年报的预测数字低于实际情况的有关处理决定，这多多少少会对上市公司的虚假利润预测有一定的制约，但是每年都可以看到一些公司的致歉公告，这表明虚假预测还是时不时地会出现在目前的上市企业之中。

（五）不切实际的名称更改

上市公司早就形成了一种很时髦的投机风，最为突出的就是表现在其上市前的名称的设定上。这些企业一般是基于追求热点的心态，有的是部分业务与名称有关，但非最主要经营业务；而有的就干脆没有名字上相关的产业，但是也冠以热点的名字。

虚假上市对投资者而言，极容易造成其买入后的亏损。这对于一些喜欢炒新股的股民来说是特别危险的。而且事实也表明，介入新股炒作恰恰又是上市公司所提供的这些诱使买入的理由，这样的公司套住的也就是那些总喜欢炒新股的股民。其危害主要有两种：一是对股民造成直接的经济损失，二是造成市场过度投机的气氛。

二、隧道挖掘的伎俩

不完善的中国资本市场为公司包装上市、为大股东隧道挖掘掏空上市公司提供了便利空间。隧道挖掘是指大股东隧道挖掘掏空上市公司，很多公司通过借款、变卖资产、拖欠供应商货款以及担保借款来增加现金流，使优质资产"合法"脱离上市公司，造成资产流失，严重侵蚀中小投资者的合法权益。随着资本市场的逐步成熟，资本投资者采取了愈发隐蔽的资本运作手法，基本上可以归纳为：换新装—博信誉—获上市—掏资金，环环相扣，步步为营。其中惯用手段有：

（1）通过借款、变卖资产、拖欠供应商货款以及担保借款来增加现金流。

科龙电器2004年年底时经营性应付项目与预收账款之间存在十几亿元差额，被注册会计师认定为主要是拖欠供应商的货款。2004年，排名科龙电器前五名供应商的货款总额约为8.36亿元，占年度采购总额的11%。可以想象，被科龙电器拖欠货款的供货商数有多少。

（2）通过再投资、关联交易非关联方业务、委托理财、购买不需要的固定资产等方式，将现金等优良资产转移到大股东所能控制的企业。

明星电力股权转让给明伦公司后，分别投资1.5亿元、2.7亿元在深圳成立了明星综合社，增资控股明星康桥公司，从事贸易及房地产开发，两项皆不属于该公司主业范围，且两项投资也未产生真实效益，实际目的是资产转移。

（3）利用法律真空转移资本。利用《公司法》的漏洞，将上市公司有资金往来的企业以合法的方式予以破产，造成巨额资金无法收回。通过有限责任这一法律要件保护

非法的掏空行为，并为自己推卸责任，使得监管机构很难从现有法规中找到监管依据。

隧道挖掘的典型案例有《深圳商报》报道的科苑集团案：

科苑集团自2000年包装上市后，就陷入了造假、圈钱"怪圈"。两任大股东"接力"造假，掏空上市公司后抽身退出，留下5亿多元银行债务的"烂摊子"。为了收回自己的1.1亿元资金，上海庆安通过质押股权、关联交易等手段，从科苑集团疯狂"掏出"约2.5亿元，其中1.8亿元系填补前任大股东炒股亏空。到2006年年底，＊ST科苑这个名噪一时的"高科技"企业已经是连年亏损，面临暂停上市风险和退市危机，宿州市政府不得不出手相救。

三、各类恶意包装

有些公司为了多募集资金，在改制和发行过程中，不认真挖掘企业的特点与优势，而是在财务数据上弄虚作假，在文字介绍上哗众取宠，通过招股说明书的过度"包装"，低估损失，高估收益，造成盈利预测偏差较大。这就成为了所谓的恶性包装。

（一）公司业绩包装

公司业绩是公司能否成功上市的主要依据之一，厂家当然很明白这一点。于是一些不良企业首先就开始从公司的业绩上进行包装。有的是造假，有的是肆意夸大，总之他们会不惜一切地把公司的业绩包装上去，然后填出一张漂亮光鲜的财务报表，让投资者和相关的人员看。公司业绩造假的手段已经在第1章之中有详细的说明，这里就不再赘述了。

（二）每股收益包装

股票的发行价由每股收益和发行市盈率两个因素决定。为了尽可能多地筹集资金，上市公司在承销商的配合下，往往在企业的每股税后利润上大做文章，通过缩股、折股等方式来提高每股赢利。然而，公司的业绩最终是由经营管理来决定的，包装过分，可能勉强支撑一时，但终究会真相暴露，使企业形象一落千丈。

（三）行业包装

新股上市应当符合的条件之一是"其生产经营符合国家产业政策"，有的股份公司在上市前通过收购其他公司，改变自身的产业属性或募集资金投向的产业属性，以与国家产业政策"相一致"，达到包装上市的目的。他们的目的就是把企业包装上市，至于企业包装上市之后该怎么走，全然不顾。

（四）赢利预测包装

新股发行或上市时对未来赢利进行预测，有助于投资者作出正确的投资选择。然

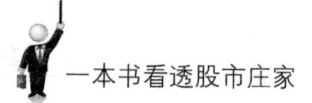

而，为了给社会公众以绩优的形象，提高公司声誉，有些公司不切实际地提高每股赢利预测，但上市不久免不了露出马脚，使招股书上"言之凿凿"的赢利预测，变成大言不惭的道歉书，给二级市场带来不稳定因素。

（五）企业形象包装

请明星来给企业做宣传已经不是什么新鲜的事情了，在电视、报纸、网络等广告上打广告也是每家上市公司优先考虑的。企业形象的包装是很重要，但是如果太过分，太夸夸其谈而脱离了实际，虽然骗得了投资人一时，但早晚有一天会露出马脚。

1999年10月5日，经过近两年的筹备，通海高科向证监会提交了在国内A股市场发行股票的报告；11月11日，正式申报材料上报证监会后，为了上通下达，通海高科派出由一位副总经理带队的小组常驻北京。在此期间，承销商根据证监会的审核意见对上报材料进行了修改，所需资料、手续等由北京常驻小组直接与通海高科决策层沟通。

2000年5月，通海高科所有董事分别在存在重大虚假内容的招股说明书上签字，同年6月20日，经证监会核准，通海高科1亿股A股股票公开发行，共募集资金16.88亿元，只等择吉日在深交所挂牌上市，一切便大功告成。

吉林通海高科技股份有限公司股票发行申请及公开募集文件含有虚假记载的问题已经被中国证监会查证属实，调查显示，1998年8月并入通海高科的江门电视机厂和江门销售公司，于1998、1999年两年合计虚构电视机生产销售146万余台，合计虚构主营业务收入近35亿元，合计虚构主营业务利润5亿多元。调查中还发现与上述虚构的财务会计数据相关的、虚开的增值税发票一千多张，合计金额近16亿元，以及伪造、编造的银行承兑汇票、银行进账单、银行对账单等金融票证。此外还涉嫌偷漏税金2亿多元。通海高科在其股票发行申请和公开募集文件中使用了江门电视机厂和江门销售公司上述虚构的财务会计数据，将其1998年、1999年两年的主营业务收入公布为25亿元和15亿元，主营业务利润公布为4.3亿元和2.5亿元。

虚假包装和过度包装实质上是弄虚作假，贻害无穷。过度包装不仅欺骗了投资者，最终也必然影响上市公司的信誉和企业形象。因此，证券监管部门须严格发行审批，坚决反对证券市场的过度包装行为，以有效地保证上市公司的质量。也请投资者和股民能看得清楚，不要被他们的表象所迷惑，也不要被那些信誓旦旦的诺言所迷惑。最重要的是自己要时刻保持一份清晰的思维，不要被这些外在因素所迷惑。

四、恶意包装的案例分析

所采取的包装上市形式由最初的国有企业资产"剥离式"发展到"借鸡生蛋

式"、"空手套白狼式",其隧道挖掘的手段也由借助应收债权转向更为复杂的关联交易、担保等。

（一）"江西纸业"案之外衣剥离式

江西纸业股份有限公司（简称江西纸业）是国有资产"外衣剥离式"包装上市的典型。1997年4月，由江西纸业集团作为独家发起人并经批准设立的江西纸业股份有限公司在上海证券交易所上市。江西纸业集团通过资产剥离，将优质资产注入江西纸业，从而成功地进入资本市场。之后，江西纸业的重大经营和财务决策均受到大股东江纸集团的控制，江纸集团通过大量债权方式占有上市公司的资金。根据江西纸业公布的2002年年报显示，应收账款、其他应收款、坏账准备较以前年度有大幅度增加，全年净亏损33 214 991 585.41元，其中当期计提坏账准备20 118 581 351.90元，占净亏损的60.7%。应收账款、其他应收款中分别有27.21%、96.48%是母公司江纸集团所欠货款、垫付款。大股东的这种行为无疑对江西纸业的财务状况和经营成果产生严重影响。从2001年下半年开始，江西纸业连续3年出现巨额亏损，股票于2004年5月被暂停上市。

（二）"科龙电器"案之借鸡生蛋式

科龙电器以9万元起家，历经7年创造出全国电冰箱销量第一的业绩，上市后经过短暂的"辉煌"，很快又由于体制问题开始衰落。面对亏损，政府资本选择退出，神秘人物顾雏军带领的格林柯尔大举进军，以9.08亿元的低价收购20.6%的科龙股权，成为科龙电器第一大股东。在不到两年的时间里，顾雏军先后收购了美菱电器、亚星客车、襄阳轴承三家上市公司，成功地构建了庞大的格林柯尔关联方体系，为"暗箱"操作奠定了基础。2004年，郎咸平教授发表的格林柯尔报告，将顾雏军收购上市公司的手法总结为"安营扎寨、乘虚而入、反客为主、投桃报李、洗个大澡、相貌迎人、借鸡生蛋"七大手法。顾雏军先是抛出"我的钱有国际背景"的言论乔装富翁，以产业整合为名义提出收购科龙，为其资本运作披上产业整合的绚丽外衣，博取大股东的信任。而后在没有获得科龙控制权的情况下进驻董事会，当上科龙电器董事长，这为其操作利润、粉饰报表、造成2001年巨亏、2002年神奇扭亏为盈做好了铺垫。最后以低价控制股权，并开始挪用科龙资本用作其他收购，达到借鸡生蛋的目的。据调查，顾雏军等人及格林科尔体系相关公司涉嫌侵占、挪用科龙电器财产累计发生额达34.58亿元，其采用的手段包括榨取品牌使用费，骗取银行信贷资金，拖欠供应商巨额货款，侵占科龙电器资产，巨额关联交易等，严重损害股东的利益。

（三）"明星电力"案之空手套白狼式

明星电力地处四川遂宁市，是当地水、电、气的主要供应商。为引入社会资本，

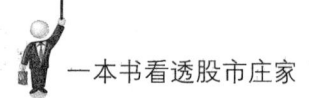
改善公司股权结构，提高公司经营业绩，2002年当地政府决定将其持有的明星电力股份转让。经过一系列考察和谈判，最终于2003年3月将28.1%的股权以3.8亿元的价格转让给周益明所控制的深圳明伦集团。收购后短短两年间明星电力的净利润由2003年的盈利1.31亿元变为2005年的巨亏3.07亿元；每股净资产由收购前的2003年6.72元跌至2005年的3.44元，跌幅达48.8%。明伦集团长期投资从2002年的2.9亿元增加到2003年的7.8亿元，净增4.9亿元；短期贷款由2002年的0.2亿元增加到2003年的5.2亿元，净增5亿元。为了收购明星电力的股份，周益明在2002年搭建了明伦集团，并进行了一系列准备。首先以11万元的价格要求深圳中喜会计师事务所出具一份总资产27亿元、净资产12亿元的2002年审计报告，并补充了一份2001年的审计报告。然后，周益明利用与银行高官的"深厚交情"获得了3.8亿元的银行贷款，并成功地蒙蔽了遂宁政府派去深圳的实地考察团。最终，周益明带着27亿元的泡沫身价，以高出净资产26%的价格，用3.8亿元击败了对手，完成了空手套白狼的资本运作。作为明星电力的第一大股东，周益明一方面立即着手修改公司章程、改组董事会，获取对上市公司的绝对控制权，另一方面通过对子公司再投资、银行融资、贸易业务往来以及担保等方式，将上市公司利益转移到大股东能控制的其他企业，以关联交易方式实现其掏空行为，造成其他股东巨额损失。

五、欺骗上市的对策

实质上，大股东隧道挖掘掏空上市公司问题是与中国股市的制度性缺陷相伴而生的，国有股"一股独大"的股权结构是造成国有控股股东滥用控制权、挖掘掏空上市公司的根本原因。要解决隧道挖掘问题，应该兼顾公司内外部机制建设、重视内外部监管，实现上市公司质量的全面提高。

（一）完善治理结构，健全内部控制体系

我国上市公司普遍存在公司治理结构虚置、公司治理机制呈明显的行政化特点，上市公司高管人员通常由政府部门任命，许多上市公司的董事长与其母公司的董事长为同一人，上市公司权力机关股东大会和董事会实际上被国有股股东架空，国有股股东通过控制董事会、监事会、股东大会及经理层对上市公司实施控制。显然，这样一种公司治理机制为大股东隧道挖掘提供了有利条件。

上市公司应按照《公司法》和现代企业制度的要求，完善股东大会、董事会、监事会制度，形成权力机构、决策机构、监督机构与经理层之间权责分明、各司其职、有效制衡、协调运作的法人治理结构，同时要特别强调监事会的职能。新《公司法》第五十五条规定：监事会发现公司经营情况异常，可以进行调查，必要时可以聘请会

计师事务所等协助工作，费用由公司承担。同时上市公司应完善独立董事制度，强化独立董事的地位和作用，保护中小股东的合法权益，制止大股东的侵权行为。

（二）遏制违规担保，规范关联交易行为

公司之间互相担保是财务危机形成的主要原因之一。目前上市公司互相担保之风盛行，关联方财务关系不透明，增加了企业财务风险。上市公司要根据有关法规明确对外担保的审批权限，严格执行对外担保审议程序，任何人员未经董事会或股东大会批准或授权，不得以上市公司名义对外提供担保。同时上市公司要认真履行对外担保情况的信息披露义务，严格控制对外担保风险，采取有效措施化解已形成的违规担保、连环担保风险。在履行关联交易的决策程序时要严格执行关联方回避制度，并履行相应的信息披露义务，保证关联交易的公允性和交易行为的透明度，竭力遏制大股东暗箱操作等损害其他股东利益的行为。

（三）实施整体上市，制度化管理募集资金

分拆上市、剥离上市是导致上市公司和控股股东及其下属企业之间关联交易以及同业竞争问题的主要原因，且上市公司和控股股东往往是两块牌子、一套班子，无法做到与控股公司资产、人员和财务的真正分离。实施整体上市，能够推动企业整合自身组织结构，突出优势和主业，促使企业规范产权结构，优化公司治理结构，增加市场透明度。同时有利于制度化管理和运用资金，规范资金使用和运作行为，构建完善的、可操作的信息披露责任机制。

（四）完善法律环境，加大隧道挖掘成本

相关主管部门应根据《公司法》、《证券法》和《刑法修正案（六）》以及2005年10月19日国务院批转的《关于提高上市公司质量的意见》，对大股东侵占上市公司资金的清偿设置严格的处罚措施，严厉追究掏空上市公司资金者的行政、刑事和民事责任，提高其运作成本，努力遏制侵占行为。同时加大清欠大股东占款监管的执行力，责令债务人拟定切实可兑现的清偿计划，并针对不同情况，采取现金清偿、红利抵债、以股抵债、以资抵债、定向回购等金融创新方式，解决大股东占款问题。

（五）加强内外监管，以源头与过程控制为核心

一是从源头强化高级管理人员的监管。制定上市公司高级管理人员行为准则，对违反行为准则并被证券监督管理机构认定为不适合的高级管理人员，要依法予以撤换，并将公司退市制度与上市公司高管人员责任追究机制和民事损害赔偿制度结合起来。对严重违规的上市公司高级管理人员，实行严格的市场禁入，对构成犯罪的，依法追究刑事责任。另一方面，应提高企业家、高级管理人员的个人素质，加强道德教育，大力宣传健康的发展观、风险观，改善市场风气和投资环境。二是从过程规范中

介机构的监督。在资本市场发达的国家，中介制度完善，市场规范，极少出现弄虚作假的情况。而我国目前的中介机构还存在着恶性竞争、管制不严等问题。上述顾雏军、周益明案都牵涉到会计师事务所等中介机构。由此可见，全面清理不合规范的中介机构，建立诚信的中介市场环境，提高中介机构工作质量，才能遏制上市公司的隧道挖掘行为。

（六）提高审计质量，加强社会舆论监督

上市公司的大股东及其关联方占用上市公司资金的形式和手段比以前更加复杂和隐蔽，注册会计师一方面要提高自身业务水平和技术手段，关注关联方审计，加强自身后续教育，不断更新知识结构，增强职业道德，另一方面，应建立注册会计师民事赔偿机制，加大对注册会计师的违规处罚力度，增加注册会计师伙同上市公司造假的作业成本。同时利用社会舆论的监督作用，建立全方位立体监督网络，提高上市公司运作的透明度。

庄家各阶段对公告的操纵

　　随着近几年证券市场的逐步理性化，在公正、公开、公平信息披露制度下，市场股价会有效反映消息面的情况，利好消息有利于股价上涨，反之亦然。然而，庄股则不然，庄家与上市公司联手之后，上市公司事前有什么样的消息，庄家都了然于胸，甚至私下蓄意制造所谓的利空、利好消息，借此达到庄家不可告人的目的。

　　消息有市场传闻和正式公布的公告等多种形式，但不管是什么形式，只要能对股价波动产生影响，庄家就会借题发挥。例如，庄家为了能够尽快完成建仓，人为散布不利消息，进而运用含糊其辞的公告最终动摇投资者的持股信心。又如，待到股价涨幅惊人后，以前一直不予承认的利好传闻却最终兑现，但股价却是见利好出现滞涨，最终落得个暴跌。

　　这个时候，就要求我们分清形势、甄别真假，分析庄股所处的阶段，庄家是否已经介入其中，庄家持仓成本大概价位是多少等，将技术面与消息面结合起来分析，就能得出庄家的真正意图是什么。如，前文讲到的，上市公司出公告辟谣："无应披露未披露信息，年内没有整体上市安排，也尚未制定重大资产重组方案……请投资者注意风险……"这个时候如果股价处在相对低位，庄家则有可能是因为吸筹时股价上涨过快，为了在更低位吃饱而打击持股者的信心；如果处在庄股拉升阶段，有可能是庄家为了快速洗盘，为了杀出几根难看的大阴线，而使出的消息面配合惯用招数。

　　为了便于大家理解，我们一起来模拟一个股票的走势，图4-8是鸭场公司的股票鸭场股份的走势图。如图4-8所示。

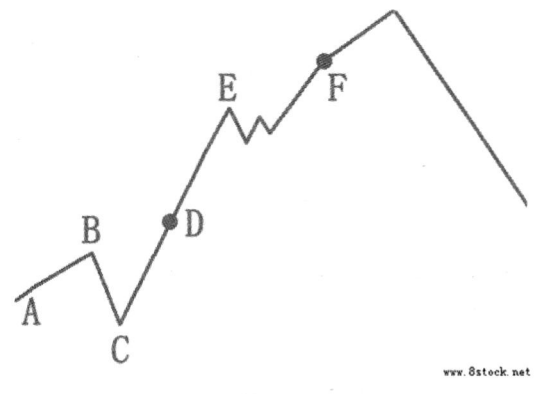

图4-8

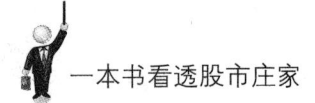

某投资公司筹集了资金之后，手中缺乏项目，找到了鸭场公司，双方一拍即合，开始了合作。由鸭场公司出一部分资金交给某投资公司来做，名曰投资，约定由某投资公司分给一定额度的"利润"。经过充分的准备后，某投资公司在A点开始建仓，悄悄地吸筹，成交量开始放大。随着吸筹量的增加，股价开始上扬，这样当然不行，筹码还没吃饱，股价就已经上去了，后面哪有利润空间？于是，在B点位置，鸭场公司公布一公告：由于洪水泛滥，我公司饲养的鸭子被水冲散到下游，公司通过有关单位进行多方调查，直接经济损失千万元，特此通知，郑重请大家"注意投资风险"。公告一出，市场一片恐慌，散户纷纷割肉，某投资公司则将筹码一一"笑纳"。A—C点这段特点是成交量大幅放大。

C点开始，股票反弹，股价开始拉升出成本区，这个时候市场上一片静悄悄，没有任何消息。D点位置，独自往上拉显然困难，此时需要散户的追涨热情，鸭场公司适时公布公告：洪水已经消退，我公司的鸭子由下游陆续游回，并且母鸭子们还带回了许多英俊潇洒的公鸭子，公司的业绩将有很大提高，特此公告。市场一片欢声雀跃，股价开始"恢复性"上涨，散户积极买入，大胆追涨，股价一路飙升。

E点位置，市场获利盘已经十分丰厚，再往上拉将会遭受沉重的抛压，此时需要洗盘。鸭场公司发布公告：因鸭子生病，鸭蛋质量下降，与甲公司的鸭蛋销售合同出现纠纷，本公司正被甲公司起诉，本公司的银行账户被法院冻结。股价当日跌停，震荡数日后，获利的散户早已经迫不及待地下马了，换进了一批重新入场的散户。市场整体成本被无形垫高。鸭场公司及时公告：本公司与甲公司已经达成庭外和解。股价重新上涨。

F点位置，某投资公司在该项目上获利已经翻倍了，需要出货了。这时，鸭场公司发布了一条喜人的公告：本公司与北京大学生物研究课题小组经过数年的联合研究，已经研制出一种新型饲料"鸭白金"，正准备投入使用。据专家预测，以"鸭白金"喂养鸭子，鸭蛋可望达到每个一公斤。消息一出，一片哗然，鸭场公司一举跃升为"高新技术企业"，前景一片广阔。散户唯恐抢不到筹码，股价再次大幅上涨，每天成交量都放出天量，换手率平均达到15%。

经过一段时间的喧哗，市场恢复冷静，当然最后鸭蛋没有产出每个一公斤，但某投资公司手中的股票已经全部卖出，赚得盆满钵满。留着芸芸散户在山冈站岗。

由此可见，公告在庄家操盘的不同阶段的含义与目的不同。

一、建仓阶段

在建仓阶段，庄家的目的是为了在低位吸到大量的廉价筹码，特别是大大低于

股价正常的波动区间的筹码，因此上市公司通常会利用散户的恐惧心理，不断抛出极具杀伤力的"利空"公告，来诱骗散户手中的筹码，如业绩亏损、诉讼事件、财务状况恶化、经营环境变坏、原材料涨价、自然灾害等。这些消息足以导致持股人果断减仓甚至恐慌性抛售，庄家便可顺利地在尽量短的时间内买到足够多的廉价筹码。这类利空消息的主要特点是突发性、公开性。其实有关消息往往有真有伪，特别是业绩亏损、经营环境恶化方面容易形成庄家与上市公司联手造假的行为，如利润隐瞒、虚报亏损或者是夸大经营环境的恶化事实与程度等。

一般来说，此类公告发布的方式有以下几种。

（一）公司公告债务缠身

上市公司公告债务官司缠身的消息，给人的感觉是这家公司马上要倒闭破产，其实这不过是庄家的"苦肉计"。

（二）公司公告业绩将受到严重影响

公司公告由于自然灾害等原因的影响，中期（或年报）业绩将受到严重影响。对上市公司的此类公告，往往需慎重理解，当股价开始飞涨，公司连忙出来公告"没有应当披露而未披露的消息，请大家注意风险"，其真实含义往往是"有重大未披露的消息，此时买入并无风险"。从历史的经验看，上市公司公告"重大利空消息"时，往往蕴含着重大的买入机会。

（三）公司公告将出现严重亏损

并非所有公告亏损的个股都能变成黑马，但不少黑马确实是从那些让人避之唯恐不及的亏损股中诞生。大家可特别关注那些公告亏损之后股价连续跳空下行，随后在低位连续放量的个股，此类个股多是庄家利用"亏损炸弹"来骗筹。

（四）公司公告将被ST或暂停上市

要想在低位骗走其筹码并非易事，ST制度变相帮了庄家一个大忙，庄家利用人们对ST的恐惧将股价大幅打低，再在低位将筹码收入囊中。利空的公告也可能出现在庄家洗盘阶段。

二、拉升阶段

庄家在拉升阶段为了提高市场追高的热情，降低抛售压力，往往需要借助外在的市场力量来实现其推高的意图。这时候的公告都是具有想象空间的利好，虽然不一定是实质性的利好，但一定有足够的想象空间，具有朦胧性，弹性较大。作为散户对于传言的巨大市场号召力就绝对不可小视，必然要提高警惕，判断真假。否则，此时追涨就极有可能成为庄家的"轿夫"，为庄家的拉升抬轿。

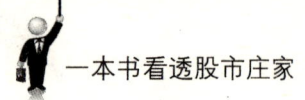

一般来说，此阶段的追入，风险相对较小，如果介入成本不算太高，多少还有点"抬轿费"。

三、出货阶段

庄家在出货阶段，发布的公告一般都是重大题材，能够使市场相当多数的人足以相信其仍然存在巨大的上扬空间和成长潜力，这个时候一般还配合有其他途径消息的大肆宣传，让散户听了热血澎湃，唯恐抢不到筹码。这个时候如果介入风险较大，弄不好长时间都无法解套。

如图4—9，该股票在前一个月出年报巨亏，被ST，股价数个跌停，一路下降。在A点当日，该上市公司刊登公告称："因预期未还借款本息，海南中级人民法院查封了我公司所持"青百"法人股462万股，查封我公司在工行、建行开设的四个账户；查封化纤厂产成品……"该利空消息一出，可谓雪上加霜。公告当日下午复牌该股大幅低开，但奇怪的是，很快就放量上涨。随后数日，成交量一路放大，庄家骗筹嘴脸明显。经过短时间的修整后，该股一路上扬，股价轻松翻倍。

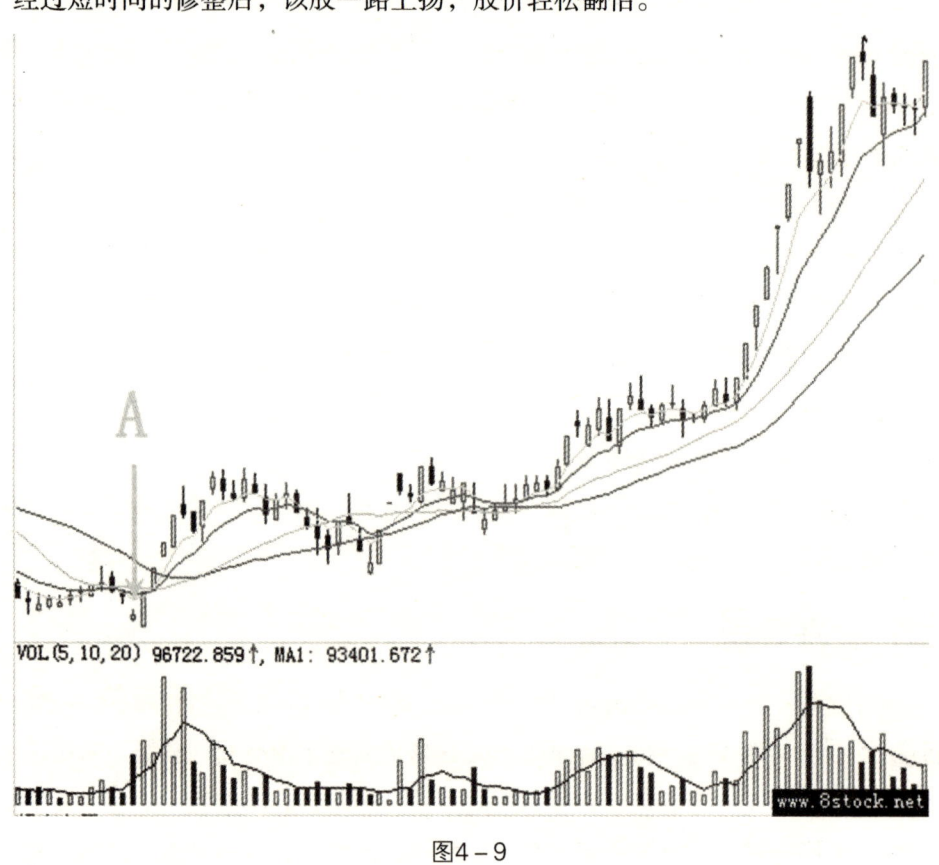

图4—9

突发性利空的应对策略

在股市博弈的这个舞台上，庄家时不时会扮演"黑脸"的角色，抡起大棒恐吓散户，表现在公告上，则是令市场恐怖的"突发利空"。利空与利好是相对应的，利空是指能够促使股价下跌的信息，如股票上市公司经营业绩恶化、银行紧缩、银行利率调高、经济衰退、通货膨胀、天灾人祸等，以及其他政治、经济军事、外交等方面促使股价下跌的不利消息。突发性利空不仅仅包括上市公司公告中的利空，也可能包括一些突发事件，下面我们分别阐述。

一、公告中突发利空的应对策略

（一）分清庄股所处的阶段

分清庄股所处的阶段是庄家的建仓期、拉升期还是出货期，如无法分辨的，则可以依据股价所处的价位，是在相对高位还是相对低位。如果处在相对低位，不能盲目割肉，否则容易割在地板上，相反，没有参与的可对该股多加关注，说不定就是一匹大黑马。

（二）关注量能的变化

成交量的变化是关键，复牌当日应有成交量的放大，但成交量不应形成巨量。一般来说，公告利空复牌后，散户的恐慌盘不会形成巨量，如果成交量温和放大，说明庄家控有较多的筹码，放量只是市场杀出的恐慌盘而已。而一旦成交量过分放大，则说明庄家狠心在此惯压，低位之后还有低位。

（三）关注后期的股价走势

复牌之后密切注意盘面是否有庄家介入痕迹。接下来一段时期的走势，股价是否快速恢复，如果在重大利空消息的影响之后，股价不跌反涨，说明有庄家力量介入，而非市场自然力量所致。

需要特别提醒的一点是，读者朋友们不要看了笔者的文章之后"走火入魔"了，并非所有公告中的"突发利空"都是人为操纵的，实战中需要认真甄别，分别对待。

二、突发事件的应对策略

证券市场由于存在着一定的投机因素，对于突发的重大事件往往会作出及时的反

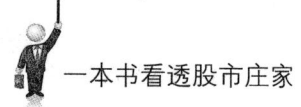

应。中国证券市场虽然只有十多年的发展历程，但已接受了多次突发事件的洗礼。证券市场的价格走势经常会受到市场以外的突发事件的影响，除了少数情况是突发的重大利好会刺激股市大涨，多数情况是类似于战争、自然灾害或社会重大变故等利空因素导致股市大幅震荡。虽然这种突发事件较少出现，但应对失措常常导致巨大亏损，因此合适的应对策略是非常必要的。

（一）应对突发事件的难度

应对突发事件的难度表现在两个方面。

1.利空影响难以准确评估

当某个突发事件出现，而股市开始时反映较为平静甚至不跌反涨，投资者容易得到一种错觉，以为股市不受其利空影响或影响有限，等股市逐渐加快下跌步伐时中小散户才发现一开始仅仅是机构为了避免过度恐慌影响出货而采取了暂时的护盘行为，等待他们实现减仓目的或发现大盘难以护住时暴跌就出现了。

典型的如2008年的5月12日四川省汶川县发生里氏8.0级特大地震，如图4—10，当日股市反映较为平静，收出一根阳线，次日低开后再次走高，依然收出一根小阳线，第三天5月14日大盘大涨2.73%，出现突发事件后股市不跌反涨，给投资者一种错觉，以为股市不受其利空影响，当时的市场盛传"基金受命护盘"。正当大部分投资者开始麻痹的时候，股市小幅下跌三天后出现加速下跌。

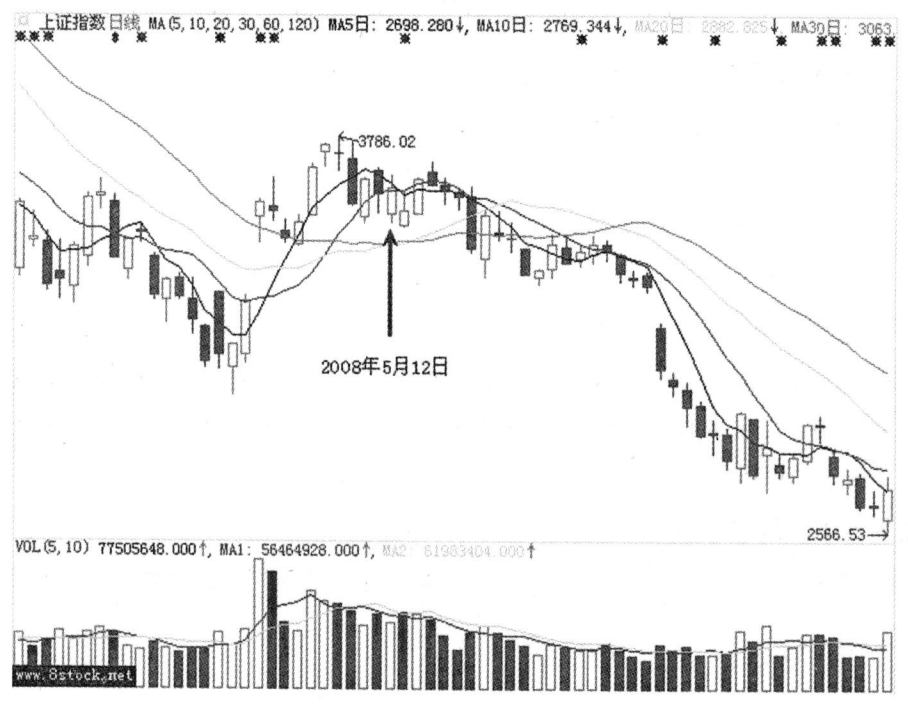

图4—10

　　相反的情况是当突发事件出来股市出现短线暴跌走势时，投资者不清楚暴跌意味着利空影响已经消化还是持续下跌的开始，此时突发事件使市场产生较大的恐慌，投资者失去了理性的判断，常常作出事后追悔莫及的仓促决策。

　　2.仓促的应对

　　另一方面是突发事件来得突然，使很多投资者来不及考虑好合适的应对策略，就已经在极短的时间里造成了股市大幅震荡，反过来又让投资者对于是否继续杀跌感到犹豫，在一种患得患失的心理中错失及时减仓的时机。

（二）如何应对突发事件

　　那么如何应对突发事件对股市的冲击呢？

　　1.第一时间减仓

　　一旦出现重大突发事件在第一时间减仓都是明智的，因为不管该事件对股市产生重大利空冲击，还是造成大幅震荡最终影响有限，甚至只是使短线市场走势看起来不太明朗，适当减仓都可以使自己处于进退自如的有利地位。切不可因为患得患失的心理导致操作上犹豫不决。

　　如神户大地震曾使日经225指数暴跌5 000点。1995年1月17日凌晨5点46分，日本神户发生了里氏7.2级地震，这是自1923年来在日本城市发生的最为严重的一次地震，共造成数千人死亡，地震给日本造成的全部损失达数万亿日元。从日经225指数K线图上可以看出，地震发生的当日，日本东京股票市场只是轻微下跌，建筑等行业还出现了上涨。不过，1月23日日经指数大幅下跌达5.6%。在地震发生后的第10天，东京股票市场蒸发市值高达10%，不过，与建筑、建材等相关的股票也涨了一阵子，其他包括公用事业和矿物相关类股票走势也相对抗跌。接下来，日经225指数开始了一波大幅杀跌，在不到半年的时间里指数下跌超过了5 000点。此时的投资者若反应不及时，被暂时的不跌反涨所麻痹，则将损失惨重。

　　但是大盘以暴跌的方式作出第一反应时反而要冷静思考一下，市场作出如此反应是否过激，此时就不要恐慌杀跌了。比如1997年春节后的突发事件让相当多的投资者在大盘几乎跌停板开盘时把廉价筹码恐慌抛给了那些冷静判断的投资者。

　　再如2001年9月11日，美国华盛顿和纽约等大城市先后遭受恐怖分子袭击，9月12日，全球部分股市宣布休市，照常开市的绝大部分市场开盘即大幅下跌。中国股市亦受此消息影响大幅低开，其中上海股市则以跳空40余点开盘，但在探底1 815.59点后即开始上涨，最高涨至1 858.68点，收于1 852.60点，只微挫11点。

　　2.分析突发事件的影响

　　在股市对突发事件作出初步反应以后，投资者应对其影响进行独立而冷静的分

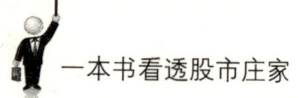

析，不要不加思考地人云亦云，盲目操作。需要在考虑清楚这样几个问题的前提下进行下一步操作。①利空影响到底有多大？②冲击是短线的还是持久深远的？③利空影响是否完全释放，还是已经作出过度反应？

美国经济工业委员会曾经对1970年以来的20多次灾难做过统计，"所有这些突发事件对经济的不利影响一般来说不会是超过一个季度"。一般来说，市场以外的因素对股市的影响大多是短暂的，在剧烈震荡以后大多会回到股市自身运行趋势中，因此一旦发现利空释放完毕就应及时低位吸纳，尤其当市场作出过激反应时更要大胆介入。

3.蕴含着短线机会

突发性事件中蕴含着短线机会，其中的收益概念板块有可能被炒作。如在2008年5月12日后的几个交易日，医药、水泥、钢铁、建材等灾后重建概念股受到市场的追捧，这与日本等地区地震后的市场表现是一样的。其中在5月13日，水泥板块上扬超过8%，医药板块上扬超5%，钢铁板块上扬超过2%。而受震灾影响较大的酒店旅游、交通运输等板块表现疲弱，保险股表现也较差。

再如2009年4月全球爆发甲型H1N1流感疫情，股市全线受挫，但医药股却受此刺激大幅走强。4月27日，医药股大幅高开，当日，莱茵生物、海王生物（000078）等相

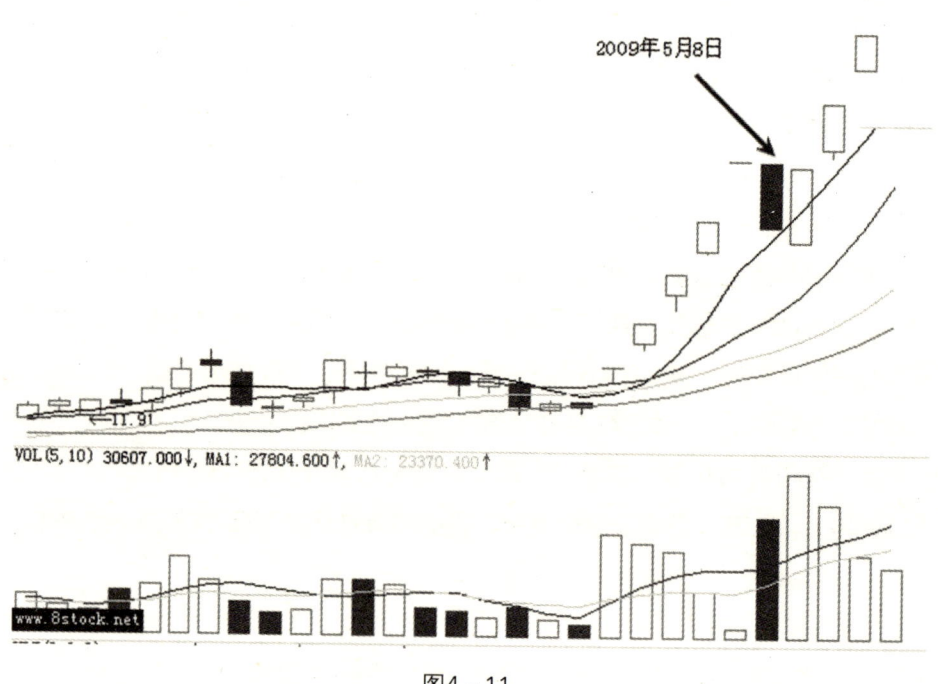

图4-11

关个股均以涨停报收。其中，莱茵生物的强劲表现更是赚足了市场的眼球。在接下来的几个交易日中，该股连续涨停。截至5月4日收盘，该股已经连续走出5个涨停板，股价一路冲高至20.1元。由于股票交易出现异常波动，公司于5月5日起停牌。5月8日（周五）复牌后被砸至跌停板。但故事并未就此结束，5月11日（周一）开始继续连续涨停。见图4—11。

2009年5月8日（周五）莱茵生物跌停之后，根据《每日经济新闻》报道，周末某些所谓专家煞有介事的吹嘘"昨日的跌停在我看来是意料之中的事情，……以目前公司的业绩来看，根本无法支撑如此高的股价。"可惜他们忘记了投机市场上的炒作法则，5月8日的跌停却是一个极佳的介入时机。在笔者的拙著中曾详细分析过此类形态，该类股票属于游资的爆炒。从涨停前的几个交易日看，成交量极度萎缩，游资并未介入，全球开始爆发甲型H1N1流感疫情后，嗅觉敏锐的游资立刻发掘这一个值得炒作的题材。短线的拉高建仓，其持仓成本较高，而5月8日的第一个跌停，此时市场上的散户疯狂出逃，深驻其中的游资，脚比不上散户快，是根本无法出货的，因此，此类股票后期还将有持续的拉高。

第5章
虚假业绩中的陷阱

近年来，中国乃至世界范围内"业绩造假"大案频发，无论是当年轰动一时的"安然事件"和"世界通信公司造假案"，还是让中国群众铭记于心的"银广夏事件"、"华源集团财务造假案"，甚至包括国内一些知名品牌都曾身陷造假的泥潭。究其原因，都是因为资本在背后"作怪"。

部分上市公司往往采用利润操纵的方式配合庄家操纵股价，或为了取得配股权虚构利润等，使投资者蒙受巨大的损失。此类上市公司为了制造公司业绩需要，不惜采取造假账、任意修改财务报表等严重违反《证券法》和《会计法》的方式。如此明目张胆地进行财务造假，一旦被监管部门发现查处，上市公司和相关责任人员是必将会受到法律的严惩的。所以大凡"聪明"的上市公司管理人员一般对上述直接造假行为甚为不齿，但这并不等于这些公司所公布的公司业绩或利润情况就一定是真实的、是没有任何水分的；相反，这些"聪明"的职业经理们往往在上市公司大股东直接控制或授意下，或者同炒作该股的庄家相互勾结，利用政策或法律的漏洞，挖空心思地制造出一些似是而非的报表利润。这样，既可以达到欺骗投资者的目的，又很容易向监管部门作出所谓的"合理"解释，从而逃避其监管，而且最大可能地避免了自己所应承担的"欺骗股民"的法律责任，真可谓一举多得！如此做法，怎么讲都被称可为"高明"之手法。

本章将揭露一些上市公司业绩造假的常用伎俩，并和大家一起探讨应对之策。需要注意的是，业绩造假与庄家操纵定期公告和不定期公告关系密切，可与上一章的相关内容一起阅读。

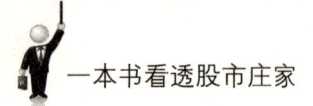

被操纵的利润

所谓利润操纵，是指会计信息提供者借助于会计上的技术处理采用违规甚至违法的方式，人为有目的地对利润进行虚减与虚增的行为。上市公司的利润指标一直受到证券市场参与各方的高度重视：上市公司在年度报告中将它作为信息披露的基本要素；证券监管部门将它作为一项重要的控制参数，判断上市公司是否停牌或具有配股的资格依据之一；投资者用它来分析上市公司的盈利能力，并据此预测上市公司的成长性。由于利润指标在评价上市公司经营成果和盈利能力时如此重要，一些上市公司便利用利润指标大做文章。

例如当年的四川长虹库存案，就是庄家出钱买电器拉高股价。

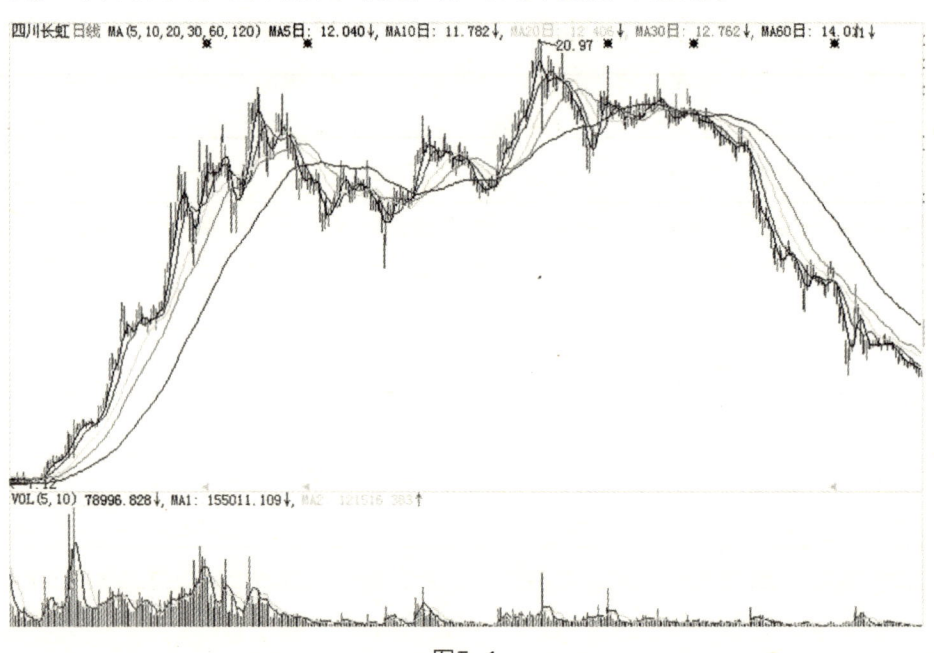

图5-1

如图5-1所示，历史上，当初的四川长虹成为该坐庄模式典型，该股从9元多启动，经历1995年至1997年连续两年多的炒作，最后最高涨到了66元。同时，四川长虹也拿出了令当时所有市场人士大开眼界的惊人业绩，成为中国股市第一个每股收益超过1元的"绩优股"、"大蓝筹"。于是，广大的投资者争相追捧，当其股价见顶回落到40元左右并在技术上构筑平台的时候，散户和大户争相买进——因为当时四川长虹

的市盈率，按公式计算只有30多倍。在"高成长"的旗帜下，四川长虹40元的高价被市场轻而易举地接受了。

笔者当年协助另一位主操盘手研究这只股票，当时向主管提交了一份详细的研究报告，提出：四川长虹的业绩不可信，受到庄家操纵，应尽快出局。在当时的市场上，庄家掏钱制造利润属于比较新颖的坐庄手法，笔者的研究报告一度引发了极大的争议。然而事实最终验证了笔者的观点：四川长虹1999年年报数据使业绩发生质的变化：主营利润由1998年年末的31.6亿元下降到1999年年末的15.7亿元；利润总额则由23.28亿元下降至6.21亿元；每股收益0.243元，净资产收益率仅为4.06%，低于中国证监会规定的净资产收益率连续三年平均在10%以上，其中任何一年不得低于6%的配股条件的标准。由此，四川长虹的股价也一路下滑，走了一条10年回归路，股价从1998年的最高点66.18元跌至2006年的2.95元。

四川长虹1999年业绩的突降除了与行业恶性竞争有关外，更主要的原因是庄家不玩了。当年几家控盘四川长虹的庄家，其中包括公募基金，为了粉饰四川长虹绩优股的面目，临近年底竟然直接掏钱高价全款买下该公司的全部库存电器。等待年度报表公布之时，销售收入奇高，利润也异常出色，而应收账款却出奇的少，这批买下的电器又在坐庄结束后全部削价处理结束战斗。

作为一只三年大牛股，庄家一般都会长线资金，锁仓性买入个股，这样一来就会有足够时间来粉饰上市公司业绩，最后即使买家自己不炒也不愁没有人抬轿。

上市公司惯用的制造利润手法主要有以下几种。

一、"借鸡生蛋"法

即利用关联交易，通过关联交易操纵利润。调整"其他业务收入"项目，或以其他单位愿意承担某项费用的方式减少公司本年度费用，从而增加公司利润。此外，还包括向关联方出让、出租资产或替关联方托管资产来增加收益。这实际上变相地将他人的收益变为自己的收益。以市价作为交易定价原则的关联交易是不会对双方的交易产生一样影响的，但如果采用协议定价的原则，定价的高低则取决于公司的需要，利润从而在企业间流动。不过，投资者需要当心的是，通过"借鸡生蛋"这样的方式来包装起来的业绩是不会维持长久的。

上市标准对很多中国企业而言都是一道较为严格的门槛，为了满足上市标准，未上市企业在进行股份制改造时往往会有所设计。例如，未上市企业B会将自己的资产负债进行剥离，将优质资产注入即将上市的企业A，而将质量较差的资产以及大部分负债保留在控股母公司B内部。在某些时候，为了避免投资者对上市公司母公司的追溯

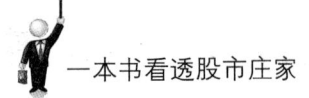

调查，控股公司B会设立另外一家未上市企业C，将集团的较差资产和负债剥离到企业C。通过这种资产与负债的剥离处理，上市公司A在投资者眼中是非常的完美和光鲜，但是这种操作使得公司A从上市之日起就背负着"原罪"。既然集团是倾自己全力为公司A的上市保驾护航，那么一旦公司A成功上市，公司A就有义务帮助困难的控股公司B或者兄弟公司C。很多中国上市公司后来受到大股东借款和挪用资金的困扰，根源就在于此。

当然，为了帮助公司A成功上市，集团就可以采用各种关联交易的方式来虚增A公司的业绩。况且上市融资并非一锤子买卖，公司A上市后还能够通过增发、配股和发行可转换债券的方式获得再融资。为了帮助公司A符合证监会规定的再融资条件，集团也存在帮助A公司虚增业绩的动机。

上市公司通过关联交易来虚增业绩的方式主要有两种：第一种是通过转移定价来转移利润；第二种是通过注入资产重估增值来虚增利润。如果某集团拥有一家以上的上市公司，那么上市公司之间还可以通过交叉持股来虚增利润。

（一）转移定价

由关联公司C购买上市公司A的一批产品，该批产品的市场公允价值为1 000万元，但关联交易的价格为2 000万元，这样就虚增上市公司A的业绩1 000万元。当然这种明显的转移利润方法已经逐渐被证监会和市场所发现，因此利润转移手段变得越来越隐蔽。其一，可以通过一家集团外的企业来实施关联交易。例如，各方达成协议，由集团外公司D以2 000万元的价格购买上市公司A实际价值1 000万元的产品，再由关联公司C向集团外公司D购买这批产品；其二，关联交易涉及的商品价值容易确定，但是如果关联交易标的是服务，那么证监会和投资者就难以衡量其中的真实价值。例如，由上市公司A向关联公司C提供管理咨询服务（实际上服务本身子虚乌有，即使有也远低于合同价值），每年咨询费为人民币1 000万元，这同样达到了虚增上市公司利润的目的。

（二）注入资产重估增值

控股公司B向上市公司A注入一笔固定资产，这笔资产的账面价值为5 000万元。上市公司A在获得这笔资产注入后，按照规定进行资产的重新评估，评估后的实际价值为1亿元。那么根据中国修订后的会计准则，资产重组增值可以一次性计入当期损益。那么通过本次资产注入，控股公司B就成功地帮助上市公司A虚增利润5 000万元。以上分析同样适用于通过实物资产和股权置换的手法来调节利润的情况。

（三）上市公司交叉持股

如果控股公司B有两家上市公司A和E。A公司在第一年以极低的价格获得E公司

20%的股权，而且通过数次分红后成本降低到零。假定A公司和E公司的市盈率都为30倍。那么在当前的会计准则下，E公司每1元的利润在形成本公司30元市值的同时，还使得A公司获得6元的投资收益，进而使得A公司的市值增加180元。换句话说，1元钱的真实利润通过上市公司的交叉持股居然形成210元的流通市值。

即使没有真实利润，仅凭细微的股价上涨就能够带动交叉持股的上市公司股价飙升。例如，E公司股价上涨，使得持有E公司股票的A公司资产增值，那么价值重估后A公司股票将会上涨，从而使得持有A公司股票的E公司资产增值，那么价值重估后E公司股票将会上涨。在交叉持股的构架下，股价上涨成为一个不断放大的正反馈机制。

典型的案例如陕长岭案例，2000年年报显示，陕长岭以每股1元的价格购买母公司持有的圣方科技1 000万股，随后以每股8元的价格将这部分股份转让给了美鹰玻璃实业公司，获投资收益7 000万元，占2000年利润总额13 360万元的52.4%。又如世纪中天以人民币1 950万元受让第一大股东持有的亚太东方通信网络有限公司40%的股权，然后以3 000万美元价格转让，获投资收益21 750万元，占2000年利润总额的80.1%。

再如蓝田股份2000年在中央电视台投放的巨额广告费用是由"中国蓝田总公司"投放的，因为在蓝田股份的会计报表中找不到该广告费用支出，但实际上，蓝田股份的饮料产品通过集团公司遍布于全国的销售网点销售的，仅占公司全部销售量的1.9%。可见，蓝田股份利用集团公司分摊不合理的高额广告费用支出的方法，虚增了利润。从蓝田股份现金流量表"支付给职工以及为职工支付的现金"栏中看出，2000年度该公司职工工资支出人均每月收入仅144.5元，2001年上半年人均收入为185元。如此低的收入水平，不论是对于30%以上为大专水平的蓝田股份职工，还是对于历年业绩如此优异的蓝田股份而言，都难以合乎情理，这里也存在利用工资调减费用、虚增利润的嫌疑。

二、"偷梁换柱"法

即上市公司向关联企业收回应收账款，同时以对该单位短期融资的方式又把此笔金额从账面上划给对方，给人造成关联企业占用应收款减少的假象，同时也借机少提本期应提的坏账准备，降低费用支出。对资金长期被控股股东占用的公司而言，运用这种"偷梁换柱"法可以说是家常便饭，也是令上市公司监管部门难以控制的事情。

中国的各种理论体系和操作规范尚不健全，法律和财产的处理尚不完善；另外地方政府、国有资产经营公司的参与也使得资产转让和转换基本上都不是等价交换和转移利润。表现的主要形式有以下方面。

（1）上市公司上演金蝉脱壳的计谋，将不良资产和等额的债务剥离给母公司，这

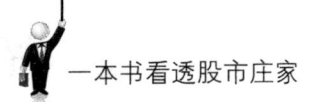

样就降低了财务费用，同时也达到了避免不良资产经营所产生的亏损或损失的目的。

（2）母公司当中转站，上市公司将不良的长期投资卖给母公司，而母公司却将优质资产卖给上市公司。

三、"欲盖弥彰"法

即将公司巨额费用先挂在"待摊费用"科目，推迟费用入账时间以降低本期成本，然后再设法通过其他途径悄悄地消化该笔费用。如某上市公司在中报中将巨额广告费用列入长期待摊费用，从而大大提高了其每股收益，利于实现公司高价配股的目的。然后通过挂账处理，让这笔广告费用在控股集团公司和上市公司之间进行任意分配、调整，在公司配股完成后，再使其恢复本来面貌，结果造成公司的每股收益大大降低，甚至很快由赢利转为亏损，从而引发公司股价大跌。这说明：欲盖弥彰者，虽然在短期内可以打肿脸充胖子，但是到头来受伤的还是自己公司。

四、"偷天换日"法

即为了突击达到一定的利润总额，如扭亏或达到净资产收益率及格线，公司会在报告日前做一笔假销售，再于报告发送日后退货，从而虚增本期利润。尽管这种通过"假销售"、"销售退回"等"偷天换日"手段达到虚增利润的方式可能从形式上与相关《财务会计准则》不相违背，而且可能会做得天衣无缝，但是，从行为者的动机或目的来看，明显具有欺诈性。对这样的公司，因其管理层欠缺起码的诚信基础，广大投资者务必要提高警惕。

五、"滥竽充数"法

即在资产重组过程中，通过固定资产盘盈，资产评估增值，资产或股权溢价转让，都可以轻易地增加利润总额。当然还有更简便的方法，就是利用政府资源，通过争取税收减免、纳税退回，甚至政府财政补贴的方式来达到利润增加的目的。

六、"李代桃僵"法

即借助地方政府的"大力扶持"包装利润。可以说，政府在上市公司的利润包装的进程中功不可没。由于中国国情，上市指标的争取难度大、壳资源紧张，因此在公司处于危难需要政府出手的时候，一般情况下政府绝不会置之不理。而上市公司在筹集资金方面的作用，更使政府部门认识到扶持和利用上市公司筹集资金对发展当地经济的重要性。为了扶持上市公司，提高上市公司的业绩和形象，抬高股价，增加地方

税收，政府宁愿先损失一点。其主要形式有以下几点。

（一）地方财政补贴

地方政府为上市公司直接提供财政补贴的事例屡见不鲜，有的甚至补贴金额异常庞大。如果企业争取到了指标，但是利润却连年达不到标准，政府就会出面采取计划手段，通过补贴使其能够达到标准。此外，为了使上市公司能够获得较高的配股价格，通过补贴方式提高其年度业绩的做法也在不少公司的年报中得以应用。但是目前我国地方财政不是很富裕，要想每年都通过财政补贴来达到目标，即时公司上市后，也会成为一只垃圾股。

（二）降低税负

由于我国税法的特殊性，在特区企业、高新经济技术开发区企业和内地企业所得税税率各不相同，所得税的减免权除税法统一规定外，地方无权减免。但是为了扶持上市公司，许多地方置法律于不顾，越权给上市公司税收返还政策，这就无形中给一些上市公司增加了利润。

（三）减免利息

财政部2006年11月发布会计信息质量检查公告称，中国华源集团有限公司财务管理混乱，内部控制薄弱。部分下属子公司为达到融资和完成考核指标等目的，大量采用虚计收入、少计费用、不良资产巨额挂账等手段蓄意进行会计造假，导致报表虚盈实亏，会计信息严重失真。个别子公司甚至伪造文件骗取银行资金。

经财政部调查，该公司存有集团本部2003年未充分抵消内部交易，多计利润2.41亿元；上海医药（集团）有限公司2004年以空头支票冲减应收账款，虚增利润8 782万元，其下属子公司2003年通过虚构业务、虚开发票等方式，虚增收入1.77亿元；上海华源制药股份有限公司、上海华源长富药业（集团）有限公司及其下属公司2004年通过虚构交易，虚增巨额无形资产，并用不实债权置换上述虚假资产，以避免计提坏账准备而发生亏损等事实。对上市公司拖欠的利息予以核销减免，降低了上市公司财务费用，增加了利润。这也是政府经常采用的手段。

以上这些被上市公司惯用的制造利润手法，高明就高明在不是通过做假账的方式玩出来的，而是在相关法律或法规许可的范围内进行的本年利润的调整，从形式上，似乎既不违反《证券法》，也不违反《会计法》或相关会计政策，但同样能起到对股民的欺骗效果。对此，股民在阅读财务报告时必须充分利用报告中提供的各种信息，对公司进行全面的分析并对其公布的利润进行合理化调整，这样才能根据公司状况及时回避风险，避免跌入上市公司为部分股民预设的利润陷阱。

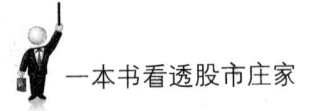
财务报表中的陷阱

财务报表亦称对外会计报表，是会计主体对外提供的反映会计主体财务状况和经营的会计报表，包括资产负债表、利润表、现金流量表或财务状况变动表、附表和附注。财务报表是财务报告的主要部分，不包括董事报告、管理分析及财务情况说明书等列入财务报告或年度报告的资料。对外报表即指财务报表。对内报表的对称，是以会计准则为规范编制的，向所有者、债权人、政府及其他有关各方及社会公众等外部使用者披露的会计报表。

财务报表的种类主要有：

（1）按照编报的时间分为月报、季报和年报。

（2）按照编制单位，可以分为单位报表和汇总报表。

（3）按照编报的会计主体分为个别报会计报表和合并会计报表和合并会计报表等。

财务报表造假问题一直是股市的毒瘤。由于利润等于收入减去成本、费用，因此通过粉饰报表来虚增利润的手段主要有两大类：一类是虚增收入，另一类是虚减成本或费用。企业的资产负债表和利润表之间存在着密切的对应关系，因此虚增收入在很大程度上是将资产负债表上的资产项转移为损利润上的收入项，虚增成本和费用在很大程度上是将资产负债表上的资产递减项转移为利润表上的成本或费用项。

一、虚增收入

这是最严重的财务造假行为，有几种做法：一是白条出库，作销售入账；二是对开发票，确认收入；三是虚开发票，确认收入。这些手法非常明显是违法的，但有些手法从形式上看是合法，但实质是非法的，这种情况非常普遍，如上市公司利用子公司按市场价销售给第三方，确认该子公司销售收入，再由另一公司从第三方手中购回，这种做法避免了集团内部交易必须抵消的约束，确保了在合并报表中确认收入和利润，达到了操纵收入的目的。此外，一些还有利用阴阳合同虚构收入，如公开合同上注明货款是1亿，但秘密合同上约定实际货款为5 000万元，另外5 000万元虚挂，这样虚增了5 000万元的收入，这在关联交易中非常普遍。

二、提前确认收入

这种情况如：一是在存有重大不确定性时确定收入。二是完工百分比法的不适当运用。三是在仍需提供未来服务时确认收入。四是提前开具销售发票，以美化业绩。在房地产和高新技术行业，提前确认收入的现象非常普遍，如房地产企业，往往将预收账款作销售收入，滥用完工百分比法等。以工程收入为例，按规定工程收入应按进度确认收入，多确认工程进度将导致多确认利润。

三、推迟确认收入

延后确认收入，也称递延收入，是将应由本期确认的收入递延到未来期间确认。与提前确认收入一样，延后确认收入也是企业盈利管理的一种手法。这种手法一般在企业当前收益较为充裕，而未来收益预计可能减少的情况下时有发生。

四、转移费用

上市公司为了虚增利润，有些费用根本就不入账，或由母公司承担。一些企业往往通过计提折旧、存货计价、待处理挂账等跨期摊配项目来调节利润，少提或不提固定资产折旧，将应列入成本或费用的项目挂列递延资产或待摊费用。应该反映在当期报表上的费用，挂在"待摊费用和递延资产"或"预提费用"借方这几个跨期摊销账户中，以调节利润。目前通常的做法是，当上市公司经营不理想时，或者调低上市公司应交纳的费用标准，或者承担上市公司的相关费用，甚至将以前年度已交纳的费用退回，从而达到转移费用、增加利润的目的。

五、费用资本化、递延费用及推迟确认费用

费用资本化主要是借款费用及研发费用，而递延费用则非常之多，如广告费、职工买断身份款费等。例如将研究发展支出列为递延资产，或将一般性广告费、修缮维护费用或试车失败损失等递延。在新建工厂实际已投入运营时仍按未完工投入使用状态进行会计核算，根据现行会计政策，在完工投入使用前的新建工厂工人工资等各项费用、贷款利息均计入固定资产价值而非当期损益。通过此方法可调增利润。还有如费用不及时报账列支而虚挂往来，按正常程序，发生的加工费、差旅费等费用应由职工先借出，在支付并取得发票后再报账冲往来账费用。在年末若职工借款较大应关注是否存在该等情况。

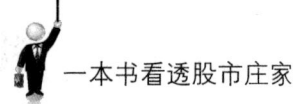

六、多提或少提资产减值准备以调控利润

《企业会计制度》要求自2001年1月1日起，上市公司要计提八项资产减值准备。在企业法人治理结构和内部控制不健全的状况下，计提资产减值准备有较大的利润调节空间。资产减值会计内涵的复杂性，决定了同样一项资产有不确定性的价值，因为资产减值实际上是掺杂企业管理当局主观估计的一种市场模拟价格，资产减值的不确定性给企业管理当局利润操纵提供了极大的空间。此次新增的四项减值准备涉及不动产及无形资产的估价，与旧四项准备相比，资产减值计量难度更大，甚至大大超过上市公司财务部门及审计师的职业判断能力。除非寻求专业的不动产及无形资产评估师帮助，否则根本无法得出恰当的资产减值标准，从而影响减值准备计提的正确性。这就更为上市公司利用资产减值准备操纵利润提供了空间。目前，上市公司利用资产减值玩会计数字游戏，主要游戏规则是利用资产减值准备推迟或提前损失，典型表现为某个年度出现巨额亏损——让我一次亏个够。

七、制造非经常性损益事项

非经常性损益是指公司正常经营损益之外的、一次性或偶发性损益，例如资产处置损益、临时性获得的补贴收入、新股申购冻结资金利息、合并价差摊入等。非经常性损益虽然也是公司利润总额的一个组成部分，但由于它不具备长期性和稳定性，因而对利润的影响是暂时的。非经常性损益项目的特殊性质，为公司管理盈利提供了机会，特别值得关注的是，有些非经常性损益本身就是虚列的。

八、虚增资产和漏列负债

操作手法如下。多计存货价值：对存货成本或评价故意计算错误以增加存货价值，从而降低销售成本，增加营业利益，或虚列存货，以隐瞒存货减少的事实；多计应收账款：虚列销售收入，导致应收账款虚列，或应收账款少提备抵坏账，导致应收账款净变现价值虚增；多计固定资产：例如少提折旧、收益性支出列为资本性支出、利息资本化不当、固定资产虚增等；漏列负债：例如漏列对外欠款或短估应付费用。

九、潜亏挂账

当前上市公司账面资产很多为不良资产，为了挤出水分，《企业会计制度》要求上市公司计提八项减值准备，但很多上市公司减值准备根本未提足。这里面原因很复杂。当初改组上市时，基于包装的需要，虚增了一块资产，可能挂在应收款项上，也

可能虚增存货、固定资产、无形资产等，一些投资项目根本就是虚的或为不良资产，但也挂在账上。上市以后，因原主业不行，固定资产和无形资产就急剧减值，但上市公司也不计提减值准备。另外，上市后继续包装，造成多项资产尤其是应收款项虚增。这些账面不良资产带来的潜亏金额往往很大。

十、资产重组创造利润

企业为了优化资本结构，调整产业结构，完成战略转移等目的而实施的资产置换和股权置换便是资产重组。然而，近年来的资产重组经常使人联想到做假账。许多上市公司扭亏为盈的秘诀便在于资产重组。通过不等价的资产置换，为上市公司输送利润，目前仍然是利润操纵的主要手法之一。虽然这也因"非公允的关联交易差价不能计入利润"新规定而受限制，但上市公司仍可以通过非关联交易的资产重组方式为上市公司输送利润。

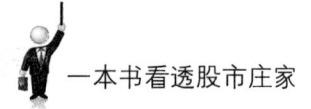

十大经典造假案解析

在中国A股历史上有十大经典造假案，我们一起来看看。

一、亿安科技的百元神话

2000年亿安科技：第一只百元股的神话，实际上一点利润都没有。

要说经典造假，不得不说亿安科技。新世纪初，中国股市诞生了第一只百元大股——亿安科技。但亿安1999年中报显示其每股利润是0.11元，每股净资产0.57元，利润来源主要是卖VCD、SVCD和音响，还有一大块来自物业管理和仓库保管。

靠高科技叫阵、靠低技术产品上阵的亿安科技却如此牛气冲天，人们不禁要问亿安科技：神话还是笑话？

二、中科创业的套中有套

2000年中科创业：套中有套，股民只好被套。

借助于中国经济改革的好风好雨，依托中国国有资本社会化经营的大势，跑马圈地，迅速形成局面，5年间垒起了110亿元的神话，从此走上了做假的不归路。

中科创业"套"中设"套"。然而，在"经典之作"的背后，是现实的尴尬。

三、银广夏科技含量的造假

2001年，银广夏：最具备科技含量的做假，做完了还说不是我做的……

在中国财经界素有口碑的《财经》杂志2001年第8期推出的长篇封面文章《银广夏陷阱》称，该文记者通过对广夏（银川）实业股份有限公司（简称银广夏）历时一年的追踪调查，终于揭开了一个由高深的"萃取技术"和陌生的"德国客户"组成的造假故事。

过去两年间，银广夏（000557）创造了令人瞠目的业绩和股价神话。根据银广夏1999年年报，银广夏的每股盈利当年达到前所未有的0.51元；其股价则先知先觉，从1999年12月30日的13.97元启动，一路狂升，至2000年12月29日完全填权并创下37.99元新高，折合为除权前的价格75.98元，较一年前启动时的价位上涨440%，2000年全年涨幅高居深沪两市第二；2000年年报披露的业绩再创奇迹，在股本扩大一倍基础上，每

股收益攀升至0.827元。

四、蓝田股份最精致的造假

2002年，蓝田股份：中国历史上最精致的假货，假到一切都似乎变成了真的。

与银广夏、郑百文等造假上市公司相比，蓝田股份堪称最精致的假货，因为这个假货竟然还在很长时间里经得起专家的挑剔，且监管部门难以查到造假的直接证据。蓝田股份去年10月上旬公告正在接受中国证监会的调查，而该次调查其实已经是证监会一年以来第四次进驻蓝田股份，与第三次调查仅时隔1个月。据报道，证监会的有关人士承认，虽然证券市场上一直对蓝田股份疑团重重，但农业专家、农业管理官员对蓝田的经营和业绩一般都没有太多异议。例如，舆论曾对蓝田股份应收账款占主营业务收入比重较低及现金流过大提出质疑，而蓝田股份搬出农业问题专家的观点作解释，称农业企业的现金流过大是不得已而为之的普遍现象。蓝田股份究竟出了什么问题？

五、东方电子集体造假

2004年，东方电子：全公司都加入做假行列，实在为难了那些中层管理者，好处没有，坏处不少。

法院审理查明，隋元柏、高峰、方跃自1997年4月至2001年6月，先后利用公司购买的1 044万股内部职工股股票收益和投入资金6.8亿元炒作股票的收益，共计17.08亿元，通过虚开销售发票、伪造销售合同等手段，将其中的15.95亿元计入主营收入，虚构业绩，使东方电子自1997年起成为绩优股，并四次实行送、配股方案。涉案人员多为原东方电子高级管理人员，从董事长、总经理到普通董事，从握有实权的董秘到财务主管，几乎涵盖了各要害部门、要害岗位，人数多达十几人。

六、最强悍的庄家德隆

2004年，德隆：中国历史上最强悍的庄家。曾经有人说，要是单独用他操纵的3只股票来复权，指数至少超过1万点……

18年等于60天。仅仅60天，唐氏兄弟18年心血缔造的庞大的德隆帝国轰然倒塌。从4月份资金链断裂到5月底唐万新失踪，唐氏兄弟对德隆已经全局失控。

如今再回忆起德隆崩塌的那个过程还是觉得这一切来得如此突然。4月13日，合金投资跌停，次日，新疆屯河和湘火炬也相继跌停。一直在下跌的三只股票再也得不到德隆资金的庇护了，轻而易举地就将过去5年的涨幅尽数抹去，流通市值从最高峰时的

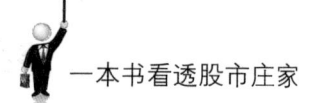

206.8亿元降到2004年5月25日的50.06亿元，蒸发了156亿元之多。而唐万里此时还不愿面对"大厦将倾"的现实，指责这是媒体造成的危机。

事实上，2004年年初，德隆系资金链就非常吃紧，"QFII投资新疆屯河闹剧"之后，就不再为旗下股票重金护盘，反而开始放盘出逃。在媒体的质疑声中，各家银行开始注意到风险，切断对德隆的资金供应，德隆随后一泻千里，全线崩溃。

七、丰乐种业连续造假

2005年，丰乐种业：上市8年造假6年，真为难了帮他们做假账的会计公司。造一年假不难，难的是年年都造假。

2005年1月5日，丰乐种业开盘即告跌停。之后几天，其股价持续下跌，投资者纷纷排队斩仓，损失极为惨重。这一幕背后的直接原因是1月4日中国证监会公布了丰乐种业造假劣迹：从1997年上市以来，直至2001年持续虚构业绩。然而，受聘为丰乐种业的审计机构——华证会计师事务所（原合肥会计师事务所，后改名为安徽精诚会计师事务所）为上述年度会计报表均出具了标准无保留意见审计报告。

丰乐种业会计报表自1997年4月发行上市后便存在虚假记载。至2001年的5年间，丰乐种业虚报各类农作物种子销售1.91亿元，同时，累计冲销虚构主营业务收入1 100万元，累计虚构主营业务成本2 200万元，实际虚构主营业务收入1.8亿元，虚构主营业务利润1.58亿元。另外，丰乐种业将证券投资转回的收益以及相关补贴收入冲销虚构主营业务收入及由此形成的应收款项，其实际证券投资收益金额小于各年虚构主营业务利润，此项差额形成丰乐种业各年度的虚增利润，累计虚增利润4 006万元，等等。此外，公司2002年年度会计报表曾虚构在建工程。

八、江苏琼花上市即告亏损

2005年，江苏琼花：中小板和保荐制度推出的耻辱，上市一个月即刻宣布亏损。

面对着一只上市不足1个月即遭谴责的企业，才上市立刻就宣称有可能亏损的企业，我们能做什么呢？特别是当这个企业是在中国推出了所谓的严格保荐人推荐上市制度后上市的。这个制度据说还是多次更改考试制度，通过的人都是所谓的道德优秀，品格优良的人。而批准这个企业上市的权威机构中国证监会发审委，更是采用所谓的名单保密、可以投出弃权票的方式来保证上市的公正性，这恰恰证明，这种制度只是依靠道德约束，而没有其他的规范来限制。而为江苏琼花财务做假付出最直接代价的却是股民，江苏琼花已经从首日最高21.85元跌落为11.19元，而事隔数年之后，还未听到因为造假案而遭受处罚的任何当事人。买了江苏琼花的人，你还能有什么话说呢？

九、综艺股份知识产权造假

2006年，综艺股份：拥有龙芯49%股份，却是民工磨出来的，这国有知识产权也能造假？

能将卫星上天，飞船升空，中华神盾舰下水，中国似乎不缺搞核心技术的决心；从一千年前代表当时世界最复杂生产工艺的高科技产品瓷器，到今日华人擎起美国硅谷半导体研发半边大梁，没有人怀疑中国人的聪明才智。综艺股份作为拥有龙芯49%股份的公司，也没有什么不可能。于是，龙芯由民工制造出来的故事就这么出现了。

十、天润化工假得最离谱

2007年，天润化工：假得最离谱的公司，进行IPO路演背后却已停产近两月！当日的新闻报道如下：

一家正在进行IPO路演的拟上市公司竟然已经停产近两个月！昨日，在地处湖南省岳阳市区的天润化工发展股份有限公司（002113）生产厂区，记者再次确认了这家公司已经停产近两个月的事实。然而，该公司却隐瞒了这一重大事项，在其披露的招股意向书及其他公告中从未提及停产一事。

1月12日，在天润发展刊登招股意向书前夕，记者到该公司生产厂区实地踏访，发现该公司已经停产。在整个生产厂区内，设备不运转，烟囱不冒烟，货场没有运送化肥的车辆。记者基本上看不到一线生产工人。在公司刊登招股意向书后的1月23日，记者再次踏访该厂区，发现企业生产线依然没有产品生产出来。

据调查，早在2006年11月28日，天润发展就已经全线停产，至昨日记者采访时，停产大约56天。该公司董事、总工程师周向阳在接受采访时确切地告诉记者，企业确实已经停产了一个多月，预计至少还需要两周左右的时间才能正式出产品。

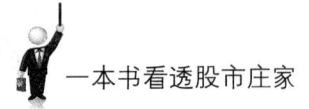

业绩造假的辨别技巧

上市公司造假的手段自然是十分高明，但是，假的真不了，只要用心去分析、判研，还是可以找到蛛丝马迹的。

一、毛利分析法

这种方法相对简单，基本操作就是测算上市公司的毛利率。如果这家上市公司某块主营业务收益大大超过同行业水平或者波动较大，就有可能是在造假。如果你发现上市公司的毛利高得惊人，就有必要对这样的公司提出质疑。实际上，在现在的市场环境下，真正高利润的企业寥寥无几，高利的背后往往是陷阱。利用这种方法分析造假应对该上市公司的所在行业有个基本了解，包括同行的上市公司赢利能力。

二、现金流量分析法

这也是一种很直观的甄别方法。如果某上市公司的现金流量长期低于净利润，那可能就意味着与已经确认为利润相对应的资产属于不能转化为现金流量的虚拟资产；若反差数额极为强烈或反差持续时间过长，必然说明有关利润项目可能存在挂账利润或虚拟利润迹象。如每股经营性现金净流量，如果其每股收益很高，而每股经营现金流量是负的，这样的上市公司往往是在造假。对现金流量表作认真分析，便会发现很多造假线索。如果发现某上市公司所支付的增值税、所得税远远小于其利润的税负，那此公司就极有可能在造假。

三、应收款项和存货分析法

现在有些上市公司利用对开发票虚增收入和利润，这样在税负上就不会出现巨额欠税，但上市公司很少同时等额增加收入和成本，他必须虚增存货以消化一些购货发票，这样他的存货就出现异常增加。这样，这些公司的应收账款（包括应收账款、应收票据、预付账款、其他应收款）就会急剧增加，应收账款周转率急剧下降；存货急剧增加，存货周转率急剧下降。但是上市公司也会注意到自己的收账周转率和存货周转率的下降必然会引起投资者和专业分析师的怀疑，必然会把应收账款向其他收款、预付账款进行转移。而为了提高存货周转率，上市公司故意推迟办理入库手续，存货

挂在预付账款上，然后少结转成本，以使存货账实相符，这样，上市公司虚增的一块利润挂在预付账款上。所以在对往来账款比较大的公司，这种账不管是挂在什么科目下，都必须密切关注，很有可能这里就是一个隐蔽的陷阱。

四、税项分析法

有一名小型上市公司的投资者通过对该公司欠税情况的分析，发现其虚构了数亿元的收入。发现问题的过程是这样的：首先这是一家小公司，实力自然不比大的上市公司，但欠税竟然达几千万元。投资者据此判断欠税很可能是虚构的，税自然也是虚构的了。据此推论，收入和利润也是虚的。而此投资者根据公式"应交税费期末余额＝应交税费期初余额＋本期计提税额－本期缴纳税额"去计算该上市公司的期末应交所得税余额，发现与其实际余额相差甚远，果然实际税负非常低。此后不久，该公司的造假便被揭露，股价自然也是一落千丈。而这位投资者因其细心，提早发现了问题，将股票尽数抛出，而逃过一劫。

五、资产质量分析法

在很多上市公司中，不良资产都占有相当的比重，这就要求投资者要能分辨得出来。如果子公司长期业绩平平，那么就该怀疑长期投资在减值；而在建工程一直都挂在账上，这很有可能就是不良资产，尤其是那些工期太长及早已过时的设备。

有些公司还会经常虚增固定资产和在建工程，这种做法很多情况下都是为了消化掉虚构的收入。

六、资产重组与关联分析法

资产的重组和关联，也是现在造假的一个重要手段。不过就算其手段再高明，也不是不可以发现的。在现在很多资产的重组和关联交易是不公允的，如果有这样的交易往往就涉及欺诈。比如一家上市公司的主业关联交易量比重很大，那么它的业绩往往有很大的水分。即便是重组和关联创造的投资收益也不是那么可靠的，如果往来账在不断增加，则造假的可能性也不小。如果一家企业的利润和收入主要都是来自关联企业，在分析财务报表时一定要注意是否经过了粉饰，如果母公司合并会计报表的利润总额（应剔除上市公司的利润总额）大大低于上市公司的利润总额，就可能意味着母公司通过关联交易将利润"包装注入"上市公司。

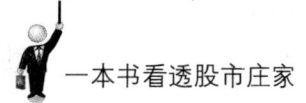

七、子公司分析法

上市公司有两种经常用的造假方法：一种是集中在某家子公司作假（母公司及其他子公司也有做假，但所占份额不大）；另一种是造假分散，几乎所有子公司及母公司都在造假。

现在许多上市公司都有一些神奇子公司，业绩好得不得了，这样的子公司往往是造假造出来的；还有一些子公司，是年底才并购进来的，这时要注意其并购是否合适；另外一些子公司，在母公司报表进进出出，这些子公司都很可疑：刚并入母公司时，业绩好得出奇，可过了几年，就要置换出去，这些子公司也往往在造假。

八、审计意见分析法

有一个值得广大股民和投资者关注的问题，就是非标准审计报告和非标准无保留意见的审计报告往往隐藏着上市公司存在严重的财务问题，会计师往往不是不知道上市公司造假，但他一般不会直接指出上市公司造假，他在措辞时往往避重就轻，非常委婉，用说明段和解释段内容暗示该公司存在严重财务问题。比如一些措辞就非常值得关注："应收款项金额巨大"，"主营收入主要来源于某家公司尤其是境外公司"，这些很可能就是一些虚假的收入。

如何读年报

要真实衡量一家上市公司的经营状况，辨别业绩状况，研读年报十分必要。年报是上市公司定期公告之一，定期公告包括年度报告、中期报告、季度报告。

一般情况下，上市公司季报只是一个很简略的经营报告，报告当中经营业绩的数据并没有经过会计师事务所的审计，不排除部分公司有一定的水分。而年报是会计师事务所按照上市公司会计准则进行核算审计过，真实性、准确性相对较高。

沪深两市现有接近2 000家上市公司，而一份年报动辄数万字，即使只把所有年报简单浏览一遍，也会是一项浩大的工程。而对于绝大部分投资者来说，普遍缺乏专业知识，且时间精力又不足，冗长乏味的年报从头读到尾还不一定能看明白，因此有重点地走马观花可以在短时间掌握公司蓝图，做到心中有数是很有必要的。

上市公司的年报披露格式有统一规定，如何有重点地看年报是有章可循的。根据沪深交易所的要求，年报的内容主要包括以下几大部分：公司基本情况简介、会计数据和业务数据摘要、股本变动和股东情况、董监事及高管人员、董事会报告、重要事项、财务报告及财务报表。由于上市公司关于大股东更换、管理层变动、重大事项等内容一般在平时伴随着相应的公告，因此，走马观花的重点放在年报的第二、第三、第七、第十部分内容上。

一、会计数据和业务数据摘要

该部分提供了公司大部分的经营情况及业绩信息，从中投资者能大致了解公司的盈利能力和目前的估值水平。在其中可以看到最常用的每股收益、每股净资产、净资产收益率。以上数据可以看出公司的基本盈利能力。

对劳动密集型企业来说，每股经营活动所产生的现金流量净额指标，可以看出公司在生产过程中是否确实赚钱，以及经营状况能否持续。若该指标和每股收益相差过大，则在一定程度上说明公司经营中有问题，公司利润水平有虚高成分。

第一项是"本年度利润总额及构成"，可以看出公司的基本赢利能力，投资者需要重点关注"主营业务利润"是否是公司的主要利润来源，"经营活动产生的现金流量净额"以及和利润的落差可以看出公司是否真的赚钱，这一指标投资者应高度重视，市场上有很多绩优公司不但不给投资者分红反而每每提出融资方案。仔细考察的话，这种公司的该项指标往往和每股收益相差甚远，也就是说公司只是纸上富贵，利润中的水分很大。

第二项是"截至报告期末公司前3年的主要会计数据及财务指标"，从这里投资者可以获得企业3年来的主营业务收入、净利润、每股收益等重要指标，从而判断公司业绩增长是否具有连续性、稳定性，以此来分析未来预期。

二、股本变动和股东情况

上市公司年报的"股本变动和股东情况"一栏中，"报告期末股东总数"和"前十名无限售条件股东持股情况"对判断公司是否被机构关注具有一定参考价值。

2008年开始，证监会修改的年报披露新规定，要求上市公司的前十大流通股东在本年度年报中浮出水面，这样一来，投资者就可能知道自己关注的股票有哪些机构在二级市场上持股比较多，而它们才是二级市场上真正的中坚力量。如果投资者从年报的第三部分"股本变动及股东情况"中关于流通股东的披露中，发现机构投资者大批入驻，则可以趁机搭搭顺风车。

如2007年中金岭南（000060）中报显示（如图5-2），华安宏利股票型基金、南方

图5-2

稳健成长贰号、南方稳健成长、融通深证100指数等多家二季度大幅增仓。结合盘面及基本面研究，可以判断中金岭南会有一波行情。投资者在此时可以大胆跟进。随后的走势，该股从7月份的20元左右，大涨至10月初的50多元。

三、董事会报告

年报第七部分"董事会报告"会披露上市公司的投资进展和未来投资计划，值得投资者关注。资金的未来投向将影响企业的最终收益。上市公司如果投资控股向好的行业的企业，如能源、水务、基础设施等，那么必然会最终反映到公司未来的成长性上。

四、财务报告

年报的第十部分"财务报告"第一项是上市公司的审计报告，通常"业绩地雷"在审计意见中会暗藏玄机。该部分是需要投资者认真阅读和仔细研究的。正如巴菲特所言，财务报表中存在着过多解释性说明的公司其管理层就可能隐藏着不可告人的秘密。自1997年以来，上市公司被出具"非标"审计意见（除了"标准无保留意见"外，其他审计意见都表明了审计机构对财务报表存在异议或疑义，简称"非标"意见）的比重呈明显上升趋势。2002年年报被出具"非标"意见的报告占总数的13.3%。与此相关联的，上市公司无正当理由频繁变更会计师事务所，很可能说明公司报表审计中存在一定的问题，所聘的会计师事务所不愿意帮助造假或者造假"水平不高"，此类公司即使出具了"标准无保留意见"也是重点怀疑对象。

（一）第一看收入

一个健康稳定增长的企业，其收入应主要来自"主营业务收入"，并且连续3年主营业务收入稳定增长。如果收入很大一部分来自临时的一次性的收入，如有些公司总是通过出售资产、下属企业来增加收入，不知他现在卖了将来还能卖什么。因此，在"掘金"的同时一定不要忘记"排雷"，揭开"虚假"收入的面纱。这就需要结合"应收账款"、"经营活动的现金流入和流出"进行比较分析。曾有某上市公司应收账款和其他应收账款共计4.2亿元，而同期公司主营业务收入不过才4.56亿元，其业绩的真实性可想而知。

（二）第二看现金流

现金流从某种意义上比收入和利润更重要，也更真实，账面收入和利润的人为操纵稍微容易，但实打实的现金流大大增加了扭曲业绩的难度，并决定着企业的生死，从这一点上，"现金为王"的说法一点也不为过。收入和利润的连续增长如果没有伴

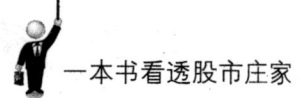
随着相应的现金流入往往预示着巨大风险。曾有某家表面看起来质地优良的上市公司，主营业务收入9亿元，净利润1.67亿元，而"经营活动现金流量净额"为－8.57亿元，"经营活动现金流入"只有7.8亿元，比主营业务收入还要少，恐怕这时候不好"撒谎"的现金流更能说明企业的真实状况。

（三）第三看利润

该指标直接反映了公司的赢利能力。对于该指标需要深入分析，辩证看待，需要关注公司利润的主要来源是否来自"主营业务利润"；临时的一次性的利润来源（如投资收益、营业外收支净额、财政补贴等）比重太高，只会增加企业的不稳定性，加大企业风险；而由于公司会计政策的调整、资产减值准备的调整导致的利润变动更不具有实际意义。某上市公司曾一次性提取了巨额存货跌价准备，造成当年账面巨亏1.7亿元，而在次年得以扭亏为盈。

年报中的玄机

研读年报还需要仔细甄别其中的各种猫腻，看穿其背后的玄机。一般来说，年报的玄机主要体现在以下几个方面。

一、看清盈利与盈亏的真实面

在读年报时，对上市公司会计数据和业务数据，不能只看净利润、每股收益，更不能仅以此作为投资的重要参考依据。详细了解上市公司的利润构成很重要。如果一家公司的利润构成中，主营业务所占比例较低，而投资收益和其他一次性收益占的比重很大，同时，每股现金流量金额又与每股收益相比差距很大，那么，这样的公司业绩增长持续性就难以保证，而且现金流不足，应收款过高，也容易出现问题。

投资者在关注成长性良好的上市公司的同时，也不可忽视一些亏损、特别是"巨亏"公司的投机价值。其实，即使是"巨亏"公司也往往有较好的投机机会。特别是那些一次性清理公司历年包袱、轻装上阵的亏损公司就更值得关注。

一些亏损股经过改善经营，置换资产，更换股东等措施，利润由负数变成正数，即使是小数点后加上三个零，但毕竟是"扭亏为盈"，股价自然有理由大涨特涨。

买股票就是买预期，好上市公司的以往业绩只代表过去，而其能否继续保持相对高的成长速度，不得而知。相反，一些业绩在低位的公司，股价处在较低位置，不排除公司在重组情况下，业绩出现突变性的增长。

二、关注年报"业绩大幅增长"

如果说上一点谈到的只是业绩增长的预期，而在年报中明确业绩大幅增长的股票则应该重点关注。

（一）年报中有关业绩大幅增长的情况

对于成长股来说，投资者应密切关注增长率的变化，特别是那些业绩出现拐点而利润大幅上升的上市公司。如某只股票净利润增长率达3703%。要重点关注已披露预增快报上市公司的年报。

（二）有关具有高送转分配方案的情况

市场每年都有不同程度的年报业绩行情，除了业绩高增长外，大比例送转股将成

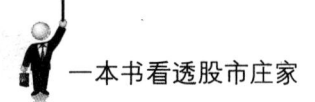

为市场关注的热点，尤其在牛市行情中，含权股的抢权行情和除权股的填权行情将表现得更为精彩亮丽。

（三）有关重大投资项目进展情况

新增项目是影响上市公司高速成长的重要原因，如2007年焦作万方年报中显示，2007年计划生产铝产品为28.1万吨，比2006年实际产量增长了23.63%，公司同时表示，其年产10万吨铝合金项目计划于年内投产，这就表明了公司产量有望在两年内持续增长。

图5-3是焦作万方（000612）在2007年的走势图，该股从2007年年初的10元左右，到2007年10月最高涨至67元。

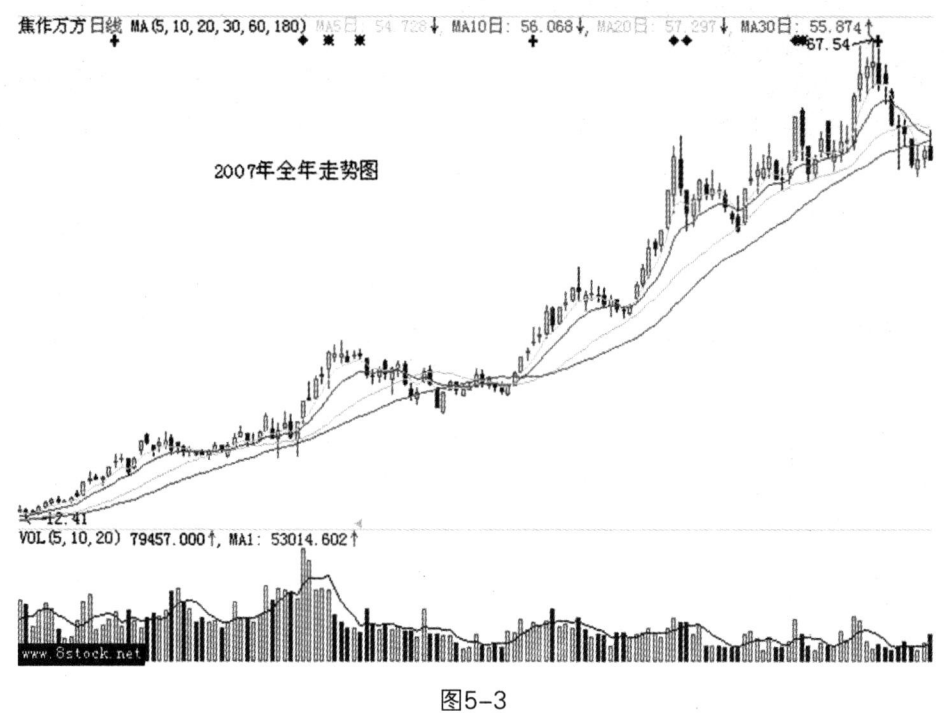

图5-3

（四）有关资本运作情况

资产置换等资本运作已成为市场热点，因为它能使上市公司业绩大幅提升。

三、年报中的常见陷阱

（一）销售利润率陷阱

如果报告期内的销售利润率变动较大，则表明公司有可能少计或多计费用，从而导致账面利润增加或减少。

（二）应收款项目陷阱

如有些公司将给销售网的回扣费用计入应收款科目，使利润虚增。

（三）坏账准备陷阱

有些应收账款由于多种原因，长期无法收回；账龄越长，风险越大。

（四）折旧陷阱

有的在建工程完工后不转成固定资产，公司也就免提折旧，有的不按重置后的固定资产提取折旧，有的甚至降低折旧率，这些都会虚增公司的利润。

（五）退税收入

有的退税收入不是按规定计入资本公积，而是计入盈利；有的是将退税期后推，这都会导致当期利润失实。

四、关键指标看玄机

年报中的个别关键性指标有时会透露出一些玄机。以"计提减值"为例，该项金额的多少因人（上市公司聘请的注册会计师）而异。比如，公司某件产品价值8元，而市场上却出现贬值，仅为7元，则计提减值准备1元钱。在另一名会计师眼里，则可能仅值5元，那么计提的减值准备为3元钱。

短时间内快速浏览年报的投资者，可以主要看资产负债率和主营业务收入两项指标。这两项指标比较真实地反映了上市公司的业绩以及经营的基本情况。看上市公司业绩，要挤掉其中的水分，切忌被投资、重组等带来的暂时收益所蒙蔽。

五、提防年报高送转中的陷阱

在我国股权治理很不规范的今天，高比例的分配方案似乎很容易成为庄股的炒作和出货题材，投资者应保持谨慎。有的公司在财务状况艰难的情况下也推出了大比例的送配方案，这就要小心提防了。比如某只股票推出10转增7派2.5元，仔细看年报，它的净利润中有5 000余万元来自于拆迁收益，如果扣除这部分收益，它的业绩还要差于往年的业绩。

从历史上送转股的市场表现来看，那些勉为其难推出送转方案的股票，大多是庄家为了完成一轮炒作，其中"馅饼"与"陷阱"同在，投资者可结合股票的技术面综合分析后分别对待。

第 6 章

瞒天过海的筹码获取

　　庄家坐庄必须吸纳足够的筹码，以满足控盘的需求和实现自己的利润目标，这就是庄家的建仓阶段。但收集筹码绝不是下乡收集旧电器，可以挨家挨户地叫卖，张扬的做法会使散户蜂拥而至，在底部埋伏等待坐轿。庄家在此时用的是"瞒天过海"之计，羞答答的玫瑰静悄悄地开，在神不知鬼不觉中将廉价筹码收入囊中。

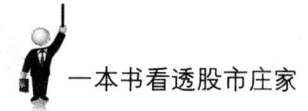
坐庄的前期筹划

庄家之所以能够在市场上呼风唤雨，除了他们都具备一般散户投资者力所不能及的资金实力、信息渠道等市场优势之外，还在于任何一次市场运作之前的精心准备和详细筹划。庄家从不打无准备的仗，在正式坐庄之前，都经过了十分详细的市场调研和认真分析，提前做好各项坐庄的准备工作，拟定详细的坐庄计划。在整个坐庄过程中运筹帷幄，成竹在胸。

一、前期准备

准备阶段的目的是：一方面有助于对市场形势的深入了解和准确判断，减少一些不必要的失误。另一方面，则可以对未来运作过程中可能遇到的主要问题有一个初步了解和心理预期，事先就预留好多种应对之策，以免事到临头之际而措手不及，延误战机。

（一）选择目标股票

这是指庄家根据市场调研情况，选择具体的坐庄目标股票。"选股如选妻"，选错了对象无疑自寻烦恼。庄家选择个股的一个基本原则是，在以前的密集成交区价位上，至少还有50%以上的上升空间。只有选择这样的个股，庄家才能做到进退自如。这部分我们在下一节详细探讨。

（二）人才资源的准备

"庄家"是一个团队的名词，这个名词的背后，是一个完全捆绑在一起的利益团体。这个团队的决策和运作，不是单纯靠操作人员单打独斗所能够胜任，必须是一个合作十分默契的团队的共同行动。

庄家团队可以说是涉及各个方面的杰出人才。其中包括有：英明的领导指挥者、睿智的政策研究员、经验丰富的法律专业人士、独到的行业分析师、顶尖的操盘高手、精明的公关人员，灵通的消息人士，以及专门负责融资的资金调度员等，这些都是庄家坐庄时必不可缺的专业人才。而这些人才的聚集，往往都需要在相当长的时间磨合与合作之后，方可凭借多个不同账户正式进行运作，这样才可能使有关的证券管理部门难以发现。

（三）对倒账户的准备

由于坐庄的行为在一定程度上都游走在法律的灰色地带，常常会涉及故意操纵股价，这是违反证券法规的一种行为，一旦被有关的证券监管部门察觉发现，庄家就有可能会受到严厉的处罚。因此，绝大多数庄家并非以真面目示人，而是在券商处开办多个账户，化整为零。这样庄家就以个人投资者的身份进场。

庄家这样做的用意好处有几点：

（1）不易被交易所发觉，避免持筹过于集中而违法或出面公告、一般而言，庄家若是仅仅只是以单一公司的账户或者是某一个人的账户去操作，其自身所拥有巨大资金量的运作，即便是采取对倒、拉抬或打压股价等多种手法，有时也无法有效实施，也更加容易触犯法律、法规。

（2）防止过分集中持仓而被跟踪，暴露自己行为。庄家以一个账户交易极容易暴露。故此，为了使他们操纵股价的行为不至于被有关的证券监管部门发现，庄家原则上都要拥有数十个乃至一两百个证券账户，最多的时候甚至达到上千个账户。同时，在这些账户里面，以个人账户为多，这是因为个人投资者在某些时候操作上和资金调度上，都会有很大的变通性和简易性，而不像机构账户那样受到多种约束和管制。

在以往市场上的坐庄行为里面，庄家的个人账户基本上都是采用在农村购买办理账户的个人身份证方式进行。市场上也有一批专门收购和贩卖个人身份证的捐客，专业负责众多的账户交易。

有人可能会想，这样化整为零，进出股票时敲键盘需要多少人？没那么复杂，操盘手用的是委托软件的批量下单功能。比如，每个账户买入1 000股，一个资金账户下挂1 000个账户，批量买入账户数量就输入"1 000"，则一次可买入100万股。时间与普通投资者敲键盘所用时间一样多。

（四）坐庄资金的准备

坐庄资金的准备主要是指庄家在选定目标股坐庄过程中所需要的实际资金预测，其中包括自筹资金多少、融资的比例大小以及融资手段都应有明确具体的安排，以防资金链出现问题。

资金是庄家坐庄的生命线，也是庄家能够具备在市场上呼风唤雨能力的法宝。一般在庄家正式坐庄之前，其自身都会已经拥有巨大的资金实力。但是，为了进一步实现资金增值最大化，或应付在坐庄过程中可能出现的某些不测情况，有时庄家也经常性地出现面临资金紧张的情形。

规模较大的专业投资机构由于其自有资金的实力一般都非常雄厚，往往与一些商业银行较为紧密地关联在一起，关系也相当地密切。因此，一般都能很容易从银行变通地筹措到足够量的资金。

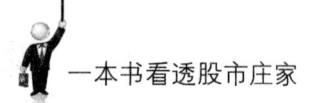

在一般意义上，大多数庄家在坐庄过程中，都是在使用自有资金建"底仓"，去获取大量最廉价的筹码。同时，他们常常会采用其他变通的融资手段去募集获得一些资金，以之用来拉抬股价。

二、市场调研

庄家要对某只股票进行炒作，首先会经过市场投资分析部进行调研和考查，考查也不是一般性的调查，而是考查该股中长期时间内有无投资和投机价值，以及上市公司是否配合炒作亦是重要的因素。

调研分析中，要对当前的经济形势、政策导向、资金调度、目标股选择、入庄时机等一一进行可行性论证。若各方面都能得到配合，并且没有其他主力机构大量持有，老总就会安排资金运作部的操盘手进行吸筹。市场调研是庄家坐庄前一个十分重要的环节，主要包括如下内容。

（一）宏观经济分析

证券市场与宏观经济密切相关，尤其是股票市场素有宏观经济晴雨表之称，所以宏观经济分析对证券投资来说非常重要。上市公司的生产经营活动总是在一定的经济环境中运行，其运行的效果理所当然受到宏观经济的影响和制约，因此证券市场价格会随宏观经济运行状况的变动而变动，宏观经济因素对证券市场的影响具有根本性、全局性和长期性。一些非经济因素可以暂时改变证券市场中的中期和短期走势，但改变不了证券市场的长期走势。

1.经济因素

（1）经济周期。经济从来不是单向性地运动，而是在波动性的经济周期中运行。市场经济的运行总是呈现一种周期性的波动，基本上是由复苏、繁荣、衰退和谷底四个阶段构成，反复循环，螺旋上升。

这种周期性表现在许多宏观统计数据的周期性波动上，如国民生产总值、工业生产总值、消费总量、投资总量、失业率等。不同的统计数据对经济周期变动的灵敏度有差异，但是大致上是一致的。对采用哪种统计数据来预测和判断证券市场的价格波动更加合适，不同的市场会有不同的答案。例如，有实证研究表明美国股票市场对工业生产周期的敏感程度就要超过国民生产总值周期。

股票市场与经济周期密切相关，受到人们对未来预期等因素的影响，股价变动通常都会比实际的经济周期变动要领先一步。一般在经济开始复苏之前，股价就早已经开始回升；当经济周期尚处高峰阶段之时，股价也就早已出现不小的跌幅；当经济仍处于谷底末期之时，股市则已开始从谷底逐步出现回升。因此，股市素有经济"晴雨

表"之称，它反映着国家未来经济前景、实际经济增势、各行业的成长性等，并会给股市变动带来一定的明显影响和投资效果。

（2）经济指标。根据经济指标与经济周期在时间上的相关关系，我们一般分为先行、同步和滞后三种主要指标，类似于行业景气指数，并由此来分析和判断当前经济发展所处的不同阶段。其他的经济指标则如：国内生产总值（GDP）、物价指数等，这些指标都是由国家统计局定期公布，对我们判断宏观经济形势都会有极为重要的作用。

（3）经济政策。经济政事包括财政政策与货币政策。

财政政策：财政政策是政府根据客观经济规律制定的指导财政工作和处理财政关系的一系列方针、准则和措施的总称。其主要包括国家预算、税收、国债、财政补贴等手段。这些手段可以单独使用，也可以配合使用。

货币政策：政府为实现一定的宏观经济目标所制定的关于货币供应和货币流通组织管理的基本方针和基本准则。货币政策工具可分为一般性政策工具（法定存款准备金、再贴现政策和公开市场业务）和选择性政策工具（直接信用控制、间接信用指导）。

（4）国际金融市场环境。国际金融市场按经营业务的种类划分，可分为债券、外汇、货币、黄金和期权期货市场。国际金融市场动荡一方面通过人民币汇率预期，另一方面通过宏观面和政策面直接或间接影响到我国的证券市场。

一般而言，汇率上升，本币贬值，本国产品竞争力强，出口型企业将增加收益，因而企业的股票和债券价格将上涨，相反，依赖于进口的企业成本增加，利润受损，其股票和债券价格将下跌。同时，汇率上升，本币贬值，将导致资本流出本国，资本的流失将使得本国证券市场需求减少，从而市场价格下跌。

由于我国国民经济对外依存度较高，国际金融市场动荡将导致出口增幅下降，外商直接投资下降，从而影响经济增长率，失业率随之上升，宏观经济环境的恶化导致上市公司业绩下降和投资者信心不足，最终证券市场下跌。其中，国际金融市场动荡对外向型上市公司和外贸行业上市公司的业绩影响最大，对股价的冲击也最大。

2.政治因素

政治不但是经济的集中表现，而且还深刻影响着经济。一国的政局是否稳定对证券市场有着直接影响。一般而言，政局稳定则证券市场稳定；相反，政局不稳则常常引起证券市场价格下跌。政治因素对证券价格带来的影响往往具有突发性，它们来得突然，变化迅速，很难预测。政治因素包括的内容十分广泛，诸如政府更迭、国内战争、民族冲突、国内罢工、政治丑闻、重要政府官员的更换等。政治形势的变化，对

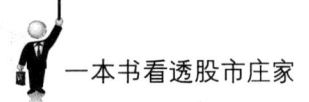

股票价格的影响主要表现在以下几个方面。

（1）国际形势的变化。如外交关系的改善，会使有关跨国公司的股价上升。

（2）战争。战争使各国政治经济不稳定，人心动荡，股价下跌，这是战争造成的广泛影响。但是战争对不同行业的股票价格影响又有所不同，比如战争使军需工业兴盛，那么凡是与军需工业相关的公司，股票价格必然上涨。

（3）国内重大政治事件。如政治风波，也会对股票产生重大影响。重大政治事件首先对股票投资者心理产生巨大的影响，从而间接影响股价波动水准。

（4）国家重大经济政策。如产业政策、税收政策、货币政策，也会对股价产生十分重大的影响。国家重点扶持、发展的产业，其股票价格往往会被推高；国家限制发展的产业，由于股票价格会受到不利影响，往往会下跌。例如国家对社会公用事业企业的产品和劳务如交通运输、煤气、水电等进行限价，会直接影响公用事业企业的盈利水准，导致公用事业企业股价下跌；货币政策的改变，也会引起市场利率产生变化，从而引起股价的变化；税收政策方面，那些能够享受到国家减税免税优惠的股份公司，其股票价格会出现逐步上升的趋势；调高个人所得税，由于该政策会削弱社会消费水准，引起商品滞销，从而对公司生产规模造成影响，导致公司的盈利下降，股价也会下跌。这些政治因素对股票市场产生的影响，主要会通过公司盈利和市场利率产生影响，进而引起股票价格的变动。

（二）行业分析

股票投资的行业分析是介于宏观经济分析与公司分析之间的中观层次的分析，包括传统意义上的行业分析和板块分析两个方面。

一般来说，行业有自己特定的生命周期，处在生命周期不同发展阶段的行业，其投资价值也不一样；在国民经济中具有不同地位的行业，其投资价值也不一样。证券市场上的行业是指一个企业群体，这个企业群体的成员由于其产品（包括有形与无形）在很大程度上的可相互替代性而处于一种彼此紧密联系的状态，并且由于产品可替代性的差异而与其他企业群体相区别。板块则是指因市场表现具有联动性或处于相同的地域等共同特征而被人为归类在一起的一组股票，其共同特征往往被所谓的股市庄家用来作为炒作的题材。

在宏观经济分析为证券投资提供了背景条件之后，我们需对不同行业和板块股票的经营状况和市场表现进行分析，以便更好地帮助投资者解决如何投资的问题。我们对公司所属的行业性质进行相应的分析，应着重从以下三个方面进行。

（1）从商品的形态上，分析公司产品是生产资源还是消费资源。前者是满足人们生产所需要的商品，后者则是直接满足人们生活需要的商品，二者都会受到具体经济

环境的影响，也存在着很大的区别。在一般情况之下，生产资源相对受经济景气变动影响较大，即当经济出现好转时，生产资源的生产增加会比消费资源快；反之，生产资源的生产萎缩也会较快。在消费资源之中，还应分析公司的产品是生活必需品，还是奢侈品，因为不同的产品性质，对市场需求、公司经营和市场价格变化，都将会产生各种不同的影响。

（2）从需求的形态上，分析公司产品的销售对象及销售范围，如果公司产品是以内销为主，则容易受到各种国内的政治、经济因素影响，外销则容易受到各种国际经济、贸易气候的影响。同时，投资时我们还必须调查、仔细分析企业商品对不同需求对象的满足程度。不同的需求对象，对商品的性能、品质也会有其不同的要求，公司要以需定产，否则，就可能会影响到公司在市场上的产品销售，从而影响到企业的盈利水准，使企业的投资收益降低，股价自然会随之下跌。

（3）我们要从生产的形态上，分析公司是劳动密集型，还是资本密集型，或是知识技术密集型。

在劳动、资本和技术各种要素之中，那些以劳动投入为主的企业，基本上属于劳动密集型企业；那些以资本投入为主的企业，基本上属于资本密集型企业；而那些以知识技术投入为主的企业，则基本上为知识技术密集型企业。在经济不发达的国家或地区，往往多是劳动密集型企业所占的比重比较大，在经济发达的国家或地区，资本密集型企业则往往都会占有相当的优势。随着新技术革命的进一步发展，技术密集型企业已逐步取代资本密集型企业，从而成为市场上推动经济发展的主要力量。此外，不同类型的企业，其劳动生产率和竞争力的不同，也同样会影响到企业产品在市场上的销售及盈利水准，使企业的投资收益产生较大的差异，进而影响到股价的水平。

（三）公司业绩分析

从长期来看，一家上市公司的投资价值归根结底是由其基本面所决定的。影响投资价值的因素既包括公司净资产、盈利水平等内部因素，也包括宏观经济、行业发展、市场情况等各种外部因素。

一家上市公司经营效率和业绩的高低，我们可以从各个方面来衡量，如利润率、盈利能力、每股盈利比例、投入产出比例、人均产值、单位设备产值、设备能力利用率，以及收入成本指标等。其中利润增长的比例，是判断股价未来动向的一个关键因素。利润持续增长的上市公司，股价一般就会逐渐地上涨。更具体说，预期利润增长的上市公司，其股价一般都会逐渐上扬；反之，预期利润降低的上市公司，股价则多会逐渐滑落。如果上市公司的利润逐渐在增加，其股利也一般会随之而提高，购买该公司股票的投资者，则会越来越多；如果上市公司的利润逐渐减少，投资者就会纷纷售出其所持的股票，从而促使股价进一步下跌。但是，投资者也需要注意到在上市公司的生产效益、业绩与股份之间，有时会出现一定时间上的偏差，即有时股价的变动会先于上市公司利润的增长，有时股价又会随着上市公司利润的增加而发生变动。着眼于长期的投资者，则只要能够把握股价与上市公司业绩之间的这种相互关系，就都能够在投资过程中稳操胜券。

拟定坐庄计划

做好了前期的筹划工作，庄家在坐庄之前还会把十分完整的计划方案策划好，做一个周密可行的操作计划书，也就是可行性投资报告。

庄家的可行性投资报告非常重要，也非常详细，其中主要包括：目前市场上的流通筹码详细分布状态如何；主要流通成本和是多少；在哪一些关键的位置上需要整理洗盘；股价在震荡回调时的空间幅度有多大；在每一个关键位置，具体出现何种形态重要技术指标会很容易达到预定的效果；未来的目标与同类上市公司相比较能够达到多高的价位。坐庄过程中有可能出现一些什么样的突发情况，应对突发情况的具体措施主要有哪些等等。一般情况下，庄家也只有像作战时一样，事先作出各种情形下的"沙盘"推演和多方论证，才能够充分、详细地制定好极为周密的坐庄计划，庄家在坐庄过程中才能够运筹帷幄，处变不惊，实现坐庄利润的最大化。

可行性投资报告一般包括以下几个主要内容。

一、选择坐庄股票

对于庄家来说，坐庄前必须经过认真的调查，周密细致的分析与决策，严密的计算和严格的推理。选股是坐庄的重要一环，庄家在这一环节一般都很慎重。选好目标上市公司股票往往事关坐庄成败与否。因为，只有选准了一个未来极具市场影响力的对象，才会吸引来大量的散户和投资机构跟风，才能够最大限度地保证自己日后的正常运作和顺利出局。

一般来说，庄家的选股主要从以下几方面来考虑：一是基本面，二是技术面，三是题材面，四是操作面。

投资性资金一般把上市公司的业绩和成长性放在首位，追求投资的安全性，炒作题材为次。对于那些冲着内幕消息而来的集团性资金而言，根本不存在选股的问题，他们基本上都是有备而来，更关心的是如何建仓，如何控制"底仓"的成本。

二、股性分析

有经验的投资者会发现，股市上的每只股票也会和人一样有自己的个性。比如有的股票天性活跃，一有风吹草动便会表现一番；有的股票天性沉静，1年当中也难得表

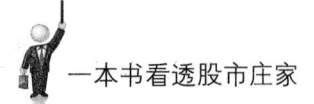

现。我们把股票的这种个性称为"股性"。

每一只股票因为庄家在炒作史上人气追逐状态和操作风格的循环特点不同，在运作上也会各个不同。同样的业绩，由于行业的不同、经营者经营作风的不同、上市公司与庄家配合程度的不同，都会使庄家在实际炒作过程中具有不同特点。

股票自身业绩的优劣，也常常决定了股票在市场上的人气追捧程度，对市场上投资者的引导作用也十分明显。一般情况之下，业绩好的绩优股运作思路是庄家抓住市场上短期存在的"潜在错误"加以深入发掘，他们常常充分利用股价存在的上涨空间潜力转化成获利。而业绩差的概念股运作思路是庄家在诱使整个市场上的投资人集体犯错误，他们常常都会以非常诱人的概念来提升股价未来上升的空间来换取整个市场的集体错误。

概念股和绩优股相比，概念股一般业绩均会较差，它的主要特点是愿意追捧的投资人特别多，投机成分也多，稍有赢利就会有人迅速套现。在一般情形下，行情一旦展开，庄家就能够调入资金，就很容易快速地收集，只要因势利导地给市场一个合适的上涨理由，就能在相对的高位站稳。庄家未来出货之时则需要及时、快捷。所以，概念股运作时的重点主要是在未来出货等方面，项目运作的关键则是必须营造出一个诱人的前景和人气热点来使市场产生共鸣，让其他的投资人愿意在高位接自己的"仓位"。

而绩优股与概念股的运作正好相反，绩优股运作时的重点主要是在初期的建仓吸筹方面，这才是庄家项目运作成功的关键。绩优股的主要特点是愿意持有的投资人特别众多，一般在没有较大的赢利空间出现时都不愿意卖出，庄家建仓起来相对也就比较困难，但日后拉抬起来却极为容易，只要庄家在日后拉高后出货时的动作不要太快，一般都不会迅速引起长期股价趋势在一瞬间被破坏，则股票价格基本上都可以在相对较高价长时间站稳，庄家也可以从容地出完货，把"仓位"兑现成自己的获利。

所以，绩优股的运作主要是完成一个价值挖掘、发现的过程，庄家只需稳步拉抬攀升股价，就很容易引起市场所有投资人的认同和追捧。

在业绩几乎相同的情况下，流通盘较小的股票会比盘子较大的股票在市场上定价高，超级大盘股的定价则更多会明显偏低。

在同样的市值条件下，股票流通盘小价位比较高的股票，其参与投资者的范围明显会受到一定限制。在国内证券市场上，很多散户投资者一般习惯上多不喜欢买20元以上较贵的股票，而喜欢15元以下相对便宜的股票，因为需要资金量的多少不同。而对于15～20元之间的股票，他们也能够很容易接受。

股票流通盘的大小，还常常会影响到股票的流动性。一般而言，股性活跃的股票

由于其流动性大，市场热点旺盛，参与人数众多，很容易在走势上形成十分剧烈的忽涨忽跌和跳跃性走势。

故此，要改变一只股票的现状和股性，往往都需要庄家花很多的时间去下很大的工夫。充分了解了散户的心理与接受程度，也就知道了未来出货套现时市场氛围的营造。而题材消息和人气循环，则是市场上两种最常见维系市场投资热点的能量；成交量的持续活跃，则是激发人气和活跃股性最重要的关键因素所在。

三、技术分析

技术分析有价、量、时、空四大要素，一般是指直接对证券市场的市场行为进行的分析，通过对证券市场和股价的过去和现在所呈现的行为轨迹，用数学和逻辑上的方法，探索一些典型的规律并以此来预测证券市场和股价未来的变化趋势，研判行情的阶段顶底和重要关键支撑或压力位，在技术上把握住最佳的买卖时机。

四、仓位分布分析

庄家坐庄在选择建仓吸筹之时间上，一般都会首先确定介入的股票价格位置。一般情形下的基本原则是：目前的股价要离前期长期密集整理后向下突破区域保持还有50%以上的空间。这样庄家在介入之后，操作起来就会顺手很多，进退也自如得多，不至于缩手缩脚，没有足够的腾挪空间。

对于盘面上其他的成交密集区域和重要的股价关键点位，在日后的实际运作过程中，庄家完全可以充分加以利用，采取试盘、提前震荡回落股价、幅度控制和节奏控制等手法，使整个股价趋势和形态均完全按照自身的实际需求而变化，这一切尤其是对市场上那些完全依赖于技术分析操作的短线客们具有极大的杀伤力，从而完全可以利用"羊群效应"来引导广大散户投资者随波逐流，充当听从安排的"轿夫"。

五、操作时间周期

庄家坐庄的操作时间，一般是指庄家从进入到退出某只股票的具体坐庄时间。不同的庄家，按照不同实际情况和各自的需求，其坐庄计划的时间也会有所不一样，少则6个月，多则1年到3年不等。操作时间、周期的长短，也是区别短线庄家、中线庄家和长线庄家的重要标志。

六、目标价位类比分析

坐庄目标价位主要是指庄家通过运作之后，最终要使目标上市公司股票价格所达

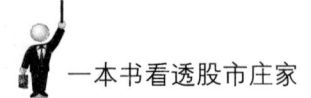

到的目标位置。股价一旦拉升到接近目标价位，庄家就会逐步地开始套现出货，直至自身完全离场。

一般来说，庄家坐庄时操纵目标上市公司股票的价位到底能够达到多高？一来取决于上市公司的业绩或题材支持的价格区域；二来也取决于庄家的资金实力的大小；三则取决于出货当时市场的具体氛围如何。而在市场上同类上市公司的股价对庄家和市场的定价也会有极大的影响。

七、资金预算与分配

预算资金是庄家根据选定目标上市公司股票的流通量的大小和自身必需的控盘程度，对实现坐庄所推算出来的操盘资金预算。其中包括：建仓资金、控盘资金、紧急情况备用金，以及对未来可能需要融资的资金量和融资方式，也会制定出一个较为明确可靠的方案和计划，以防止自己在坐庄途中出现资金短缺的现象。

从市场运作的规模上去看，依据运作目标上市公司股票的性质与类型，庄家衡量一只股票盘子的大小主要有两个标准：一是股票流通量的大小；二是股票流通市值的多少，也就是用股价乘以流通盘。由于股价是变化的，故此股票的总流通市值也就是动态的。

庄家的坐庄资金主要可以分为两部分：建仓资金，在底部"锁仓"，在高位套现，庄家赚钱主要就靠这部分资金；另一块则用来拉抬、操纵股价的控盘资金。这两块资金需要相互配合，由于其性质不同，所起的作用也不同，原则上的使用方法就更加不同。

（1）控盘资金主要是以持币为主，建仓资金主要是以持股为主。

（2）控盘资金主要是以短线操作为主，建仓资金主要是以中长线操作为主。

为了稳妥起见，庄家的运作资金只要按照目标市价，一般只要能够达到控制了目标上市公司流通量30%～40%的份额作为"底仓"的基础上，然后还能够用另外的资金控制、操作其余未控盘部分30%～40%份额的话，以短炒的方式进进出出，通过反复买卖来保持股价的平衡运行，把握买进卖出控制股价的节奏和影响，则基本上就可以成功运作该项目了。

此外，庄家一般还要特别备有一笔应对突发情况的资金，这些资金一般在平时是不会轻易动用的，只有在出现危机的关键时刻才能动用。一旦出现意外无法应付，则可能使庄家的整个运作计划失败，为其带来极其大的损失。这个数额一般只需为总资金的5%～10%即可。

在一般意义上而言，运作准备长期投资的目标上市公司股票，庄家都会倾向于自

己建仓锁定的"底仓"越多越好。而仅仅只是运作短期的投资项目，则庄家建仓的比例也比较少，股价在上涨过程中短线震荡成分也会增加。

一般原则上，庄家如果在前期建仓过程中锁定的"底仓"越多，遗留在场外的剩余流通量自然越少，而未锁定的流通筹码就相对比较少，则股价未来的走势和盘面也就相对较好控制，庄家在操作过程中的实际控盘能力也就越强。如此，庄家控盘使用的资金自然也就可以相对少一些，日后股票的价格即使是翻上了几倍，也只需稍微套现一部分获利的股票就足以维持控盘的能力，股价的短线波动不会太大，上涨趋势也会比较平稳，上涨空间也就自然较大。

庄家在操作过程中的实际控盘难度的大小，主要取决于场外未锁定流通筹码的绝对规模，外面遗留下来的未锁定流通筹码越多，则参与的投资人数自然就越多，庄家控盘也自然会相对困难得多。有的时候，庄家也常常会通过让其他人帮助"锁仓"来减少场外遗留的未锁定流通筹码的规模，从而使股票的盘面变得相对容易控制一些。

假如：一只目标上市公司股票的价格是3元，流通量是2亿股，那么在理论上我们只需要持有6亿元就可以全部买下所有的股票，但是，在实际收购过程中这是不可能的。一旦我们在市场上开始大量地收集、锁定一些流通股票时，股价自然就会因为流通量减少了而逐步开始上涨。故此，庄家在市场建仓吸筹的时候，一般都是悄悄地进行的，以免节外生枝，影响自己的操作计划。

如果事先准备了5个亿资金准备坐庄上面所说的那只目标上市公司股票，首先，我们就必须要暗中以3.6亿元左右资金在3元附近价位上收集到1.2亿股，这样就控制了占股票总流通盘60%份额的"底仓"，这也就是我们用来做长线的庄家成本，也是我们未来获取暴利的根基所在。其次，我们只需要用余下的1.4亿元控制、操纵那剩下8 000万股未锁定流通筹码即可。

按照此时3元的市价，只占其额度的46%左右，一般只要达到能够控制、操纵未锁定流通筹码的30%左右，项目就基本上已经大功告成，这就是我们用来做中线庄家的成本。

剩余下来，我们在运作上所需要做的，只是在拉抬股价上涨的过程中用少量资金通过不停地买进卖出，维持股价向上运行一路上不赔不赚即可，这个资金的成本就是我们用来做短线庄家的成本。

那么，若是未来的股价上涨到了6元，则全部的股票流通市值就已经由6亿元变成了12亿元。而我们前期所掌握控制的3.6亿元"底仓"就已经升值达到了7.2亿元。此时，只要我们维持股价不出现大幅度下挫就能够全身而退，暴利就完全可以迅速地得以兑现。

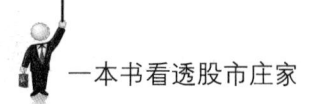

在整个拉抬股价的过程中，我们的控盘能力是会随着股价的逐步上涨而开始逐渐下降的，除非我们拥有足够的资金量能够维持高企的股价所需。在这个股价上升的过程之中，我们完全可以通过中线庄家不停地高抛低吸赚到利润，使自己做中线资金量的盈利部分能够维持与股价的上涨同步的态势，这才是中线庄家的真实意义所在。

八、盈利估计

任何庄家坐庄之前，一般都会对整个坐庄过程中的所有开支与未来的收益作出一个基本的对比，对坐庄的未来盈利如何分配和利用都会提出一个较为明确的分配预案，以此估算出坐庄过程中资金收益率是否合乎自己的要求。

一个庄家坐庄盈利水平的高低，是庄家们最为关心的首要问题，也是庄家坐庄的最根本目的。如果庄家坐庄之后的盈利不是很高的话，庄家自然也就没有必要去动用那么巨大的资金量去冒完全没有意义的风险了。

九、运作模式

任何庄家在坐庄之前，都会客观地按照目标上市公司股票在市场上的现状，制定出一套完整的建仓吸筹、震仓洗盘、拉抬股价、套现出局等一系列市场运作模式安排。庄家选择建仓的最佳时刻，分析仓位分布状态和股票形态趋势，控制时间的节点等等，都是庄家运作模式中最关键的要点。

任何庄家在坐庄的过程中，如何通过各式各样的手段和途径才能够达到坐庄目的，自然也是计划方案中需要明确的要点之一。例如在庄家震仓洗盘的过程中是采取边吸货边洗盘的手法，还是采取只洗盘不吸货的手法，在庄家拉升的过程中是采用涨停式迅速拉升还是滚动式缓慢拉升，在庄家出货的过程中是采用震荡分批的方式还是拉高打压的方式出货，这些都需要庄家事先在计划中作出较为明确的安排和准备，即使日后的实际情况有所变化，也可以让有关操作人员心里有一个现成的套用方案，避免失误的发生。

十、特殊情形的应急方案

在庄家坐庄的过程之中，有时候会遇到一些根本无法预料到的紧急情况，此时究竟应该怎么去应变，庄家都需要事先有所准备，事先就有充分的应变计划。

任何投资报告书，也不会是一套十全十美的操作计划方案，它只是对庄家在整个坐庄过程中所进行的实际工作作出一个大致的全面安排。而在实际的坐庄运作过程中，任何庄家坐庄行为一般都会与原来计划有很大的出入，但多会在总的设计方针不

变的情形之下随时对某些关键细节进行较大的修改，以适应市场上千变万化的各种具体实际情况，让有关操作人员临危不惧，镇定自如，从容应对所有发生的变故，以达到以不变应万变。

　　在一般意义上而言，庄家坐庄相对散户跟庄来说，绝对都是必赢的。因为庄家在坐庄时掌握着绝对的主动权，并且无论在资金、资源、信息、场所和渠道等方面都永远处于"绝对"的强势和优势。而散户由于天生就处于劣势情形之下，其对未来行情的分析、判断总是处于"绝对"的被动地位，必然导致其群体表现的极为被动，市场上能够出现"鱼跃龙门"式真正胜出的散户，特别是能够成为日后的庄家的散户，总是那么凤毛麟角。

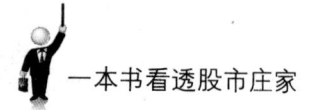

实例讲解坐庄策划

下面是一份实例的《投资策划书》，可仔细体会，其中部分涉及真实名称的均隐藏。

附：投资策划书

（策划思路，仅供参考，雷同实战，责任自负）

深入挖掘"生物制药"广阔前景充分营造证券市场投资热点

  ——投资"××药业"可行性策划报告

一、股本结构

1."××药业"的基本情况

总股本：12 177.86万股

法人股：2 882.54万股

募集法人股：1 063.43万股

优先股：1 890.00万股

流通股：6 341.54万股

  股本之中含有1890万股优先股，这种特殊结构情形在国内证券市场的上市公司里再没有第二家；每一年年底"××药业"全部均是按照7.65%的固定年息对这部分优先股进行特别分红，这一点对"××药业"的经营形成一定程度上的压力。这些可以回购注销的优先股，它们从另一个角度上来看，也给我们带来无尽的遐想和机会。

  一旦有"××药业"的股东出面强烈要求完全按照证监会的要求来规范上市公司，同时又达到降低优先股对上市公司产生的压力而采取回购方式来注销这部分优先股，就可能在瞬间使得其流通股本从原来占R，PA本的52.07%，迅速上升到占总股本的61.64%，而原主要控股股东"××集团"（其中包括第一大股东、第二大股东与第三大股东三个关联股东的全部股份）在上市公司的总股本中所占比例也相应地从原来的45.03%，降低到734.93%，从而也使得市场迅速窥视其十分优良的壳资源。上市公司若为了增大其他公司进行恶意收购难度，迅速增大股本或者引进战略投资者也就成为一种最有效的必然防范手段。

2.主要财务指标比较

（1）2001年中期主要财务指标见表6-1。

表6-1

项 目	2001.6.30	2000.12.31
净利润(万元)	203.07	220.49
普通股每股收益(元)	0.0197	0.02
普通股净资产收益率(%)	0.90	0.96
扣除非经常性损益后的每股收益(元)	0.0184	0.022
每股净资产(元)	2.00	2.036

（2）主要财务指标比较见表6-2。

表6-2

项 目	2001年	2000年
净利润(万元)	336.82	248.5
每股收益(元)	0.018	0.01
扣除非经常性损益后的每股	0.005	0.01
每股净资产(元)	1.98	1.97
调整后的每股净资产(元)	1.88	1.87
净资产收益率(%)	1.50	1.11
每股经营活动产生的现金流	0.104	—0.09

分配预案：每10股派0.1元（含税）

（3）2002年第一季度主要财务指标见表6-3。

表6-3

项 目	金 额
总资产(万元)	41 244.83
股东权益(万元)	22539.89
主营业务收入(万元)	4232.86
净利润(万元)	102.65
每股收益(元)	0.0065
每股净资产(元)	2.00
净资产收益率(%)	0.46

（4）2002年中期主要财务指标见表6-4。

表6-4

项目	2002.6.30	2002.1.1	期末／期初
股东权益(扣除少数股东权益)(万元)	2 2656.72	2 2437.24	2 2437.24
每股净资产(元)	2.02	1.98	102.02%
调整后的每股净资产(元)	1.65	1.88	87.77%
	2002.1~6	2001.1~6	2002／200中期
净利润(万元)	219.48	203.07	108.08%
扣除非经常性损益后的净利润(万元)	121.34	197.77	61.35%
每股收益(元)	0.0213	0.01971	108.12%
净资产收益率(%)	0.97	0.90	107.78%
每股公积金	0.411		
每股未分配利润	0.274		
每股经营活动产生的现金流量净额(元)	—0.266	—0.196	135.71%

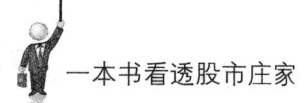

二、投资的目的

1.挖掘"××药业"潜在的真实价值

"××药业"是1993年8月23日上市的股份公司，这些年来，一直均是以稳健经营为主，其主营业务也主要放在药业生产之上。但是，前几年由于某些客观上的原因，其上市公司的资产与优势资源一直没有被很好地加以利用与开发。截至目前，其公司全部固定资产的评估也全部都是沿用上市之初时的评估，一直没有能对此进行重新评估，这也就没有充分地体现出其真实的价值。

我们单从目前而言，就其位于×××的全资子公司×××生物制药有限公司"与×××印刷电路有限公司目前所在×××的180亩使用厂地当时地价每亩是2万～3万元一亩，现在其厂房四周地价已经升值至70万～80万元一亩（××的地价现在是每亩200万～230万元、××的地价现在是每亩150万～180万元）××的购买力相对要小得多，××市城区商品房售价大部分基本上是在1 500～1 800元／每平方米，最好的则卖到2 300～2 500元/每平方米），而由于其厂房依山傍水的缘故，目前这个区域里较好的商品房售价则基本上在1 500～2 500元／每平方米；除去政府修建规划城区道路的用地之外，估计至少会有150亩左右厂地可以卖给房地产商进行开发。按照目前××市的发展规划与开发进度，估计明年就可以开发到"×××生物制药有限公司与×××印刷电路有限公司"附近区域，届时其厂房四周地价完全可能已经升值至100万元左右一亩，若是××药业一旦能够处理好与政府部门之间的关系并协商搬迁到其他近市郊区域，单是此一项，就足以使"××药业"自身价值以一种惊人的幅度提升，初步估计也将能使其获利（减去政府部门在其中需要提取的盈利部分）高达4 000万～5 000万元，也就是说只要×××中药厂愿意搬迁（此事宜已经在"××药业"公司日后的主要计划之中），"××药业"2003年年底每股收益就将达N0.5元左右，即使是按照日后计划中10送10之后的股本来计算，其2003年年度每股收益也将高达0.25左右。

"××药业"其他主营业务方面，若是在目前增长幅度的基础上逐渐稳步扩大化经营，按照正常情况，估计在这一两年内每年能够为其公司业绩提供的收益，基本上为0.2～0.5元。

2.共享优良项目的资源

目前，其控股股东（××集团）正在加紧开发近2 000亩位于×××山下的生态园区，周边是全国著名的浙西大峡谷与青山湖风景旅游区，其中充分聚集了江南古文化韵味的旅游区（里面全部是从江南各地收集而来的极具江南民间传统文化气息的东西），估计投入资金1 000万～2 000万元左右，2003年5～6月份建成之际，在××旅

游节到来之际,其主要控股股东(××集团)会组织中华人民共和国开国一百名老将军来×××旅游休闲,这一点在社会上所产生的政治效应与社会轰动效应将会无比巨大,其经过评估之后至少不会少于5 000万~6 000万元,这种巨大的可预期收益完全可以让××药业的全体股东来分享,从而为××药业新增加一个非常可观的且可持续发展的利润增长点。

3. 普通投资者的市场收购概念

由于"××药业"在规范股本结构之后,又达到降低优先股对上市公司产生的压力,就可能在瞬间使得其流通股本从原来占总股本的52.07%,迅速上升到占总股本的61.64%,而原主要控股股东××集团(其中包括第一大股东、第二大股东与第三大股东三个关联股东的全部股份)在上市公司的总股本中所占有的比例也相应地从原来的45.03%,降低到了34.93%,从而使得市场上普通投资者对之产生强烈的投资意愿,并促使其他各类"投资基金"、"投资机构"与"实力集团"迅速窥视其十分优良的壳资源。

4. 强强联合,共同开发风景资源

引进具有强大媒体宣传优势的××××上市公司下属投资公司"●●投资"实行强势互补,共同扩展绿色的旅游资源,并为日后共同投资安徽黄山打下良好的基础,推动真正的黄山旅游资源上市。

三、资金的安排与仓位的分布

1. 资金的安排

目前可进行实际操作的资金是:

××药业出资1亿元;

●●投资出资1.5亿元;

■■投资出资7 000万元在广西南宁市,准备以一家医药公司口口■■的名义出面日后举牌"××药业"(资金分两期:前期为4 000万元,2003年4月份再追加3 000万元);

"■■投资"出资4 000万元,并且后续所有的资金缺口均由"■■投资"负责全部协调安排与解决。

"●●投资"真正最后出面收购"××药业"社会法人股的资金估计会在5 000万元至1亿元之间,这部分资金需要"●●投资"另行解决。

若是按照既定的计划操作对之控盘40%左右,应需要1.8亿~2.5亿元资金。完全操纵股票价格与走势即可完全没有风险地控制股票,只需要3.5亿左右资金即可。

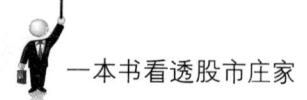

2.仓位的安排方式

原则上均由"××药业"、"●●投资"从已规划中可选择地区与券商中抉择出自己满意的目标之后，再由"■■投资"出面去与"××药业"、"●●投资"指定的相关券商进行技术性协调、安排。然后"※※资产"（"××药业"所新注册资产管理公司）、"●●投资"再分别与"□□咨询"一起以进行委托理财的名义去开户，并全部公开跟"□□咨询"通过所在的券商签定三方监管协议（这样可以避免开户处券商大量地跟庄）。

同时，这些仓位所在的券商必须办理网上交易（这样方便实际操作）。

3.仓位的分布

在真正操作之时，我们为了更好地分配、运用好资金，充分达到回避任何风险的目的，整个资金运作与仓位分布也就显得极为重要。最佳的仓位分布在交易表面上最好是十分散乱无章，让人无所适从，查不出个所以然来。目前可供选择安排仓位的方案如下。

A. 在上海一家券商处

（可选择证券公司有：东方证券、上海证券、西南证券、光大证券、世纪证券、国泰君安、招商证券、长城证券、南京证券）安排3 000万元资金（●●投资）。

此部分资金可以作为辅助主仓操作，以用来活跃市场，在一段时间里也可以暂时替代主仓操作，由于远离**地界，不易引起外界的过度关注。

B. 在上海另一家券商处

（可选择证券公司有：东方证券、上海证券、西南证券、光大证券、世纪证券、国泰君安、招商证券、长城证券、南京证券）安排3 000万元资金（××药业）。

此部分资金可以作为辅助主仓操作，以用来活跃市场，在一段时间里也可以暂时替代主仓操作，由于远离**地界，不易引起外界的过度关注。

C. 在湖南长沙一家券商处

（光大证券）安排3 000万元的资金（●●投资）。

此部分资金可以作为操作主仓，也可以在某一段时间里被其他处的辅助仓位替代主仓，以减轻市场注意力；由于远离××地界，不易引起外界的过度关注。

D. 在湖南长沙

（也可另选其他城市：临平、温州、富阳、常熟、南通、郑州、焦作、西安、北京、大连、深圳、广州、肇庆、佛山、衡阳等地区）一家券商处（长沙财富证券，或也可选择其他证券公司有：广州证券、海通证券、银河证券、国泰君安、广发证券、湘财证券、泰阳证券、南京证券）安排3 000万元的资金（●●投资）。

此部分资金可以作为操作主仓，也可以在某一段时间里被其他处的辅助仓位替代主仓，以减轻市场注意力；由于远离**地界，不易引起外界的过度关注。

E. 在浙江杭州

（可选择其他城市：临平、温州、富阳、常熟、南通、郑州、焦作、西安、北京、大连、深圳、广州、肇庆、佛山、衡阳等地区）一家券商处（可选择证券公司有：广州证券、海通证券、国泰君安、银河证券、浙江财政证券、兴业证券、新疆证券）安排2 000万元的资金（●●投资）与"××药业"合作出资中的2 000万元进行捆绑操作。

此部分资金主要用来压仓，另外也与"××药业"的合作资金放在一家共同操作，也可以使其最大程度上地放心合作。

F. 在杭州一家券商处

（可选择证券公司有：广州证券、海通证券、银河证券、浙江财政证券、兴业证券、新疆证券）安排2 000万元资金（■■投资）；在另一家券商处（可选择证券公司有：广州证券、海通证券、银河证券、浙江财政证券、兴业证券、新疆证券）安排2 000万元资金（■■投资）。

这二笔资金由于离**太近，不宜过度操作，以免外界关注，主要用来压仓位；

G. 在广东广州市

（可以选择其他城市：常熟、南通、郑州、焦作、西安、北京、大连、深圳、肇庆、佛山、衡阳）一家券商处（可选择证券公司有：广州证券、海通证券、银河证券、广发证券、湘财证券、泰阳证券、南京证券）安排4 000万元资金（●●投资）进行市场协调作用。

此部分资金可以作为辅助主仓操作，以用来活跃市场，用来对倒与拉升，在一段时间里也可以暂时替代主仓操作，由于远离**地界，不易引起外界的过度关注。由于地理位置上较为偏远，原则上不会引起外界的过度反应。

H. 在江苏苏州常熟市

（可以选择其他城市：常熟、南通、郑州、焦作、西安、北京、大连、深圳、广州、肇庆、佛山、衡阳）一家券商处（可选择证券公司有：广州证券、海通证券、银河证券、广发证券、湘财证券、泰阳证券、南京证券）安排5 000万元资金（××药业）进行市场协调作用。

此部分资金可以作为辅助主仓操作，以用来活跃市场，用来对倒与拉升，在一段时间里也可以暂时替代主仓操作。由于远离**地界，不易引起外界的过度关注。由于地理位置上较为偏远，原则上不会引起外界的过度反应。

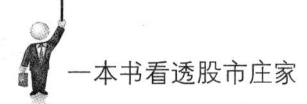

Ⅰ.在广西南宁市

（可选择证券公司有：国海证券、海通证券、银河证券、广发证券、湘财证券、泰阳证券）安排7 000万元（■■投资，分二期：前期为4 000万元，2003年4月份再追加3 000万元），前期可以用4 000万元参与一部分公司的运作，并一路不断增持到300万股左右；在正式收购之际的2003年4月份再追加2 000万元，当"××药业"正式回购优先股，1个月左右即可超过5%的持筹界限（即500万股左右）举牌。

此部分资金主要在前期参与市场的操作，在一段时间里也可以暂时替代主仓操作，由于远离**地界，不易引起外界的过度关注。由于地理位置上较为偏远，原则上不会引起外界的过度反应。

从原则上来说，这样一种表面上看起来较为分散的操作仓位分布状态，即使是后期还需要资金配套，也同样使得解决后期资金变得轻而易举了。

这样做一是可以从某种程度上不引起过度注意，二来是便于后期资金进一步介入，只要前期能够充分在既定市场操作中活跃目标股票的股性，只需通过前期约三个月的市场运作与吸筹，完全可以在短短三个月时间里控制该目标股票30%～40%（约3 000万股）的筹码，从而奠定日后盈利的稳固。

四、操作的前提

1.操作的方式

鉴于证券市场较为严峻的整体向下发展方向与趋势，日后市场规范与发展将是政府工作的重中之重，整体市场上还远远没有形成一种理性投资的思维与操作理念，上市公司的价值目前已经严重地透支，因此在前所未有的股价整体下跌之中，巨大的泡沫让所有的投资者纷纷为之困惑不已并为之买单。这一点，即使是那些所谓开放式或封闭式的证券投资基金也同样不例外。即使如此，也同样无法让他们清醒地意识到价值回归目前已经成为一种必然的发展趋势。故此，通过一种较好的方式，充分利用我们超前的投资手法和已挖掘出来的潜在优势，去引导整个证券市场也就成为我们最为关键的投资方向与主体，这一点，也同样符合国家对证券市场的引导方向。

"××药业"目前股价在9元左右，每日交易量仅仅只有几万股左右，交投非常不活跃，这一点，给我们操作带来了一定程度上的难度。如果我们往上强行收集筹码，一来会大幅提高我们的成本，二来也会在目前这种低迷市场中显得非常突出而招人耳目，并由此可能引起不必要的麻烦。故此，充分利用目前市场的空头气氛来引导股票价格向下快速跌落，促使场外投资者在不明真相的极度恐慌情形之下卖出自己所持股票，将是我们在技术上必须解决的首要问题。向下打压出一定空间之后再建仓应是比

较好的一种方式，如此一来，就可以大大地增加我们可操作空间与盈利的能力。

2.利润的分配

"××药业"公司与大股东"※※集团"通过巧妙地变通出1亿元的合作资金负责配合操作、锁仓，这合作资金的操作权归"■■投资"一方，但是其收益部分中10%归"××药业"公司，90%部分归"※※集团"；同时，在正常情况之下，"■■投资"承诺若是这部分收益没有达到其参与投资资金的50%左右，则由"■■投资"方面协调安排补给其差额部分给一"※※集团"。

原则上"■■投资"与"●●投资"之间的利润，均以保证合作双方在确定出资仓位上资金的50%利润为目标，其余超出的部分均应全部拿出来对参与各方进行平均分配。

3. 投资的账户

同时"●●投资"一方需要有一笔不少于2 000万元的操作资金与"××药业"公司提供的2 000万元合作资金一起放在**周边地区（可选择**）。

实际操作之际，可能需要近900个A字头的个人证券账户（原则上要求是从来没有使用过的证券账户），以达到充分化解市场任何来自监管、操作风险的目的。

目前市场上买一个A字头带身份证原件的个人证券账户一般是在130元左右（身份证原件一般是30～40元一个，上海账户是50元左右）。若是单纯全部从市场上购买的话，估计成本会在120 000元左右。这些A字头个人证券账户一般有下面四种来源：

A. "●●投资"负责收购一批（估计需要400个左右）。

B. "■■投资"负责收购一部分（估计需要100个左右。其中另需要一个新的公司证券账户用于出面收购举牌）。

C. "××药业"负责收购一部分（估计需要400万元左右）。

D. 由日后融资时的出资方负责提供一部分。

在实际市场操作中，可以通过巧妙安排，明确清查外面普通投资者的具体状态，最佳操作方式控制技巧有以下几种。

（1）在介入初期，首先可以安排20个证券账户每个买入10万～100万股的总计约2 000万流通筹码，估计需要动用资金1.5亿元左右。

（2）安排600个证券账户每个分别以买入20 000股的方式即可控制总计约1 200万的流通筹码；需要资金约1亿元左右。

（3）安排30个证券账户主要用来驱动股价，每个买入10万～200万左右的总计约500万流通筹码。

（4）安排150个证券账户随机应变，这一部分可以每10个一组，分别可以按1个月

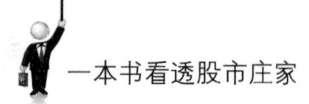

为周期（使用过了就不再使用），分别在不同的时期内进行流通筹码的对倒，最主要是承接第（3）项中的账户的仓位。

所有市场上持有较大数目超过20 000股以上流通筹码的投资者就已经明确进入我们调控的视野里。

五、操作时间

初步确定是在2002年11月~2003年12月：

即使在出现操作意外或市场状态不佳的情形之下，最迟的操作可能性也会在2004年4月以前全部结束。

六、操作的难点

1.已经参与中的机构

"××药业"目前市场上股价一直在9元左右震荡，向下打压出一定空间之后再建仓应是比较好的一种方式。我们通过对"××药业"公司近1年来前100名股东详细资料的追踪分析，截至2002年9月底，其中证券机构持有流通股的变动情况是：

兴业基金：

2002年3月份增仓35万股左右，由2月份的5万股增持到40万股左右；

2002年4月份增仓15万股左右，由3月份40万股增持到55万股左右；

2002年5月份增仓26万股左右，由4月份55万股增持到81万股左右；

2002年7月份减仓11万股左右，由6月份81万股减持到70万股左右。

2002年4月份增仓35万股左右；

2002年5月份增仓5万股左右，由4份30万股增持到35万股左右；

2002年6月份增仓35万股左右，由5月份5万股增持到40万股左右。

大同证券：

2002年3月增仓44万股左右；

2002年9月份减仓6万股左右，由8月份44万股减持到38万股左右。

安徽证券：

2001年12月份至今一直持有10万股。

金信证券：

2002年6月份增仓10万股左右，一直持有至今。

鲍××：

持有26万流通股，非常固定的持有者，其人去过"××药业"公司几次，有一定

"北京"背景，主要是为了让"××药业"公司能够多卖一些法人股给他；同时他还从"××药业"公司×××手中买了100万法人股（河北×××投资有限公司）。

汕头××（B字头账户）：

2002年1月份增仓2万股左右，由2001年12月份20万股增持到22万股左右；

2002年2月份减仓5万股左右，由1月份22万减持到17万股左右；

2002年3月份减仓2万股左右，由1月份17万减持到15万股左右；

2002年6月份增仓1万股左右，由5月份15万，股增持到16万股左右；

2002年2月份减仓5万股左右，由1月份16万减持到11万股左右。

以上这些机构投资者的行为，均未与"××药业"公司沟通过。目前持有10万股流通股以上投资者仅仅19名，再没其他特大型主力机构在活动。

2. 2001年12月至2002年9月一直持有的可疑仓位情况

张××：166 099股；徐××：140 200股；余××：135100股；吴××：125 324股。

张××：120 000股；尹××：120 000股；胡××：114 000股；车××：116 800股；

3. 出局的安排

必须营造出一种市场活跃的热门形象，让市场上所有投资者都愿意参加投资。

最差的市场状态也可能会影响到整个市场操作计划在一年时间里的全部完成；但是，只要"××药业"公司充分配合，再利用目标股票经过10送10股之后较低股票价位的易接受性，以及日后还能够在2004年中期进一步10送5股的绝对优势，我们完全有能力在被迫推迟的半个年度中全部出局。

七、风险与收益

上市公司非常独特的股本结构，让市场人士对此富有极大的收购愿望。一旦在市场上引导得当，其良好的形象更让大部分投资者喜欢跟风、追捧。

最大的风险就是来自"××药业"公司的不配合；只要所有的操作得当，就完全没有任何风险可言，也根本就不存在什么盈利之后出不了货的情形。

因为"××药业"公司这几年来都一直没有亏损过，整体市场形象较好，可利用、挖掘的各种市场题材较多，并且存有10送10股的后续分配题材。只要从目前8元左右先行吸筹10%左右，再利用市场导向与"××药业"公司所存在的种种不利原因，强行将其股票价格引导至5~6元区间内，然后再全面建仓，并操作到8~9元，再让"××药业"公司进行陆续达到10送10股的分配就可以再度出现市场上较低股票价格

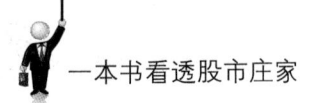

的情形。即使是在市场非常不佳的情况下，我们若是进一步营造出还能够再一次分红送股的分配方案，一个更好的市场活跃形象与较低的市场定位，将会使各种证券投资基金也会纷涌而来，更不用说出货的轻而易举了。

按照暂定的操作计划运行下来，我们完全可以对可能出现的收益进行估算：

将"××药业"的真实价值充分发挥出来，按照国际通行的要求，即使是用20倍市盈率来计算"××药业"明年年底1.3元左右的每股收益，其市场价格也将达到26元左右。

即使我们完全按照计划操作，在目前价位上进行投资后的收益也将达到100%左右盈利，即我们现在投入3亿元左右，而对目标股票收集的市场成本约在6元左右，经过炒作之后上升到11~12元；由"××药业"公司出面负责进行10送10股的分红方案之后，市场价格将降低到5~6元，我们需要再一次营造出填权的上升势头将其股价操作到10元左右，并可以再度安排"××药业"进行为防止市场恶意收购的第二次10送5股的分红，初步估计所有的投资收益将会在5亿元以上。

八、详细市场操作的步骤

（一）前期的准备

（1）首先由"●●投资"通过银行以投资咨询费的名义划100万到"□□咨询"公司账户，"□□咨询"向"●●投资"出具营业发票（2002年10月30日）。

（2）"□□咨询"将"●●投资"划过来的10 005元以"※※集团"名义出资10 075元，与"■■投资"以杭州丽水一房地产公司名义出资100万元，两者以共同投资名义注册一家进行软件开发的"东方■■科技开发有限公司"（法人代表为×××，注册资本为50 075元，其中×××占股份60%，※※集团占股份20%，丽水房产占股份20%）；并办理好各种必要的正规手续（2002年11月20日以前）。

（3）"●●投资"与"□□咨询"签订有关委托资产管理协议，将其1.5亿现金资产全部委托给"□□咨询"进行操作，"□□咨询"承诺其该项目完成之后达到所投资金额的50%回报率（2002年11月8日）。

（4）"××药业"以一个与"××药业"完全无关的名义在××市随便注册"※※资产"公司，并将其公司资金交给其进行投资（2002年11月8日）。

（5）所有资金均全部到达预定的仓位（2002年11月16日）。

（二）操作前期

1.打压至最低位吸筹的第一方案：

（1）进场经过技术性技巧收集到10%~15%"××药业"筹码，再进一步利用目

前市场形势向下打压股价，促使其从目前9元左右下降到6~7元之间（最好是能够击破前一次低位6元左右，并打压到5元左右），充分引起局外人士的极度恐慌而抛售手中所持"××药业"股票（2002年11月中旬）。

（2）此时，最好是能够让"××药业"出一点不好的消息，刺激一下市场。

（3）通过市场正常的操作，一般程度上就可以收集到50%左右"××药业"筹码，并可以通过一系列计划的市场行为与运作，达到逐步活跃股性，树立起市场形象的效果（2002年11月中旬至2003年2月底）。

（4）2003年3月初逐步开始上下震荡"××药业"股价，并缓缓拉升股票价格，使之在2003年4月底之前的股价到达12~13元，之后一直在此位置上震荡。

（5）2003年4月初，"××药业"公司2003年第一季度业绩达到每股0.18元左右；此时股票价格已经逐步上涨到了13~14元。

2.平台活跃股性吸筹的第二方案：

（1）进场经过技术性技巧收集到10%~15%"××药业"筹码，再进一步利用目前市场形势向下打压股价，促使其从目前9元左右下降到6~7元之间，充分引起局外人士的极度恐慌而抛售手中所持"××药业"股票（2002年11月中旬）。

（2）此时，最好是能够让"××药业"出一点不好的消息，刺激一下市场。

（3）若是无法向下打压出来吸筹，则需要通过迅速将股价拉升到9~10元进行技术性操作，一般程度上就可以收集到50%左右"××药业"的筹码，并可以通过一系列计划的市场行为与运作，达到逐步活跃股性，树立起市场形象的效果。（2002年11月中旬至2003年2月底）。

（4）2003年3月初逐步开始上下震荡"××药业"股价，并缓缓拉升股票价格，使之在2003年4月底之前股价到达12~13元，之后一直在此位置上震荡。

（5）2003年4月初，"××药业"公司2003年第一季度业绩达到每股0.18元左右；此时股票价格已经逐步上涨到了13~14元。

（三）操作的主升段

（1）2003年4月底，"××药业"公司2002年年度业绩达到每股0.30元左右。

（2）再由"××药业"出面在2003年5月份召开临时股东大会，先行在2003年6月底之前回购其发行在外的1 890万股优先股，以决定减轻"××药业"公司的经营压力，因为这部分比例优先股每年均占有其总利润的7.65%左右收益，也为日后收购概念股与大比例送配埋下伏笔。

（3）"××药业"股价开始在14~15元的价格区间进行平台整理1个月左右时间，让外界认为有庄家出货的嫌疑而纷纷套现出局（2003年5月）。

（4）由"××药业"公司早已成立了的上海国际贸易公司，直接对外进行贸易赢利；同时提升业绩（2003年5月下旬）。

（5）"××药业"公司继2001年与浙江大学联手组建生物技术有限公司后又建立的一个现代化医药城（2003年5月上旬）开始初见成效。

（6）"※※集团"出面邀请有建国功勋的一百名老将军免费来"旅游生态园"旅游观光休闲（2003年5月）。

（7）北京子公司生物技术产销两旺，开始产生效益（2003年5月下旬）。

（8）由"××药业"公司投资收购其第一大股东名下公司的旅游生态园部分股份（2003年6月下旬）。

（9）2003年7月中旬，"□□■■"举牌成为上市公司大股东。

（10）由"××药业"公司高薪聘请有关投资专家任其公司"证券部经理"，以防止"××药业"公司被他人恶意收购（2003年7月中旬）。

（11）2003年8月中旬，由"□□■■"增加在二级市场上收购"××药业"股票份额，进一步对"××药业"公司第一大股东构成威胁。

（12）2003年8月下旬，"××药业"公司第一大股东通过公司工会全面发动其职工进一步增持其自身股票，主要增加被收购难度，同时又达到拉升股价的目的。

（13）"××药业"公司优良的2003年中期报表以每股0.28元报表闪亮登场，并对公司资产重新评估；同时"××药业"公司为了进一步防止被外来机构控制，董事会建议准备以大比例转赠、分红送股的方式稀释收购方持有份额，增加收购难度，此时股票价格达到10元左右（2003年8月中旬）。

（14）"××药业"公司大比例转赠、分红送股之后，股票在市场上的价格也从9～10元下降到7～8元，并呈现出一种向上攀升的势头；在一般情况下，流通股本在一个亿左右股票只要活跃性较强，原则上都是市场投资者喜欢交易的目标（2003年10月）。

（15）"××药业"下属"**中药厂"正式搬迁，并与政府一起出让原来的土地。

（16）"●●投资"亮出"◎◎◎◎"上市公司背景收购"××药业"公司法人股，召开临时股东大会，正式进入董事会。股价涨升到10～12元左右之时开始出货（2003年10月下旬）。

（17）"××药业"公司第三季度每股0.95元报表出场，继续；准备在第三季度进行10送5股分红，以便快速增大流通市值，增强日后不被外来力量恶意收购的力度，股价涨升到13～14元时边拉边出，并利用盘整加大力度出局。

（18）股价在10送5股之后，在10～11元之间经过上下盘整3个月后出局。

庄家获取筹码的方式

庄家的建仓，总是会静悄悄的。庄家选择建仓的时机，也是煞费苦心。从筹码分布来看，庄家开始建仓时，股价一般离最近的一个成交密集区下缘已经很远了，一般在30%以上。一般而言，市场临近既是心理底线又是市场"相对"底部的敏感区域之时，都可能是庄家建仓时的重点位置和良好时机。

庄家的建仓行为，就是庄家在相对较低的位置上大量买进目标上市公司的股票。庄家要获取廉价筹码，就需要吸引卖盘，而且价格尽量低。吸引卖盘大家最熟知的方法是"震仓"。吸引卖盘，第一靠时间，第二靠消息，第三才靠手法（如"震仓"）。

第一靠时间。一个人买了股票刚刚套牢的时候，总是很难接受现实，更难割肉卖出，所以"震"也是白震。而时间一长，心理上的痛苦逐渐减弱，对于股价也逐渐接受，可最后往往只因为一点很小的原因，就会卖出股票。这就是时间的威力。另一方面，多数人只要获利，很快就会卖出。所以想吸引卖盘，第一件事就是要让股票在低位停留足够长的时间，高位的筹码自然就掉下来了，然后不管是谁接去的，只要给点小利润，自然就卖出来了。

第二靠消息。庄家会利用大的利空消息悄然入仓，捡到便宜筹码。除了这类利空，最主要的还是与业绩有关的消息，出个亏损或不好的报表，突然跌停，就会有许多人卖出，而且之后很长一段时间持股者心态都很坏，只要稍加震仓，就会卖出。靠消息分两种，一种是借题发挥，另一种是制造消息。后一种越来越盛行，而且多反映在业绩上。

第三靠手法。手法分中期形态、日K线组合和盘中运作。中期形态上，主要有制造下跌假突破、在合理的位置进行横盘"震仓"、注意推高的时机等；日K线组合上，主要注意形态的多样性，振幅适度，还要经常制造空头陷阱；而盘中运作，不能给人以强势的印象，也不能一味横盘，要制造振幅（如大卖单压盘、突然砸盘、尾市砸盘等），促进成交。

庄家坐庄时的巨大资金要想悄无声息地就进驻到某一只上市公司股票中，也非一日一时之功。往往需要在相对的价格低位上反复震荡，或者通过长期横盘的方式令短线客忍无可忍，最后敬而远之；或者通过上蹿下跳的股价跳跃方式引诱散户难耐寂寞

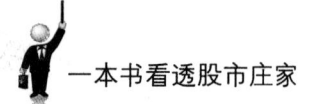

而低抛高吸，使之最终因跟不上操作节奏而被抛弃。由于各种庄家的不同实力、不同的大盘趋势，以及各自不同的经验，建仓的方式和手法并非是一成不变的。在庄家建仓过程中，多可能同时采取几种手法交替使用来强化"巧取豪夺"的整体效果。

一、砸盘吸筹

砸盘吸筹一般出现在大盘受到利空的影响或因其他原因而出现大幅跳水时。在目标股票的价格还在继续下跌之际，准备采用顺势砸盘手法建仓的庄家就会开始逐步介入到目标股票之中进行操作。这种方式一般用于大盘未见底之前，股价距庄家吸货成本目标有一定差距，庄家不愿在较高价位承接筹码，必须将股价打到一个较低价位。由于利用此手法正值大盘向下之时，市场抛压沉重，庄家或利用手中筹码在开市和收市前大幅打低股价，造成投资者恐惧割肉离场；或在当天吸纳部分筹码，于第二日打低股价，庄家在更低价位上承接，采取边打边吃手法，将投资者手中筹码收集到自己手中。

砸盘吸筹并不能随意使用，如果指数形成了牛市格局，并且保持着强势上涨的走势，庄家采用砸盘吸筹，只会给投资者以逢低买入的机会。所以逢低建仓只能在指数下跌或是牛市形成过程中的调整区间内进行。如果指数不配合下跌，不足以给投资者造成恐慌的感觉。

从原则上来说，选择这种手法建仓的庄家一般都会是很大型的专业投资机构，拥有较雄厚的资金实力。在长期的下跌的过程中，即使是那些能够得到一些"内幕"消息的人，这种无边无际的跌势后，也不敢轻易地在股价继续下跌阶段中进场买入股票。故此，常常会有一些如"市场弃儿"的股票，无人问津。特别是某些一年半载都貌似无人理睬的个股，藏在一个不为人关注的黑暗角落里面，乍一看还真以为是无庄关注的股票在随波逐流。但是，股价长期横盘后突然出现大幅度上涨的第一根长阳，这就往往是庄家吹响冲锋陷阵的第一声号角。

砸盘吸筹包括以下几种情况。

（一）暴跌时打压

在大势暴跌时，故意打压选中的股票，收集筹码有的股票因为被市场广泛看好，二级市场的投资者勇敢承接，庄家的大资金没有办法进场。怎么办？这时，成心要坐庄的人只好在某一价位收集少量的筹码，但并不推高，一旦大势下跌或者暴跌，庄家就会在这时将自己的筹码全部往下抛，逼迫该股步步下跌简直如同掉进了万丈深渊。这时广大投资者出现恐慌和绝望的情绪，将本来就看好的股票在低位含泪抛弃，使庄家在步步打压之中获得大量的廉价股票.

（二）调整时落井下石

利用大盘调整之际，趁机不断打低股价。庄家对在跌潮中苦苦挣扎的股票不是伸出援手，而是往往趁机端上一脚，让股价跌得找不着北，此时投资者无不愁眉苦脸看着日日往下掉的股票心慌。此时庄家适时出现，顺利收集到廉价筹码。

（三）打穿技术支撑位

设法打穿重要的技术支撑位，引发技术派的止损盘，趁机吸纳。股价在盘整时或下跌时，某个重要的技术支撑位被跌破，往往引发股民的恐慌性抛售，加上此时庄家制造的利空消息陷阱，可以大大动摇投资者持股信心，庄家趁机吸到大量廉价的筹码。待惊慌的股民醒悟过来时，才知道自己已掉进庄家精心设置的陷阱中。

（四）利用业绩打压

个股业绩与预期较差，成为打低股价的大棒。每年公布年报、中报期间，都有部分个股难令人满意，或业绩同比大幅下降，或盈利由正数变为负数，此时庄家顺势作出打压，形成一个该股确实"一文不值"的假象。散户看看自己精心挑选的金凤凰变成了秃头鸡，只得忍痛把金砖以破铜烂铁的价格大甩卖，这时候正合庄家的心意。

砸盘吸筹在时间上一般不适用于大盘见底之时和上升初期，因为大盘见底之日成交量较小，市场筹码较难收集；而大盘上升初期由于市道已转强，投资者已不愿盲目割肉，而庄家打出筹码往往被市场承接。

图6-1

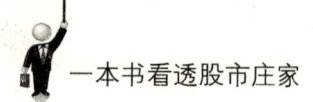

从以上分析来看，采用这种吸筹方式，庄家一般利用个股的利空消息和投资者急于出货的心理收集低位筹码。

砸盘吸筹在日K线图上往往和出货行为很难区别，都是有一定成交量并伴随股价下跌，但是前者在当日分时图上则可明显看出股价在开市和收市被人为打低，但在全日大多数时间内却有吃货迹象；而出货则呈当日单边下跌态势。

如图6-1，航天机电（600151），2005年6月14日长线庄家大幅度变小，也就是庄家开始介入个股进行建仓之后，一段小幅度的整理使庄家获得了一小部分筹码。之后庄家利用这些筹码对股价进行连续性不计成本的打压，随之上市公司公告上半年业绩：预计同比净利润下降50%以上。市场投资者一下陷入恐慌氛围之中，终于经受不住考验，纷纷抛出股票。但在打压过程中庄家也不会让股价太低，否则庄家行为容易被市场发现，引起其他投资者跟进吸筹，影响庄家后期的操作。于是庄家吸取足够筹码之后见好就收，在经过一波拉升之后进行洗盘，一波大行情从此开始爆发！

砸盘吸筹是单边下跌的建仓方式中的主要形势。

二、拉高抢筹

（一）拉高抢筹概述

拉高抢筹是建仓速度最快的一种方式，效果最好，但成本也最高。拉高抢筹是指庄家在股价不断上涨的过程中进行建仓的方式。

这类建仓方式主要是利用散户投资者"高抛低吸"、"见反弹出货"、"见反弹减码"等一般操作习惯和心理，不计成本，大量快速地吃进筹码。拉高抢筹方式大多出现在冷门股或长期下跌的股票中，庄家介入个股之后对股价进行迅速拉高，有些庄家甚至不惜以涨停的方式进行逼空建仓。运用这种手法建仓的庄家一般实力都比较雄厚，操作手法非常凶悍。

（二）拉高抢筹的操作手法

拉高抢筹一般出现在庄家根本就没有办法通过打压、震荡、横盘等手法得到散户投资者手中目标股票的筹码之际，庄家就只能通过拉升股价让散户投资者获利出局的方式来介入到目标股票之中进行操作。这种建仓方式的运用，一般是在大势逐渐转好，或者是庄家预感到大势即将转好时。有的时候上市公司隐藏着重大利好，或者个股在某种突发性利好消息的影响下，具备大幅炒作的机会，股价又处于相对较低状态时。庄家没有时间在低位建仓，便会采取这种快速的拉高建仓方式。这种单边上涨建仓方式，庄家会不断让市场跟风者赚点小钱，同时又引诱市场投资者不断地跟进，通过这种手法，在不断收集筹码的同时，又不断地降低持仓成本。

拉高抢筹是庄家坐庄时最节省时间的一种建仓手法，同时也是各种建仓手法中成本最高的一种。股价在整个上涨的过程中，股价上下震荡的幅度相对较大，洗盘的次数也较其他的收集手法要多，成交量在此过程中一直在不断增大。有时为了获取更大量的低位筹码，庄家还会把股价继续推高，制造"出货"的假象。

（三）拉高抢筹的常见情形

拉高抢筹有两种情形，一是短线游庄的恶炒，一是某些低位不能充分吸筹的庄家行为。

1.短线游庄的恶炒

所谓短线游庄的恶炒指的是某只股票本处于相对平静的走势中，短线游资利用很短的时间完成建仓和派发的全过程。因为介入的程度不深，形成的行情也十分短暂，一般也就十来天甚至更短，所以不作详细介绍，散户要注意的是，如果原来一只股票并无明显的庄家低位建仓行为，而突然两三天温和放量之后急拉，则应及时获利了结，尤其是在拉高之后又出一个无关紧要的利好消息则更是如此。

2.低位不能充分吸筹

第二种常见情形就是庄家在低位吸筹不充分而采取拉高建仓的情形。这种情况不太多见，由于拉高建仓行为较为明显，很容易导致跟风盘，这将影响到将来的炒作，因而其洗盘往往十分犀利。正因如此，拉高建仓股票给我们提供了良好的短中线炒作机会。

（四）拉高抢筹的特征

拉高抢筹在日K线图上一般都是连续性的阳线，接连出现。只有庄家在获取到大部分流通筹码之后走势逐渐会变得阴阳交错，在股价慢慢推高之中就收集到了很多的筹码。

拉高抢筹的初期表现类似于低位横盘，只是成交极度萎缩，没有不规则周期放量的过程，而且横盘维持的时间也比较短，一般也就3个月左右，有时还不到3个月，成交大幅萎缩的原因主要是价位太低，愿意割肉的人不多，而且该股质地尚可，也妨碍着散户割肉的积极性，大家都想好股不怕捂，死活忍着。在这种情况下，庄家要想吸到充足的筹码相当困难，同时考虑到庄家本身资金周转的要求，或为了炒作与大势同步，只好采取拉高建仓的办法。上面是拉高建仓的前期特征，就是时间不太长，成交极度萎缩，股价波动幅度很小，一般不超过15%。第二步就是拉高建仓的过程，此时股价会出现两种情况，一是呈现连续的小幅上扬，几乎天天收阳线，但回头一看，十几根阳线下来，涨幅也不过百分之十几二十而已，而且每根阳线都带有上下影，实际上就是盘中的洗盘，如此一来，股价逐步上扬，庄家就会向上"要到"一些套牢盘，同时也给少数在低位平台买入的人以获利的机会，乘机再把低位介入的散户筹码吃掉。就在股价上升了一段时间，快接近前期成交密集区的时候，股价开始调头向下，使拉升过程中追入的短线客斩仓出局。这次洗盘幅度通常比较深，有时能回到前期无量平台，从形态上看很像弱庄行情，突破失败之后打回原形（事情有时的确也是这样），但我们应当明白，庄家绝不会善罢甘休，自己拿了筹码之后把自己套住，所以后面肯定还有较大行情。第二种情况是通过几天急速的放量上扬来吸筹，这时候很多盼望已久的人终于解套了，所以赶紧走人，庄家则照章全收，然后在次低位做窄幅平台整理，让短线跟进者没有获利机会，最后忍痛割爱。这种情况初期盘中震荡较大，短线较难把握，后续的洗盘也可能周期较长，看上去很像"牛短熊长"的出货行情，但我们细加思考，就会发现谁会在次低位来出货呢？除非该股基本面有重大恶化，否则傻子也不会那么干。

一般来说，庄家要完成拉高抢筹的建仓方式必须满足以下几点。

1.股价必须处于低位

所谓低位就是说这只股票已经经过了长期的下跌，跌到了前期高点的50%以下，有时候甚至跌到30%左右，在下跌的初期曾经放量，但在低位开始横盘之后，成交比较清淡，一副没人管的样子。

2.横盘的时间要足够长

一般来说横盘时间要在3个月以上，有的股票则长达1年。因为横盘的时间越长，割肉盘就越多，散户中很少有人看到手上持有的股票连续几个月纹丝不动而无动于衷。大盘在此期间肯定是来回好几回了，一般大家都会割肉去追强势股，以期获取短线利润，庄家则恰恰希望这种情况出现，悄悄地买入廉价筹码。

3. 横盘期间没有明显的放量行为

如果在某一段时间庄家吸筹过快，很容易导致股价上升较快，而且由于伴随着成交量的放大，容易引起大家的关注，庄家在没有完成吸筹任务之前并不希望大家看好这只股票，所以总是少量地一点一点地吃进，尽量瞒过大家的关注。当然偶尔会出现那种脉冲放量的情况，就是隔一段时间，会出现一两根小幅放量的中阳线，但事后股价不涨反跌，大大出乎人们的意料，过两天大家自然又将它忘记了。

4. 横盘也有多种形式，并非真的"纹丝不动"

通常来讲，横盘总是发生在一个箱体中，只是这个箱体上下幅度不大，一般在25%以内，但这种上下的差价也是很长时间才能见到，短期内根本无利可图，不会吸引短线跟风盘。大部分的时间里，上下不过10%，谁也没兴趣去做。这种箱体中的振荡可能会是较为规则的正弦波，但大多数情况会表现为一种慢升急跌的形态，这种所谓"牛长熊短"的形态最为可靠，因为庄家连续吸筹一段时间后，股价上升了一点，为了降低成本，庄家一般会在三五天较短的时间内把股价打回原处，然后重新来。不

过有的庄家很狡猾，他做出的箱体十分不规则，震荡的周期来回变，振幅也不固定，有的时候根本触不到箱体的上下沿，这时候我们只要把住一点，总的箱体未被破坏就可，中间有许多的细节不去管也罢，免得受捉弄。

我们来看哈飞股份（600038）走势图见图6-2。

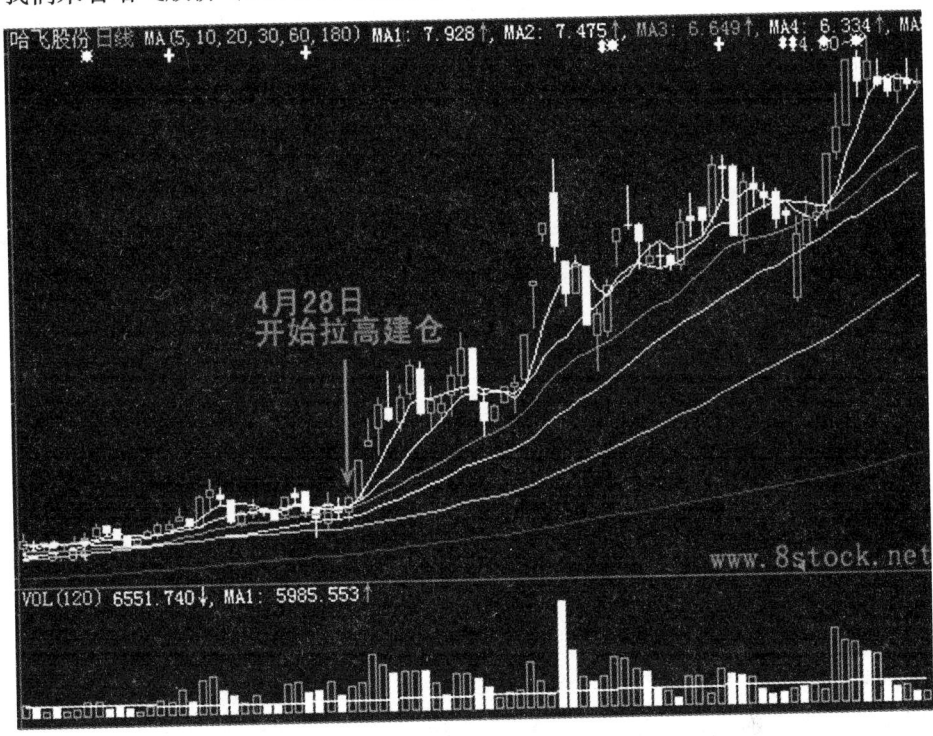

图6-2

上图是2006年5月前后的走势图，该股庄家的大举建仓时间发生在2006年5月之后，5月之前出现了较长时间的震荡走势，但成交量一路持续萎缩，这种量能状态说明，或者庄家没有开始建仓，或者资金的建仓力度非常弱。但5月前后该股成交量持续放大，随着股价的上涨，成交量也明显放大，庄家已经开始进行大规模的建仓。庄家急于在这个时候大量吞吃筹码，这是因为大盘的上涨行情在同期已经展开，庄家已经来不及再打压建仓，而且这个时候股价往下走，已经没有筹码可以流出了。

该股庄家采用了拉高建仓的操作，随着成交量密集放大之后，股价便随之展开了一轮大幅度的上涨。

三、横盘震荡吸筹

（一）横盘震荡吸筹概述

横盘震荡吸筹是三类方式中耗时最长，但成本最低的。是指庄家通过频繁买入、

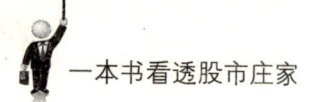

卖出股票的手段，引导无主力机构重视的股价进行漫漫无边无际的长期横向整理，严格控制股价每一天的波动在一个相对极小空间之内，以此打击散户投资者的持股耐心，借机吸筹的一种建仓方式。

横盘震荡吸筹多出现在股价从高位一直下行至相对低位的时候，股价具有一定的投资价值，这时庄家会进场建仓。

（二）横盘震荡吸筹特征

横盘震荡吸筹出现时，在股票的日K线上，多会出现一些带上下影线的阴阳相间小阴小阳线，甚至多次出现十字星，庄家竭力把股价压低的意图暴露无遗。庄家吸货时的控制行为常常导致成交量相对比较均匀，成交量柱状图几乎齐头并进，或呈典型的涨时放量，下跌时量缩的态势。在股价下跌之后，趋势上常常会出现一些连续的阴线，之后再开始出现连续的阳线或者一根大阳线强行拉起日益下挫的股价。采取这种手法建仓，庄家一般会在K线图上留下双重底、复合头肩底等形态。当股价放量突破前期横盘位置之时，随之而来的不是暴涨就是暴跌。而市场上的买进时机或卖出时机都是在放量突破前期高点向上或向下的关键时刻。

（三）横盘震荡吸筹操作手法

股价横盘的方式有高、中、低三种基本形式，横盘建仓一般是价位偏低的状态，特别是低位横盘建仓多见。庄家利用资金和筹码的优势，在很长一段时期里把股价压在低位不涨，如果碰到大势很好不断上扬，盘中许多个股都是连涨，则绝大部分持股者便无法忍受，大多会斩仓换股，庄家就可以达到收集筹码建仓的目的，这种建仓方式在大势走牛的情况下，往往效果不错。

当股市处于涨跌波动较大的走势时，庄家也往往会采用震荡吸货的办法。庄家进行震荡吸货，手法较难辨别，因此时庄家处于主动的地位，进退自如。一方面高抛低吸，既保证持有一定量的筹码，同时又通过做短线差价，降低其的持仓成本，又可以通过操作使股价上下大幅震荡，成交量短期膨胀萎缩差别悬殊，使人难以判断后市的走向，持有者充满期待，未入市者又心有疑虑，使庄家避免争夺筹码抬高成本，达到暗中建仓的目的，因此震荡的过程中往往流露出比较大的人为控制的痕迹，包含了庄家的各种主动性骗线技术在内。

股价在这一段横盘的期间内，来自上市公司的各类消息基本上一片死寂，散户投资者即使想通过各种渠道去探听任何信息，也都是无从着手，持股信心日益严重不足。如果市场上出现了其他的利好消息，或是由于庄家进场吸筹使一只个股的多空力量发生变化，积极性买盘力度加大，会推动股价不知不觉稍微上涨时，成交量也开始日渐有所增大。但庄家建仓一般是有计划地控制在一个既定价格区域之内，庄家通常

会以少量筹码迅速将股价打压下来，以便重新以较低的价格继续建仓。之后在股价经过一段慢牛上涨到一定高位之际，上方就会迅速出现强有力的抛压压制股价。

由于庄家建仓是有目的、有计划的行为，在介入之后，在某一个高点挂上大量卖单，给股价带来很大压力。同时也在某一低点挂上大量买单，使股价走势保持在一个箱体内做小幅度的震荡整理，股价的走势几乎呈一条横线运行。对于市场的散户来说，由于股价长时间的在一个平台上整理，没有一点上涨的迹象，就像一块鸡肋，拿在手中时间长了也会产生厌倦的感觉，于是经不住长时间耐心的考验，不得不抛出手中筹码，庄家趁机完成他们的建仓工作。这种建仓方式如果横盘的时间越长，则后期上涨的空间也将越大！

如下图北京城建（600266）走势图见图6-3。

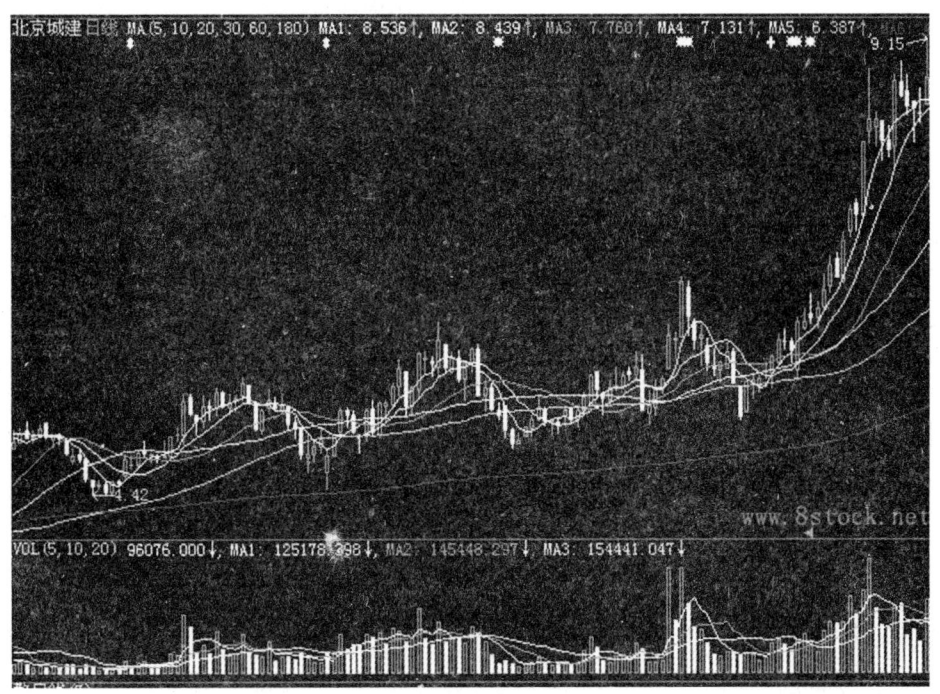

图6-3

该股2月至8月出现一段较长时间的震荡期，图中很明显可以看出，股价绝对的低位和相对的高位形成了两次箱体震荡的定势，第一次箱体震荡走势的形成是在指数同期大幅下跌的过程中出现的，而第二次箱体震荡同样也是在指数下跌过程中形成的，这是庄家为了降低持仓成本，精心谋划的结果。降低持仓成本最好的方法，就是让股价在一个比较小的范围内上下波动，通过短线不断震荡，将投资者的卖盘全部引出来。

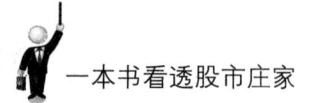

从图6-3中也可以看出，在股价上下波动的时候，成交量总是伴随着股价短线的上涨出现放大的几项，并且随着股价的回落出现了萎缩，量能的变化向投资者说明了资金大规模介入。庄家长时间在低位建仓，该股股价从8月开始出现了长时间的上涨，到了2007年的牛市中更是股价翻了数倍。

（四）走势图上的两类情形

横盘震荡吸筹手法表现在走势图上又可分为以下两种。

1.箱体型震荡

此类形态在走势图上，股价走势犹如关在箱体内的乒乓球上蹿下跳，庄家此时左右开弓既当买家又当卖家，价格跌下来则吸，价格涨上去则用大单打下来，在分时图上多为急跌后缓慢爬升，升时量逐渐放大。庄家用"大棒加胡萝卜"的两手政策，时而对有货者用小阳线之类的小恩小惠诱使其抛出，时而用高开低走的阴线之类的大棒逼使其吐出筹码。

当然，对长期低位震荡的个股有无庄家伏兵，也要结合基本面来分析。只有庄家充分控盘的个股，股价才可由庄家自由发挥，做到多高也没有人敢（或无权）投反对票。

2.低位加码

庄家把价位推高一个台阶后，若大盘走弱，庄家无法抵挡蜂拥的抛盘，只好且战且退。待空方力量消化殆尽时，庄家再调集重兵，做好打歼灭战的准备。此类个股往往具有未来大黑马的潜质。从外面看，此股风平浪静，哪知里边已埋伏有庄家的百万雄兵。

低位横盘是较为常见的庄家吸筹行为之一，但由于其周期较长，又没有明显的放量行为，所以不太受到投资者的重视，其实这种低位长期横盘的股票一旦启动，其涨幅往往十分惊人，这对于中长期投资者而言是一种很好的选择。下面我们来谈谈这种形态的主要特征。

（五）散户的应对策略

对于中长线投资者而言，在低位横盘三个月之后可以分批建仓，在该股开始拉升时加仓。对于短线投资者而言，应该在两种情况下介入，一是在箱顶位置突然放量突破，此时一般短中长均线都比较靠近，只需涨一两天就可以作出漂亮的多头排列；二是股价突然无量跌穿箱底，并连续阴跌不止，此时往往会形成箱体下方的又一个底部形态，那时候介入则挣得更多，这两种情况在事先是无法预测的，只能在实际操作中根据情况而作出判断，不过总的说来在箱体的底边与中轴之间介入的投资者完全可以安心持股，这种形态的股票一旦启动，至少会有50%的涨幅，因此只要没有在最后一

跌中（跌破箱底那次）被洗出局，应当获利颇丰。

除了以上三种建仓方式，还有许多建仓形势，如二重底、三重底、圆弧底、V形底建仓方式，还有隐蔽建仓方式，这主要是指庄家很大比例的筹码不是从二级市场获得，而是从一级市场收集，这样投资者就根本无法从股价的走势形态上看出任何迹象。另外一种常见的建仓方式是新股建仓，它的特点是建仓时间短，收集筹码速度比较快，也比较容易达到控盘所需要的筹码数量目标。

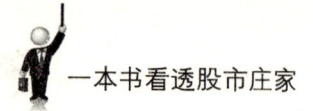

庄家建仓时的盘面特征

庄家的操作并非神秘莫测，只要我们细心观察和总结，从日K线图和成交量上一定能找出些蛛丝马迹。尽管庄家竭力隐藏其吸货行为，庄家调动巨额资金坐庄一只个股，不可避免对这只个股的走势产生影响，庄家建仓吸筹必须实实在在打进买单，吃进筹码，庄家派货套现必须实实在在打出卖单，抛出筹码，庄家巨额资金进出一只个股要想不在盘面留下痕迹是十分困难的。对于敏锐的看盘高手来讲，庄家介入是无法瞒过他们的。散户虽然不可能都是看盘高手，但起码可以利用我们总结出来的庄家吸筹时的盘面特征来判断是否有庄家潜藏在某只股票中悄悄吸筹。

一、庄家建仓时的日K线特征

从日K线图看，当股价在低位进行震荡时，经常出现一些特殊图形，出现的频率超出随机概率。

典型的包括带长上、下影线的小阳小阴线，并且当日成交量主要集中在上影线区域，而下影线中存在着较大的无量空体，许多上影线来自临收盘时的大幅无量打压；跳空高开后顺势杀下，收出一根实体较大的阴线，同时成交量明显放大，但随后并未出现继续放量，反而迅速萎缩，股价重新陷入表面上无序的运动状态；小幅跳空低开后借势上推，尾盘以光头阳线报收，甚至出现较大涨幅，成交量明显放大，但第二天又被很小的成交量打下来。这些形态如果频繁出现，很可能是庄家压低吸筹所留下的痕迹。

这些小阳小阴线在日K线更多的时候会以小十字星、小阴小阳实体方块方式出现。这些图形反复出现在低价区的股价日线图上，并伴随着温和的成交量、低迷的市场气氛、隐约的利空传闻和散户们失望的心情，就是庄家吸货留下的痕迹。其原因有，一方面，庄家压低后慢慢吸纳，又不想收高，不然造成今后吸货成本提高，故收盘时打压到与开盘相同或相近的价位，这就形成十字星K线；另一方面，庄家想隐藏些，在这种盘局中悄悄吸纳便宜货，因而打压也不敢太放肆，收集不敢太疯狂，所以振幅较小，成十字星K线。到收集后期，出现实体较长的阳线或上影线较长的K线，伴随较大成交量，代表这一阶段收集顶峰。

然而，这些小十字星夹杂着小阴小阳不断出现逐渐连成一个窄窄的横盘区域，延

续的时间长达几个星期或更长，这便是十分明确的主力吸货痕迹。如果看到这样的K线形态我们心里还隐约不敢进货，那就更证明了这正是庄家吸货的区域。中长线投资者应该在这一区域下方更敢吸纳，不要被市场的悲观气氛吓倒。

在吸货区末段，由于浮动筹码已非常稀少，庄家便不得不将股价悄悄推高，以便吸到更多的货。这时的K线形态表现为逐步向上的小阳线，但这些阳线还没有达到足以引起人们注意的程度，这时候成交量温和放大，股价悄悄上升，似乎一切还是那么平静。但敏锐的投资者知道，大幅上涨就在眼前了。吸货区末段的K线形态如图6-4所示。

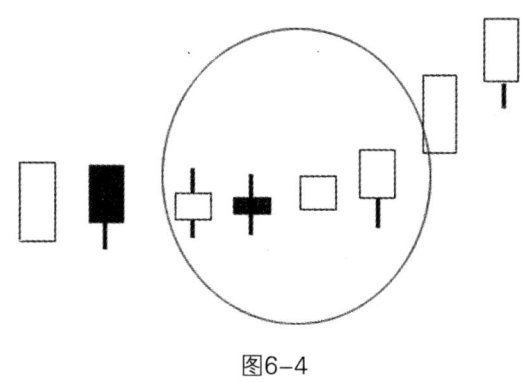

图6-4

寻找吸货K线形态的人必须牢记一点：那就是这种形态必须发生在股价长期下跌之后的低价区，发生在被人忽视的角落。如果出现在众目睽睽之下的高价区，或是在热门股走势图中，那恐怕是骗人的把戏。原因很简单，庄家只会在低价区进庄，不会去接被人炒热的火捧。

股价剧跌后庄家在底部吸货的K线表现与底部长期盘整中吸货的K线表现是不相同的。在剧跌后的底部可能出现这类吸货K线组合，一前一后紧跟的倒T字线和光头阳线组合、一个倒T字线紧跟着一个正T字线组合、一个倒锤子线跟着一个正锤子线等。这些K线组合中，较长的上影线表示买方吸货，开始反攻，而仍以较低的开盘价或相近价报收，一方面可能表示卖方还有力量，如果在盘中是以缓跌报收的话，若是杀尾盘则多半是买方准备明天再吸货，先行人为打压；而次日若是低开高收，一方面是买方吸货，另一方面表示多空力量对比已经发生利于多头的变化；而次日若是高开，长的下影线一方面可能代表卖方抵抗，另一方面也可能表示庄家打压吸货。如是后者则跌时应急，而升时则应缓慢爬升，但最终高收，力量对比发生明显改变，多方获胜，已是暴露无遗。由于刚跌到底部，股民并不知底在哪儿，因而心态不稳，这给庄家利用较大振幅吸筹创造了条件。

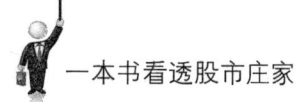

二、庄家建仓时的指标特征

1.均线技术特征

庄家建仓阶段，均线系统往往由杂乱无章、纠缠不清，逐渐转向脉络清晰、起伏有致。从技术上说，这是黑马与失败案例的最大区别所在，具有合理的内涵，而且在庄股时代有其必然性。其内在机理是：在建仓阶段，前期由于筹码分散，持仓成本分布较宽，加上庄家刻意打压的结果，股价波动的规律性较差，反映到均线系统上，就是短、中、长期均线的不断交叉起伏，随着庄家手中持筹的沉淀，市场上的浮筹随之减少。当庄家持筹达到一定程度时，往往会把股价的波动幅度降下来，以拉平市场的平均成本，减少其他投资者做短差的机会。此时，短期均线系统的无序震动幅度会相应减少，过陡的斜率逐渐降下来，均线之间的距离逐渐缩小甚至完全贴紧。当开始试盘和拉升时，由于庄家对股价走势拥有较大的发言权，尽管每日盘中震荡不断，但趋势已成，而反映趋势的均线系统自然也就会错落有致了。均线的起伏，其实是反映了庄家真实思想的阶段性。如果庄家控盘不充分，或只是想短期炒作，必然不会谋求对盘面的绝对控制。大量浮筹追涨杀跌的结果，就会造成股价波动中的无序性，从而使均线系统继续纠缠不清。这种拉升，是难以孕育出"黑马"的，投资者中线介入的风险也是很大的。正因为如此，股市上才有"牛股的均线系统必然优美"的说法。

一般情况下，缓跌式、打压式、利空式、陷阱式等建仓手法，多数均线系统呈明显的空头排列；横盘式、起落式、压顶式、保底式等建仓手法，多数均线系统呈水平或纠缠状态；缓升式、拉升式、逆势式等建仓手法，多数均线呈多头排列。对这阶段均线系统的认真分析，有助于投资者进一步了解庄家坐庄手法。

2.指标技术特征

指标买卖信号频繁出现，操作难度较大。DMI、MACD等趋势型指标方向不明朗，几乎失效。MA、EXPMA、BBI等均线型指标多空转换频繁，操作难度较大。BRAR、RSY等人气指标极度疲软，交投清淡。RSI强弱指标走势较强。KDJ、W%R等超买超卖型指标经常出现"背离"现象。BOIJJ、MIK等压力支撑型指标在常态中运行。

三、通过盘口信息判断

盘口信息也是研判庄家控盘程度的重要渠道。庄家建仓完成与否，有时甚至仅通过盘口信息即可判断。

1.拉升时挂大卖盘

一只股票不涨不跌时，挂出的卖盘比较正常，而一旦拉升，立即出现较大的卖

盘，有时甚至是先挂出卖盘，而后才出现上涨。出现这种信息，如果卖盘不能被吃掉，一般说明庄家吸筹不足，或者不想发动行情；如果卖盘被逐渐吃掉，且上攻的速度不是很快，多半说明庄家已经相对控盘，既想上攻，又不想再吃进更多的筹码，所以拉的速度慢些，希望散户帮助吃掉一些筹码。

2. 下跌时没有大承接盘

如果庄家建仓不足，那么在洗盘时，不希望损失更多的筹码，因而下跌时低位会有一定的承接盘。自己卖给自己，有时甚至是先挂出接盘，再出现下跌动作。而在庄家已经控制了较多筹码的股票中，下跌时卖盘是真实的，低位不会主动挂出大的承接盘，目的是减仓，以便为下一波拉升作准备。

3. 即时走势的自然流畅程度

庄家机构介入程序不高的股票，上涨时显得十分滞重，市场抛压较大。庄家相对控盘的股票，其走势是比较流畅自然的，成交也较活跃。盘口信息显示，多方起着主导作用。在完全控盘的股票中，股价涨跌则不自然，平时买卖盘较小，成交稀疏，上涨或下跌时才有意挂出单子，明显给人以被控制的感觉。

4. 大阳线次日的股价表现

这个盘口信息在研判中的作用也不可小视。一支没有控盘的股票，大阳线过后，第二天一般都会成交踊跃，股价上蹿下跳，说明多空分歧较大，买卖真实自然，庄家会借机吸筹或派发。而在大阳线过后，次日即成交清淡，波澜不惊，多半说明已被控盘，庄家既无意派发，也无意吸筹。

四、其他盘面特征

为了更加准确地掌握庄家吸筹时的盘面特点，我们还应了解一些吸货时的其他技术特点。这些特点有：

（1）经常有大笔卖单挂留，但随即会迅速撤掉，或者所挂的卖单手数越来越少。

（2）往往先跌破某一技术支撑位（如某条短期均线），但股价却未下跌多少。分时成交常出现无量空跌的现象。

（3）技术指标经常出现"底背离"，或处于超卖状态。

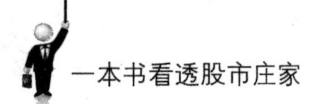

庄家建仓时的成交量特征

尽管庄家技术手段比较高明，可以虚构价位，可以利用对倒盘制造假成交量，但其无法彻底改变吸筹时成交量表现出来的特点。庄家吸进筹码，意味着某个价位上有成交，成交的多少，必然会在成交量这一指标上反映出来。庄家介入某只股票必然造成该股成交量放大。在吸货阶段，这种放大是温和的，不引人注目的。大多数投资者在这一阶段都没有注意到这种变化，甚至根本很少关心这只股票。

一、建仓的三类成交量变化

庄家吸货造成成交量变化一般有三种情况。

（1）在原本成交极度萎缩的情况下，从某一天起，成交突然放大到某个温和但不引人注目的程度，之后连续很多天一直维持在这个水平，每天成交极为接近，而不是像原先那样时大时小。这种变化不是偶然的，这是庄家有计划地吸货造成的。此时，若日K线组合出现连拉小阳的形态，可靠性更强。我们把这些成交量累加起来，便能大概估计出庄家吸货的多少、是否吸够了。一般这样的进货过程要持续两个星期以上，否则无法吸够低价筹码。这一批筹码往往是主力最宝贵的仓底货，不会轻易抛出。

（2）成交量极度萎缩后间歇性突然放大，日K线图上伴随着间断出现的大阳线，这是庄家为了避免散户的注意，故意拔高，打压后再拔高，在底部反复消磨散户的信心，迫使其把筹码乖乖交给自己。经过一段时间后，成交量才明显地稳步放大。

（3）成交量长期萎缩后突然温和而有规律地递增，日K线图上伴随着股价的小幅上升。这也是庄家吸货时造成的成交量的微妙变化。这表明在吸货后期浮筹减少，庄家不得不加价才能拿到筹码的事实，此时若出现底部盘升通道或圆底、潜伏底、W底等形态，较为可信。这种情况反映出庄家较急于进货的心情。散户发现后不要轻易放掉，因为这时离股价大幅攀升的日子已经很近了。

对筹码控制的程度往往决定了庄家的成败，只有充分控制筹码，才能随心所欲地操纵价格。庄家们深深明白了这个道理，因此只要资金实力允许，他们总会设法多吸纳一些低价筹码。而普通投资者，则应从主力吸货阶段的长短、成交量的大小和市场浮码的多少来估计庄家控筹程度，进而判断庄家的实力和野心。只有那些筹码锁定程度很高的股票才能成为令你大赚特赚的黑马。

必须指出的是，上述三种由主力介入而造成的成交量变化，都必须是在股价大幅下跌、成交量极度萎缩之后出现，才能肯定是庄家吸货的痕迹，否则的话，可能只是一种盘整而已。

二、建仓时的五类量价关系

在成交量上要把握以下几种量价关系。

1. 价涨量增

股价上升而成交量比平时增加，为庄家买盘积极的表现。一般来讲，股价在底部出现价涨量增，反映在低位已有庄家积极吸纳，后市可望止跌回升。

2. 价跌量增

股价下跌而成交量增大，价量出现背离。股价累计已有一定的跌幅（30%或50%），且跌幅已经逐渐收窄，此时如果成交量突然大增，可视为有庄家趁低分批买货的举动，后市可望止跌回稳。在股价底部，价格突然急挫且成交量显著大增，视为最后解脱现象。沽盘全数涌现后，看好的一批买盘接货，从而令后市出现无阻力的反弹升等。

3. 价跌量缩。

股价下跌而成交量减少，是势道趋弱、买盘欠缺的积极表现，此时观望为宜。若股价已有一定的跌幅，跌幅减少且成交量萎缩至地量，甚至没有成交，反映沽压已减少，只要有买盘出现，股价可望见底回升。

4. 价平量增

股价持平，涨跌幅很小，但成交量却突然增加。股价接近跌势末期时，出现价平量增，反映低位出现承接力，庄家可能正在低位收集货源，后市有机会反弹回升。

5. 价平量缩

股价升跌幅微少，且成交量减少。若股价处于明显跌势，累计跌幅很多，突然出现平量缩，反映其时有可能暂时止跌筑底，宜密切留意。若股价下跌已多，止跌回升初期，出现价平量缩，反映市场买盘仍见犹豫，未敢大量买盘，其时涨势仍不明确。

第 7 章

欲擒故纵的暴利掠夺

　　庄家完成了对筹码的获取，他所面临的下一个任务便是进入对股价的拉升。庄家拉升股价能远离其成本区域，获取较大的利润空间，以便将来能够顺利出货，把账面盈利转换成实际利润，实现对市场的暴利掠夺。拉升是庄家获胜的关键阶段，期间还必将夹杂着数次洗盘。本章我们对庄家的洗盘和拉升两个阶段一起探讨。

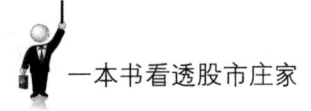

庄家的洗盘策略

简单地说，庄家洗盘是为拉升做准备，是为了驱赶跟风的散户，以便减轻拉升时的压力。掌握庄家洗盘的特点和手法，是跟庄高手的基本功。

一、什么是庄家洗盘

洗盘是庄家操纵股市、故意压低股价的一种手段，是庄家为拉高股价获利出货，先有意制造卖压，迫使低价买进者卖出股票，以减轻拉升压力的一种做市手法。洗盘从实质上来说，是庄家利用心理战来逐步提高除了庄家以外的在二级市场上保持一定意义的流通份额持有者的投资成本。

洗盘动作可以出现在庄家任何一个区域内。庄家建仓之后或拉升一段时间之后，不一定敢继续拉升了。因为有先知先觉或不知不觉的短线跟风盘，他们的成本比庄家还低，你拉升时他们就先卖给你。这样，股价无回档地大幅上升会使得短线客无惊无险地大赚庄家的钱，这在逻辑上是不可能的，这也是投下了巨资的庄家无法容忍的，于是股市中就有了洗盘的产生。

从筹码控制来说，无论庄家控盘手段多么高明，资金量再怎么大，也不能通吃整只股票的流通盘，只能控制流通盘部分或大部分流通筹码，而市场上仍然保留着一定意义上的流通股份。而这一定意义上的流通股份的持有者，随着股价的逐步上涨，已经渐次获利。而这些获利的筹码就犹如没有被排除引信的炸弹，揣在庄家怀中，时刻威胁着庄家资金的安全，很大程度上制约和牵制着庄家再次造高股价。这些小资金投资者由于资金较小，持有流通筹码的份额较少，和控盘庄家的大资金持有者持有流通筹码的份额比较起来，有着船小好调头的巨大优势。这样势必会造成庄家在做高股价后在高位派发获利筹码的难度。

正因为这样，庄家如果一味地盲目拉升，必然遭到沉重的抛压和获利回吐，那样庄家会得不偿失。庄家建满仓之后，按照事先的计划，要使股价扬升去赚钱，而拉升前、拉升中总离不开洗盘。控盘庄家往往在股价有一定涨幅或是取得阶段性胜利后，或获利筹码涌动时，恰当地利用大势或者个股利空、传闻，强制股价，破坏原来的走势，进入箱体震荡或平台整理，或向下打压股价，通过股价走势上的不确定性，破坏小资金持有者对市场正确的感知能力。极力渲染和极度虚幻地放大资金持有者的恐慌

情绪，进一步虚妄地深化资金持有者对后市错误的感知能力。利用这些散户投资者对后市股价走势的不确定性，促使获利的小资金持有者和散户投资者中的不坚定分子交出筹码，并使看好后市的新的增量资金入注，充分换手，从而进一步提高和垫高除了庄家以外投资者的投资成本，为日后再次做高股价，打下牢固的基础。依次类推，周而复始，经过几轮涨升与洗盘后，其他投资者的投资成本也越提越高，最终形成中小投资者和小资金持有者在高位自然而然地毫无意识地帮助庄家锁仓，从而沦为庄家出货时的掩护部队。

二、洗盘的目的和作用

前面已经谈到了，洗盘的主要目的在于垫高投资者的平均持股成本，把短线跟风客赶下车去，以减少进一步拉升股价的压力。同时，在实际的高抛低吸中，庄家也可以赚取可观的差价，以弥补拉升阶段付出的较高成本。具体来说，庄家洗盘主要是为了达到以下的目的。

1. 垫高市场成本

从心理上来说，获利的散户有落袋为安的动机，获利越多，这种动机越强。通过洗盘让已获利又易动摇者下场，让看好者进场，由于后者入场成本高，不会轻易抛掉，这就减轻了今后拉抬时获利盘回吐的压力，经过几次拉抬洗盘之后，大多数散户持股成本都高，因而不会轻易割肉。而庄家成本与股价比已相当低，这就使得庄家有时即使采取倒水式派发方式，也不致亏本，而散户迟迟下不了决心，从而为庄家赢得派发时间。

2. 降低自身成本

庄家如采取从上往下的洗盘方式，还可获得高抛低吸的好处，能够进一步摊低庄家持股成本，同时也可抽出资金用于下一步拉抬。另外，庄家这样做还可以迷惑散户，使其弄不清主力的持仓成本，以及主力今后的出货位置。一些"高抛低吸"的短线投机者往往"高吸低抛"，本想坐轿，谁知却成了抬轿的。如果这些投机者反手追涨，则会推高股价，减轻庄家拉升的负担。再者，洗盘和出货在形式上有类似之处，使不精明的散户搞不清洗盘与出货的区别，错把出货当回调，当成补仓时机，使已持股者都不出场，让庄家成功出逃。因此，洗盘也有烟幕弹的功能，可以掩护庄家今后出货。

3. 锁定筹码

当庄家通过吃货阶段收集到一定筹码后，通过计算可以了解自己账户内控制某只股票流通量的比例。一只股票约20%左右的流通盘由于各种原因处于冬眠状态，锁定性强，无论股价如何变化都很难进行交易，这一部分筹码对庄家无威胁意义。但是，我们知道股市买卖是自主的，在庄家收集筹码的过程中，总有一些投资者自觉或不自觉地买入庄家收集的股票，在庄家完成收集阶段后，计算其掌握的流通筹码，如果只控制流通量的30%左右，则说明约有50%流通量控制在市场手中，这50%浮动筹码对庄家未来的拉高造成重大威胁。庄家要想拉高股价，必须考虑对约50%浮动筹码的锁定问题。

解决这些筹码的锁定问题只有两个办法：一是在不增加成本的情况下继续增持筹码，二是在不增持筹码情况下通过震荡让市场自行锁定筹码。这样洗盘就成为拉升股价成功的关键，通过洗盘，庄家进一步控制筹码，或让获利又易动摇者下场，让看好者进场。由于后者入场成本高，不会轻易抛掉，这就减轻了今后拉抬时获利盘回吐的压力。而且，经过几天拉抬洗盘之后大多数散户持股成本都高，因而不会轻易割肉，而庄家成本与股价比已相当低，这就使得庄家有时即使采取跳水式派发方式，也不致亏本，而散户迟迟下不了决心，从而为庄家赢得派发时间。

4.坚定散户持股的信心

坚定散户持股的信心，让先出场者后悔，让抱股不动者尝到甜头，今后在庄家出货时，散户也可能认为是洗盘，抱股不动，使庄家出货有更宽敞的通道。

庄家洗盘的手法与形态

庄家根据市场背景的不同和运作项目基本面的差异，以及各种客观条件的变化，洗盘的手法也有差异，一般来说，可用"磨"与"打"两字概述。

一、洗盘的"磨"字诀

"磨"也就是磨洋工，对股票进行"冷处理"。长期将股价维持在狭窄的区域，让该股横盘，使跟风盘数个月无钱可赚，让缺乏耐心的投资者出场。从投资心理来说，大多数人一入股市，就与焦虑不安结下了不解之缘，横盘时间越长，这种焦虑就越强烈，横盘就可以将意志不坚定无耐心者洗出场外。

从形态来看，股价将构筑一个整理平台，期间股价波澜不惊，均线呈胶着状态，这就是庄家在"磨"。

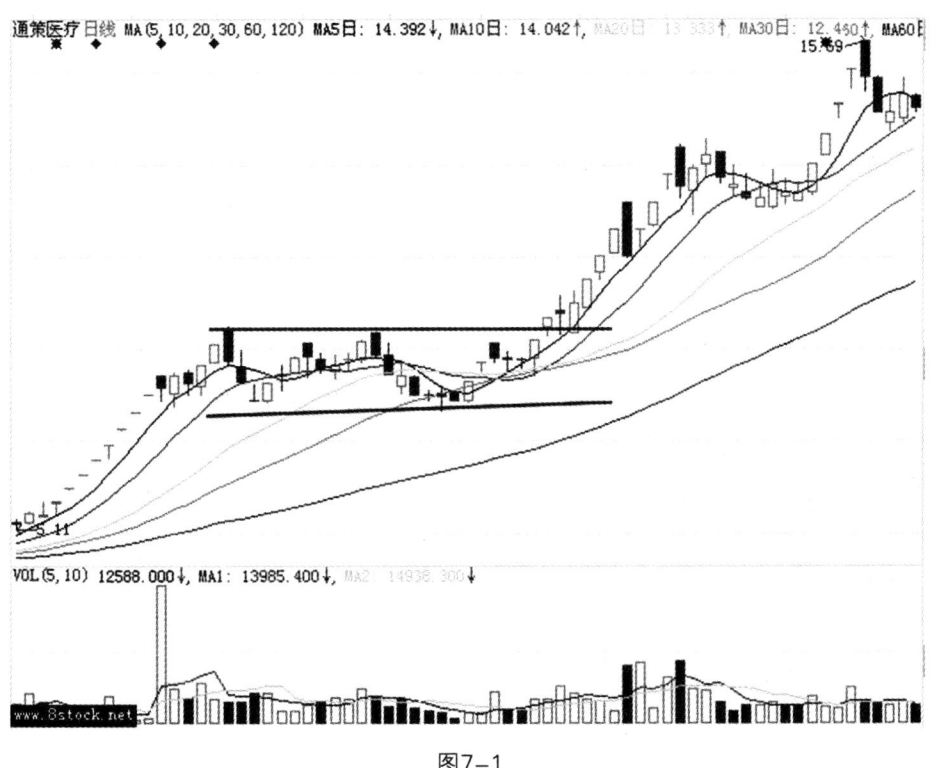

图7-1

如图7-1，通策医疗（600763）在拉升初期快速以连续性涨停的方式创出了最新的高价点，远远将前期股价整理过程中的价格平台抛在了市价下面。面对着市场上已经出现的巨大盈利状态，此时此刻对庄家而言，自然会有两种出路。其一是及时出货获利了结；其二则是若还需要继续涨升股价的话，自然就必须进行一次较大力度的盘面清洗，及时换手，以免日后的抛售压力过大而影响自身的操作。此时的庄家采用了"磨"字诀，让股价在长时间内箱体整理，使市场自然换手。可以看出，洗盘结束后，该股一身轻松，一路狂奔。

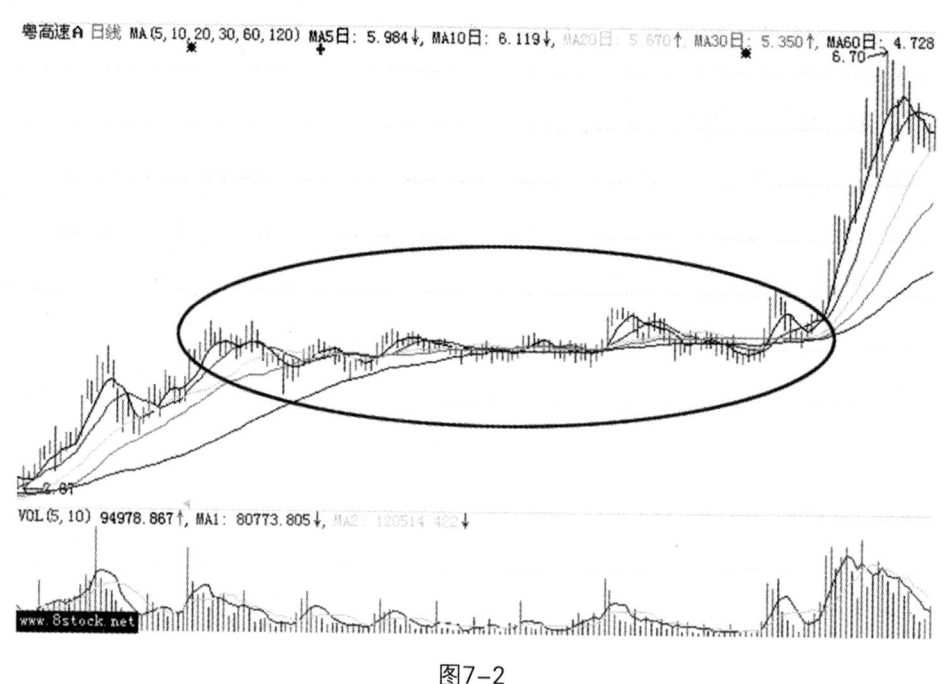

图7-2

再如图7-2所示，粤高速A（000429），该股更是将"磨"字诀发挥到了极致。庄家从5月18日启动，股价从6元附近拉升到9元区域后，庄家强制股价进入平台整理区域，成交量也从96 911手快速萎缩到5 471手，随后股价也形成漫长的6个月平台整理走势，庄家好像自此消失了一般。在平台区域内，成交量逐步萎缩，直到次年1月份，成交量才逐步放大，于1月21日重新放出95 973手成交量，与前期该股强制性进入平台区域时的成交量遥相呼应，形成漂亮的圆弧底形态，伴随着股价突破平台，展开新一轮的拉升行情。

二、洗盘的"打"字诀

"打"即刻意打压，指庄家抡起大棒迎头便打，使股价大幅回落，让胆小者落荒而逃。股票建仓完毕或拉升一段时间后，股价变得欲振乏力，特别是之后连收十多根阴线，即使是最有忍耐力的持股者亦难免被赶跑。而庄家往往就是这样，总是在打破

你的忍耐极限时突然启动，迅速展开主升浪。

打压洗盘是一种典型的洗盘方式，整个洗盘过程以大幅回落为主。庄家大幅拉高后，利用市场积累较多获利盘，投资者有很强的获利回吐欲望的时候，猛然反手打压，以凶狠向下的方式突然砸盘，使股价大幅回落，形成一根长长的阴线，把胆小获利者吓出场。利用投资者容易产生恐惧的弱点刻意打压，制造市场的恐慌气氛，从而动摇投资者的持股信心，使他们最终无法接受股价大幅下跌的事实而抛出股票，达到将获利筹码震荡出局的目的。

一般来说，采取这种洗盘方法的庄家实力雄厚，有力量控盘，否则既无较多筹码打压，在散户恐慌时下档也无资金接盘，反而会使局面变得不可收拾。

通常采取打压洗盘的多是投机性股票，在经过猛升之后调整时借势打压。如果是绩优股，庄家一般不采取这种打压方式，因为这类股票看好的人多，打压砸出去的筹码，不易捡回来。

打压式洗盘的最佳时机是在大市调整的时候，多数针对那些投机性强、没有实质性投资价值、短线升幅过大的个股。因为这些股票本身不确定因素就多，投资者的持股信心容易产生动摇，股价的回落，极易使跟庄者产生"大势已去"的错觉，继而迅速将手中的股票获利了结出局。但一般在低位停留的时间不会太长。

打压洗盘方法的好处在于"快"和"狠"，采用时间较短，而洗盘的效果较好。

如图7-3所示，黄山旅游（600054）2007年10月至2008年2月的走势图。

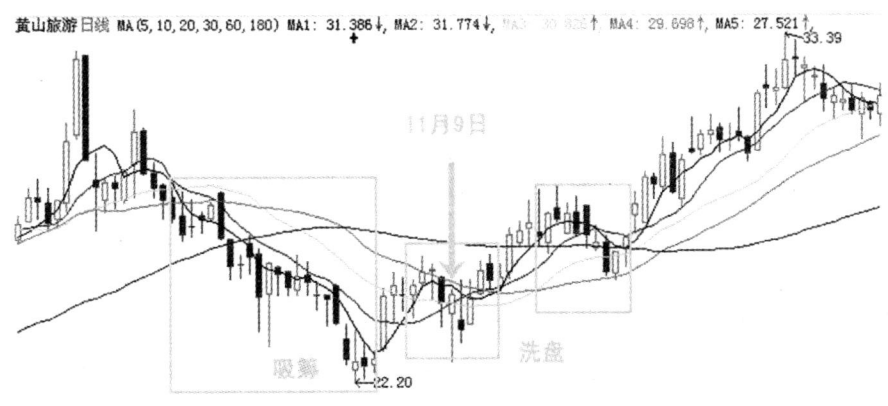
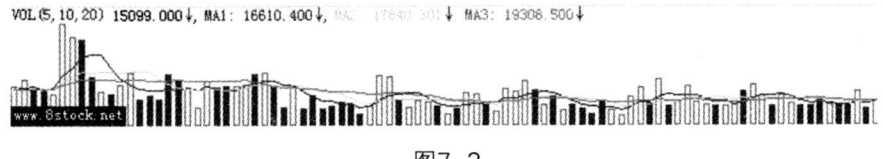

图7-3

该股2007年9月至10月底，利用大盘走弱一路吸筹，至10月底，建仓初步完成。10月31日拉出一根大阳线，盘中一度触及涨停，开始了几天的试盘。随后几天因为有短线抛压，开始了洗盘，10月7日收出十字星，10月8日又将股价打出一根大阴线，几乎跌停，制造盘面的恐慌。11月9日继续顺势打压，但我们可以看出，这天收出一个带长下影的阳线，显示庄家在大盘在下影位置依然在收集筹码。完成两波洗盘之后，该股拉升一路轻松，最后该股在大盘大幅暴跌的情况下，依然逆势走强，成为了2007年年底的一匹黑马。

再如亿城股份（000616）走势图（见图7-4）。

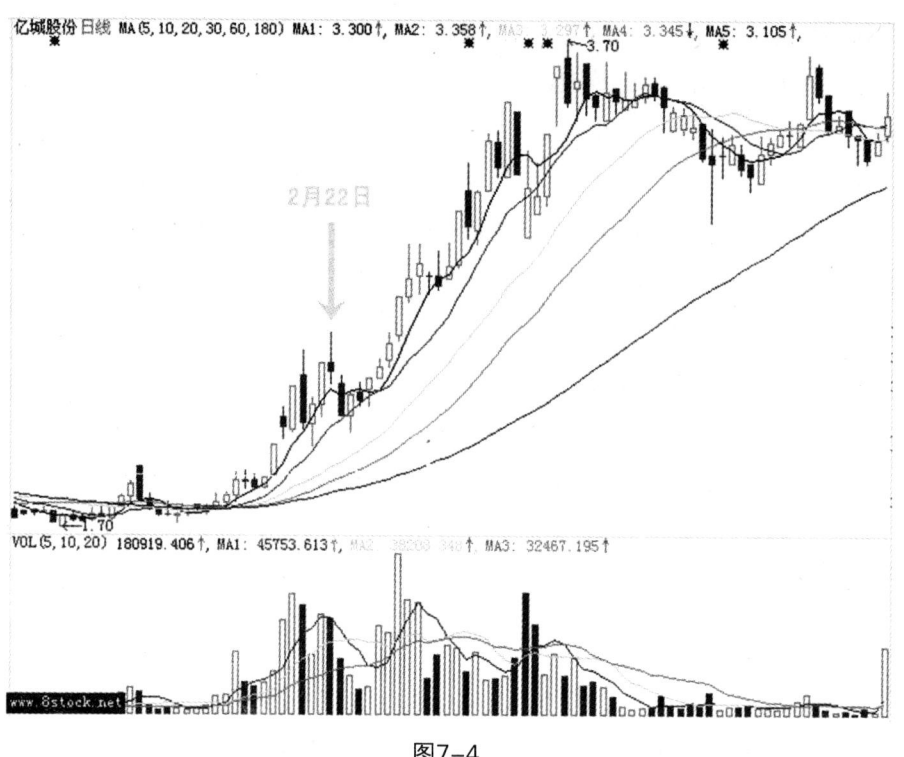

图7-4

该股当时总股本7 000多万股，流通股本只有3 000万股左右，年度中报每股收益0.03元，可谓典型的绩差股。该股从11元起步，2月22日以15.9元开盘，最高涨到17元整，然后由于大盘跳水，庄家遂采用打压的方法洗盘，从17元当日最低下探至15.18元，单日振幅1.82元。2月23日早盘开盘后，庄家再次疯狂打压，从22日的收盘价15.61元一直打到跌停板价格14.05元。但当日该股虽然以跌停板价格收盘，可全天并没有跌停。股价一直像气垫船一样浮在跌停板的价位成交，无论抛单再大，股价始终不会跌停。经历2天打压洗盘后，从24日开始股价不放量上涨，盘面浮码明显大幅度减少，股价上涨越发显得轻灵，直到创下27元的新高。

庄家的拉升策略

庄家坐庄历经了建仓前对该上市公司的调研阶段，在二级市场组织操盘手分散建仓阶段，以及建仓后的洗盘震仓阶段，可谓费尽心机，为的就是一朝时机成熟，将股价拉升到一个庄家满意的高度，然后说服公众投资者进场高位接棒，以实现庄家低吸高抛的利润。

一、拉升前的试盘

庄家要确保拉抬成功，要做许多工作，比如研究拉升时机，与上市公司和媒体挂钩要求配合，冷处理受折磨、信心不足的散户等。做完这些工作，庄家要测试是否适合拉抬，这就是试盘。

庄家的试盘可以出现在各阶段正式启动之前，而并非只在拉升阶段才出现。在试盘过程中，所产生的成交量主要都是庄家利用自己的筹码和自身资金在进行活动。

庄家在开始时会通过主动下买单或卖单压低或拉抬股价再观测市场反映，测试盘中卖压程度以及追价意愿，以决定是否拉、洗盘、护盘或出货。

1.上试盘

利用部分股票筹码向上试探股价在上档的压力位，及当前盘面的稳定性和盘内用户实力状况。

我们看下面图7-5、图7-6所示。

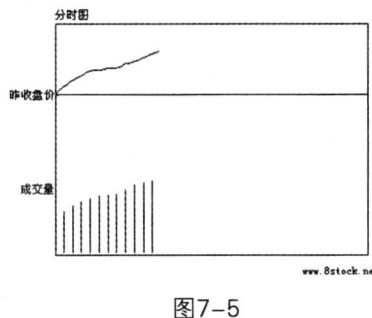

图7-5 　　　　　　　　　图7-6

庄家为了测试上档的压力，以及散户的追高意愿，会抛出主动性买单来拉抬股价，作出强势开盘价。在图7-5中，散户看好后市，踊跃购买，其特征为价涨量增，面对此种旺盛人气和强烈的追涨意愿，庄家往往会决定拉抬，再往上做一波行情。而

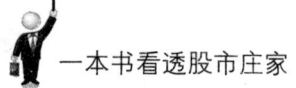

在图7-6中，出现明显的价涨量缩，散户追涨意愿不强，庄家此时强行拉升会很费劲。此时，庄家若不看好后市，可能会反手做空，而刚吸完计划筹码的庄家，可能只守不攻，或联络上市公司和传媒放出利好消息，或等待大市升温时搭顺风车。此类情形显示上档压力大，散户热情不高，还需要等待合适的时机。

2.下试盘

利用部分股票筹码向下试探股价在下档的支撑位，及当前盘面的稳定性和盘内用户实力状况。

再看图7-7、图7-8。

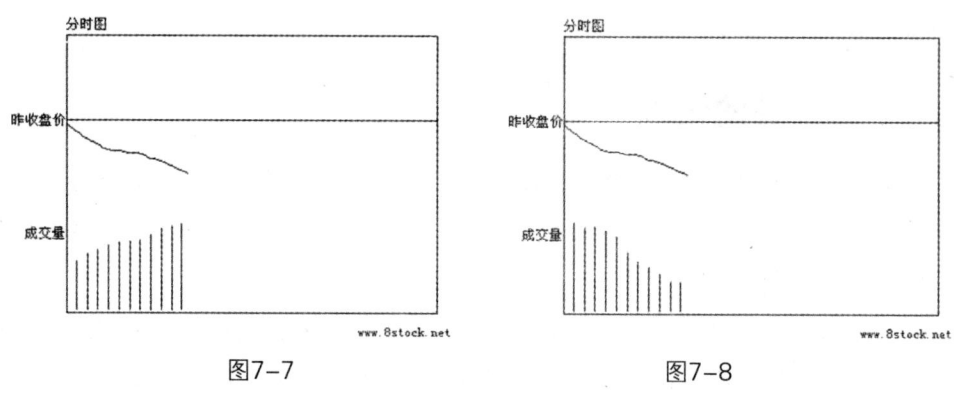

图7-7　　　　　　　　　　　　　　　　　图7-8

庄家为了测试下档的支撑，利用开盘时抛出一笔筹码，测试盘内的稳定性及散户的状况。如图7-7中，庄家将股价压下来，随后出现下跌，超过庄家预期幅度且成交放大，说明卖压重，下档支撑不强，散户不因价跌而惜售。在此种情形下，如果庄家看好后市，已吸了些筹码，则或继续收集或洗盘，或被动护盘，不适合拉抬；如果庄家不看好后市，可能先拉高，然后出脱手中持股，到尾盘反手为空。

在图7-8中，为测试散户持股意愿，庄家在开盘时先低价抛出一笔筹码，随后股价缓慢下滑，回档幅度也不深。且下跌量缩。这说明散户惜售，不愿追杀。庄家如果看淡后市，今日可拉高后再出货；如果看好后市，可以顺势拉抬，不必再往下洗盘了，因为此时浮码已较少，自己抛出去的筹码很有可能以原价买不回来。

试盘并非简单的一两笔成交单能测试出买压与卖压，我们再看图7-9、图7-10。

在图7-9中，盘中特征是价涨量增，价跌量缩，且全天维持在昨日盘价之上，明显属强势盘。庄家通过盘中价量关系分析测知到散户不杀跌而有追涨心理，有鉴于此，庄家在后市中往往发起强力攻击，以急拉做收尾盘轧死短空，以刺激第二天的买气。

在图7-10中，盘面表现为价涨量缩，价跌量增的背离走势，且价位始终在昨日收市价以下波动，盘势极弱无疑。庄家根据盘中价量关系变化了解到散户急于抛出持股，追高意愿弱。此类情形下，若是已有相当涨升，且后市不看好，庄家或是制造利

好掩护出货，或是先跑为快；如果筹码未吸够，后市看好，庄家会打压进货，若后市看好，庄家已吸够筹码，庄家也只能采取守势，等待时机。

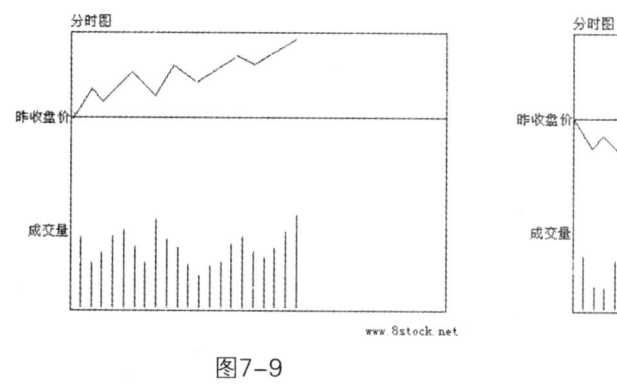

图7-9

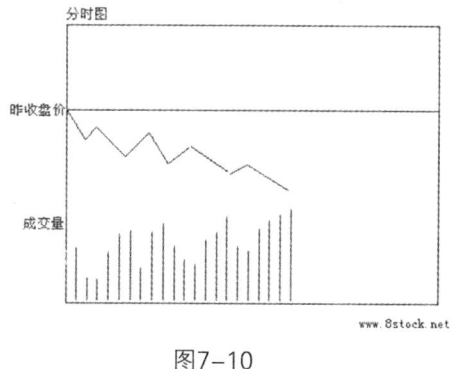

图7-10

二、拉升时机的选择

庄家拉升前会选择合适的时机，明智的庄家善于借势而为，往往能收到四两拨千斤的效果。如果庄家选择的时机合适，技巧得法，就可以事半功倍，不用花费太大资金就可以将股价拉抬上去。如果时机选择不当，可能费了九牛二虎之力，也未必能将股价拉上去。时机的选择也是讲究"天时、地利、人和"的，一般包括以下几个方面。

1. 控制筹码良好之时

这是庄家拉升的必要条件，庄家在完成初步建仓之后，必须在自己预定要进的筹码都进足的情况下，才可能拉抬，否则，他没有低价筹码，到时赚不到钱。这也就是为什么有些庄股在其他股已开始升的时候，它却仍原地蹲守的原因，细心的看盘者会发现盘中有明显的打压吸筹痕迹，会明白还未到火候。对于庄家手中以外筹码，庄家会通过试盘来测试其稳定程度，决定是否拉升。

2. 大市行情上升之时

这是大多数庄家都非常喜欢的一个时机，在这个时候，市场人气旺盛，场外资金进场也比较积极。庄家在这个时候借机拉高可以吸引大量散户资金进入，会引起场外资金的高度关注，很多场外资金会被吸引进来，可以起到点火作用，用少量资金就可以成功拉高股价。

对于实力雄厚的庄家，由于它锁定个股流通筹码六成以上，因而，拉高容易，难的是这么多筹码到时怎么派发。因此，这类庄家喜欢选择大市即将飘升之前拉高，这样一方面因热点少，大幅飘升会把散户资金吸引到这只股票上来，另外，留较多时间在将来大市狂升之中好悄悄派发手中筹码。对于资金实力差，掌握筹码少（二至三成）的庄家来说，一是没有力量硬拉，二是在外筹码多，硬拉还不一定成功，因此，这类庄家多选择大市抓升时借势推高股价，由于他们掌握筹码少，因而出脱持股也不是大难事，这也是他们选择这个时机拉高的原因之一。

庄家逆势而为，虽然也有一些成功的例子，但成功的概率比较小，拉升过程也非常困难。因此，在大势较弱的情况下，庄家主动拉升股价的情况极少。这也是大家通常提倡弱势中不介入个股的主要原因。

在大势向好时，庄家拉升也会借助热点板块效应。中国股市中，一直以来都有板块联动的规律，板块联动的效果表现得特别明显。如果庄家操控的股票是跟市场热点相关的股票，那么庄家的拉升动作就具有很好的隐蔽性。

3.重大利好发布之时

消息包括个股业绩、分红时间、收购兼并、经营方针、国内外大事、国家有关政策等。包括市场面和公司基本面两方面的利好，这也是政策市、消息市的重要特征。

利好消息发布的时候，也是庄家拉高的好时机，哪怕大市正是盘整甚至是下跌，仍然可以成功地拉高。如2007年底的创投板块，在大市不断下泻甚至是狂跌的情况下，由于有近期的利好，而大幅狂升数倍，走出一波完全独立于大市的行情。

对于收购题材的炒作，几乎全靠"消息"进行。所以，消息发布的时候，就是它们疯狂拉高的最佳也是唯一时机，作为庄家哪怕大市在狂泻，也要不惜一切地拉高。为此，成熟的庄家就想方设法地把消息分成几个内容，分几次发布。把一个题材反复地进行炒作，从而使其股价多次上下震荡，也就是说，庄家要注意创造多次拉高的机会。

4.分红、除权、除息日

这是庄家拉升出货最常见、最基本也是最有效的方法，很多投资者亏损，就是栽在这个陷阱上。这种题材每年都有，庄家不能不用。有红可分，说明公司经营尚可，若有增资配股，说明公司尚有发展余地。公众作为一个个普通人，都有从众心理，这在信息经济学看来，也是合乎理性的。因此，庄家借机拉高散户自然认为既然大家（通过价格涨升推测）看好，必有理由，那就是该公司业绩会蒸蒸日上，于是认同这一新价。总之，拉高要有一个说服散户，让他们认同的理由。即使这一理由冷静分析可能很勉强，但只要经过夸张，小事成大事，只要经过重复，谎言变真理。借消息炒作诡计从来如此。

5.在低迷市、微跌市或牛皮市时

此时人气散淡成交萎缩，多数人是持币观望。若哪只个股庄家敢脱颖而出，使股价拔地而起，甚至逆势放量上扬，市场往往称之为"黑马"、"强庄"股，跟风资金

最容易去冲动追涨。如2008年金健米业（600127）的走势图（见图7-11）。

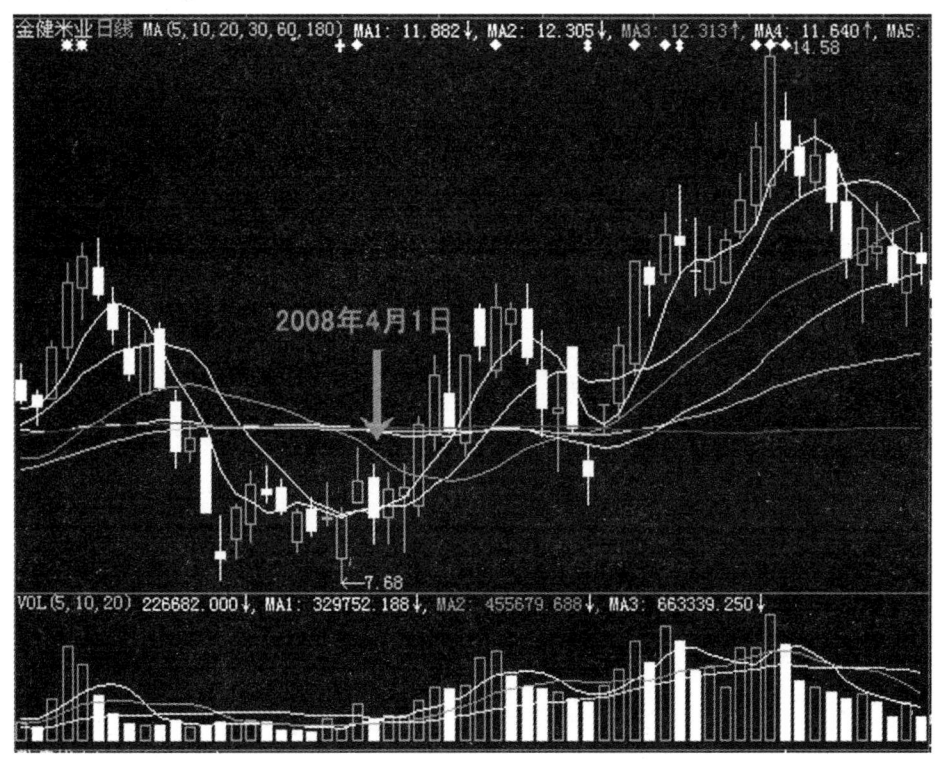

图7-11

2008年初的行情处在大盘暴跌之中，大多数股票泥沙俱下，市场满目疮痍。金健米业在完成一段时期的缩量整理之后，开始放量拉升。该股的炒作过程多种手段综合运用，借助农业股整体板块的炒作，同时大吹题材，如"菜籽油题材个股外加种子农业股"、"受益菜籽油一个月暴涨28%"等。该股在市场十分低迷的时候，将股价步步推高令投资者纷纷入驻。

庄家拉升有几个基本原则，一是拉升速度要快，有时整个升幅只有几根大阳线就告完成，因为快速拉升可以产生"暴利"效应，能更好地吸引场外资金的介入，同时又使股价迅速脱离庄家成本区域。二是拉升要准备好理由，因为庄家拉高股价的目的是为了要让市场接受其股价的变化，最终说服散户投资者在拉高后的价位上接走庄家的筹码。所以，庄家通常都喜欢借助某些利好消息来拉高，甚至编造出某些消息来说服市场，从而使自己的拉升行为变得更加容易。

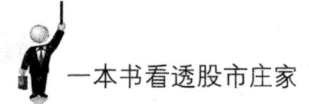

庄家拉升的手法

在拉升阶段，由于庄家已有效控盘，只要用少量资金，就可以让股价上升。在拉升股价步入上升行情中，个股行情起点时的成交量一般都不会太大，而会随着股价的逐步上升而日渐增大，交投日益呈现出一种活跃的状态。在实战中，庄家的拉升，一般有以下几类手法。

一、慢牛式拉升

大多数中长股都以这类方式拉升，其特点是在庄家控盘推动下，股价涨跌有序，震荡向上，一浪高过一浪，状似波涌，股价的低点和高点也都在整个上扬趋势中不断地向上抬高。如图7-12。

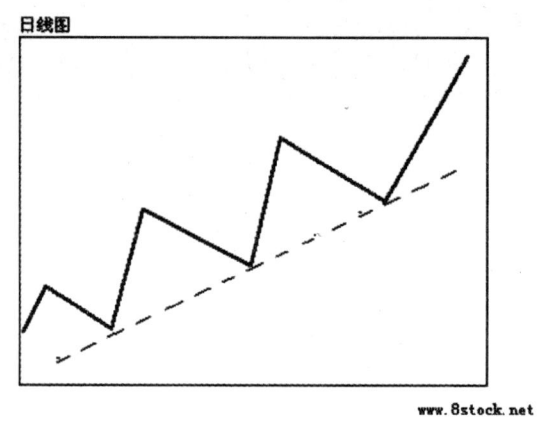

图7-12

庄家在拉升时，每拉一定的幅度，洗一下盘，股价走势呈波浪形上升，而低点一次抬高。采用这种拉升方式的庄家那么实力较强，要么所持股票盘子小。这种拉升方式留下来或新加入的都是意志坚定的多头，此类庄家一般志存高远，有耐心，多为中长线庄家，故采取循序渐进，稳扎稳打的手法。火箭股份（600879）在2007年的走势图如图7-13所示。

图7-13中可以看出，该股的走势呈波浪形上涨趋势，其特点是股价有起有伏，一波又一波，状似浪涌，但股价的低点和高点在不断地抬高，所谓一浪高过一浪。

这种走势看起来平淡无奇，但实际上杀伤力很强，请看图7-14。

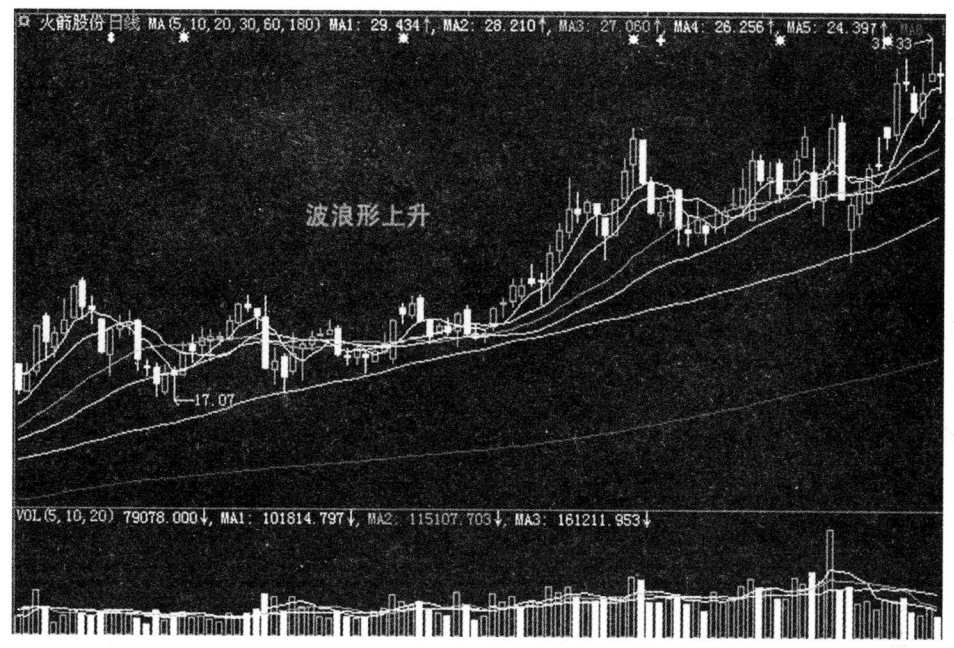

图7-13

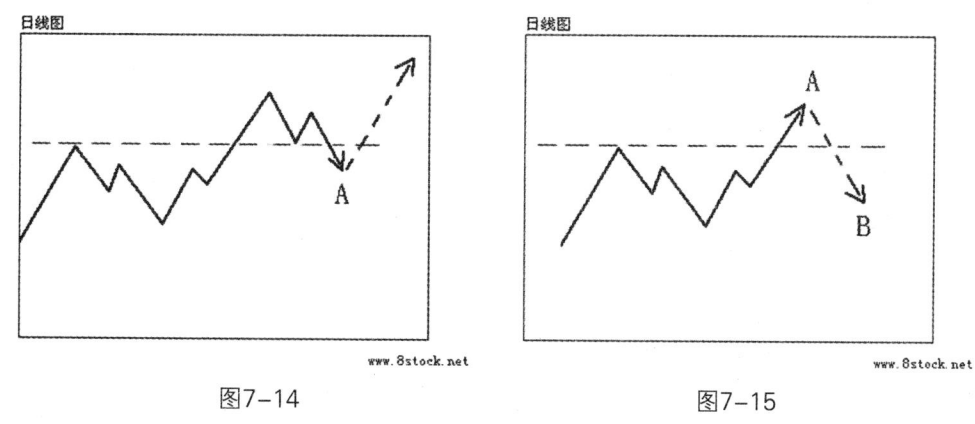

图7-14

图7-15

　　股价出现上述走势，走到A位置时，很多的散户开始慌张了，因为走势不妙，止损位已经跌破，有做头部的可能。但是，庄家就在这时接过散户抛出的筹码，转身往上拉，形成前面讲的慢牛盘上走势。

　　同样，再看图7-15。

　　股价走到A位置，已经突破前期高位，不少的散户开始追进，因为形态已经走好。而庄家突然出货打压，走到B位置，把追高的人立即套住，这也会形成慢牛盘上的走势。

　　从这两幅图可以看出，慢牛式拉升的长庄股很不简单，心态稍微不稳的投资者很容易中计。

识别慢牛式拉升的要领是看形成低点时的盘面表现。看抛压是否自然萎缩。有人认为股价下跌时只要成交量迅速萎缩就不用怕，这个观点是片面的。健康的回调当然应该缩量，但这还不够，因为即使缩量也可以继续下跌，那就是所谓"无量空跌"，表明市场买气极度虚弱，毫无承接力。所以缩量不一定代表抛压减小，也可能代表买盘虚弱，想抛也抛不出去。

健康的缩量下跌过程中，跌势应该逐渐趋缓，到最后，你看到接盘等在那里，但主动性抛盘非常稀少，表现为成交量极小，而股价不跌。这时，我们才说股价站稳了。

需要注意的是，不同的庄家和不同的操盘手以及不同的大势条件和股价不同的涨幅条件下，其浪的幅度和波长将会产生很大的差异。慢牛式拉升中的下杀也可能不明显，而以横盘代替，如同一阶阶的台阶。其拉升的方法是股价拉高一定距离后，便横盘整理一段时间，使得一批没有耐心的持股投资者出局，随后又拉高一段距离，然后又横盘整理，如此多次反复，不断地把股价推高。走势上的日K线呈现一种阶梯的形状。

二、快牛式拉升

我们看图7-16，请与前面的慢牛式拉升比较。

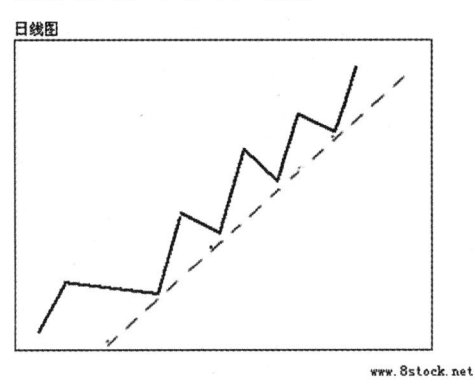

图7-16

与前面的慢牛式拉升方式一样的是，都是低点依次抬高，形成明显的上升趋势。但其差异就在于，快牛式拉升的每一个低点都高于上一个高点，是强劲的上升趋势。而慢牛式拉升每一个低点仅仅是高于前一个低点，但却在前一个高点之下，形成震荡向上的慢牛走势。

快牛式拉升经常表现为逼空式形态，庄家在短时间内，快速大幅拉升股价，股价走势很陡，直线一般地上升。此类庄家一般资金实力十分雄厚，在低位收集了大量筹码，操作手法极其凶狠，常常连续拉大阳线或涨停板，制造井喷式行情，这样既可以节省资金，缩短拉升时间又可以打开上升空间，这种方式多出现在小盘股或部分中盘

股，通常具备投资价值或有诱人的利好题材作为支持，市场基础良好，投资者的迫涨
意识十分强烈。庄家并不在乎剩余筹码的威胁，如果你中途下马立即就会后悔。在此
类K线图上经常会跳空高开形成突破缺口，短期内一般不会回补，其操作的股票一般都
能成为市场中的黑马。

　　比较起来，短线庄家多喜欢采取一鼓作气的火箭式拉升。因为短线庄家拉高关键
是借势（借大市反弹之势，借大市上升势，借利好发布之势，借补涨之势），他必须
乘势推高，否则过了这村就没有这个店了。再说短庄所持筹码不多他洗不起盘，同时
拉高后出货也容易。中线庄家有时也采用这种方式。自然这种方式拉高既要借助特大
利好，又必须发生在市场乐观气氛之中，否则，投资者不会盲目追高。短庄和中庄采
取这种急拉方式要说有什么区别的话就是中线庄家在拉高过程中大幅度的洗盘。所谓
怎么上去的就怎么下来，由于升得急，洗盘中跌势也穷凶极恶。整个升势中，庄家会
较多地利用缺口制造升势。

　　以南宁糖业（000911）为例（见图7-17）。该股2008年2月1日收出一根带长下影
的类十字，次日开始以迅雷之势开始拉升，短短不足1个月时间，股价上涨100%。

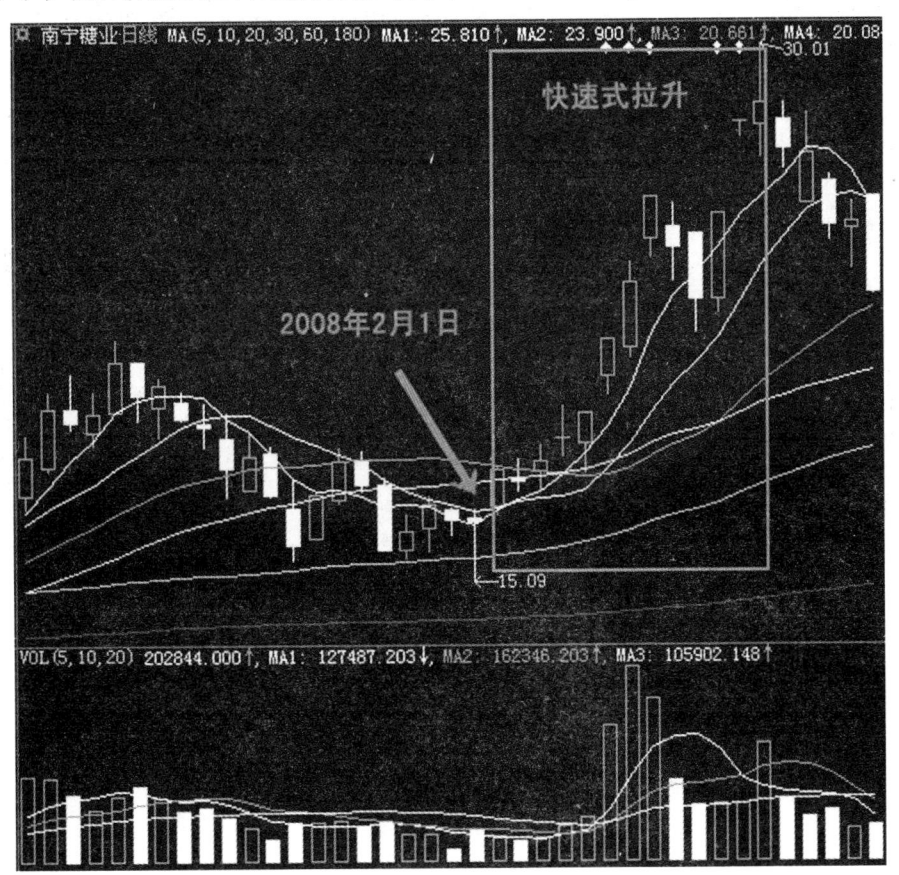

图7-17

对于这类股票，投资者应密切关注，及早介入等涨，否则一旦庄家发力，再想低价买进就不容易了。

这种方法的拉升，一般都是目标股刚好处于市场的热点板块，并且大势也十分火爆的时候。庄家在拉升的过程中，可以保持一段时间内股价不出现明显的回调，从操作效果上来说就是只要抛出就接不回来，或者说要以更高的价格买回，这就意味着随着庄家的逼空，市场上投资者的成本越来越高，当然庄家的成本就越来越低。逼空型拉升的极端形式是火箭式拉升、连续涨停的拉升，见图7-18四川路桥（600039）。

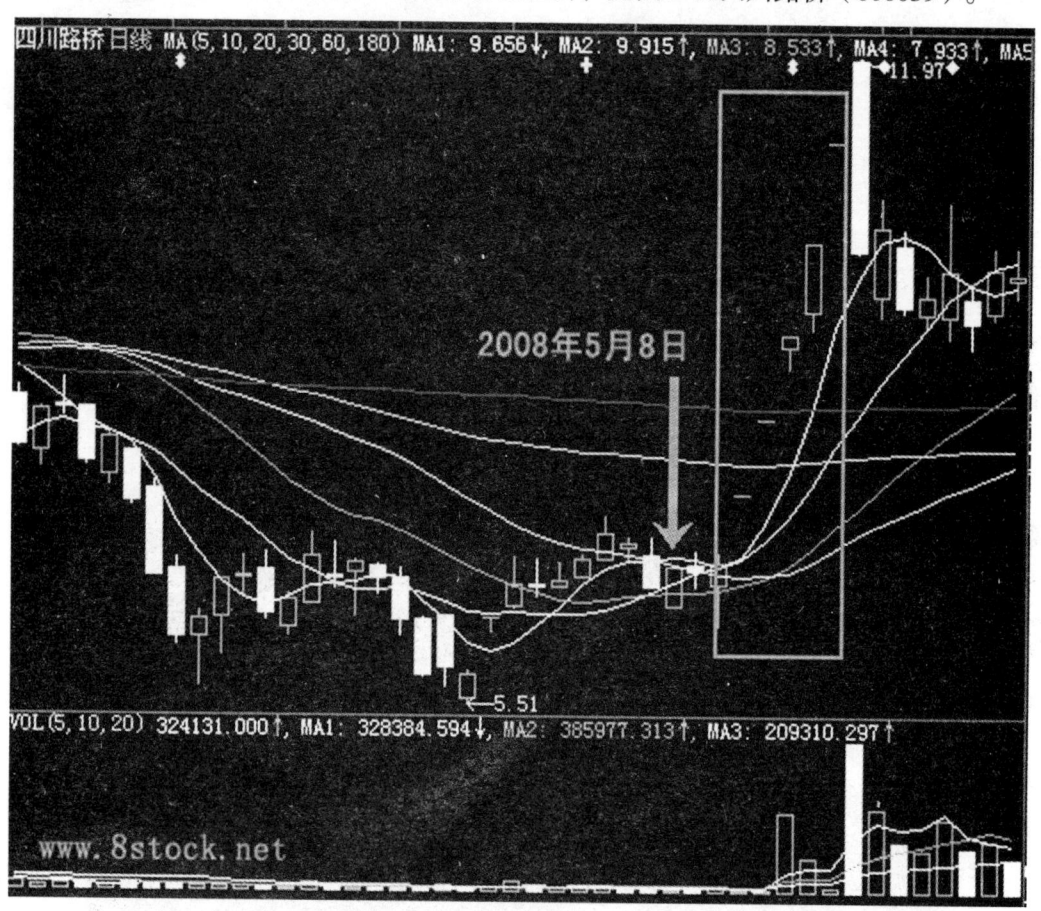

图7-18

庄家拉升时的特征

不管庄家采取何种方式拉升，在其运作的过程中，总是会留下一些较为明显的特征。

一、技术指标特征

主要技术指标处于强势区，具有良好的技术形态，日K线连续飘红收阳。例如，ST罗顿（600209）拉升阶段的走势。

从图7-19看，图形符合庄家拉升时的技术特点。先是小幅打升后连续三天震仓洗盘，显著特征是价跌量缩。随后庄家又发力上攻，连拉阳线，成交量逐步扩大。价格均线系统呈多头排列，MACD、KDJ等技术指标均处于强势区，图形走势很漂亮。

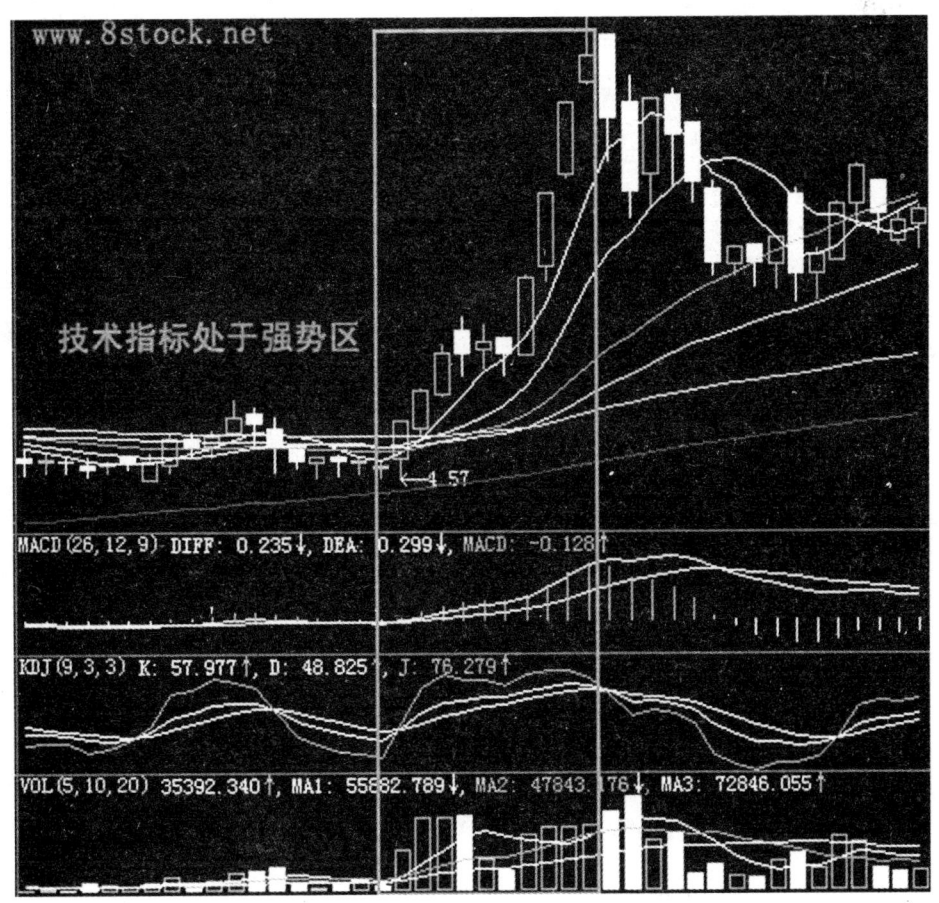

图7-19

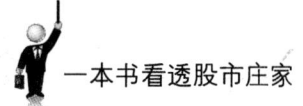

二、均价线系统特征

均价线系统在拉升时呈典型的多头排列，5日、10日均价线上升角度陡峭，一般都大于45度。收盘价在3日均价线上运行，股价是短期大黑马；收盘价站在5日均价线之上，股价是大牛股。5日、10日、30日、60日均价线呈有序多头排列，股价向上运行。这段行情中，股价往往表现为主升浪，短中期升幅可观。

三、成交量系统特征

成交量稳步持续放大，呈现价升量增、价跌量缩的特点，价量配合良好，在这段时期内，成交量整体保持活跃，市场投资者积极参与，人气旺盛。

四、K线系统特征

在拉升阶段中，庄家经常在中高价区连接中、大阳K线，阳K线的数量多于阴K线的数量，阳K线的涨幅实体大于阴K线的跌幅实体，日K线经常连续收阳，股价时常跳空高开，并且不轻易补缺口。日K线形态中常出现红三兵、上升三部曲、大阳K线等。

五、盘口特征

一般来说，庄家在拉升阶段盘面上常会出现以下特征：

（1）经常在中、高价区连拉阳线。进入主升段之后，为了给将来出货制造出更大的空间，庄家会大幅拉升股价。日K线表现为连续的阳线，这样可以使持股者更加看好后市，坚定持股信念，等庄家出货时仍然不怀疑。另外，连拉阳线，股价大幅上涨，容易聚敛人气，庄家在高位派发时仍有人接手。

（2）向上进攻时，庄家经常在买一、买二、买三和卖一、卖二、卖三位置上同时挂出大单子，成交量大幅放大，把买卖价位不断上移。个别个股在分时图上沿45°角上涨。

（3）从分时图上看，开市后不久或收市前几分钟，会出现拉升现象。若在开市后30分钟内即拉升涨停，有利于庄家以较少的资金达到拉升的目的。由于此时离底部区域不远，一旦庄家拉升涨停，会吸引场外短线资金介入，降低庄家拉升成本。尾市拉升一般刻意的成分居多，其目的是为了显示庄家的实力，吸引散户注意力和跟风盘，或者为了做K线图和好的技术形态。

（4）经常跳空高开形成上攻缺口，且短线不予回补。股价进入主升段后，由于看好的人越来越多，愿意出比前一日收盘价更高的价格买入，这样就会造成股价向上

跳空开盘，且在买盘推动下往上高走，股价走势图上留下上攻缺口。这些上攻缺口短期内不予回补，这是因为持股者绝大部分是中长线投资者，此时股价涨势正旺，他们是不会轻易卖出手中股票。有一小部分刚介入的短线跟风者，由于持股成本高，几乎没有或者很少有盈利，所以短期内也不会轻易卖出股票。再者，庄家拉升目标还没达到，也不会大量派发，即使有出货，也只是很少部分，用它们来吸引跟风者上钩。

（5）强调快速、具有爆发性的拉升。个股在启动初期，经常出现连续轧空的走势。同时随着行情的展开，成交量连续放大，构成突破初期的另一个盘口现象。对这一类庄家来说，时间比资金更重要。同时快速拉升容易产生暴利效应，能够更好地起到诱惑跟风盘的作用。

（6）个股行情一旦启动，其走势明显独立于大盘或者板块，而且多发生在大势较好的时候。此时大盘表现好，能够吸引场外资金介入，有一定的人气支撑。一旦这类个股走强于大盘，将吸引更多的散户跟风。

（7）当庄家企图大幅度拉升股价的时候，会通过媒介或者"庄托"放出题材，散布各种利好消息，并联系大户助庄，制造成交量放大的表象，吸引跟风盘买入。

（8）短线庄家拉升，最关键的是借势，而且很多拉升现象发生在尾盘，同时手法简单，以狠、快为主。庄家拉升的速度，有时候快得让追风盘不断撤单买入还难以追进，直到最后达到理想价格的时候，才会让追风盘买入。

（9）中长线庄家拉升，由于坐庄时间周期比较长，往往会高度控盘。其目标利润定得也比较高，而且手中掌握的筹码比较集中，其拉升时的盘口通常独立于大势。中长线庄家拉升时的操作手法不温不火，碎步拉升，一轮拉升需要较长时间。这一类庄家操作到后期，涨幅越来越大，上升角度越来越陡，成交量也越来越大。这类股票要么在高位慢慢横盘出货，要么就是等待除权，使得股价相对便宜时再出货。

（10）实力强大的庄家，会在买一、买二、买三放巨额买单，封死股价下跌空间，散户要想买入，只能买高价的卖单，这样无形之中帮助庄家拉升了股价。

（11）经常在通过前期某一阻力位（区）时会进行震荡整理以消化该阻力的压力，而且突破之后又将加速上扬。前期阻力位（区）对庄家拉升来说，是不得不考虑的地方，因为许多股民容易受习惯性思维左右，会把前期阻力位（区）看得很重要。他们会认为，既然以前股价到了此处会受阻升不上去，大概这一次也不会改写历史，所以在股价接近阻力位（区）时随时准备了结出局。如果这样，就可能导致庄家的拉升半途而废，不得不付出沉重代价。为避免股价拉升到前期阻力位时引发大量抛盘，庄家通常会采取震荡整理的措施，以消化该阻力的压力。一旦阻力被充分消化，在庄家的拉抬下，股价会放量突破阻力位（区）并且加速上扬。

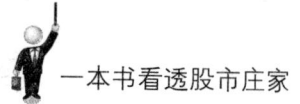

实战技法：天梯抓庄股的主升段

相信大部分股民朋友都曾经买到过黑马股票，但可惜没有掌握"驭马"之道，不懂得何时该"上马"，何时该"下马"。驾驭不了烈马，被途中的洗盘动作踹下了马背。有没有好的"驭马"之术，可以有效地回避洗盘，顺利地抓住黑马的主升段呢？这里笔者介绍"曹氏八线系统"中的实用技法："天梯"。

一、何谓"天梯"

在实战中，我们发现正处于拉升过程中的庄股，也就是一些强势"黑马"，其运行轨迹总是有一定的规律，途中虽然经过多次的震仓、洗盘，但股价仍不会跌破该轨迹。如同攀附着一条无形的"天梯"在向上运动。

我们以2007年大牛市中出现的高价第一黑马中国船舶为例如图7-20所示。

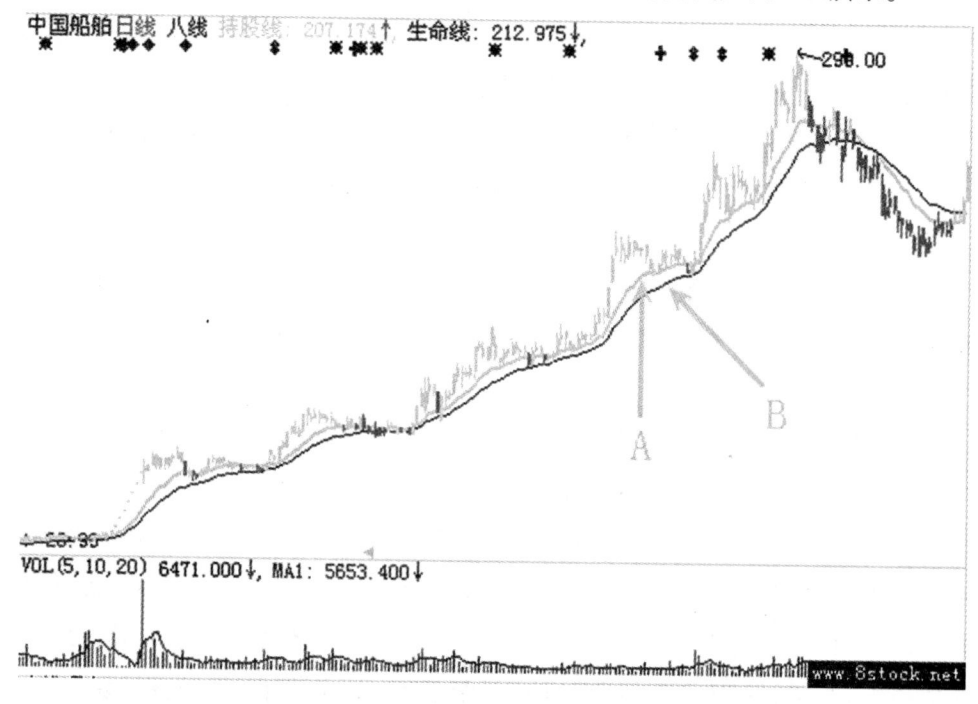

图7-20

我们将中国船舶2007年走势图的均线稍加变化，就演变成了这幅图。这幅图中，大家发现什么奥秘没有？对的，那就是图中A、B两根均线如同上山的一条蜿蜒"天

路"，稳稳托着股价上升；也如同一条"天梯"，一直把股价送上云端。而当两线交叉、"天梯"结束之时，也是上升段结束之时，我们应当顺利下马。

　　这个方法可以顺利抓住大多数"黑马"的主升段，成功地避开庄家残酷的洗盘。图中A、B两根均线分别是"曹氏八线理论"中"八线操盘系统"的持股线与生命线（八线理论详见本人其他拙著）。

　　趋势理论我们可用投资者心理活动进行分析。在股价上升时，市场一片看好，大家都在等回档时买进，心理价位逐步提高，在回落到前一低点之前，强烈的买气阻止了股价下跌而回升，使股价波动低点逐步提高，这种上涨的心理造成了上升趋势；当股价下跌时，人们一片看坏，投资者均等待反弹时出货，心理价位逐步下移，在回升到前一点高点之前，已经有大量筹码等待卖出，使股价逐波回落形成下降趋势。

　　用画趋势线的方式来研究中短期趋势往往已经慢了半拍，走失了最好的入货和出货机会。在曹氏八线理论中，使用均线的方式来研究趋势，实战中取得了极佳的效果。曹氏八线理论中"八线操盘系统"涉及7根均线，在本章中用到了3根均线，分别是七天线、持股线和生命线。这三根均线都是指数加权移动平均线（即EMA），而非简单算术移动平均线（即MA）。三线的参数值分别为：

　　七天线：7。

　　持股线：15（牛市13）。

　　生命线：25。

二、"天梯"的设置方法

　　"天梯"的设置方法，我们以大智慧经典版为例（其他股票软件大同小异）：

　　在智慧经典版中，从菜单栏上的"功能"，进入"自编指标"，选"新建"，出现图7-21。

　　图7-21中公式名称为"BXXT"，"主图叠加"框选，在编辑框里输入：

　　七天线：eMA（CLOSE，7），colorwhite；

　　持股线：eMA（CLOSE，15），colorred，linethick2；

　　生命线：eMA（CLOSE，25），colorgreen；

　　（注意：许多读者反映在软件中设置后出现"未定义的标识符"的错误提示，这是因为输入的标点符号为中文标点后出现了错误。上面公式的标点都为英文标点。）

　　如在牛市中，持股线数值应为13。输入完后，点"确认"，八线系统指标设置完成。进入日K线界面，在键盘上敲入"BXXT"，回车确认；若想恢复常规的均线设置，在键盘上敲入"MA"，回车确认即可。

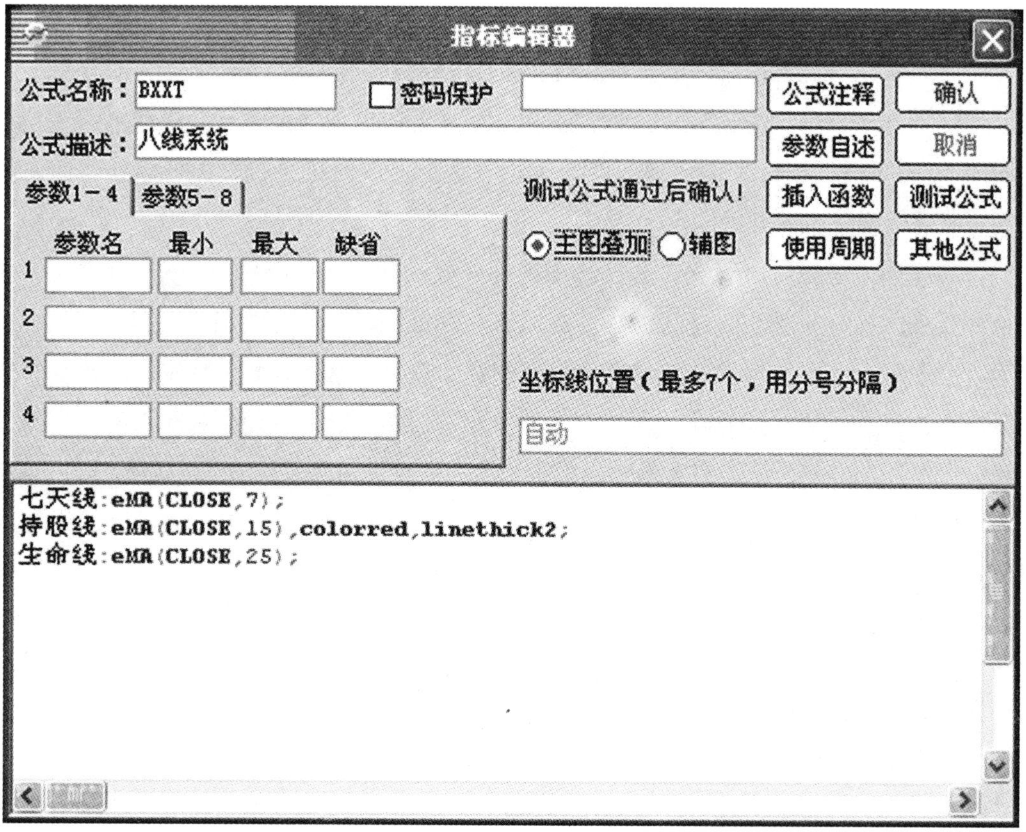

图7-21

这样设置之后，在日线图中，大家可以看到三根线，白色线为七天线，红色线为持股线，绿色线为生命线。

三、"天梯"实战抓牛股

下面我们就来讲一讲"天梯"的具体用法。

1.中长线行情

持股线与生命线拐头向上，持股线向上突破生命线，形成黄金交叉，该点为天梯的起点；股价向上拉升，直至某一日持股线向下跌破生命线形成死叉，形成了天梯的终点。

如图7-22所示，凌钢股份（600231）在2007年6月至11月的走势图。

2007年7月23日，该股长阳涨停，拉出巨阳线，成交量大幅放大。次日，持股线向上突破生命线，形成图中的起点，天梯打开，此时持股线和生命线已经拐头向上。随后该股一路向上，上涨途中的数次中阴、长阴洗盘曾跌破持股线与生命线，但天梯未断可一路持有。9月18日形成阶段高点12.45元，这天收出长阴线，K线形态上为"乌云

盖顶"，成交量收出天量，熟悉庄家操作的朋友应该可以立刻嗅出庄家出货味道，迅速离场。如果无法判断庄家形态，依据天梯的死叉也同样可以及时逃出，如图中的终点位置，持股线下行跌破生命线，卖点发出。

图7-22

2.短线行情

在短线操作中，可使用七天线与持股线作为天梯的参照均线。即，七天线与持股线拐头向上，七天线向上突破持股线，形成黄金交叉，该点为天梯的起点；股价向上拉升，直至某一日七天线向下跌破持股线形成死叉，形成了天梯的终点。

如图7-23，金发科技（600143）在2007年12月至2008年1月的走势图。

2007年12月5日，金发科技收出放量阳线，七天线与持股线都已经拐头向上。12月10日，七天线向上突破持股线，形成黄金交叉，买点出现。随后该股连续拉升，中间几乎没什么停顿。至2008年1月21日，两线已经向下，七天线死叉持股线，此为天梯的终点，应该卖出。

图7-23

四、实战操作注意事项

1.两线均已经拐头向上，中短期的上升趋势已成

庄股进入主升段都已经形成上升趋势，均线系统呈现典型的多头排列，天梯两线的上升角度陡峭。庄家建仓阶段属于"鱼头"部分，可以舍弃不要。庄股的主升阶段涨幅大，速度快，且较为安全。由于主升段是庄家迅速脱离成本区，为未来出货腾空间，庄家在这个阶段一般很少洗盘。即使途中洗盘，庄家为了避免更多的散户上轿，股价也不会跌破天梯的双线，股价总是沿着天梯上涨。

判断中短期的上升趋势是否形成，也可以借助八线理论中的"右侧交易法则"，即依助七根均线一起确立趋势。

2.天梯适用于牛市行情抓强势黑马

熊市中出现的信号较少，该方法无用武之地。个股横排或震荡时，上升趋势未形成，这时天梯的双线会频繁出现金叉、死叉，可操作性不强，这时强行介入，赚到的零头可能还不够进出的路费。

而牛市中，黑马主升段都将出现天梯走势。如2007年的大牛市，黑马一抓一个准。

如兰花科创（600123）在2007年牛市中的走势图。

图7-24可以看到，使用天梯看形势，可以不必担惊受怕，也不用担心被黑马过早

地踢下马来。2007年5月30日的回调也可以安心持股，在2007年的这段行情基本都可以吃足，直至10月24日死叉形成，可再行卖出。

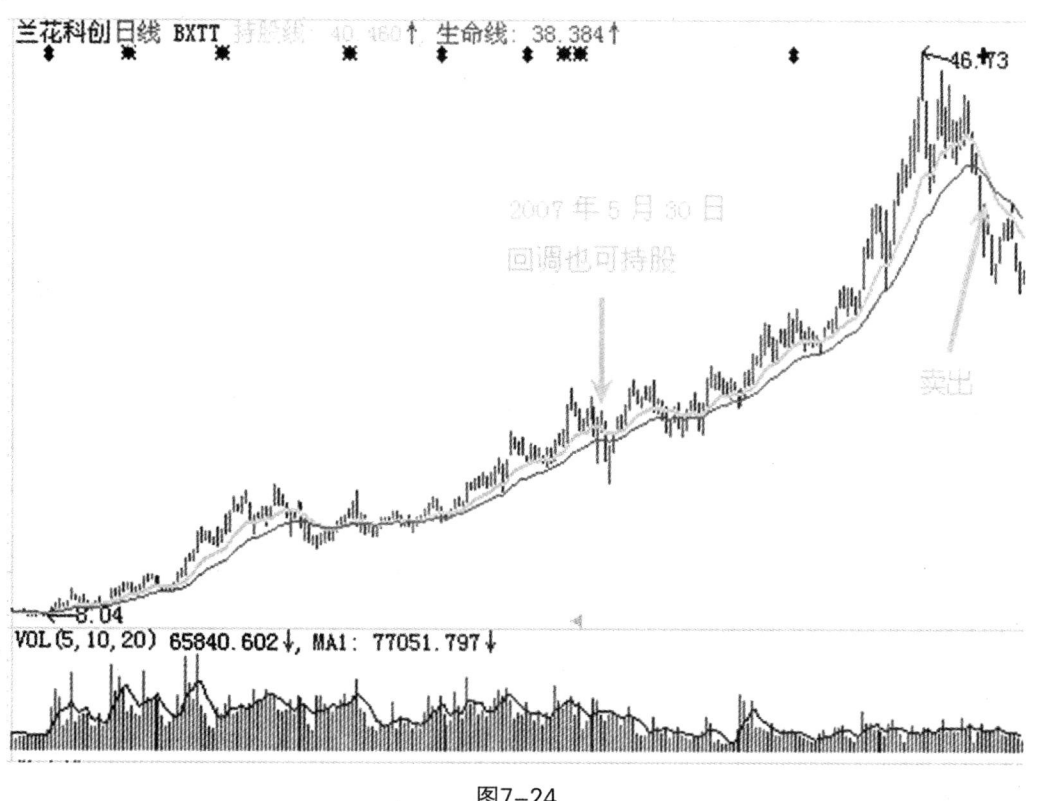

图7-24

3. 天梯持股关键在于"天梯不断"

"天梯不断"是指天梯的双线金叉之后，可一路持股，直到双线死叉。即，持股线向下跌破生命线（或者是短线操作中七天线跌破持股线），这个时候才是天梯断开，应该及时卖出。

这点与八线操盘系统中的"线上持股、线下持币"不同，"天梯不断"中股价也可以跌破持股线和生命线。

如图7-25所示，北巴传媒（600386）在2007年的走势图。

北巴传媒在2007年股价最高翻了3倍有余，我们使用传统的方法操作该股，则很可能在途中被庄家残酷的震仓、洗盘等动作摔下马来，如果用天梯抓黑马的方法，则该股可中线一路持股，在图中的A点位置（2007年4月11日），曾一度连收三根阴线，股价先后跌破持股线和生命线，持股信心不足的朋友这个时候早就"落袋为安"了。随后该股抛出重组题材，拉出数个涨停，被震下马的后悔不已。而使用天梯来看，A点天梯未断，上升趋势良好，可持股不动。同理，B点C点亦可持股不动，直到D点卖点发出。

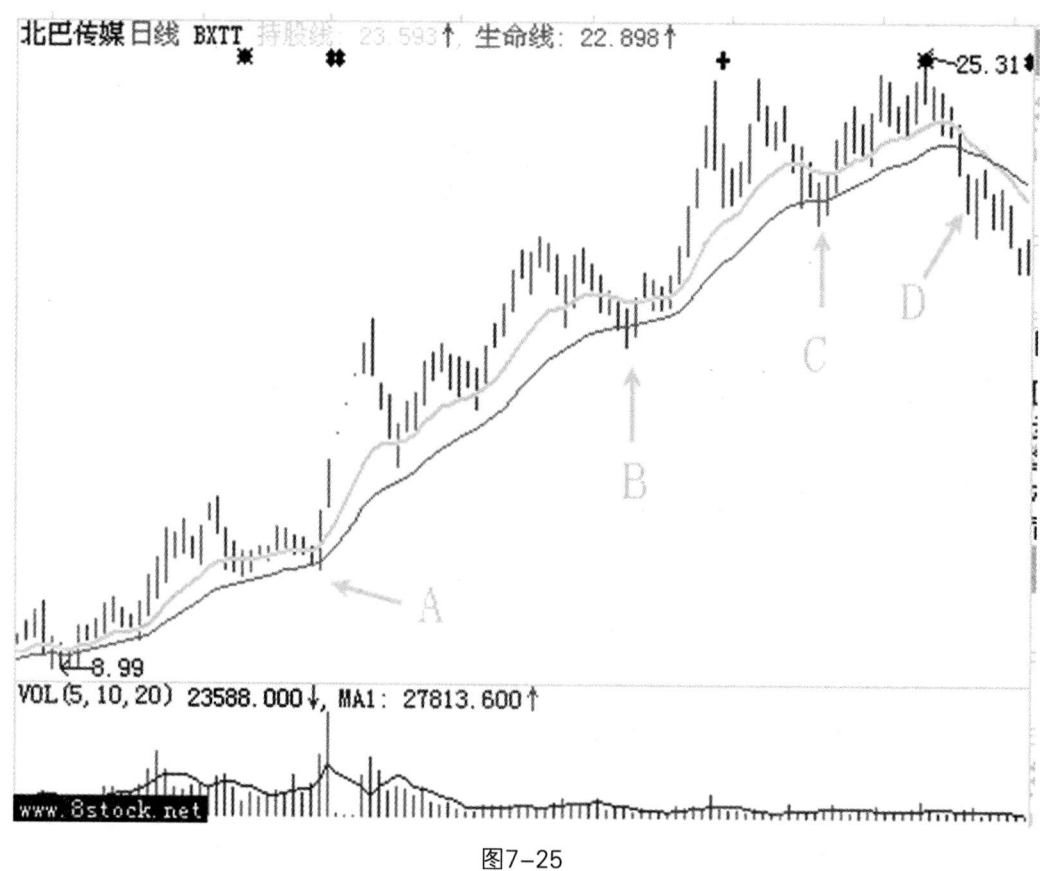

图7-25

4. 注意卖点

如果双线的死叉发出，即，持股线向下跌破生命线（或者是短线操作中七天线跌破持股线），这个时候天梯断开，无论是获利还是亏损，都应该及时出逃。另外，从上文举出的例子可以看出，使用天梯断开的卖出方式，并不能卖在最高位，二是在最高点出现之后，延迟了一段时间，一般只能卖在次高点。这并不符合八线理论中的"不吃鱼尾"的理念，可结合跟庄理论中的庄家出货特征卖出，效果更佳。

实战技法：长牛线抓长线黑马

武侠小说中的比武，武林高手都讲究欲发先收，以静制动，后发制人。以静制动在孙子兵法中意思是说，以自己的严整等待敌人的混乱，以自己的镇静等待敌人的轻躁，这是掌握军心的方法。以静待哗、按兵不动是历代兵家惯用的谋略。在股市中，投资者对待长线牛股的洗盘，以静制动，能将庄家杀气化为无形。

一、庄家最怕什么

在这个激烈搏杀的市场中，庄家和散户永远是对立的双方。股票的差价就是庄家的盈利来源，这种差价绝不是天上掉下来的馅饼，往往就是散户手中的钞票。散户在市场中要生存，就必须要面对庄家。作为一个散户，在分析、研究、资讯、资金上都不是庄家的对手，但庄家哪怕穿有铁布衫，一样有不为人知的死穴。庄家最怕什么呢？庄家最怕你不看他！

对于庄家来说，散户不看他，庄家的一切表演都是徒劳的，这就是庄家的死穴。散户之所以斗不过庄家，是因为庄家深知散户的贪婪与恐惧，庄家的阴谋通过操盘手传递给散户。庄家可以让盘口别有洞天风起云涌，可以让K线图青面獠牙。只要你睁开眼睛看，你就会患得患失，你就会神魂颠倒，你就会惶惶不可终日。在股市这个大舞台上，庄家就是卖座的大明星，而散户则是忠实的观众，庄家在台上没天没日地尽情表演。但庄家没有观众的时候，也就预示着他生命的终结。

二、长牛线原理及设置

笔者这里介绍的是"曹氏八线系统"中的实用技法：长牛线。八线操盘系统有一根长牛线，这是一根指数平滑移动平均线（ema），参数值是235。在前几章我们曾对七天线、持股线和生命线有过介绍，按照同样的方法介绍八线的设置。

在智慧经典版中，点菜单栏上的"功能"，进入"自编指标"，选"新建"，出现图7-26。

如图7-26所示，公式名称为"BXXT"，"主图叠加"框选上。在编辑框里输入：

七天线：eMA（CLOSE，7），colorwhite；

持股线：eMA（CLOSE，15），colorred，linethick2；

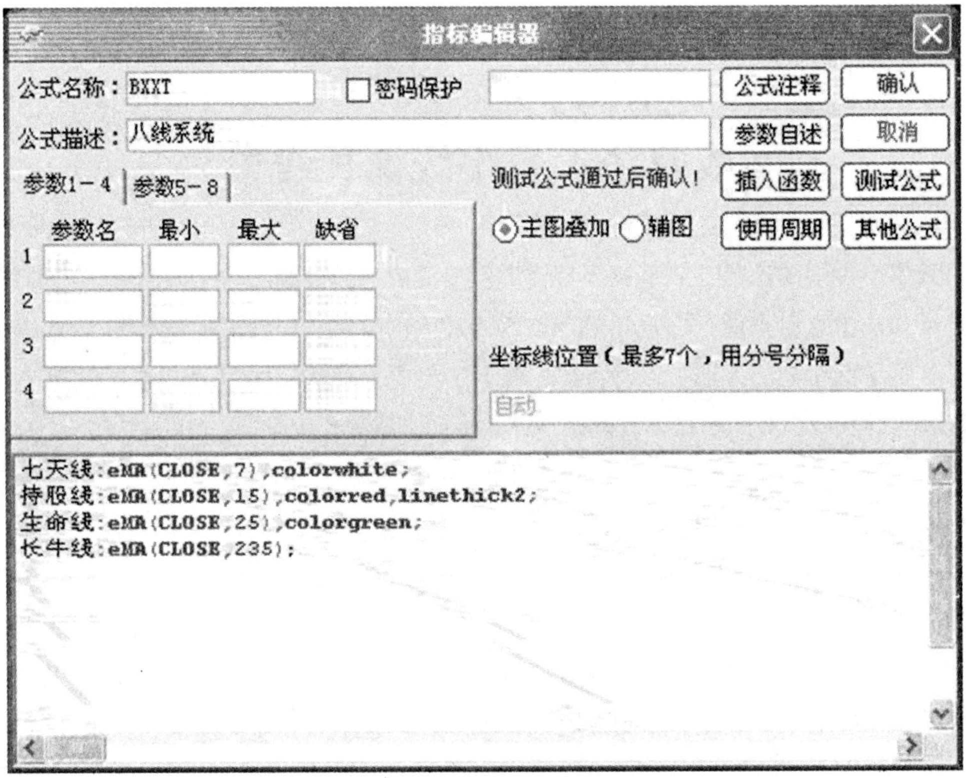

图7-26

生命线：eMA（CLOSE，25），colorgreen；

长牛线：eMA（CLOSE，235）；

（注意：同样，标点都应为英文标点。）

如在牛市中，持股线数值应为13。输入完后，点"确认"，八线系统指标设置完成。进入日K线界面，在键盘上敲入"BXXT"，回车确认；若想恢复常规的均线设置，在键盘上敲入"MA"，回车确认即可。如果您前面设置过八线系统，则只需修改公式。

在不考虑成交量因素影响的情况下，长牛线的数值也就是235天的平均交易成本。长牛线的作用主要是用来判定大盘及个股大的趋势。假如股指（或股价）在长牛线之上，同时长牛线又保持上行态势，说明这时大盘（或个股）处在上升阶段，当前股价已经高于这235日内建仓投资者的平均成本，绝大部分资金处于盈利状态，表明行情向多。

在前面的文章中，笔者重点提到了趋势理论。在庄家坐庄的过程中，庄家可以翻江倒海、花样百出，几乎所有的技术指标、分析工具都可能用来骗线，都可以成为庄家表演的道具。但庄家唯一不可隐藏的便是趋势。庄家无论怎样洗盘、震仓，最后都要将股价拉上去。长牛线表示的是股价的中长期趋势，一旦长牛线走平而转头向上，表明该股前期的调整趋势已经改变，正逐步演变为上行的趋势。

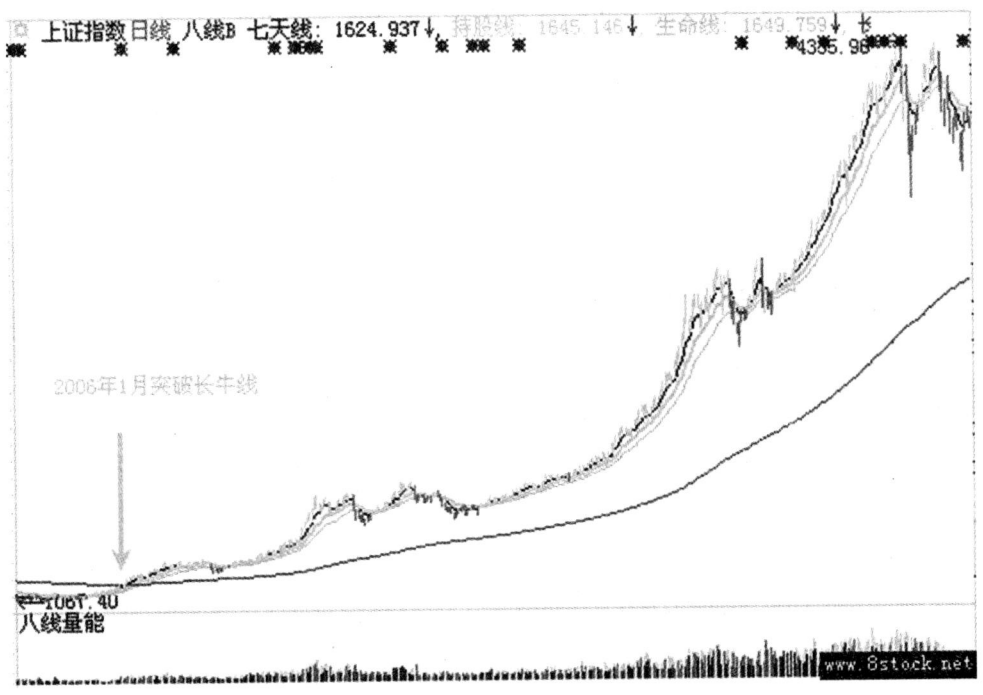

图7-27

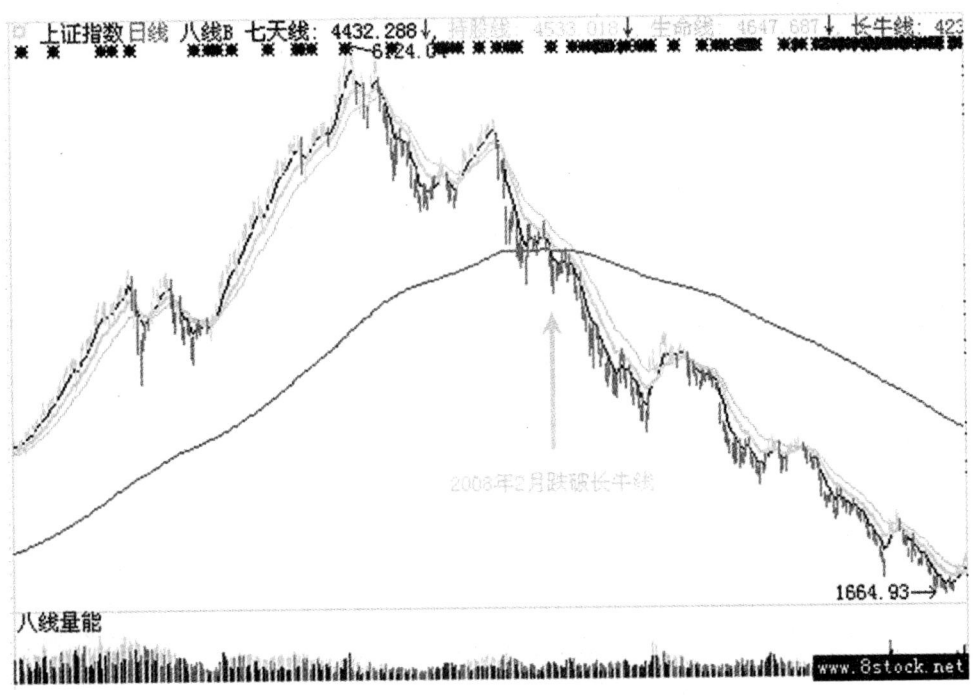

图7-28

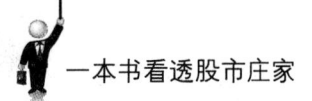

如上图7-27、图7-28。

上证指数在2006年1月突破长牛线，长牛线走平开始向上，趋势扭转，一轮牛市行情开始发动。上证指数从突破点的1000点附近，最高涨至2007年10月的6124点，涨幅之大，前所未有。

直到2008年1月底第一次跌破长牛线，2月第二次跌破长牛线，长牛线趋势开始转头向下。若配合八线操盘系统中的牛熊线，也就能正确识别熊市已经确确实实来到眼前了，也就可以躲过一年时间内跌幅70%以上的深幅调整了。

三、捕捉牛股实战技巧

八线系统的长牛线是用来捕捉长线黑马，适合长线跟庄的投资者使用。长线跟庄是笔者非常主张的一种跟庄方式。但长线跟庄的前提是必须找对庄股，如果跟了一个无庄的死股，或者跟上了出货尾声、庄家表演完毕的股，那将是痛苦的开始。以长牛线跟庄的要点如下。

1.长牛趋势形成

个股的趋势笔者在前几章说得非常多了，可结合使用。在本章我们使用长牛线抓牛股，选择的一个主要特征就是长牛线由下降变为走平后，开始转头上行。

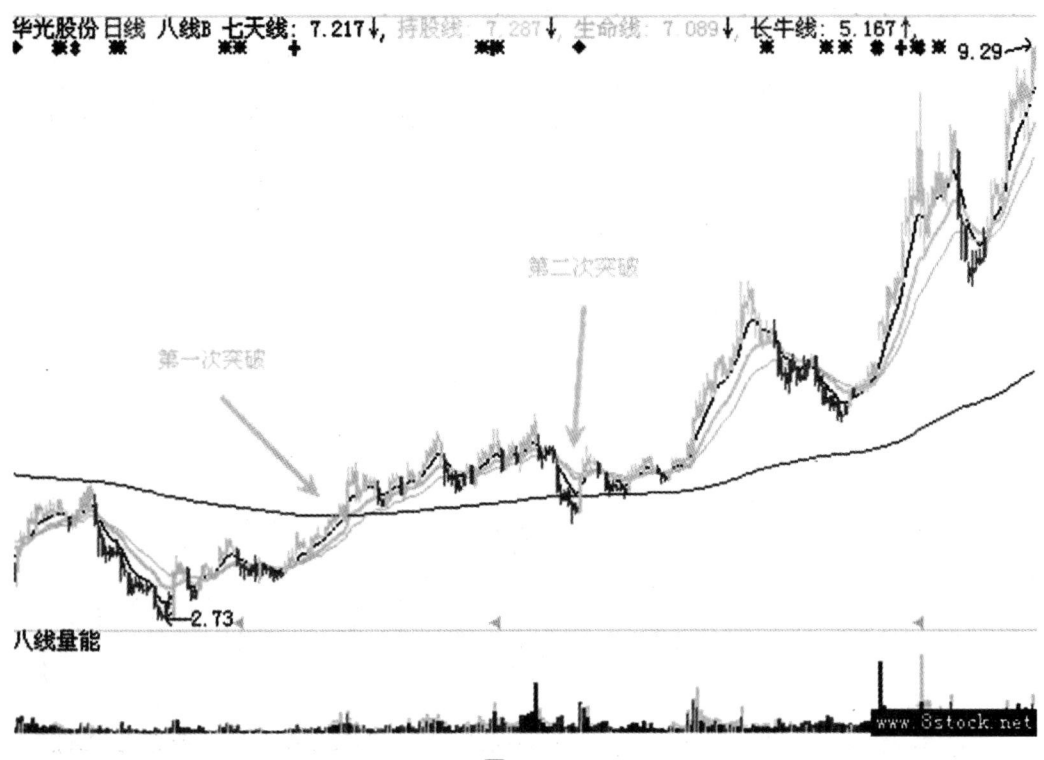

图7-29

2.买点

当第一个提交符合后，等待股价突破长牛线，即可介入。当然也有可能是股价先行突破长牛线，或者两者同时满足。只有两个条件都出现，才能形成买点。如图7-29。

华光股份（600475）在图7-29出现股价第一次突破长牛线，那么此处是否是买点呢？我们对照发现，长牛线仍在下行，中长期均线都未走好，上行趋势通道未打开，长牛趋势未形成。随着股价的震荡上行，长牛线已经逐转头向上，上行趋势开始形成，图中第二次突破的时候是绝好的买入机会。

图7-30为突破后的走势图，可以看出，长牛线向上后，股价一路上涨，最高涨幅接近7倍，可谓暴利牛股。

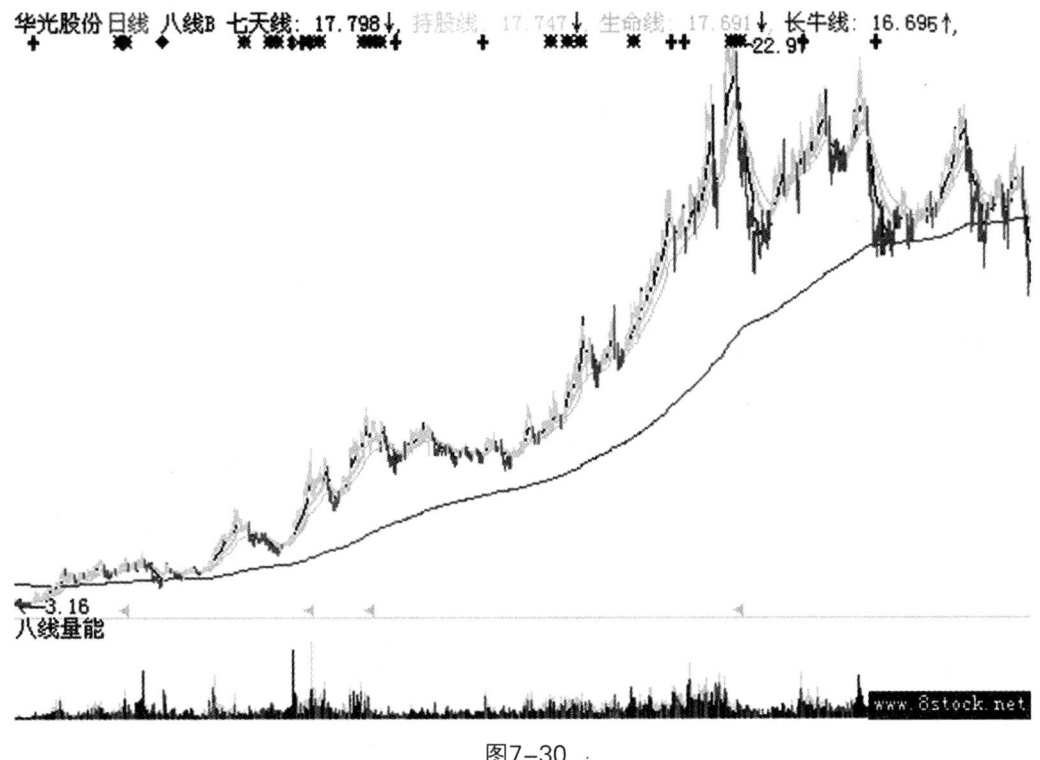

图7-30

3.卖点

卖点选择在股价上涨空间达到100%，120日线均量线跌破。这个100%的涨幅是由庄家的成本和获利来确定的，具体计算方法可参见笔者其他拙著。

如图7-31白云机场（600004）2006年年底至2007年的走势图。

该股在2006年9月开始股价站稳长牛线，而长牛线也结束了长期的下降走势开始走平，但此时长牛线此时并未转头上行，不符合买入条件。2006年12月底，该股长牛线开始了转头，买入信号发出，可在靠近长牛线附近低吸。随后该股开始一段漂亮的上涨行情。

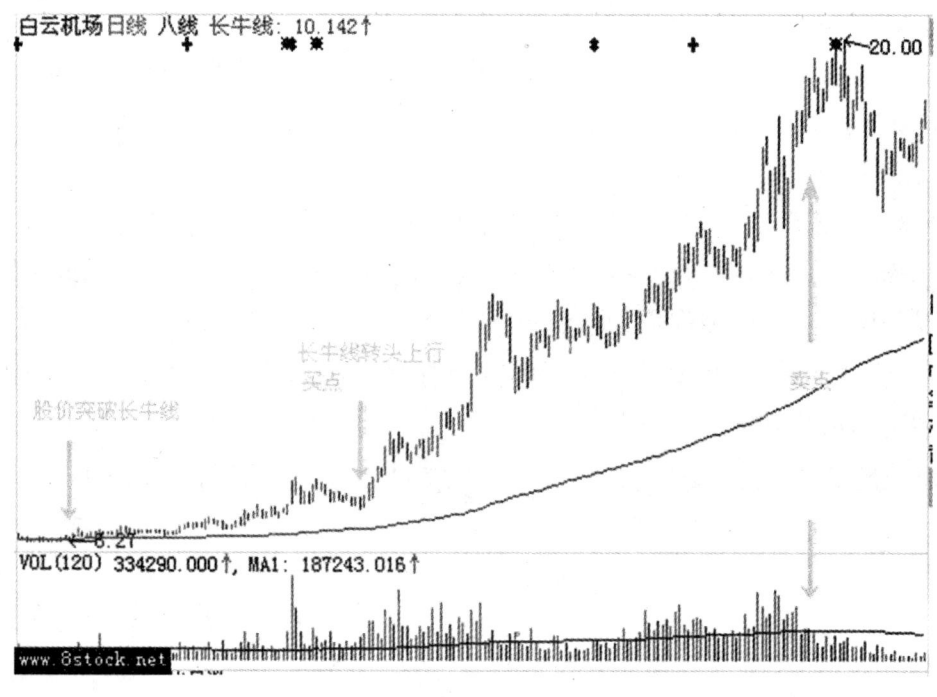

图7-31

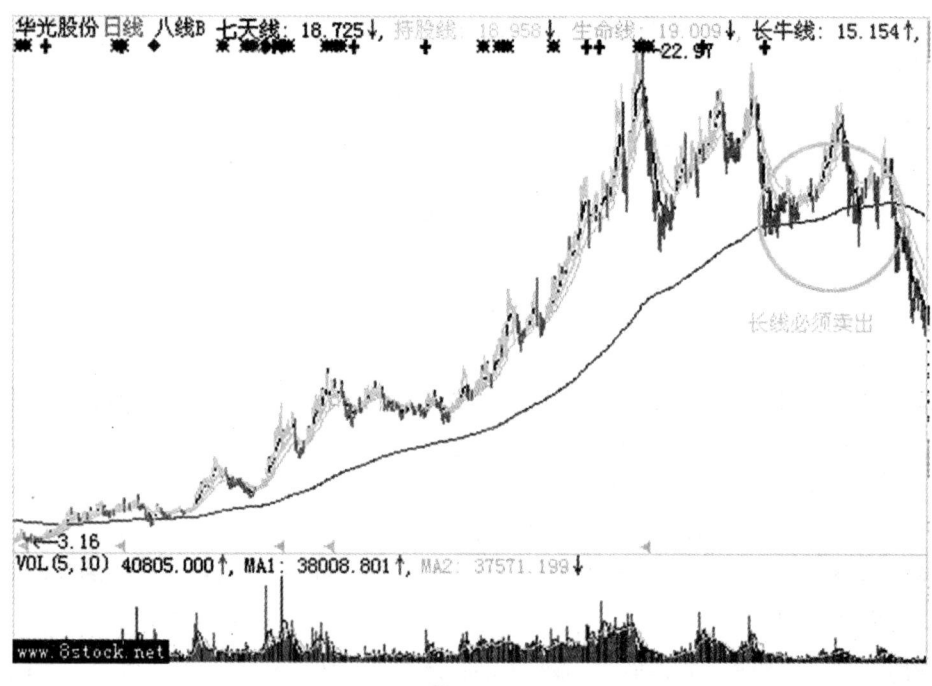

图7-32

白云机场如上图所示的位置，2007年6月初，相较买入点，该股涨幅已经超过100%，成交量已经落到了120日均线下方，卖点发出。当然，该股随后处于2007年的超

级牛市中，庄家的目的达到了，该股也没有马上死掉，仍处在震荡之中。

可见，卖点的选择也非绝对，正确的判断大盘行情可以多吃一段鱼头。如上文华光股份如图7-32，上行趋势未尽之时不必卖出，选择持股，利润空间将更大，但一旦长牛线下行、股价跌破长牛线，是长线必须卖出的时机。

以静制动：庄家杀招化为无形。

2006年至2007年，中国A股市场经历了一场波澜壮阔的大牛市，涌现了无数的大牛市。在当时我们常常可以听到这样的例子，张三买了一只大黑马，股价最高都涨了10来倍，可惜卖得早了点；隔壁的王大妈在2005年的时候有一只股票3块买的，到了2007年涨到了30多块没有卖，到2008年又跌回3块了……这样的例子很多，很多的投资者都曾经拥有过长线的牛股而没有把握住，主要表现在卖早了和卖迟了。卖早了的，多半是途中被庄家野蛮的洗盘给清洗出场；卖迟了的，是长线庄家已经出局还浑然不知。

要判断庄家的动作确实不容易，庄家如狡兔般来无影去无踪。坐庄虽只有吸货、洗盘、拉升、出货几步曲，但可不断玩出新花样。可以说，每只庄股手法都不会完全相同，即使专家总结出100种洗盘手法，下次庄家又可创造出你见未所见、闻所未闻的101种手法，所谓道高一尺，魔高一丈。对于符合长牛线走势的长线牛市，我们大可以以静制动，化庄家杀招于无形。

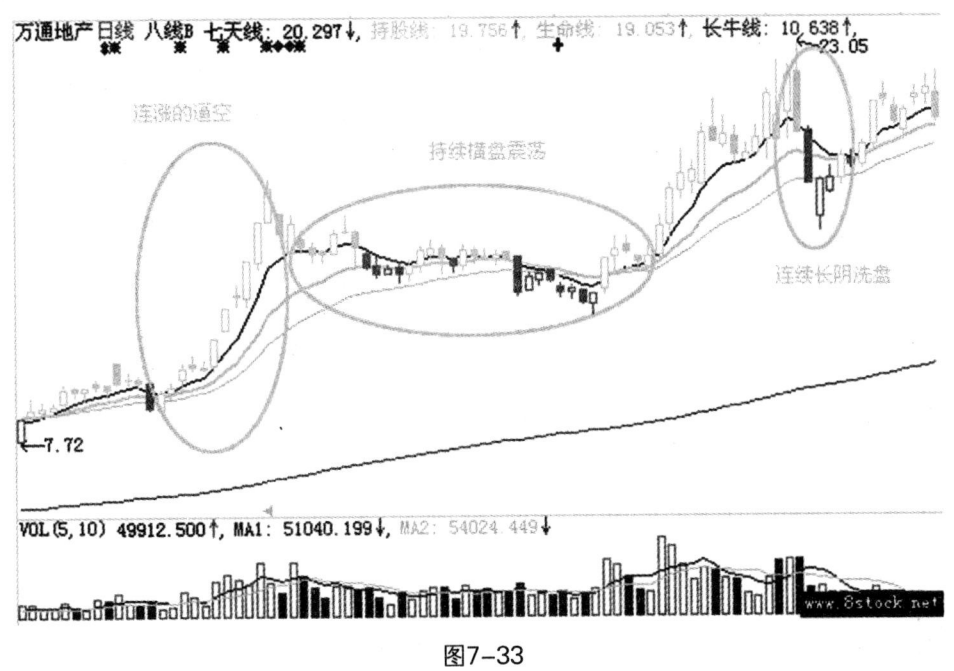

图7-33

如上图7-33，万通地产60246在2007年的走势图。

该股在2006年年底至2007年年底的大牛市环境中，按照还权价格计算，最高涨幅达到了6倍。但作为投资者，能否吃到这只长牛股的大部分呢？如图中，您如果持有该只股票，能否抵挡住连续数个涨停的逼空？能否忍受两个月横盘震荡的孤独？能否忍耐连续跌停的长阴洗盘？如果身处其中，恐怕就很难说清楚了。如果我们使用长牛线持股，就没有这么多烦恼了。如图7-34所示。

图7-34

可见，庄家的洗盘手法虽然千变万化，花样不断翻新，但由于长牛线代表的是股价的中长期趋势，一旦反转上行，基本可以确定该股后市将曲折上行。根据长牛线的两个条件，可以伏击到大批中长线庄股，而且能在长线黑马启动初期便先入一步，早早上轿。期间不必理会庄家的其他花招，卖点一出，便需离场，不可留恋。

第8章

暗度陈仓的潜逃

庄家在操作一只股票时，有三个环节不可少：建仓、拉高、出货，这是基本的坐庄三部曲。在这三个环节中，其中派发出货最为关键。当股价拉升到既定的目标后，庄家就将明修栈道，暗度陈仓，开始最后的潜逃。派发出货、获利套现关系到庄家坐庄能否成功，

庄家在这里花的心思最多。同时也是最让散户关注、揪心的时刻，获利还是套牢，全在于此刻的研判。

在出货阶段，无论是环境的策划，还是各类操盘手法的运用，庄家都是为了营造一个氛围，笔者在这里总结为四个字："买盘踊跃"！买盘不踊跃，所有都是白搭。本章揭示的一些庄家花招，其目的都是为了这四个字。

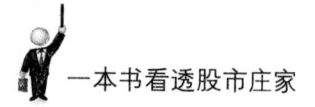

庄家出货前的策划

庄家由于资金量大，吃进了满肚子的筹码，船大难调头，想潜逃并不那么容易。现在的散户也越来越精明，凭什么要我冒风险到高位去接盘？因此，这场你存我亡的博弈中，庄家也并非每次都是胜利者。在我们的这几年实战中，就发现了很多的庄家坐庄因为最后一个环节操作不成功，最后无法顺利出货。在这种情况下，不要说赚钱，不赔或者少赔就算很不错了。于是有些庄家被套后，只好由短庄变长庄，长期靠对倒维持股价，债台是一步步升高，简直是度日如年。

为达到顺利出货的目的，庄家在这一环节必定使出浑身解数，不择手段。出货环节的每一个细节都精心策划、妥善布局，这里就包括出货前的部署。

一、选择最佳出货时机

（一）宏观经济面转势之时

庄家最好的出货时机应当在宏观经济运行至高峰而有回落迹象之时。此时的股市已经过了漫长的上涨，渐近了牛市尾声。宏观经济开始转淡，政策面要求股市调整。

（二）大势向好之时

大盘处于强势的时候，是众多庄家首选的出货时机。大盘上涨的时候人气旺盛，人们追高意愿较强，这正好为庄家所利用。许多庄家在大盘下跌的时候勉强支持，一旦发现大盘走好，就刻意抬高，随后在大盘见顶之前设计出货方案。

具体来说，大部分的庄家都是在大势向好时顺势将股价拉高，到行情的后期（一般是本轮涨幅的2/3处）就开始出货，最后导致大盘见顶回落。不过，要想获得大盘的掩护对庄家来说并不是件容易的事。关键是要对大盘的走势、尤其是大盘何时见顶估计正确。庄家不像散户，看大盘当天表现不好一把就跑出来了，庄家必须要提前许多天预测见顶，以便早点开始出货。而股市预测和天气预报一样，越提前就越不准，越到眼前就越准在大行情中常有庄家提前出货，出完货后大盘仍然热情奔放，股价又涨很多的情况。

（三）利好盛传之时

利好有可能是突如其来的利好，也有可能是庄家事先策划的利好，庄家都会用来利用它来引诱散户上当，让散户接上最后的一棒。

庄家往往会借助于利好消息满天飞的时候而往外派发筹码，因为散户着急时，爱盲目追风，听说某只股票有利好，争先恐后跑来抢筹码。

（四）市场气氛热烈之时

庄家出货的时机也会选择在题材已经完全被挖掘，股价已经涨到了尽头之时。此时市场心态也达到了最佳时期，市场人气高涨，庄家超过盈利目标，拉升过程中已经比较轻松，这个时期是庄家出货的最佳时机。

在市场炒作达到狂热的程度时，多数人会失去理智，暴利蒙住了众多散户的眼睛，除了钱之外什么也看不到，早忘了"天量之后必有天价"的股市常识，以至于把用高价买来的庄家抛出的筹码当宝贝看待，股价跌了也舍不得抛出。这种情形下，庄家偷偷地笑了。

二、释放烟幕弹

在出货之前，庄家一般会寻求一些掩护，或者干脆散布一些烟幕弹，好使自己金蝉脱壳。

（一）制造优良的业绩

市场总有不少所谓的崇拜巴菲特的"价值投资者"。他们崇尚的就是看"基本面"，一看到上市公司出的报表上的数据喜人，就开始了"价值投资"，往往就中了庄家的圈套。庄家经常利用上市公司公布优良业绩和送配方案出货。

前面的章节中讲到过，庄家往往与上市公司之间有千丝万缕的关系，很多时候上市公司的财务报表就可能是出自庄家之手。庄家在出货之前会使用财务手段或者投资收益手段把上市公司的业绩公布得特别好，当然利用股价刚刚送出股权后公布，这样还有让市场误解业绩、公布后先涨后跌达到出货的目的。（具体手法详见第5章《虚假业绩中的陷阱》）

有的时候庄家不一定和上市公司关系有如此亲密，但庄家通常在进货的时候就要考虑如何出货。因此他们通常在炒作一只股票之前，就会到上市公司了解上市公司的经营业绩，通过方方面面获得的资料，仔细分析上市公司可能达到的盈利情况，当他们了解和分析出某个上市公司将取得较好利润，并有好的分配方案时，他们会大规模介入这只股票，而当经营业绩公布出来时，庄家正好逢高派货。

（二）养多散户的信心

庄家的高明之处在于将对大众情绪的调控与自己的炒作阶段巧妙协调起来。在吸筹阶段，让散户看空，主要利用传媒唱空，以便吸到廉价筹码。在拉抬和洗盘的初期，让散户对升势半信半疑。由于每次洗盘后结束都是向上突破一升，到中后期，散

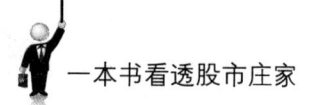

户多头心态越来越明显和强烈，升不愿抛，跌当成吸纳好时机，此时养多成功，庄家出货没有人与他争跑道。同时，他抛出的筹码尽数为多头承接，账面利润套现成功。

出货之前，庄家往往会通过多次拉抬和洗盘形成坚定的多头信念，养多散户的信心，使所有抛股的人都后悔，而回调进场和待股不动的股民都赚钱。这样，所有人对此都深信不疑，持股者不愿抛，拿钱者纷纷进场，把出货当洗盘回调时，庄家正找到了出货良机。

（三）使用信息战

庄家组织中，有一部分人专攻公共关系，在出货阶段常使用信息战先行。媒体与机构券商之间也有千丝万缕的联系，常常有意无意成为庄家的工具。出货时，常与上市公司及股评、媒体勾结，相互配合炒作。

一般来说，在吸货时，上市公司利空频繁出现，使用很多负面消息吓掉散户的筹码；拉升时用许多小道消息让跟风股民将信将疑，心态不稳，换手频繁；出货时，则正面消息频出，让股民坚定持股信心。此时，上市公司利好连连，股评、媒体大捧特捧，让中小散户利令智昏，净做傻事，争抢庄家抛出的筹码。

庄家使用信息战是制造出货环境的重头戏（详细手法可参考第3章《揭秘庄家的信息战》）。

（四）制造轮炒

不同板块在经济复苏、大市向暖之时所作的反应是不一样的，有的反应快，有的却很迟钝。所以，上涨时就有先有后，造成板块轮涨的局面。

庄家出货之前会用少量资金进行轮炒，造成黑马狂奔局面，一方面调动人气，另一方面吸引股民注意力，从而把大笔资金神不知鬼不觉地悄悄撤出。

（五）制造技术陷阱

技术手段是庄家出货时用以迷惑技术派人士的很好工具，越是信得真，被骗得越实在。

庄家多会利用技术走势设置多头陷阱形成假突破。假突破就是庄家利用技术手段来掩护出货的，在技术分析中有很多突破形态，如三角形的突破、矩形的突破等，庄家有时采用打破一个关键点位，形成突破的假象引诱部分投资者跟进，然后反向操作达到出货目的。

2007年10月庄家为了诱使股民勇敢地高位追货，故意用一定量资金一举攻克沪市6000点心理关口，最高站上了6100点，就在股民蜂拥入市，纷纷高看7000点时，庄家趁势派发，逃之夭夭如图8-1。

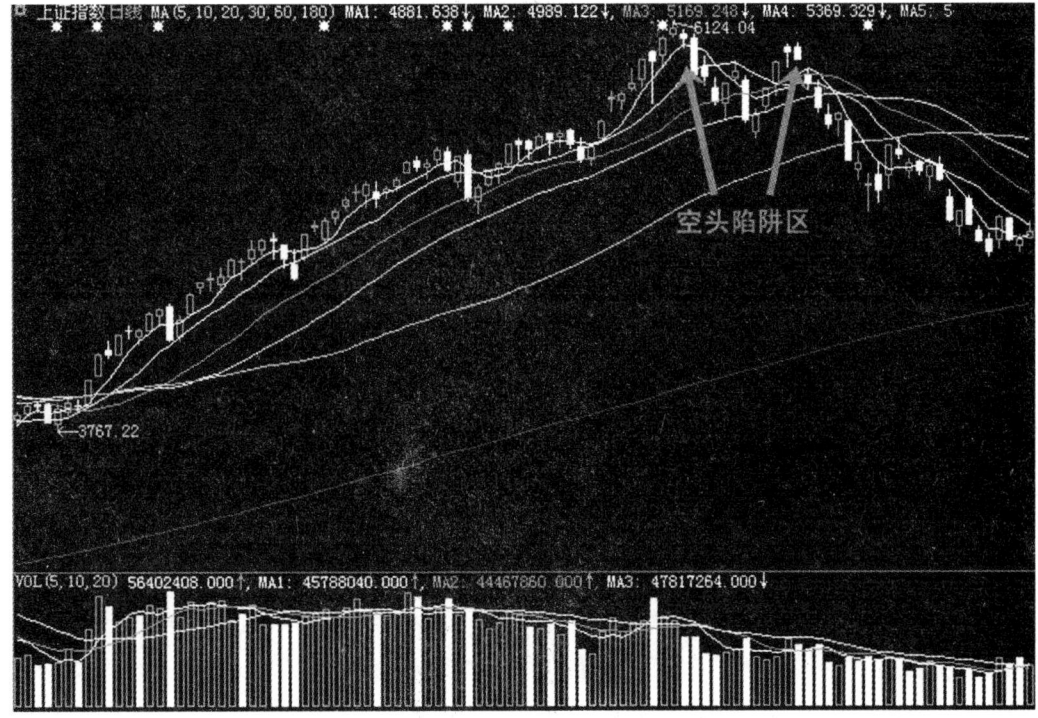

图8-1

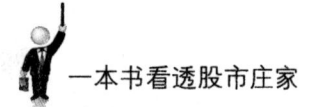

庄家出货的手法

前面我们探讨的是庄家营造出货环境的手段。具体到操盘手法上，庄家会控制股价的走势，达到顺利派发的目的。由于庄家及庄股自身因素及其所处的外部环境等众多方面存在着差异，因此，不同的庄家所采用的出货方式也是各不相同，这里列举一些常见手法。该部分内容同类书籍讲得较多，笔者也有专著探讨，本节也就不使用大的篇幅展开阐述。

一、拔高出货法

拔高出货，简单地说，就是通过用少量资金拉高股价，吸引散户跟风买进，然后在高位出货。这种手法是庄家利用人性的弱点针对投资者盲目追高的心理玩出的骗术，令许多散户防不胜防，深受其害。

拔高出货这种出货手段基本表现是在大市到顶之时，庄家在大盘人气高涨，群情激昂，买气最盛时，一般会采用这种出货方法。出货时，庄家主要利用个股利好传闻吸引买家，在上档每隔几个价位放上几笔大的卖单，然后趁人气鼎盛时，率先快速小批量买进，以此来刺激多头人气和买气，引诱跟风盘去抢上档的卖单。在股价快速上涨的过程中，庄家不知不觉地将筹码转换到中小投资者手中。

强庄股的出货通常选择拉高的手法，杀跌的手段只是在万不得已的时候选用。而且，有一个较通常的共性，就是往往在大盘刚刚止跌后不久就开始了有计划的拉高出货。这是因为，这类股票因为筹码的集中，只要自己不抛售，股价受到的实际上行压力不大，只要大盘不跌，就不会过多的影响拉高行为，而且在大盘止跌初期，市场投资者还没有太多的头绪，此时能异军突起的个股就会得到更广泛的关注。另外，如果大盘一旦能真的走强，这类股票更可以借大势的力量大面积地派发。当然，如果大盘再度沉寂，对股票本身也没有太大的影响。

老股民们对当年"亿安科技"的表现还记忆犹新，这只股的出货最后被迫采取了拔高后砸出反弹空间的出货方式。该股始于1999年的一波大行情中从8元左右的价位被庄家借科技股的炒作之风一举推上126.31元的高位，成为中国首只百元股。在该股的炒作中，庄家前期的计划没有准备做这么高，涨到后来，市场跟风越来越少，庄家控盘已经达到了90%左右，怎么办？只能自弹自唱，继续拉高。其实庄家拉到这个地步，

已经算失败了。庄家最后自己把自己深套其中，只能不断推升股价以吸引跟风盘，在"胆子大"的散户被吸引得差不多时，庄家已毫无趣味，再自弹自唱只能是多交税而已，唯一能做的就是深幅下跌以吸引抢反弹买盘跟进。可惜，亿安的下跌导致了高价股的群体下跌，庄家中途虽制造了几次超跌反弹的假象，但出货难度依然较大，只有一气下跌近百元到了27元左右才真正吸引到了大量的抢反弹的买盘，从而完成出货过程。

我们来看一个拔高出货的例子。三木集团（0000632）3月底经过数日推高股价，庄家将股价从10元推高至15元，然后采用高开手法，当日拔高出货，日K线出现高开低走大阴线，成交量明显放大，庄家通过数日派发，成功完成拔高出货目的。这种出货形成单日反转，将追高者高位套牢，且无解套机会。庄家持筹不多，可在数日内派发（见图8-2）。

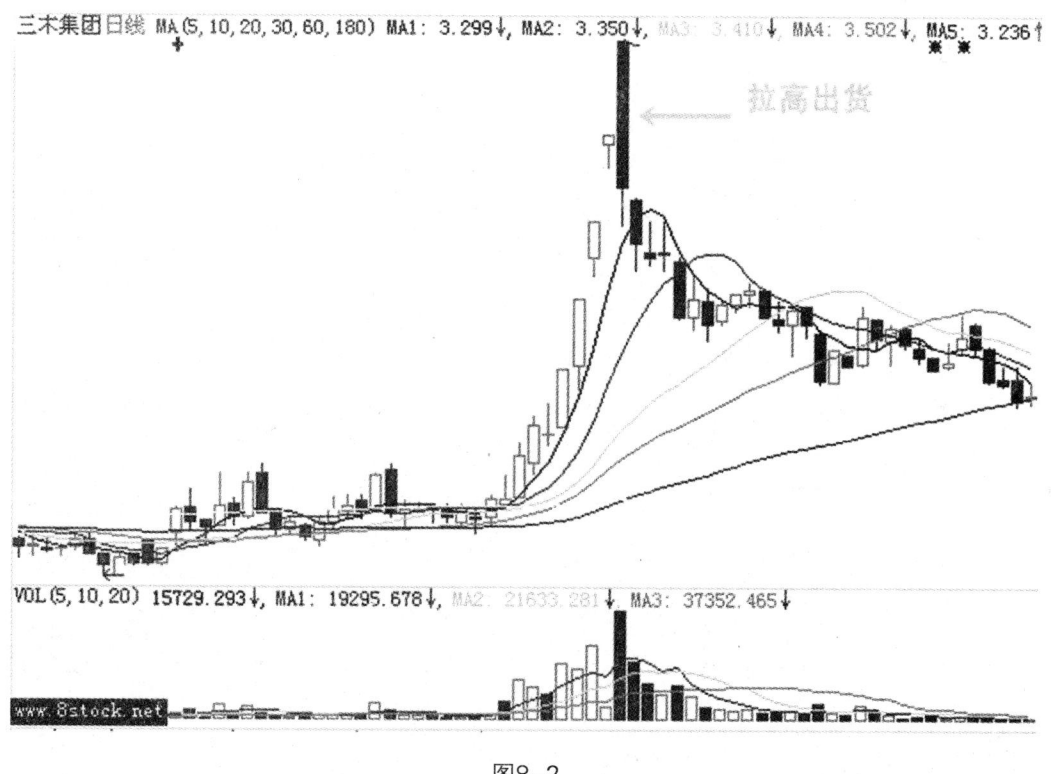

图8-2

庄家这样连续快速拔高股价之后，既可以实现部分利润，又可为以后继续在更高位置出货创造条件。这样一来，庄家暗中买进股票少而卖出的股票多，只要维持着股价继续上涨即可。但这种出货方式庄家的风险很大，只能在股市行情较为火爆时才能有把握成功出货。

253

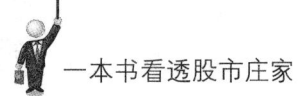

二、平台式出货法

庄家将股价拉到了顶部区间后，最常见的顶部形态就是高位平台出货，即在高位横盘做平台整理，作出仍有进一步上涨的迹象，却暗中出掉手中筹码。

这是一种最简单的派发方法，不需要什么操盘技巧，最适合绩优大盘股票。当股价的拉抬完成后，股价站稳在高位。随着时间的推移，市场会慢慢承认这个股价，庄家不必刻意制造买盘，反正每天总会有几个人进行交易，庄家来一个给一个耐心派发，日积月累，慢慢把货出完。这是因为绩优大盘类个股往往给投资者一种安全、稳定的错觉。殊不知经过股价日积月累的上涨，高企的股价早已消化了个股基本面上的一切优势。由于这类个股一直采用横盘洗盘的操作方法，曾经给坚定持股人带来过不少甜头，这就更增加了人们坚定持股的信心。而在横盘洗盘的过程中，有的投资者由于缺乏耐心被洗了出来，这次也信心十足地持股。这种横盘，多以股价选择向下突破，从而形成历史性的巨大头部。

如图8-3所示，新湖创业（600840）2006年6月的走势图。

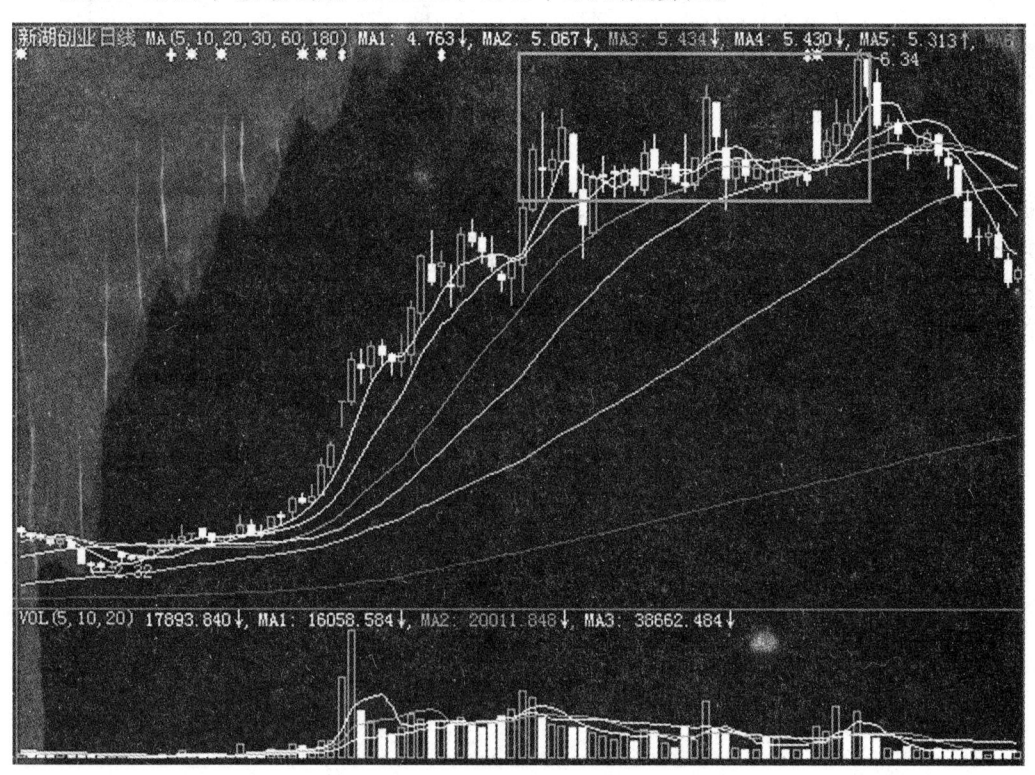

图8-3

如图8-3，该股在上涨过程中，量价配合始终保持着非常完美的态势，每当成交量放大的时候，股价都会出现上涨；成交量萎缩的时候，股价便会出现调整。虽然股价

出现了短线下跌走势，但从图上可以看到，大的上升趋势没有被破坏掉，并且量价配合得非常有规律，这种技术特征便可以支持股价不断涨高。股价上涨到高位之后，虽然横盘走势强势特征比较明显，但是量价配合却暴露了庄家此时出货的真相。通过利用横盘下跌的走势进行出货，不仅可以给投资者造成假强势的印象，从而吸引买盘的介入，还可以拔高出货的价格更高，赚取的利润更大，真可谓一举两得。

庄家在高位使用平台式出货，对散户具有致命的杀伤力。投资者可以根据以下几点特征，来识别庄家平台式出货。

从技术特征来看，A. 庄家已经有可观的盈利；B. 高位放量横盘；C.筹码分布高位密集。

从市场氛围来看，庄家要想成功地在高位横盘出货，就一定要借助基本面的配合。

因此，当股票出现上述三大技术特征，同时还发现这些股票是市场上的热门概念股，并仍在大肆制造想象空间时，就可以认定庄家正在离场了。

三、震荡式出货法

震荡是一种很自然的出货手法。庄家持仓比较高，不可能在短时间内凌厉杀出时，可以采用这种方法。采用这种出货方法，庄家需要有大盘和人气来配合。庄家完成收集，将股价推至一定高度后完成派发较为困难。于是，庄家便高抛低吸，或利用利好消息制造震荡行情，在大市走好之际庄家再推高并大举派发。在高价区反复制造震荡，让散户误以为庄家只是在整理而已，而庄家则在震荡中慢慢分批出货。这种出货方式所需时间较长，常用于大盘股或重要指标股的出货操作。

由于大市处于整理或上升市道之中散户警惕性不高，庄家采取升升跌跌震荡方式出货，使散户摸不着头脑，以为是整理而已，高不愿出，低还补仓，使庄家在高位慢慢出掉手中筹码。

这种震荡式派发手法在K线组合上通常体现为较有规则的图形，如大三角形、双重顶、三重顶与头肩顶等。如果同期大盘的走势亦呈此类规则图形震动，则庄家派发相对容易，否则，就需要利多消息来配合庄家的行动了。

如图8-4所示，中国石化（600028）的走势图。

该股出货时，采用的就是震荡出货的方式，股价在顶部阶段，多次反弹震荡，庄家在此过程中不断抛售手中的筹码。散户看见股价不断地反弹，会误以为庄家只是在洗盘而已，因此就会有不少投资者主动去接庄家抛出来的筹码。

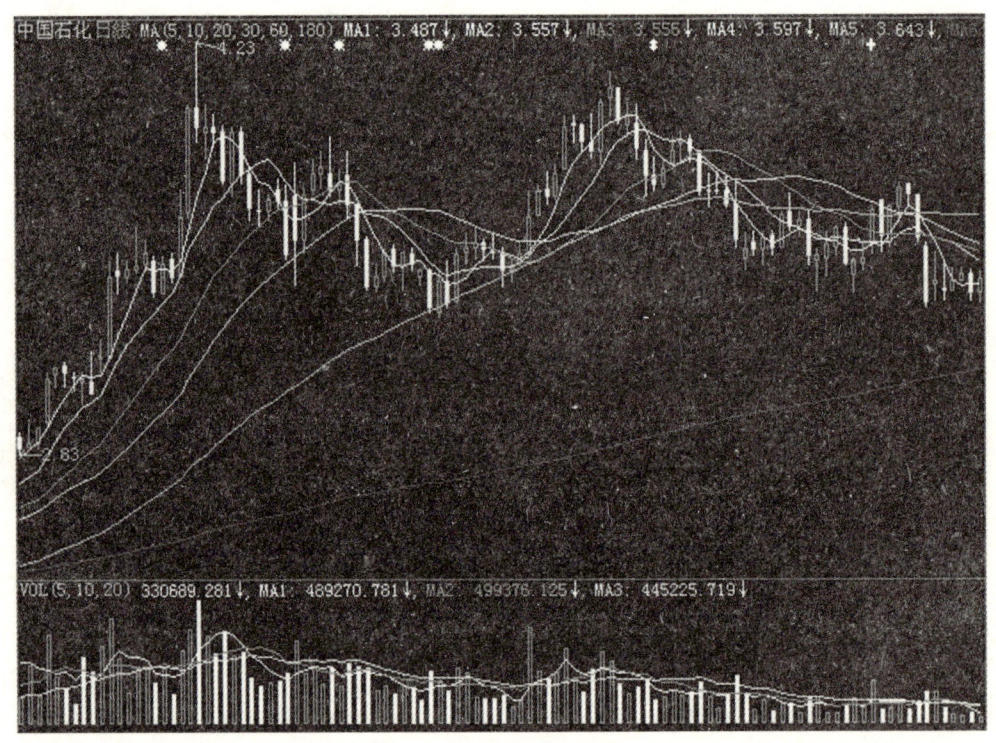

图8-4

四、打压式出货法

打压出货的方式，一般经常用在小盘绩差类个股上。由于这类个股基本面较差，庄家如果采用高位横盘或震荡方式出货的话，考虑到散户资金较少，进出比较灵活，庄家的资金量则较大，船大调头难，因此极易造成庄家自拉自唱甚至被散户套牢的局面。庄家采用这种方式来出货，则可以达到快人一步的效果。

这类个股在炒作过程中，绝大多数参与者都是抱着投机心态加入的。由于人类与生俱来的贪婪本性，人人都奢望股票能卖个更高的价钱，所以在股价上涨的过程中，很少有人会出手自己的筹码，大家都在等待股价继续往上涨。庄家利用普通投资者的这种贪婪心理，在拉升股价的过程中，突然采取打压的形式，大胆抛售筹码。散户们看见这种情况，还以为庄家在震仓。

庄家采用这种打压方式出货时，根本不用出来护盘，所以股价一旦下跌的话，其速度也是比较快的。有时候庄家甚至是不顾一切地抛售筹码，使得股价一路狂跌。等散户们反应过来时，已经来不及采取行动了，因为股价已经跌下去了。

一般的庄家都会在打压之前，制造一个回落反弹的走势来误导散户。散户们看见股价又反弹起来了，就会觉得没什么危险了，而庄家却在回落和反弹的过程中，已经

开始出货了。

如图8-5所示，四川路桥（600039）2006年6月的走势图。

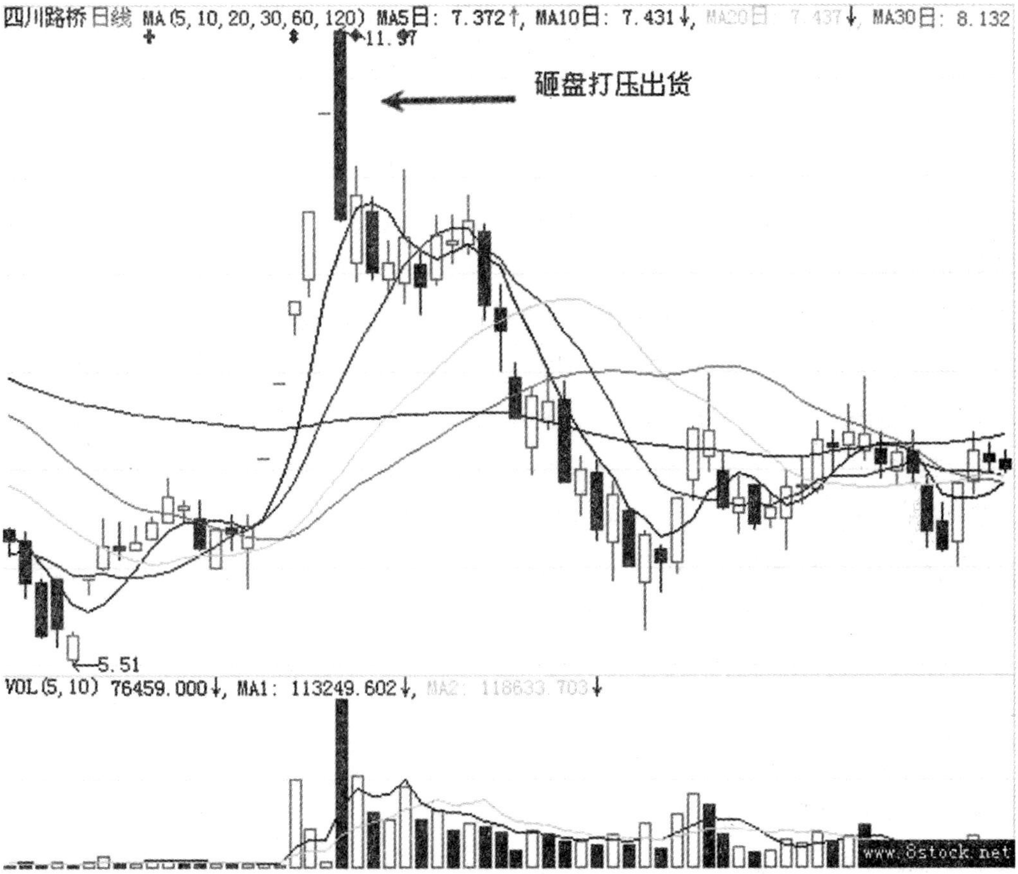

砸盘打压出货

图8-5

该股图中在高位出现的放量大阴线，就是庄家杀跌出货时最明显的技术特征，因为通过强势上涨吸引来的买盘数量非常多，所以庄家根本没有制造长时间震荡的必要，只要有买盘就一律通杀，虽然出货的价格低一点，但是可以在一天内收回大部分资金，这对于短线庄家来讲非常重要。

庄家出货的手法还有很多，如小单出货、多卖少买、先吃后吐等，投资者应多分析总结，加深认识，以避免在实战中被庄家迷惑而上当，充当牺牲品。

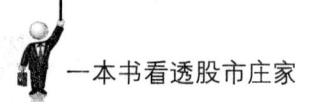

分时图上出货定式

在某些特定阶段（如出货期），庄家坐盘的操作手法多有雷同之处，不可避免地在分时图上形成某些图形定式，因此分时图对于投资者的短线操作具有非常重要的指导意义。尤其是在开盘后的30分钟内，庄家对股价未来走向意图最容易暴露。通过看连续多天分时图的走势，可以看出庄家的拉高、出货、洗盘等动作，推理出庄家的意图，并对庄家最近几天可能出现的动作作出合理的预测。本节总结了一些经典的分时图上的出货定式，以期对投资者的短线操作提供帮助。

需要注意的是，由于分时图反映的是一种庄家的短线操作行为，图形种类繁多，其规律性与K线图相比，不确定性要大得多。投资者在具体应用时，还需要结合股票的其他技术形态综合分析，如K线形态和均线系统等，以减少操作的失误。如果根据分时图推测的庄家意图和日K线图反映的上涨趋势一致，则短线操作成功的可能性就非常大。

一、高开探天定式

高开探天定式是指，分时图上出现高开，随后快速拉升至涨停价，涨停价没有做过多的停留即被打开，其后的走势逐波下跌，反弹亦不过均价线（如图8-6）。操作上应坚决趁盘中反弹出货，不可犹豫。该形态上冲涨停的过程（即股价"探天"），有的时候不一定冲到涨停板，在涨停板附近便符合条件。

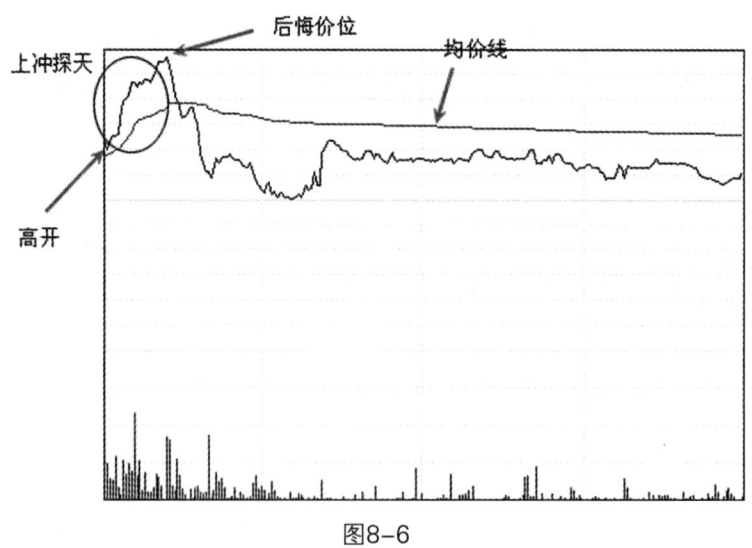

图8-6

这种出货方式在短线庄股中较常见，如涨停板敢死队就善用这类分时图出货模式。该定式有如下特点。

1.高开探天的动作一般在开盘后半小时内完成。

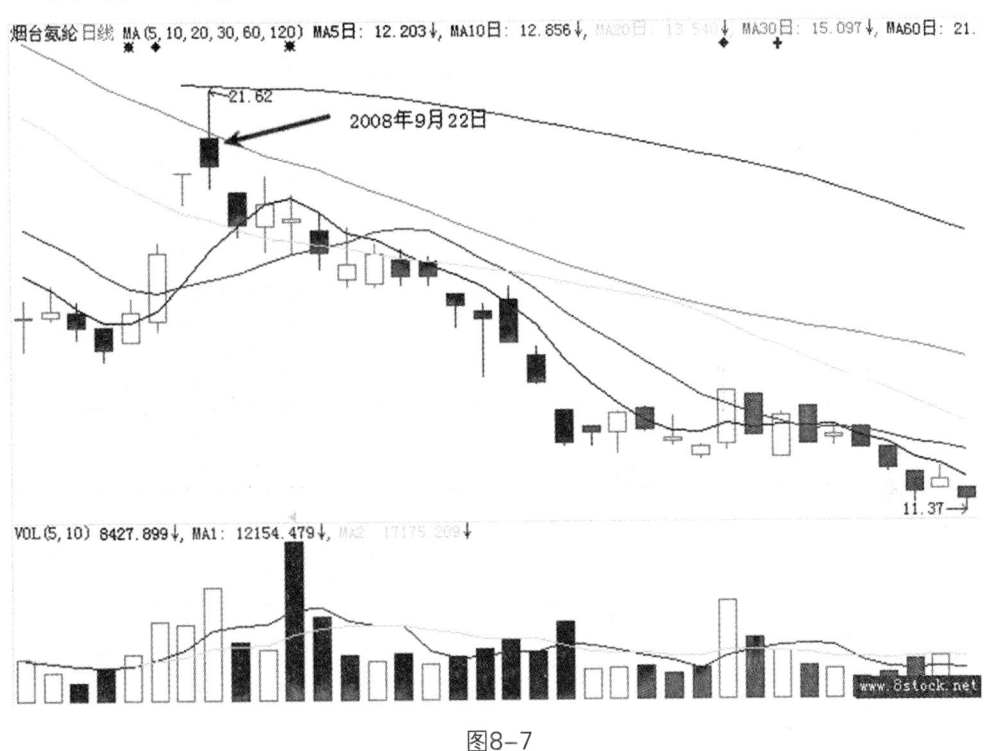

图8-7

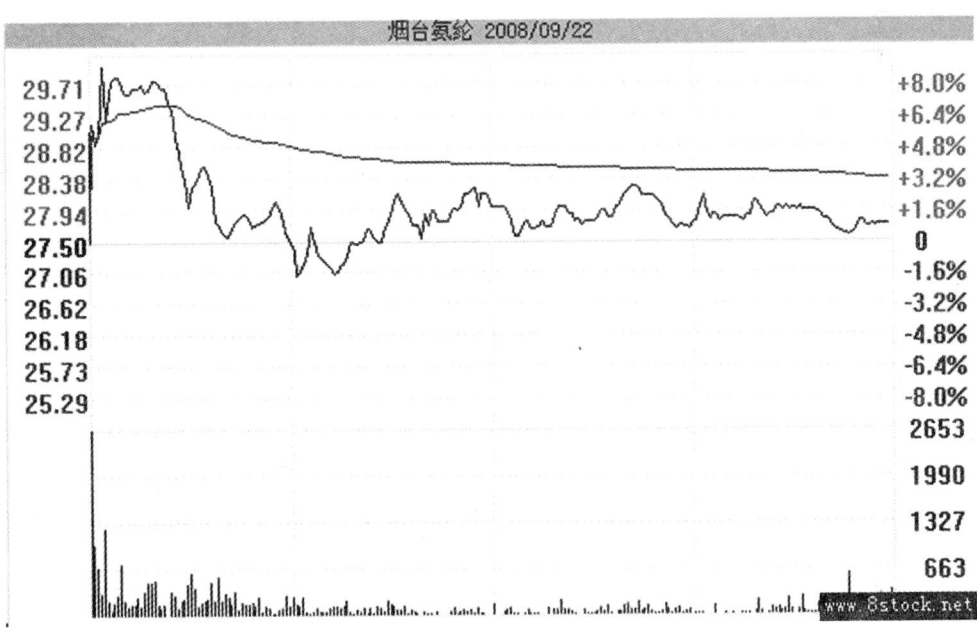

图8-8

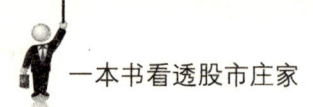

　　这类股票在前期都曾表现出强势股的特征，如前几个交易日多次出现涨停。在出货的当天，高价高开快速上冲，再次作出强势股的假象，以上攻的姿态吸引跟风盘。不少的短线炒手都喜欢在开盘后的半小时内追买强势股，此时往往中了庄家的圈套。

　　如图8-7所示，烟台氨纶（002254）在前两个交易日分别涨幅8.95%和封涨停板，强势明显。如图8-8所示，在2008年9月22日再次高开，且在10分钟之内快速上冲涨停，早盘成交量巨大，可见短线跟风盘杀入较多。之后股价出现快速下跌，全天都在均价线下运行，没有出现像样的反弹，将跟风盘一网打尽。该股当日振幅12.04%，换手11.09%，巨量成交，短线庄家当日即完成出货。

　　2.当日上冲的价位为"后悔价位"

　　这是庄家充分利用市场的心理设计好的陷阱。对于前日介入的筹码，当日高开后快速上冲，但由于时间较短，获利筹码还在犹豫之中股价便已经回落，根本来不及卖出，此时的高位便成了当日的"后悔价位"，即涨停时未卖出，再下调更不愿卖出，对盘中的每一次反弹都抱有希望，幻想股价再一次涨停再卖出，不少的投资者甚至直接挂单在涨停板上，当然这个价位直到收盘都无法成交。这些不愿意低位卖出的筹码无疑很好地为庄家锁仓，减轻了出货时的压力。

　　3.盘中数波反弹不过均价线

　　为了进一步吸引跟风盘，股价多会出现数波上攻，不断地给盯盘的短线炒手制造幻想，诱使往外的抄底盘不断杀入，从而使庄家从容出货。但股价每次反弹都难以突破均价线，即使短暂突破也无法站稳。如图8-9。

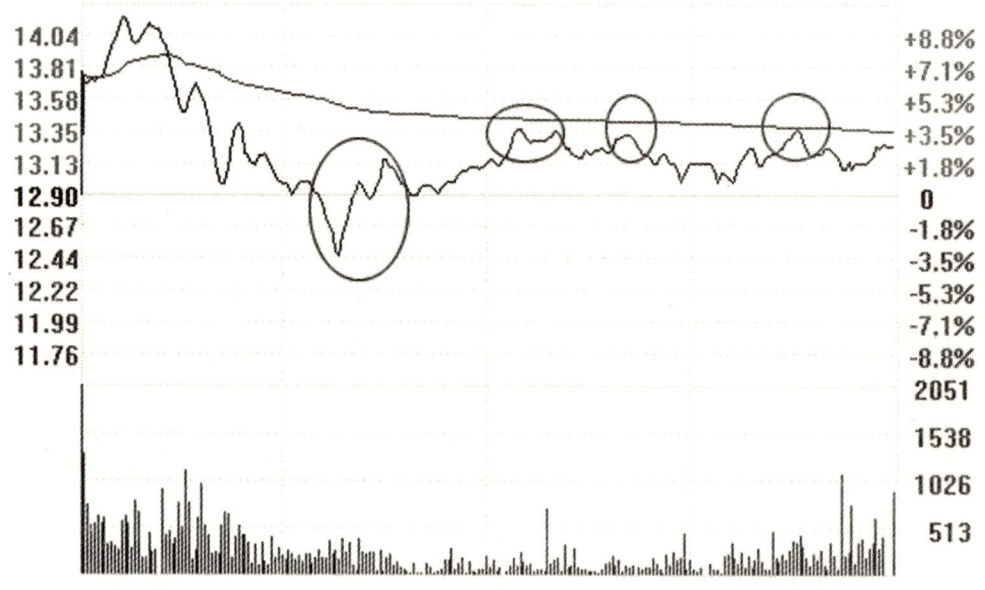

图8-9

4. 成交量特征

（1）携带着巨大的成交量。短线庄家在当日的逐波下调震荡中完成出货，或者出掉大量的筹码，日线图上的特征表现就是多伴随着巨大的成交量。如图8-10。

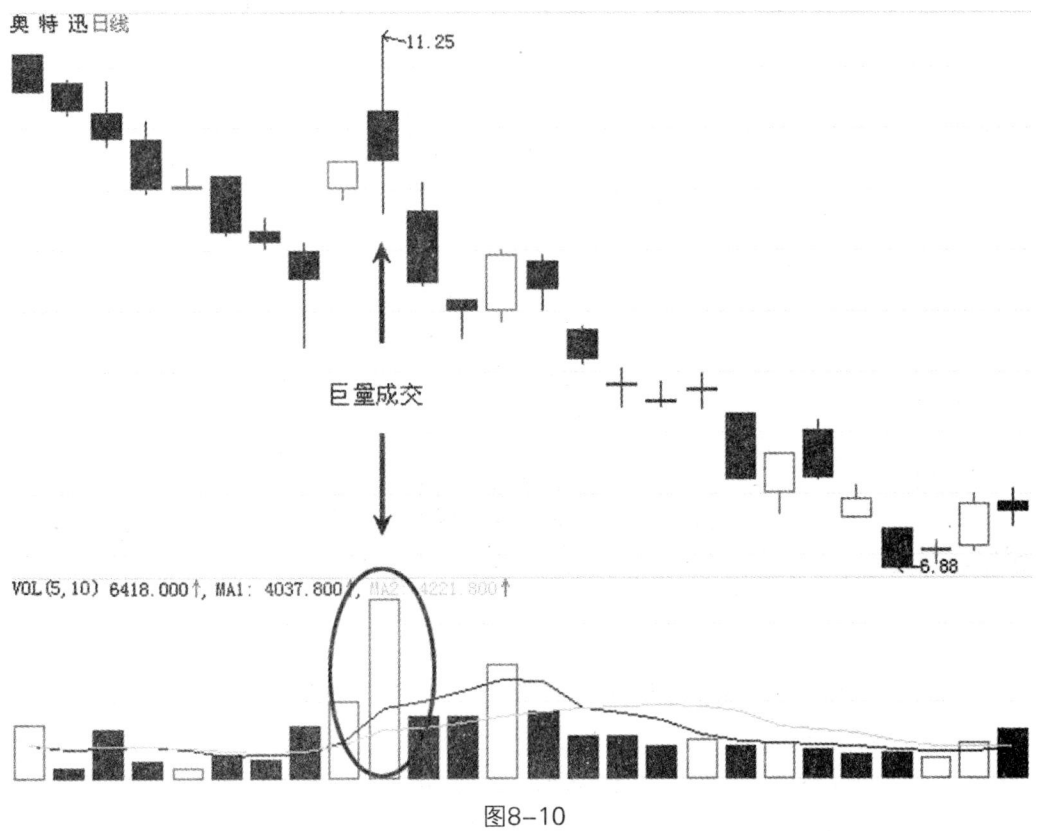

图8-10

（2）开盘放量上冲。成交量的变化特征是，开盘高开后放大量上冲，但股价很快就开始回落，伴随成交量逐步缩小，但成交非常活跃。

（3）回落时成交量自然。上冲时对敲明显，造成价升量增的假象，以吸引跟风盘，回落时的成交却显得比较自然，这是真刀真枪的将跟风盘一网打尽。

庄股在出货前夕出货高开探天形态，有的时候也是"老鼠仓"行为所致。操盘手将自己私下买入的股票（或其他关系户的"老鼠仓"）挂在涨停板附近，利用对敲急拉，用公司的账户资金或跟风盘的追涨将其吃掉，完成之后股价调头向下，不再拉升。

该形态也有其他的变形，其原理一致。如有的时候庄家并没有在集合竞价时形成高开，而是在开盘后几分钟内暴风骤雨般将股价直线拉升，其效果也一样。这样的股票在日线图上多会形成"高位避雷针"，其形态更容易判别。如图8-11所示。

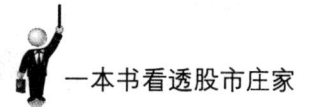
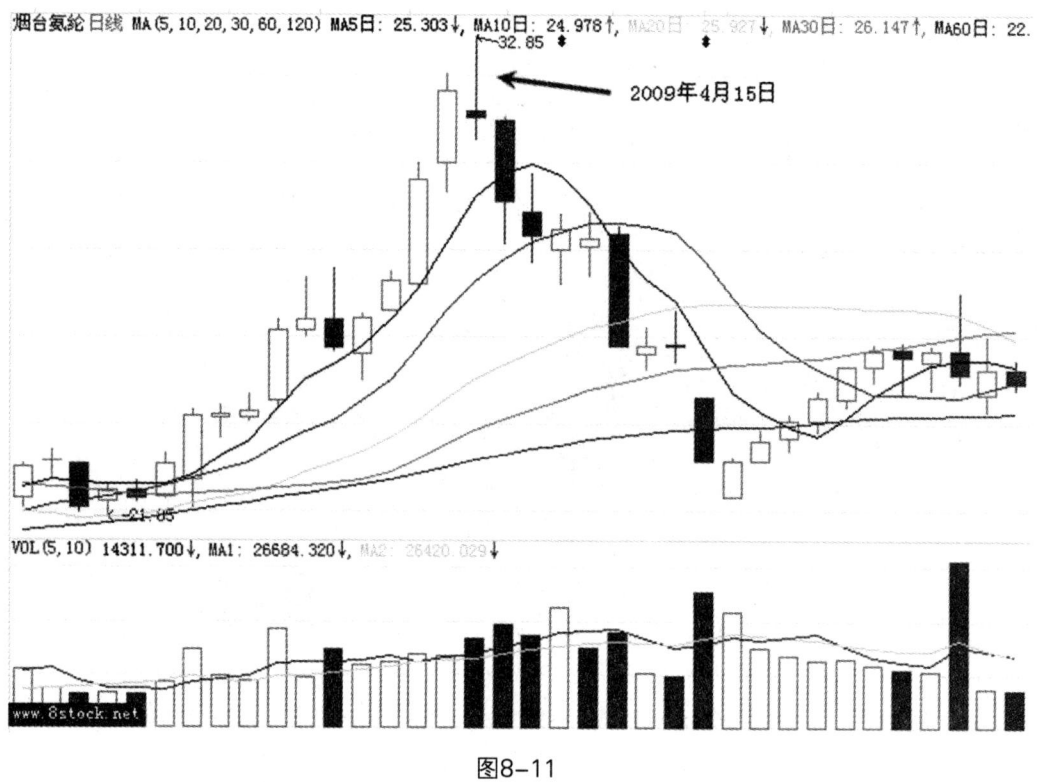

图8-11

　　烟台氨纶（002254）在2009年4月15日低开后，15分钟内即快速向上拉升，冲高后开始低走，形态上形成了高位避雷针为典型出货形态，见图8-12。

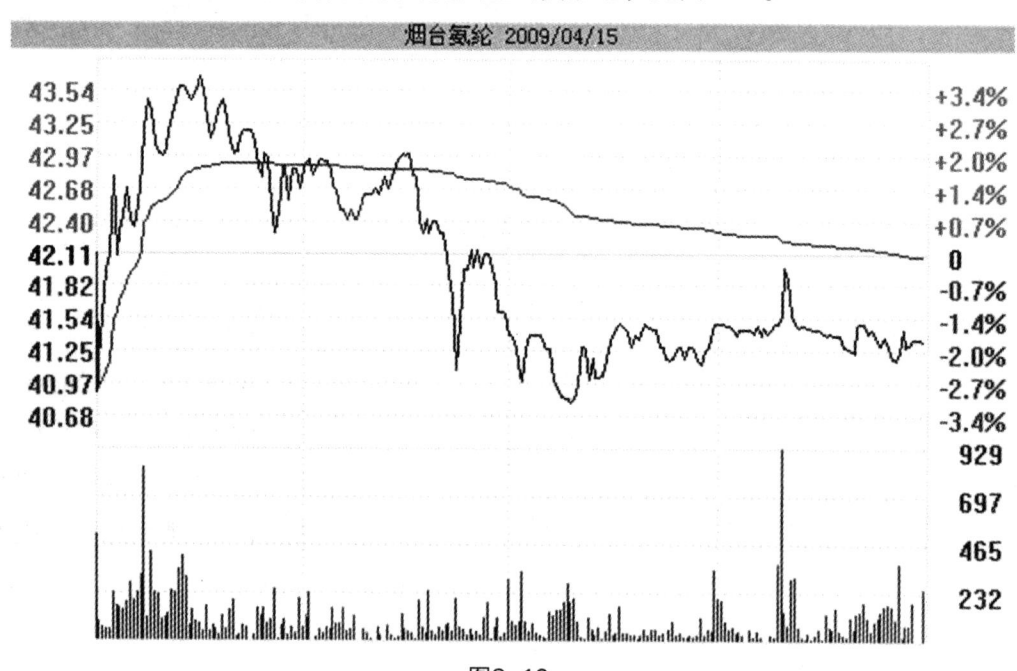

图8-12

二、高台跳水定式

高台跳水是指股价大幅高开，甚至以涨停板开盘，或者在涨停板附近开盘，但开盘后跳水，全天即使反弹也不能站上均价线，或者即使短暂站上均价线也无法站稳均价线，这就形成了高台跳水定式（见图8-13）。一般为庄家借高开出货模式，投资者在操作策略上应果断卖出。

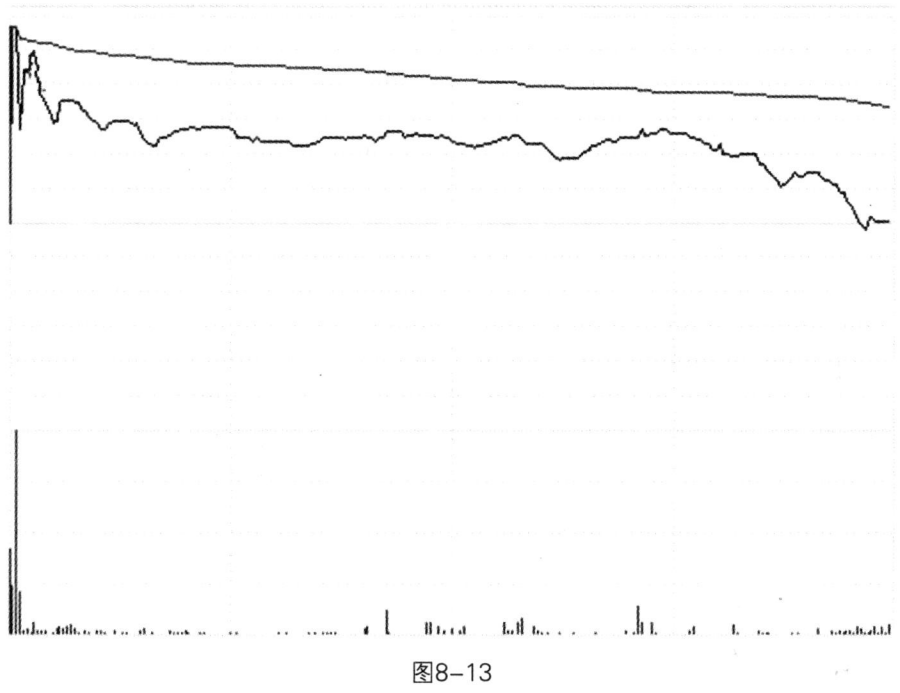

图8-13

高台跳水形态有以下特征：

（1）股价大幅高开，甚至在涨停板附近开盘。

（2）股价的高开并非受特大利好的刺激，且当期的大盘只作平开或略高开。

（3）高台跳水之后，全天都在均价线下运行，或者即使短暂站上均价线也无法站稳均价线。

如图8-14所示，太原重工(600169)在2007年12月开始一波短线行情，几个交易日内快速拉升，短线庄家炒作痕迹较大。2008年1月3日一个涨停板后，1月4日以涨停价格跳空高开。该股当日并无利好刺激，且当日的大盘为平开走势，大盘在早盘出现震荡上攻，而该股则恰好相反，出现高台跳水，逐波下跌，且全天的反弹均未能上穿均价线（见图8-15）。操作上，当日应坚决卖出。该股虽然在数天出现了一个短暂的反弹，但属于诱多的反弹，随后出现加速下跌。此后数个月都难有大的表现。高台跳水定式与高开探天定式的形态类似，我们总结一下：

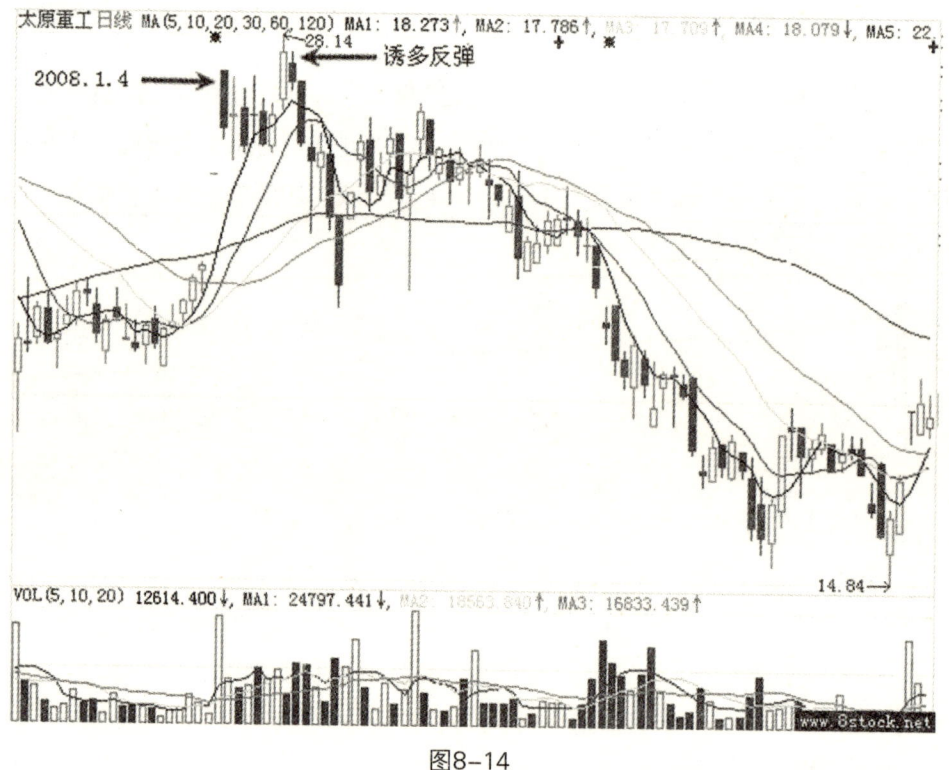

图8-14

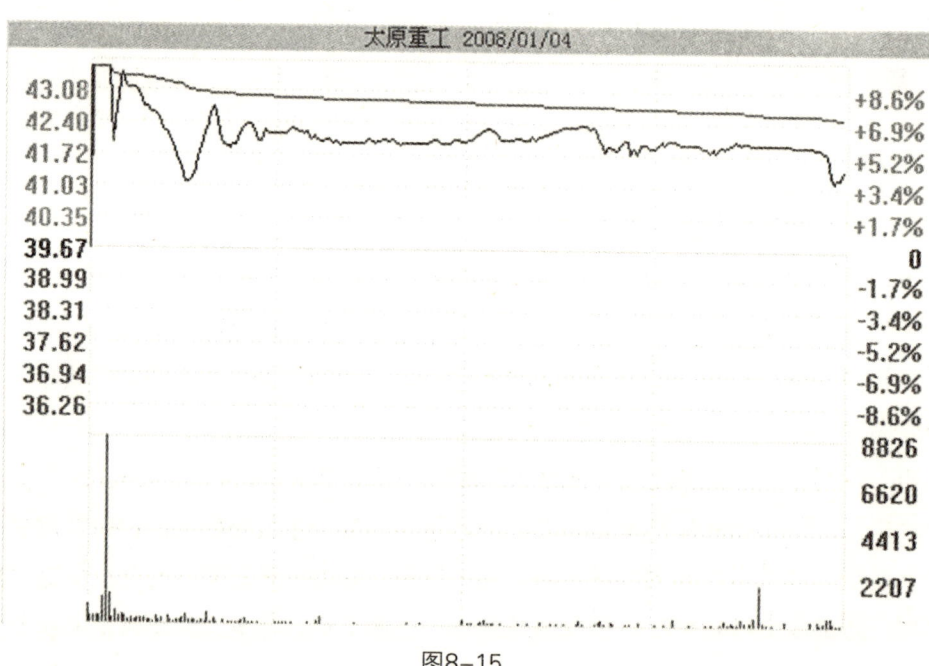

图8-15

（1）两种形态都是分时图上出现虎头蛇尾，股价全天逐波下跌，多方的能量明显不济。

（2）都是短线上的卖出定式。该类形态出现，很有可能是短线庄家在开盘制造价升量增的假象，以吸引跟风盘，在相对高位趁机派发。

高台跳水定式与高开探天定式两种定式出现，一旦股价走势疲弱、成交量快速萎缩，短线卖出都是明智的，即使庄家利用这种手法来骗取筹码，那回调之后也还有大把的时机和空间从容地从低位入场，中短线都不会造成什么损失。

（3）当此类形态出现在上升通道中，表示抛压沉重，短线需要调整，若随后能够带量强势整理，则短线还可看高一线；若随后的成交量快速递减，则可能要回调寻求支撑。

（4）当此类形态出现在阶段性的高位，则可能是庄家拉高出现或高抛低吸造成的，当股价在低位横盘时，庄家往往会利用这种手法作出假象，让人感觉到抛压沉重，等股价回调之后，再在低位慢慢地吸筹。

（5）高开探天定式在日K线图上会形成长长的上影线，常会形成"射击之星"。日成交量异常放大，不仅盘面显示抛压沉重，日K线图上的长上影和背离的价量关系也显示出抛压沉重，股价需要回调整理。而高台跳水定式在日K线图上一般都是光头的阴线，即开盘价多为最高价，K线有可能形成阴线的"锤头线"。（射击之星与锤头线可参阅笔者拙著《K线实战技术精要》）

一般来说，出现长上影线的巨量小阴或小阳线时，应该引起高度重视，具体操作应视当时股价所处的位置，随后几日成交量的放缩情况以及价量关系而定。

三、刀刃波出货定式

（一）刀刃波概述

刀刃波一般出现在庄家的出货阶段，分时图上表现为上突下探，如同一把把的"刀刃"。

当庄家把股价推高到一定高度后，就进入到派发阶段。若在分时走势图上多次出现直上直下的刀刃波（见图8—16），这是典型的庄家派发出货迹象，多为短线庄家在进行盘中出货。

（二）技术特征及实战要点

该形态的原理是，股价在高位买盘并不踊跃，庄家一边拉高股价，一边希望有大笔买单挂出。一旦有较大的买盘出现在买一、买二或买三上，庄家会像饿狼扑食一样反扑过来，将高价筹码打给买入单。多次重复这样的反扑动作，在分时走势图上就会出现直上直下的刀刃波。如出现直上直下的刀刃波，可判断为庄家正在寻找买盘。此时应果断卖出规避风险。

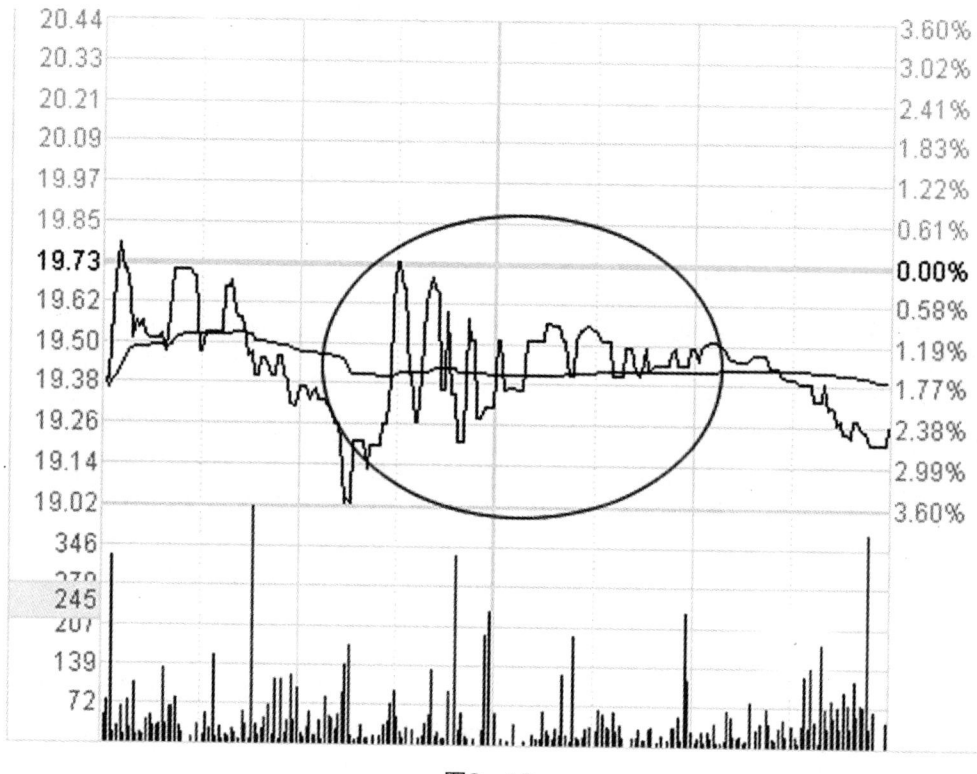

图8-16

"刀刃波"是庄家出货的一种常见的手法。先用小资金把股价推高，散户以为又要创新高了，于是填单跟进。一见散户跟风，庄家顺势出货，扔出手中的筹码，将买入盘全部打掉。等接盘稀少了，再次拉高股价，吸引新的跟风盘，然后又一次"恶狼扑食"，打掉所有的买盘。就这样反复几次，分时图上就形成了高高低低的"刀刃波"了。

如图8-17所示，诚志股份（000990）在2009年8月18日的分时走势图。该股在6、7月的横盘震荡中，坐庄资金已经开始出逃，尤其在7月28日的放量大阴线中，全天成交26 708万元，庄家已经大部分出逃。8月5日开始，大盘开始了连续的大跌，而该股却相对的抗跌，在大盘大跌时维持缩量横盘的态势，显然有资金在护盘。但该段时间市场低迷，人气涣散，成交清淡，庄家无法找到散户接盘。8月18日，大盘开始探底企稳，此时，庄家也开始了最后的潜逃计划。该天上午走势平淡，上午收市前几分钟庄家强拉几个点，目的在于中午休市期间吸引市场的眼球。下午开盘庄家将午间挂单的买盘一把吃掉，股价直线向下，形成一把陡峭的"刀刃"。随后庄家再用少量的资金将股价拉上去，再将跟风的买盘砸掉，如此反复，该区间形成了巨大的成交量，"刀刃波"成型，庄家的目的也已经达到。

在两天后，庄家将该招更是发挥到了极致。如图8-18。

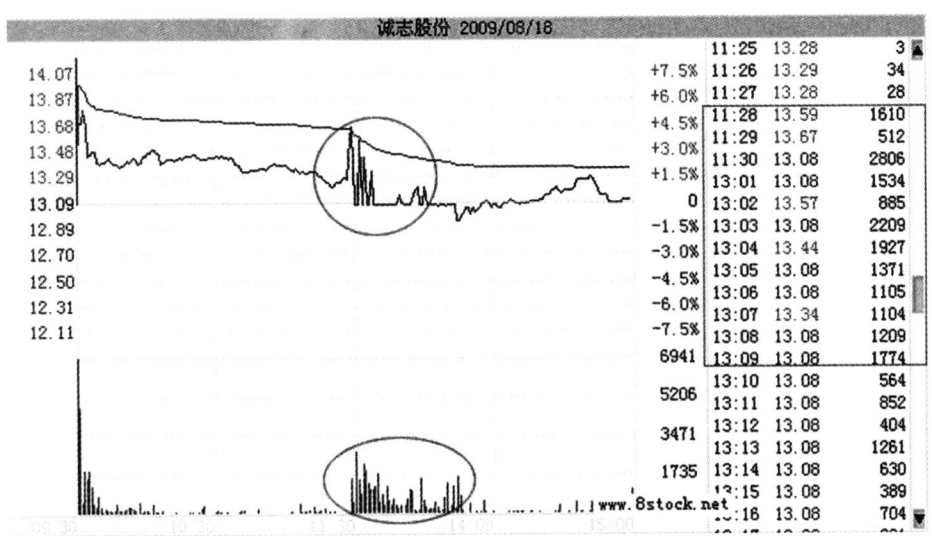

图8-17

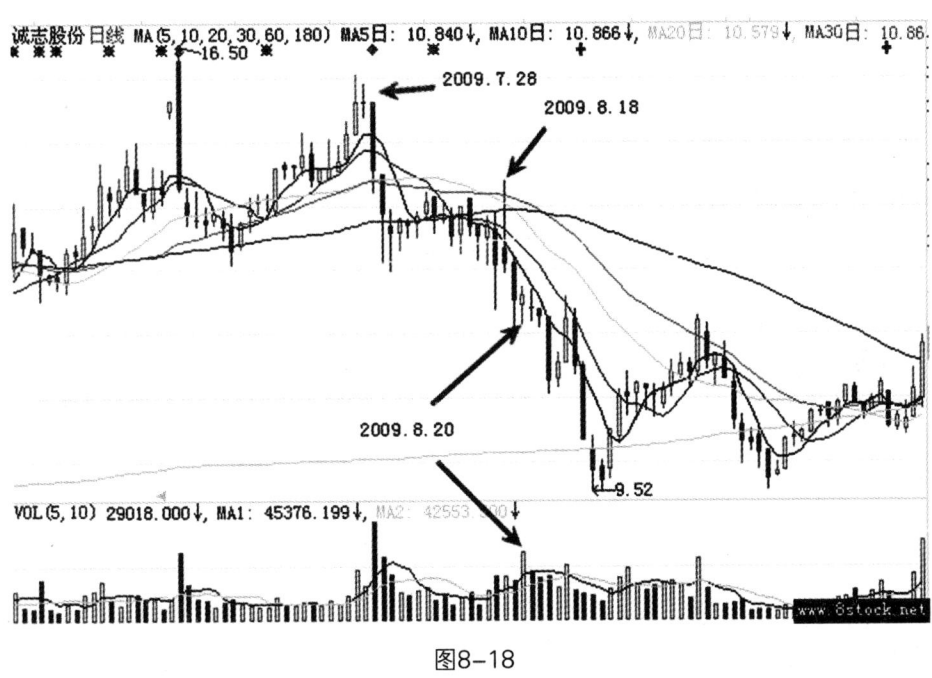

图8-18

上图右侧的分时成交看，中午收市前后的巨量成交与上午零星的几笔成交量形成了鲜明的对比。股价在此期间上蹿下跳，如同心电图，庄家也完成了胜利大逃亡。下图8-19是该股的日线图。

四、尾盘拉升出货定式

下面总结几类常见的尾盘拉升出货定式。

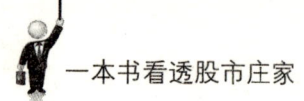

（一）"拾阶而上"出货定式

该形态是指在尾盘时刻，股价拾阶而上，震荡上扬，表面看"价涨量增"，实际上对敲的水分极大（见图8-19）。为庄家出货的征兆。

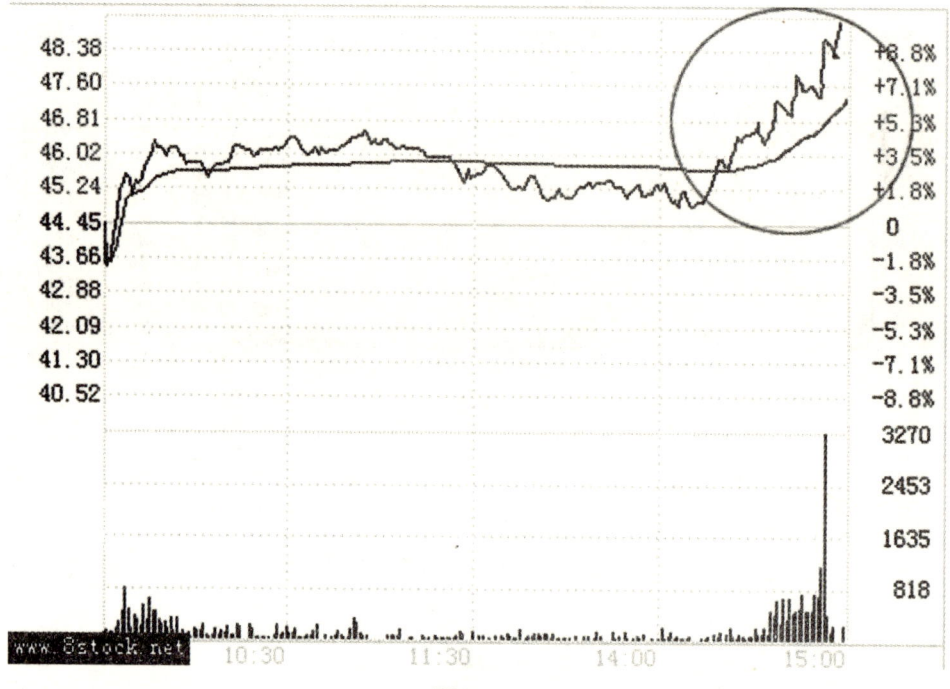

图8-19

这类尾盘拉升股价在半小时内流畅上扬，在很短的时间里出现让人赏心悦目的上涨。但上涨的角度不大，成交量也呈现极有规律的持续放大，量价配合看上去非常完美，出现正常的价涨量增，日成交量也放得比较大。但细看可以发现，前市成交活跃，但走势疲弱，尾市每分钟的成交量比前市大几倍，对敲的虚假成分较多。庄家在尾盘半小时利用对敲拉高的手法进行诱多。吸引投资者跟风买进。此时，股价的走势是震荡上升的，如同一级级的台阶，这是因为庄家在对敲拉高的过程中表面上保持上升趋势，实质上，单笔成交随时会杀个回马枪，边拉边出。

这类形态迷惑性较大，庄家在尾市放量拉高股价时。形成"价升量增"的理想价量关系。并且，在日K线图中也形成了一根价升量增的大阳线。从而进一步增强跟风者的信心。

如图8-20所示，伊立浦（002260）在2009年6月2日的分时走势图。

该股在2009年6月2日尾盘拉升，全天成交量也相对放大，6月3日继续收一根阳线，成交量再度放大。两根漂亮的放量阳线，量价配合理想，激发了市场的人气。但拉出空间后，6月4日庄家原形毕露，趁市场大量跟风盘涌进，用一根天量十字星大幅

派发筹码。6月4日一天成交量是前几日的两倍，换手率为38%，可见前两天的阳线的示范效用还是不错的。

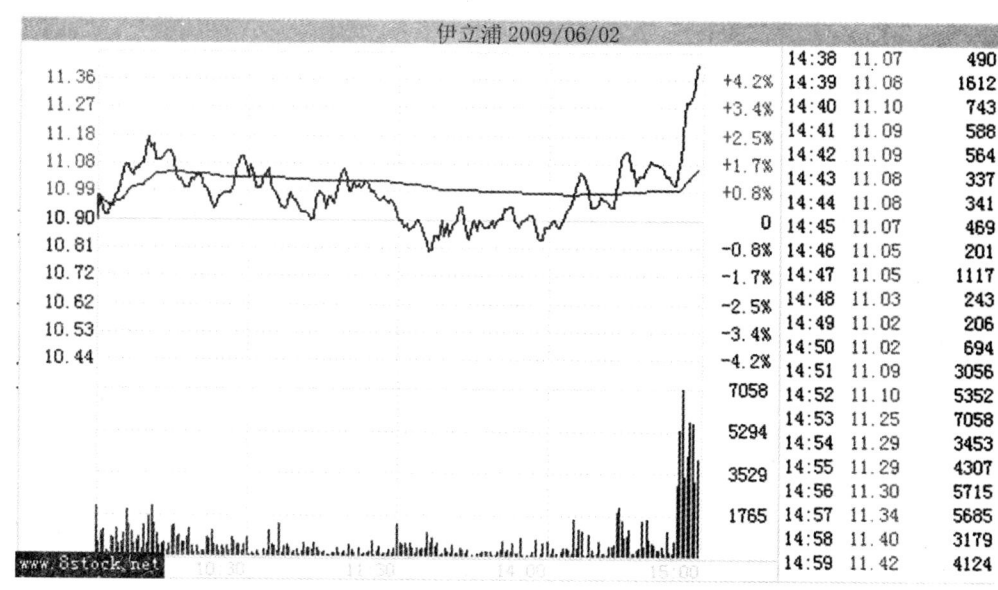

图8-20

但我们分析不难得出，如果是正常的"价升量增"，多会在盘中出现，而不会在尾市通过对敲的手法进行偷袭，这种走势表明庄家已经心虚，不敢面对市场进行自然的换手。庄家要在有限的资金量下实现股价涨幅的最大化，所以在时间上多选择收市前半小时内完成整个拉升，给人的整体印象是涨势非常强劲，上涨已迫不及待。这种尾市的急升主要是为了吸引市场投资者参与，集中资金和筹码在短时间里交易，做出极具实力的股价形态。同时通过尾市快速拉高股价，为后面继续出货增大了派发空间。

在拾阶而上形态中，首先，庄家并不想增大持仓量，在分时走势的交易中，股价一口气上涨，并不是庄家拼命想要货，而是在大量交易下利用投资者心理喜好的变化有效抑制抛盘，上方看起来很大的抛盘实际上是在庄家的预期中；其次，股价呈现"拾阶而上"的走势，单笔成交随时会杀个同马枪，边拉边出；再次，庄家想要做高股价的幅度已经有限，所以选择尾市，否则完全可以开盘后拉升，就可以买到更多筹码，尾市拉升说明庄家已无心恋战；

第四，尾市拉升不会给投资者充分的时间思考，一般会依据追涨心理行动，可见庄家是想让市场持有者持有，观望者买进。

（二）"一行白鹭"出货定式

个股在全天走势波澜不惊，而在尾盘出现异常的放量急拉，股价在上升过程中没有出现震荡到抽．基本上是一气呵成，形成一条光滑的弧线或直线，拉升的角度大于70度。走势上看，如同"一行白鹭上青天"（见图8-21）。为庄家出货定式。

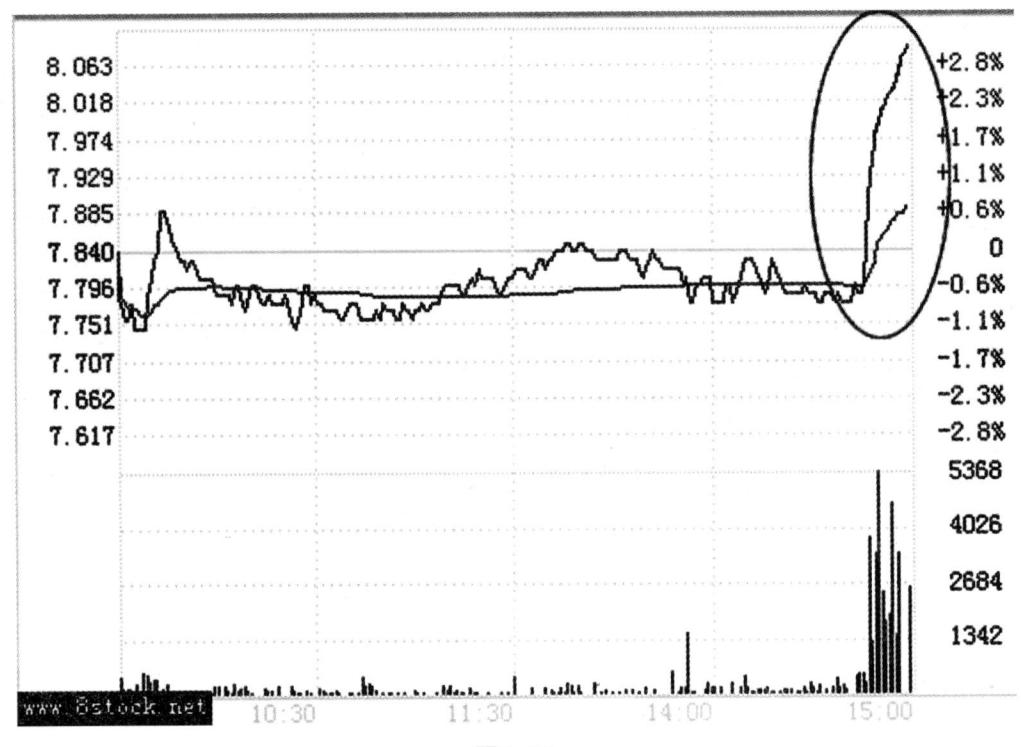

图8-21

该形态在拉升时，外盘明显大于内盘，强大的买盘不让卖盘有喘气的机会。般价是被连续的主动买盘推上去的；成交量方面，尾市较前市明显放量，但是，日成交量是否放大则要看前市成交情况。因为尾市该类拉升在尾盘时间较短，有时候仅有几分钟，虽然是放量拉高，对全日成交量影响不大。

例如图8-22所示，雅戈尔（600177）在2008年7月8日分时图。

当时大势环境处在熊市之中，抄底的短抄资金快进快出，尾盘拉出空间后加紧出逃。

"一行白鹭"形态出现时，股价的位置处于相对的高位，或者是短线庄家超短线炒作之后已经有获利空间，庄家正在加紧派发。观察当天的走势，一般成交量都会大幅大幅放大，成交非常活跃。而在全天的大部分时间，都是带量震荡下跌．明显是派发的表现，如果不加"掩盖"，日K线会形成了价跌量增的大阴线。庄家为了掩饰出货事实，用欺骗的手法增强多方的持股信心，同时为第二天抬高出货价位，而在掀尘扬土，将原本实实在在的阴线刻意变成带有长下影线的阳线。这种走势因为庄家去意已定．将来的走势自然是凶多吉少，应对策略应该是择机出局。

图8-22

（三）"一锤定音"出货定式

该形态是"一行白鹭"的极端形态，在收市前一分钟利用一至两笔对敲大单将股价迅速拔高。日K线形成"价升量增"的大阳线。个股全日走势平淡，股价窄幅波动，日K线的形成由最后几笔大单的"一锤定音"，骗线痕迹明显。

该形态多在股价相对的高位出现，其目的是将既定的阴线瞬间变成了一根大阳线。以增强多头的信心，并为第二天拉大了派发空间。从成交量上看，由于仅用几笔大单完成拉升，全天的成交的活跃程度一般，日成交量不一定放大。

这种走势是庄家既想达到拉高派发的目的，又想省钱的做法。因为，最后一分钟拉高股价时，即使看到了也无法卖出，因此不会产生太大的抛压。快速对敲省去了连续对敲所付出的手续费。

如图8-23所示，南京港（002040）在2009年9月16日尾盘出现了几笔大单快速拔高的走势。

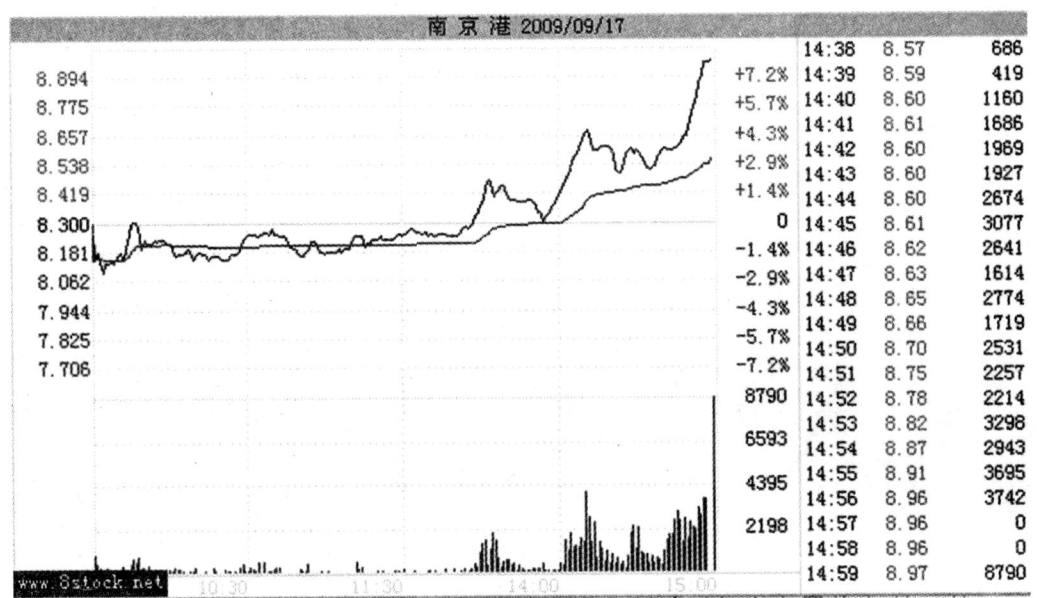

图8-23

9月17日故伎重演，尾盘再度拉高：

该股当时日K线中技术形态和技术指标已经显示股价开始见顶回落了，应该先出局回避。

该形态表明庄家已经不想或者不敢真金白银的推高股价，而是投机取巧地作图而已。达是心虚的表现。操作上，可依据成交量分别对待：如果股价已经大幅拉高、成交量异常放大时，则表明已是庄家拉高出货的尾声了，在操作上第二天应果断出局；如果当日成交量并未明显放大，那么，此时应根据股价所处的位置来判断：在相对的低位时，应跟踪关注，往往存在一定的短线机会；若在相对的高位出现这种走势，则应谨慎操作。毕竟高处不胜寒，下跌空间大于上涨空间。

以上三类为尾盘拉高出现的常见形态，但我们切不可仅以图形来生搬硬套，尾盘拉升的变数很多，实战中应依据股价的位置、量价变化、盘中庄家动作，与上述的三类形态参照比较。

比如，有的走势在图形上与"一行白鹭"很类似，但量价情况却完全不同，庄家的目的也正好相反：不是出货而是洗盘。我们来看一个这样的例子：

如图8-24所示，芜湖港（600575）在2008年11月20日尾盘短短几分钟内拉出涨停。

该股全天成交量活跃，全天成交量放得比较大。虽然其中含有较大的对敲水分，但同时也表示市场跟风参与的程度较高。尾市突然放量拉升，每分钟成交量较前市放大几倍。对比来看，全天的成交量和尾盘的突然放量，都远大于"一行白鹭"形态，且股价一口气拉到涨停板，表现出庄家的实力和决心，这也是与"一行白鹭"形态的重要区别。

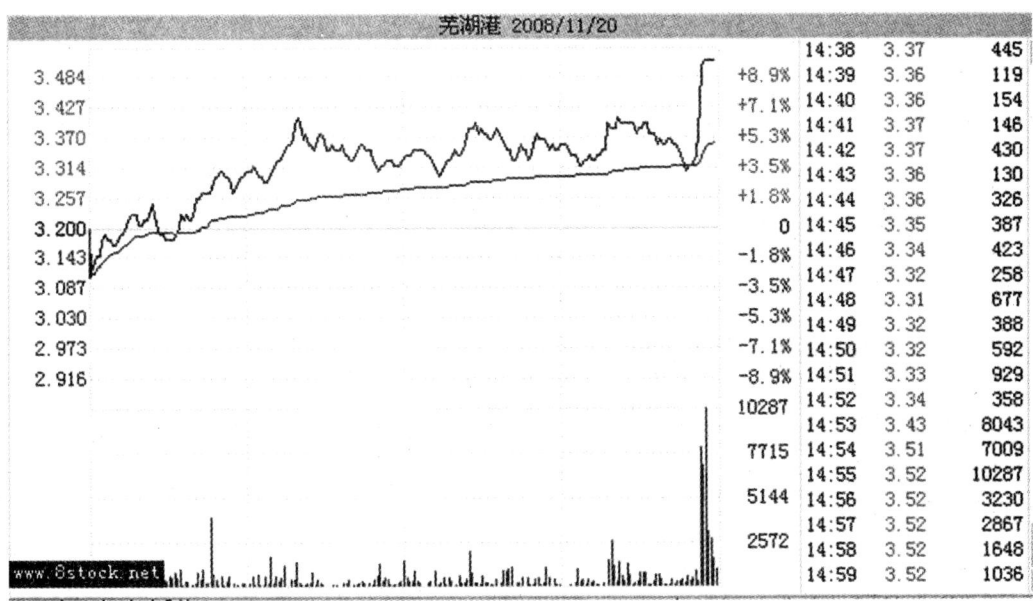

图8-24

　　通过上例的对比，虽然图形上差不多，但走势与量能相差较大。"一行白鹭"形态是庄家为了出货作准备，而这类走势是庄家洗盘的手法之一。首先，以放量拉升造成抢盘的市场气氛，吸引投资者跟风；其次，是一口气拉到涨停板，在显示实力的同时，也向整个市场打出了广告，让看盘者都知道它已经涨停板了。但这些都不是庄家的最终目的，庄家先是引导散户的思维向上．然后会再杀个回马枪，让市场的多空双方在震荡中自然而充分地换手。同时，由于股价上涨过急，来不及充分换手，产生了较多的浮动筹码．导致短线获利盘抛压较重。也就注定股价后市难以顺势继续上涨．反而还会大幅回抽。

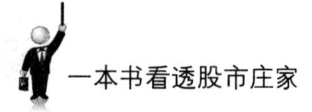

庄家出货研判

散户跟庄之后，能否获利的一个关键因素，就在于能否在庄家出货之前提前逃离。庄家出货讲究的是出其不意，就是趁广大中小散户失去警戒的时候大量往外派发。散户要想胜利逃顶，避免高位套牢，必须加强内功修炼，认识庄家出货前的征兆。

一、庄家出货前的征兆

庄家出货是不可能做到神不知鬼不觉的，有好些异常现象是庄家无法掩盖的。庄家出货的征兆有以下几点。

（一）涨幅惊人，偏离价值

目标股票的累积涨幅惊人，有时甚至达到十几倍、几十倍，严重脱离了其真实的内在价值，同时庄家的目标价位也已经达到。一般情况下，庄家拉升的目标价位一到，该股就处于非常危险的境地，何时出逃只是时间的问题了。庄股目标价位的计算，我们在下一章有详细的介绍。

买卖股票首先要做的是设定止损止赢点，这样方便我们抉择。简单地说，我们准备买进一只股票，先要考虑涨到多少要卖出，跌到多少要停损，因为庄家的思路基本和我们的思路一样，达到目标价庄家同样会走，不要以为庄家永远盈利。其实庄家也有被迫割肉的时候，当庄家由于资金搭配不合理造成被套，又同时没有找到合适的机构联合营救时，也只能割肉，庄家都这样做，我们为什么不能三思而后行呢？所以买卖股票重中之重就在此。

（二）利好涌现，退意萌生

庄家出货时一个重要的征兆就是利好消息大量涌现。利用利好消息掩护出货是庄家常采取的一种出货手段。正面消息增多，是指通过报刊、电视台、广播电台登出或播出的利好消息多了，这时候就是庄家要出货了。此时，正规的媒体如各大证券报刊中出现各种投资价值分析报告，这些报告无非是想证明该股价格与价值背离，股价严重低估等。大家可留意一下，这些报告大多在股价翻番的时候出现。在刚开始上涨时，是不会有这些好消息的。如果正面的宣传开始增加，说明庄家萌生退意，想派发离场。我们冷静分析一下，如果该股真的如此超值，他自己都应大量地扫货，没有理

由在报刊上广而告之，而且还要倒贴一大版的广告费来免费告诉大家，股市上有这样的好事吗？无非是迟早要诓你付出10倍的代价。只要用心分析，你就会领会其中的奥妙。我们亦可利用这些好消息作反向分析，等于明白地告诉我们：持有该股的庄家要派发了。

（三）传言纷飞，黑嘴屡荐

出货之时，市场上的各类传言增多，小道消息漫天飞舞，亦真亦假，让人摸不着头脑。在前面的章节咱们曾讲过，信息战是庄家坐庄的伎俩之一，庄家散布传言，总有人相信这是真的，这就是博傻理论。同时庄家亦把这些内幕消息告诉他们的朋友等，让他们去散布这个消息。一传十、十传百，很快这消息就谁都知道了。所以有时候突然有几个朋友告诉你同一个消息，同时还神秘兮兮地叫你保密，就是这类缘故。

同时，各大媒体推荐该股的股评也开始增加，这也是庄家运作的手法之一。通过这种手段，跟风的投资者增多，庄家稍一发力，跟风盘就蜂拥而来，庄家派发就极为轻松了。

（四）量价背离，股价滞涨

股价有了一定的升幅后，涨势趋缓，看似蓄积力量继续上攻，某一天该股成交量突然放大，好像要向上突破，谁知股价没有涨，甚至有所下跌，出现价量背离的现象，这也是庄家出货的征兆之一。尤其是某只股票在基本面、形态、技术等方面都看涨的情况下却不涨，就值得怀疑了。特别是股价有了一定升幅之后出现这种现象，庄家出货的可能性极大。

庄家利用人们对该股突破的预期大肆派发，有时甚至来个向上假突破，骗取大家跟进，然后再回抽，先套住跟风盘，接着再往下派发，让跟风盘低位补仓，甚至让第一次不敢跟进的人"低位"吸纳，从而形成一种温和放量的趋势，从而让庄家轻松出逃，这就是庄家的反技术操作，在价格相对较高的位置出现放量不涨或涨得很少，这都可确定为庄家在出货。因为价量关系的不正常证明了庄家不可告人的阴谋。还有就是在周五走势良好的股票，在周一走势疲软，也可证明庄家利用周末推荐效应来出货。

如用友软件（600588）走势图（见图8-25）。

11月28日，该股放巨量向上突破，理论上应有一段上涨行情出现。结果没涨，第三天股价从高位下来，这是出货的症状，随后果然连续暴跌。这就是形态上要求上涨，结果不涨。

还有的是公布了预期的利好消息，基本面看涨，但股价就是不涨，这也是出货的前兆。

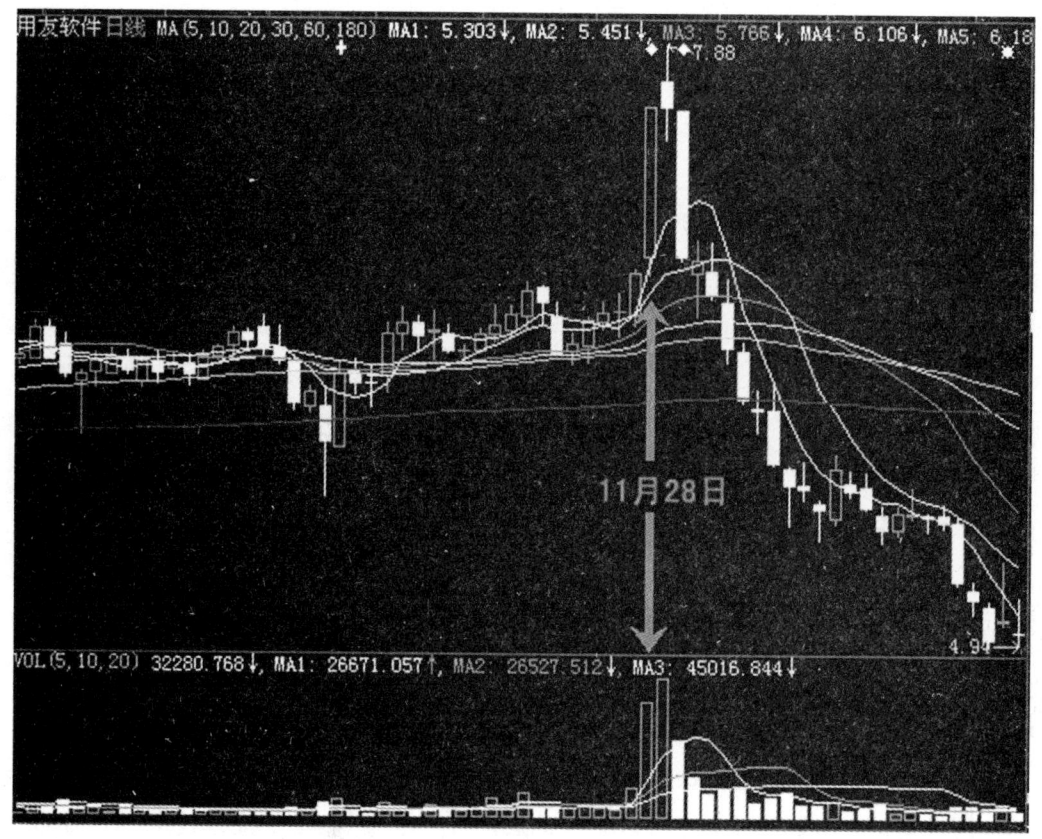

图8-25

（五）黑马狂奔，气氛热烈

这是掩护市场庄家出场的烟幕弹。为了掩护大部队撤退，庄家往往会拿出一部分资金，抓住一些盘子小、有朦胧利好题材的个股，大炒特炒，制造黑马狂奔、天天涨停板个股不断的狂热气氛，使退场的投资者又返身进场，捕捉股价早已企高的黑马。这样，就可帮助市场庄家稳住大盘，使主流自己得以苟延残喘，获得更多的顺利出逃时间。总而言之，如果发现有以上征兆，散户就应当提高警惕，一旦股价跌破关键价格，不管成交量是不是放大，都应该考虑出货。因为对很多庄家来说，出货的早期是不需要成交量的。

二、庄家出货的技术特征

（一）均线系统特征

股价经过大幅度的上涨，5日均价线从上向下穿越10日均价线，形成有效死叉时，股价头部形状出现。5日均价线、10日均价线、30日均价线在高位形成价压时，后势看淡。60日均价线走平或向下拐头，表示股价中期转势在即。

（二）成交量系统特征

股价经大幅度的上涨，成交量突然在顶部急剧放大，并且股价转而向下，则表明庄家正积极出货。如果股价不能再次上涨，但成交量放大，此为量价背驰现象。此时，多是庄家偷偷派发筹码。

股价处在升势中，突然止涨而下跌，成交量大幅度增加，有时为无量，说明庄家急于派货。在上涨的高价区间，股价仍然上涨，但成交量不能有效放大，说明市场高位缺乏承接盘，后势不乐观。

（三）K线系统特征

在出货阶段，股价在高位K线组合常常出现阴阳相间，大阴中阴K线的数量不断增多，阴K线的数量多于阳K线的数量，股价向下跳空缺口而不能回补，K线组合形状多为长阴墓碑、三只乌鸦、平顶、下降三部曲等。

虽然庄家的出货行为较为隐蔽，手法也较为高明，但庄家在出货抛售筹码的行动中，或迟或早，或多或少，总会露出一些蛛丝马迹，总会有一些征兆。一般来说，如果有以上现象出现，就要注意庄家很可能在出货了。

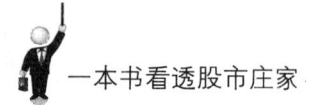

实战逃顶技法

庄家将股价拉至目标价位之后，开始了神不知鬼不觉的潜逃。一旦庄家完成了筹码的大甩卖，大多数股票都将因为前期的恶性爆炒而步入了漫漫下跌的不归路，使得无数的散户在山顶站岗。何时卖出股票，如何逃顶就成了股民朋友必须面对的一个关键问题。

一、股市获利基础：做一个善走者

古人说得好："降则全败，和则半拜，走则未败。"在股市中同样需要做一个善走者。一只牛股，无论它涨了多少倍，只要还在你手里，那都是纸上富贵；在大牛市中不管你赚得如何盆满钵满，如果没有及时逃顶，最后照样要还给市场。我们先来看看2006年至2007年这一段史无前例的大牛市。

股谚说得好：会买的是徒弟，会卖的才是师傅。在实战中，不仅大盘会坐过山车，不少的个股同样也在玩过山车的游戏。见图8-26。

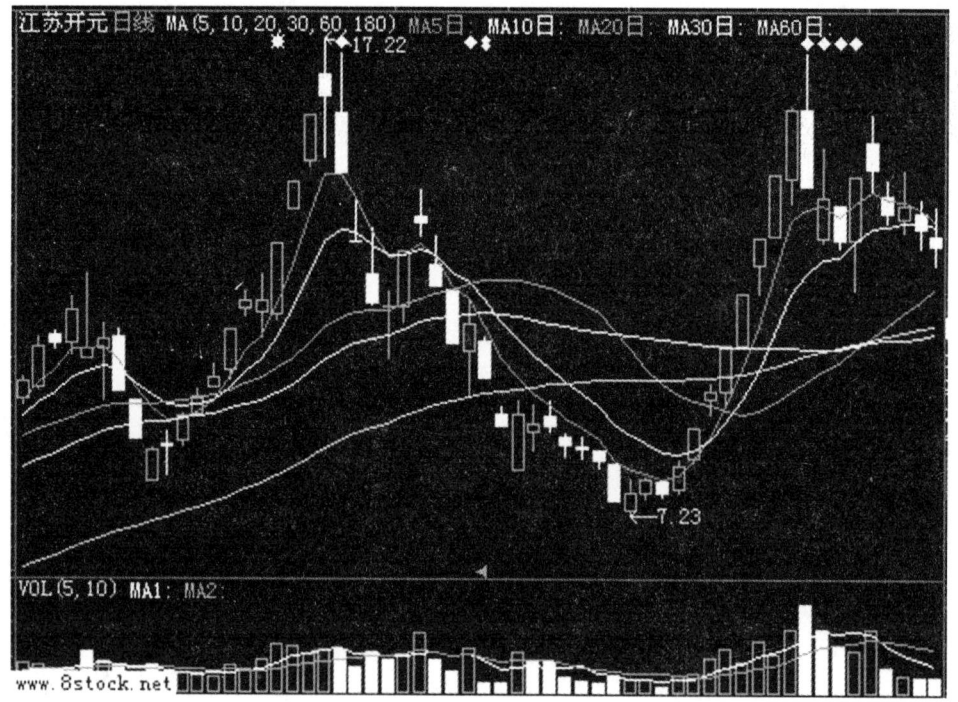

图8-26

初看这个图，您是不是怀疑这是美国设计师设计的过山车轨道？

这只股票是江苏开元（600981），是短线庄家爆炒的典型，和涨停板敢死队的短线运作离不开，在2007年530行情之后方才露出凶悍本色，股价短短两周时间就上涨100%。在经历了一次从终点回到起点的调整后，再度在两周的时间内上涨100%。其涨势之迅猛可以说让人反应不及，但是同样在暴涨之后股价又最终回到起点。江苏开元的大涨和当时炒作中期送转有关。在公布年报10送2转增7送1元的分红送股计划后，短线炒手开始抢权炒作，随后又在送股实施以后展开填权炒作。当然，我们都了解高送转并不是股价上涨的理由，只是借以炒作的一个理由，这从股价在炒作目标完成后都回到起涨点附近就可以得出这个结论。所以，在参与此类股票的时候，首先要看这一题材是否是市场充分认可的题材，从成交量可否连续放大就能得出结论。另外，对此类股票一定要快进快出，持有时期不能太长，即使由于没有做好出现亏损，也应该尽快脱身，否则就不得不眼睁睁看着股价回到起点了。

关于逃顶的技巧，曾有不少的专家进行过总结，其中也不乏一些实战的精华；对于庄股来说，如能正确识别庄家出货的形态，在庄家开溜前先人一步，也能顺利逃顶。在本章中，笔者介绍一种简单易学的方法，用曹式八线操盘系统（曹式八线理论中的一部分）的持股线进行逃顶。

二、大盘实战逃顶技法

曹式八线操盘系统就是一套交易系统，利用几根均线简单的操作就能克敌制胜，在股市中做到零风险。（交易系统的重要性我们在下一章阐述）持股线与生命线的设置我们在前面的章节已经提到，在这里我们还需要用到这两根线。

在八线系统中，股票的买卖一定是结合大盘行情的增减仓。大盘行情一样遵循以下原则。

买点入场，卖点出局，靠近持股线低吸

如图8-27，上证指数2007年12月至2008年3月走势图。

2007年7月17日开始，指数开始站上了持股线（图中①位置），同时持股线上穿生命线，预示着一轮新的行情开始。直至2007年10月份，线上持股不动，无需理会期间的长阴动荡，可以吃足这波行情。10月25日，大盘暴跌4.8%，长阴击穿持股线，可选择在次日阳线反抽时逃顶（图中②位置）。10月29日随后4天，股指重新站上持股线，上证指数最高回到了6000点。指数站上持股线期间，按照操作守则可以入场。但回过头来看，这几天的行情显然是机构的一个诱多行为。11月2日股指跌破持股线，卖点发出，再次逃顶。至此，从3900点入场，5600点上方附近离场，这波大行情已经吃到。

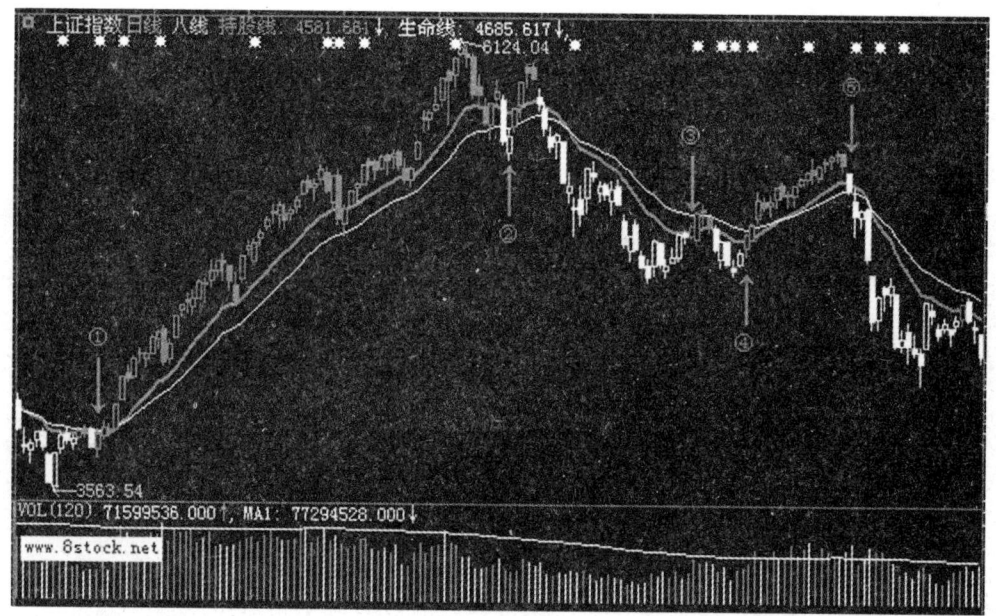

图8-27

再看图中，③位置指数站上了持股线，能否入场呢？显然不行，熊市或动荡行情中，需等待生命线走平，且持股线站上生命线，这个条件不满足。图中④指数再次站上持股线，同样的道理，需等待生命线走平，且持股线站上生命线，可选择在12月27日靠近持股线时入场。2008年1月16日指数跌破持股线，卖点发出，逃顶离场。后面的走势我们看图8-28。

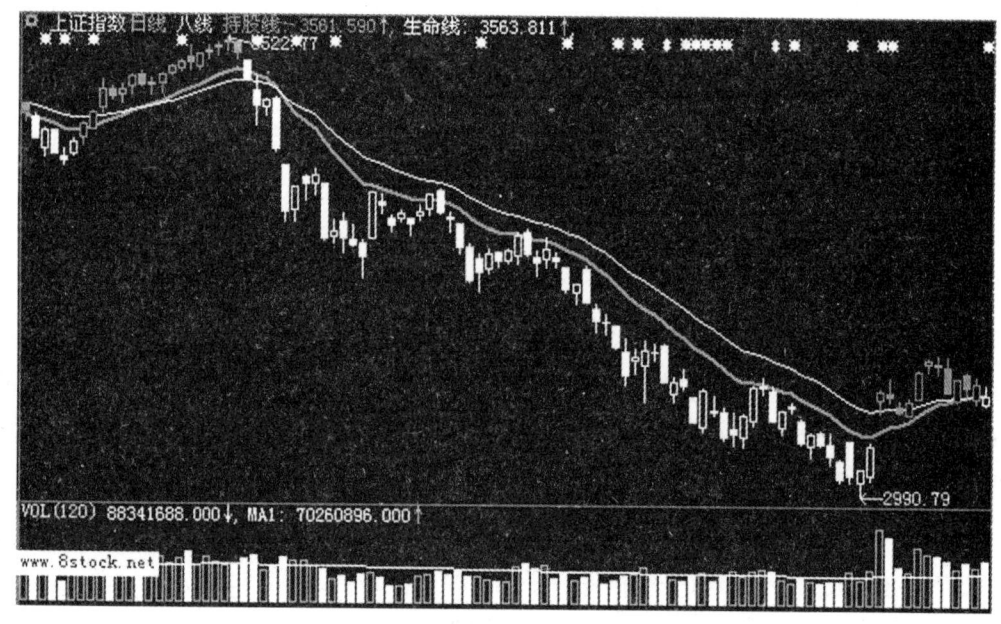

图8-28

2007年1月16日逃顶之后，大盘开始了一轮大跌，指数从5220点，至2008年4月，最低跌至2990点，个股跌得面目全非，情形非常惨烈。

盘行情中，曹氏八线系统另一个原则是：靠近持股线补仓。如图8-29。上证指数2007年7月至10月走势图。

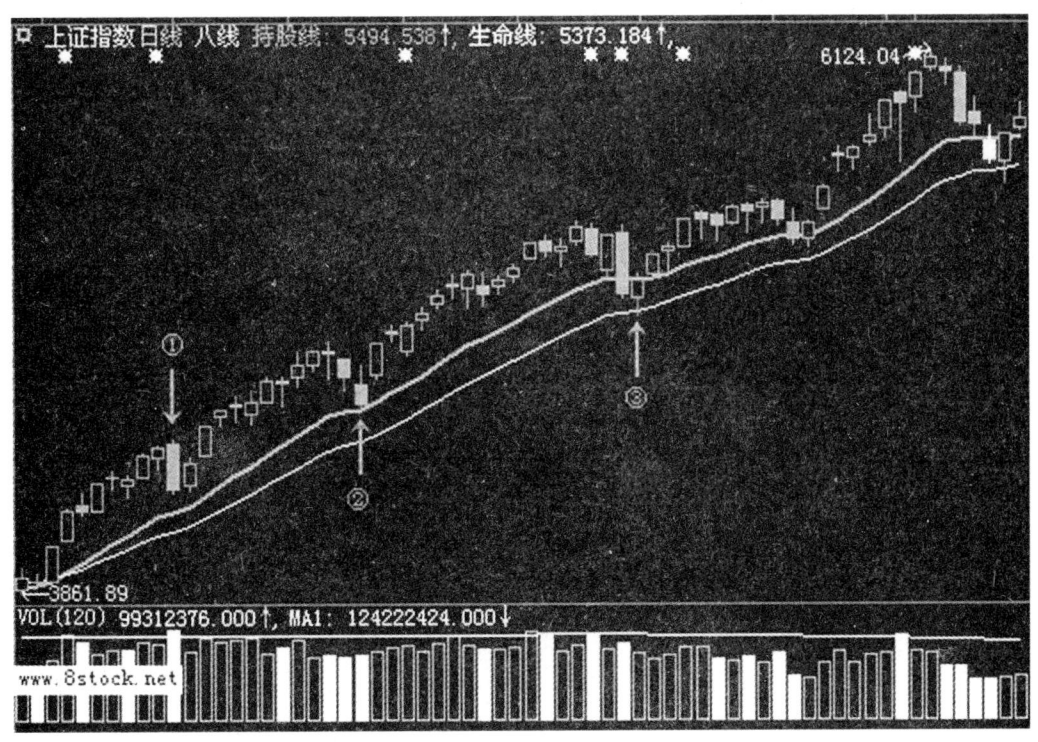

图8-29

按照操作原则，我们可以选择在图中①、②、③位置，靠近持股线进行补仓。

一套交易系统另一个成功的观点在于能否在实战操作中以铁的纪律严格执行。恪守铁的纪律是股市获利取胜的法宝，建立交易系统的最重要的作用在于可以规避主观情绪的影响，客观理性地按照买卖逻辑和买卖信号来进行操作。造成大多数人股市失利的原因，主要是与人性的弱点如贪婪、浮躁、犹豫不决以及一些不良的操作习惯有关。在我代理操盘的不少客户中，有些客户恨不得每天都能看到交易记录，如果一周没有记录，那电话邮件全来了，这些都是心里浮躁的表现。要战胜股市，我们应该先战胜自己。

第 9 章

强势博弈：击中庄家的软肋

通过前面的章节，我们熟悉了庄家的坐庄手法和一些鲜为人知的内幕，对庄家已经有了比较深入的了解。博弈之战，"以亟伤敌为上"，实战中还需要有进攻之法。本章我们将揭开庄家的面纱，从深层次剖析庄家，袭击庄家的软肋。

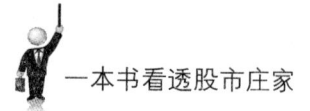

跟庄技巧与操作理念

跟庄高手的高明之处，不仅在于知己知彼，洞悉庄家的底细，熟知坐庄的手法，同时也在于他们严格的操作纪律与成熟的操作理念，他们临盘识变，冷静沉默，巧于周旋。本章开始之前，笔者认为有必要谈一谈操作理念。

一、投资还是投机

投资还是投机，这是个问题。对于大部分股民来说，这还是个纠缠不清的问题，他们甚至搞不清自己买卖股票的行为到底是在投资还是在投机。不少的股民买入某只股票本来是短线投机行为，结果深套之后，短线成长线，自我安慰"放上半年作投资了"，投机最终被迫变成投资是我们这个市场经常看到的现象。这都是非常错误的操作理念。

（一）投资与投机的区别

两者的区分有时候模糊得很。比如，2010年1月，我4元1股买入中国银行是投资，那4元1股买入TCL集团是投资还是投机？分清投资与投机这两个看似简单的概念是从业余走向职业的第一步，因为所有的理念和分析系统都是以此为基础向不同方向展开的。

格雷厄姆在《聪明的投资者》一书中再一次指出投资与投机的区别：投资是建立在敏锐与数量分析的基础上，而投机则是建立在突发的念头或是臆测之上。在我们看来，投资是一种购买财产以获得合理预期收入、股息、利息或租金的方法，它以长期增值的形式获利。区别投资与投机的关键在于投资具有时间和收益的可预测性。投机者专注于中短期市场趋势，他们建立市场头寸，并持有数天、数星期或数月的时间；投资者主要考虑市场的长期趋势，持有的头寸可长达数月数年之久。

（二）投资的陷阱

无可否认，这个市场"投机者"占了大多数，他们经常根据市场的中短期价格趋势，希望通过有效而准确的买卖行为获利。但仍然有不少的"投资者"，他们以"巴菲特"为榜样，言必提"价值投资"，认为某股票的业绩如何如何，一定能到××元。甚至一大批所谓的"分析家"、股评人士，为了推荐某一只股票，说明某一只股票短线内上涨的原因，总是要罗列一大堆公司的正面资料，说明发展前景如何如何之

好，美其名曰"价值投资"，市场上的散户也趋之若鹜。这些都可能是"投资"的陷阱。

市场上这类似是而非的"价值投资"理念大行其道，有两个原因：一是由于大环境下舆论的导向。一个健康的资本市场，应该是以"投资"为主体，而不是"投机"气氛盛行，于是所有的舆论导向都指向"投资"，所有的股民都被称作"投资者"（本书也使用了这个称谓），这本无可厚非，但却使芸芸众生迷失在这"投资"的表象之下。二是由于一些所谓"分析家"的推波助澜。这里又分为两类，一类"分析家"为了维持自己的权威地位而不得不制造噱头。想笔者早年入市之时，国内的技术分析应用还不广泛，国外专家的一场关于MACD指标使用的讲座，在国内就是天价。于是，那个时期技术分析是分析家们口中的专利。而现在技术分析盛行，人人都会点儿，这类东西早就唬不住人了，于是"价值投资"就在"分析家"们的口中流行了，权威性的保证是因为他们"能获得上市公司第一手的资料"。第二类是一些黑嘴在荐股时的引导。黑嘴荐股总会列出一堆公司如何具有成长型、发展前景"一片光明"的举证，也真灵验，一般第二天这只股票就能高开高走。现在您看过本书，就应该明白，这不过是庄家题材炒作的一种手法，这里的"上市公司成长性"只是炒作的借口，其真实性无关紧要，重要的是市场的反映与题材的号召力。如果这只股票业绩真正优良，真正具有成长性，其价值只会在股价的长期走势中慢慢体现，是不会在短期内有所表现的，更不会应声而涨。

同样的道理，公募基金是价值投资的倡导者，基金经理也时时在唱"价值投资"，可事实上真正价值投资的还有几只股票？更多的还是投机的炒作，忽悠的都是股民和基民。

（三）价值投资的误区

股神巴菲特是价值投资的典型代表，巴菲特从不关心市场的涨跌和趋势，只关心价值的发现和价格向价值的回归，这无疑是非常科学和理性的投资方式之一。但中国的股民过分滥用，也就误入了"价值投资"的误区。我们从这几个方面来看。

首先，投资大师是在美国的证券市场成功的，而非在相对不够成熟的中国市场。美国有可口可乐、迪斯尼，有麦当劳、肯德基，更有微软帝国，中国有哪些可以长期投资的企业呢？今年还被媒体吹得天花乱坠的股票，明年就亏得一塌糊涂。翻阅中国股市10多年的历程，当年的蓝筹龙头深发展、深科技、四川长虹从地上飞到天上，又从天上很快掉到了地上；后起之秀清华同方、清华紫光、亿安科技、海虹控股高举成长大旗想飞向太阳，最后一样从高高的天空又摔回地上，热点换了一拨又一拨，于是股票不停地玩着从天到地从地到天的游戏。

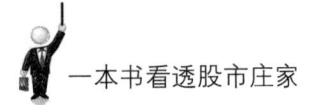

其次，价值投资的目的是分享企业盈利增长带来的收益。国外的成熟市场，股民更愿意长线投资，是因为上市公司会将自己的经营成果及时回报给投资者，向投资者提供货真价实的现金回报。而国内的市场，"分红"的字眼上又多了"除权除息"与"融资"，又何来的"价值投资"？

再次，巴菲特的投资方式不是简单地看报表，而是花了大量的人力、物力实地的调研和考察，寻找真正有价值的上市公司。而我们一些所谓"巴菲特的崇拜者"，手头所能掌握的企业资料无非是财务报表和媒体登的一些调研报告。别忘了中国的股市是有庄家的，财务报表能造假，调研报告能造假，一切的一切似乎都能造假，你要相信这些数字把戏就等着被宰吧。

综合来看，在中国的市场，应该紧跟"庄家"的脉搏，理性对待投资与投机，切不可把投资当成了投机，而投机反做成了投资。

二、如何对待技术分析

（一）投资与技术分析

在许多人看来，价值投资似乎与技术分析无缘：投资者注重的是上市公司的价值与价格的偏离，专注于股票的基本面的分析；而投机者才注重股价的短期波动。其实，价值投资者也应充分考虑技术分析在股价快速波动中的得失。

技术分析是指以市场行为为研究对象，以判断市场趋势并跟随趋势的周期性变化来进行股票及一切金融衍生物交易决策的方法的总和。技术分析的优点是同市场接近，考虑问题比较直接。与基本分析相比，技术分析进行证券买卖见效快，获得利益的周期短。此外，技术分析对市场的反应比较直接，分析的结果也更接近实际市场的局部现象。

技术分析可以在大跌市道中通过做空交易来避免暴跌的损失，但传统的"价值投资"如果这样做就缺乏理论依据，甚至因此不再是一个"价值投资者"，后果就像背叛了某种宗教一样。而且价值投资因为不重视大盘走势，常常会莫名其妙地损失30%～50%的资金或者利润，对此他们只能以忍耐来弥补；但是技术分析者如果训练有素就完全可以避免这一点。更为严重的是在极端行情中，价值投资者中对市场本质缺乏深刻认知的人受到的伤害之大足以使他们破产或接近破产。

国内市场这种区别更加明显。国外成熟的市场获利30%了不得了，而中国的庄家市场3天就能跌掉你30%。

（二）技术分析的"度"

技术分析派一般认为与股价有关的一切信息都已经反映在走势图上，包括该股

所有的利好与利淡因素。即认为市场行为包容消化一切。所有的基础事件——经济事件、社会事件、战争、自然灾害等作用于市场的因素都会反映到价格变化中来。所以技术分析认为只要关注价格趋势的变化及成交量的变化就可以找到盈利的线索。万千的盈利预期或公司发展的前景，在股价走势图面前都显得毫无意义。

"价值投资者"在美国证券市场上取得了辉煌的战绩。但是正如它的创始人格雷厄姆在他的书中一再强调的那样，价值投资仅仅是在资本市场获利的方法之一，这种方法依赖大师们本人的专业素养，在可传授性、可学习性方面远远不及"专业投机者"的技术分析理论。从投资绩效上讲，后者取得的成就较前者毫不逊色。可以这样讲，只要将传统的以"道氏理论"为根本的技术分析体系略加细化和修订，即可以将"价值投资者"发掘的所有大牛股一网打尽，还可以捕捉到前者遗漏掉的全部牛股。对于同一只标的品种，后者的买进价位通常比前者高，但是卖出价位同样比前者高，有时候还可以高出很多。在买卖时机的把握上，前者永远不是后者的对手，相应的在资金利用效率上也低于后者。

技术分析有其不可比拟的优越性，但需注意整体观的把握。从前，在技术分析派人士中流传着这样一句话："一把直尺闯天下。"，说的是K线图分析高手只需一把直尺，在图中画出几条直线，就足以指明市场运动方向，无往不胜。但同时，又有许多人讥笑这类技术分析人士为"线仙"，意思是他们对一些莫名其妙的线条太过痴迷，以至于神魂颠倒了。"高手"与"线仙"的差异在于两者度的把握，不应过分关注局部也忽略了全局。

（三）传统技术分析的误区

股市中的技术理论总是让人充满了迷惑。美国投资专家葛兰威尔发明了名扬天下的均线理论"葛兰威尔法则"。他在20世纪70年代美国股市涨到1200点时预测股市会大跌，结果，在其预测后的半年时间内，道琼斯指数涨到了2000多点。自此以后，他便在市场上消失了。有人说，他肯定后来也没赚什么钱，否则早上富豪榜了。许多经典的技术理论在实战中都有可能遭遇到如此的尴尬，看起来不错，用起来不是那么回事。我们平时也会遇到一些类似的例子，某位专家总结的某个形态听起来很玄乎，举的案例好像也很经典，但自己用起来成功率并不高。这在一定程度上是传统技术分析模式的缺陷造成的，绝大部分使用者都在盲目地凭经验和感觉使用这些理论，并不清楚其实战成功率有多高。葛兰威尔法则能揭示股市运行的某些规律，但若在实战中简单运用该法则操作，其效果必然不会理想。

下面我们以分析家和大智慧新一代软件中的"条件选股成功率测试"程序为模型，用计算机对一些K线经典形态进行概率统计。我们对沪深两市所有A股股票进行测试，采用的是以买进目标股票20天内获利10%的成功率的国际标准为测试依据来判断投资方法的好坏。即在选出后的20天内，目标股票的利润最高至10%为成功。测试阶段选择1999年1月1日至2009年1月1日，这10年基本涵盖了慢熊、快熊、慢牛、快牛等各类市场环境，具有较好的模拟测试效果。而1999年之前股票市场的成熟度和市场规模相对稍差，与现在的市场环境相去甚远，一般不作为测试阶段。

"红三兵" K线组合在传统技术理论中被视为一个经典，不少的所谓"专家"在解盘的时候也常常提到这个名词，但其成功率有多高？我们用计算机的历史数据统计一下概率（见图9-1）。

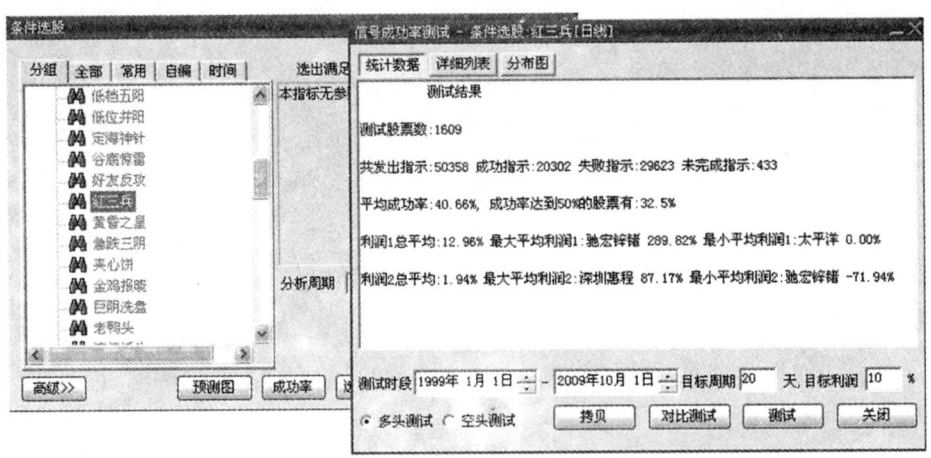

图9-1

我们看到平均成功率仅有40.66%！如果依据该形态指导实战操作，那还不如掷硬币来得实在（见图9-2）。

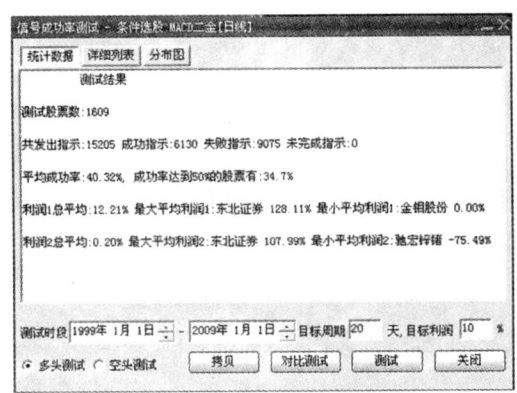

图9-2

如图9-2所示，MACD低位二次金叉选股的成功率仅为40.32%。

再看某位专家吹嘘的经典理论"老鸭头"，经计算机的概率统计，其20天内最高

上涨10个点的成功率仅为44.76%。该形态的解析详见笔者另一本拙著《K线技术精要》第五章第十四节"鸭头上攻"。如图9-3所示。

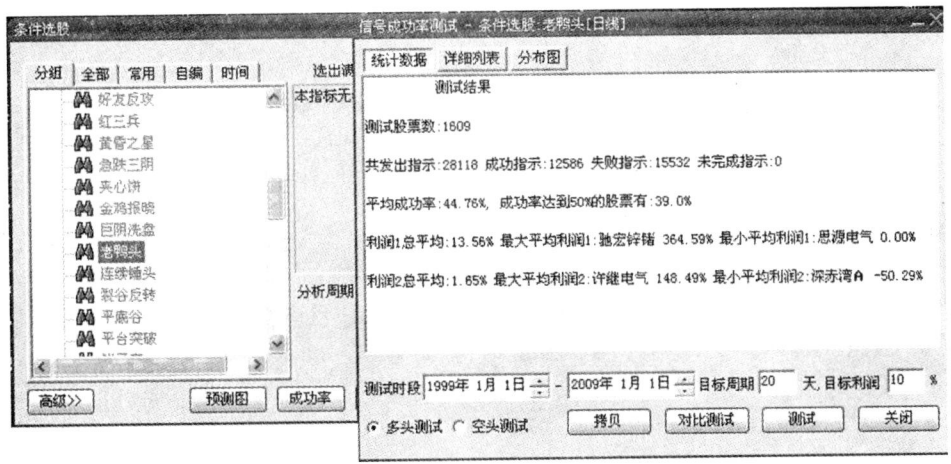

图9-3

传统技术分析模式依据的是经验和感觉，凭借的是人工统计，因此，一些看似有效的方法经计算机的测试无一不显示出统计概率上的巨大破绽，暴露出传统技术分析模式的缺陷。本书中，对于K线组合形态中某些低成功率的传统形态将会给予点评，该类形态只适合用作辅助分析。

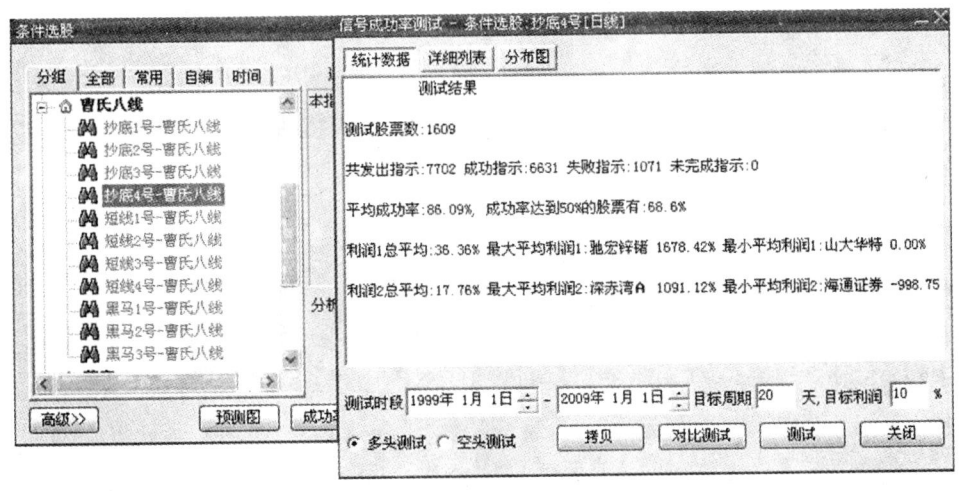

图9-4

实践是检验真理的唯一标准，实战成功率的大小是检验操作决策好坏的唯一标准。在计算机信息技术高度发达的今天，使用传统技术理论与计算机海量数据模拟测算想结合，能大幅度提高实战的成功率。某些经典的传统技术理论通过计算机的量化之后，再经过实战中长时间的不断优化，将能达到非常理想的效果。如图9-4所示，曹

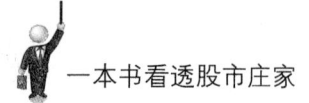

氏八线系统中的抄底选股公式"抄底4号"，测试成功率为86.09%，（也就是说，在20天内，选出的股票获利10%的概率为86.09%）已经具备较好的实战意义。感兴趣的读者朋友可以到笔者的网站（www.8stock.net）索取。

三、盈利靠的是操作纪律

真正能让你在股市中稳定获利的，不是你娴熟的技术分析理论，也不是你能看透庄家行为的能力，而是严格的操作纪律！大到索罗斯、沃伦、巴菲特这些投资巨人，小到我们身边的散户成功者，无不是坚守这条经验的最大受益者。而多数损失惨重的投资者则成为这种严格纪律的牺牲者。严格而有效的操作纪律是唯一可以保证投资常胜不败的投资经典。

（一）严格的操作纪律的重要性

1.克服人性的弱点

严格的操作纪律最主要的优势是能克服人性的弱点。股市中人性的弱点，很多的文章都详细探讨过，不少的观点甚至认为，投资者至少需要四年以上的磨炼，才能真正入行。关于人性的弱点这里不多说，笔者需要告诫大家的是，投资者入市首先要明确自己的性格、风险承受能力、学识水平、能投入的时间精力等。如果没有较强的风险承受能力，对股票的投资还是尽量要少；有较强的风险承受能力，但缺少一定的学识水平或没有多少时间精力，那么寻找一家好的股票型基金或信得过的专家理财也许更好；如果既有较强的风险承受能力，又有很高的学识水平，还能投入大量的时间精力，那就要看自己的性格特点了，有针对性地克服自己的弱点。

2.克服交易误区

严格的操作纪律能克服一些错误的交易习惯和交易误区，比如不遵循趋势，盲目地追涨杀跌，不止损止盈等。笔者这里要特别提示一类股民常有的交易误区：将成本价作为参考价位。比如，某只股票的买进价格是10元，而现在的价格是7元，很多的股民感觉就是"被套了"，总是拿自己的成本价10元与当前的股价对比，认为一定要回本或者一定要涨到××元才能出手，而不再分析股票目前的形态，也再无止损的概念；有的"专家"接受个股咨询时，也总会问一问"你的成本价是多少"。其实，这都是非常错误的操作理念。实战中一定要"忘记成本"，所有的操作依据是现在的形态，参考点永远是当前的价位，而不是参考成本价。作为一位投资者，如果你坚定看好公司的发展空间，则耐心持股即可，不必过多关注你的成本价；而作为一位投机者，到了止损止盈位严格按照趋势线止损止盈，否则每天都可换位思维：认为自己的是空仓，问一问自己如果从未买入该股票，是否有理由现在买入？如果依据自己的判

断，有充分的理由现在买入，则该股可继续持有，如果现在自己都不愿重新买入，则说明该股无继续持有的理由，不如及早换股。

（二）建立科学的交易系统

严格遵守操作纪律最有力的保障是建立科学的交易系统。有的投资者对技术研究颇有心得，操作也非常准确，往往能看准庄家，抢到廉价筹码，但在牛市中的操作结果依然不理想。很多的投资者，包括多年股龄的投资者，因为没有严格的交易系统，买卖股票的理由每一次都不同，这样的操作往往会造成许多失误，正确的操作没有得到再次的运用，错误的操作下一次又再犯。结果很有可能就是，"辛辛苦苦30年，一夜回到解放前"。

比如有一位波浪理论的高手，经常能够预测到价格波动的高低点，并且因此而获利，但总体上的交易成绩却只是一般。究其原因，这位波浪理论的高手缺少一套自己的交易系统，没有好的操作习惯。如在自己的预测出现错误时，他不知道应当如何处理；也不清楚当得到一个买进信号时应使用多少资金，什么时候应加仓，什么时间应获利了结。操作随意性大，交易的系统性方面有明显的欠缺。

1.何谓交易系统

严格意义上的交易系统是指完整的交易规则体系，对投资决策的各个相关环节作出相应明确的规定，这种规定必须是客观的、唯一的，不允许有任何不同的解释。一套设计良好的交易系统，必须符合使用者的心理特征、投资对象的统计特征以及投资资金的风险特征。我们这里谈到的交易系统指的是，建立一套自己选股、买点卖点的判定、止损位的设立以及对应的纪律。

我们来看这样一个故事：

理查德·丹尼斯是美国一位富有传奇色彩的交易大师，他把几千美元放在股市中赚到2亿美元。这在美国的个人投资中是绝无仅有的。艾肯哈特是一位非常有名的基金经理。一次，他们两人在讨论交易方法时出现了很大的分歧。丹尼斯认为，只要是智力正常的人，哪怕他从来不懂股市，只要掌握了一套好的交易系统方法，就能在股市中获得成功。艾肯哈特对此持否定态度。为了解决两人的争论，他们决定举行一场带有大赌注的试验。艾肯哈特选择了13个普通人作为培训者，丹尼斯用2周时间向这13人传授他的一套交易方法。培训后，由丹尼斯向这些人提供交易资金，然后让他们独立交易，时间1年。

丹尼斯的观点正确吗？任何普通人都可以成为股市交易高手吗？1年后，答案出来了，丹尼斯的观点完全正确！受训的13人业绩都很优秀，其中有的人收益率甚至高出他们的师傅丹尼斯。

从这则故事中，我们可以看到建立交易系统，按原则计划去交易的重要性。股市是不可预测的，在无序的市场中建立有序的交易规则，才能在股市上克敌制胜。所谓克敌制胜不是指一次性获取一倍或两倍的利润，而是你在股市中长期持续稳定的获利能力。但是在很多人眼里，建立交易系统，按原则计划交易的概念相当模糊，他们过多重视股价预测，而对自己的交易行为稀里糊涂，充满随意性。没有交易原则和计划就去买卖股票如同没有设计图纸就去建筑房屋一样肯定要付出巨大代价。

2.科学的交易系统应具备的条件

在股票市场中交易过两三年的老股民，很多都有一套自己的交易方法，但这套交易方法并不一定是一套科学的系统。一套科学的交易系统应具备以下条件：

（1）应有买点卖点的判定，买卖时间、持股时间、预期收益等各个环节的操作提示；应有完善的交易原则、交易计划，完善的风险回避办法，如止损位的设立等；比如对前面的那位波浪高手来说，他应该认真地问一问自己，如何把所有的事项整理起来？除了市场分析以外，你还缺少什么东西？很显然，是缺少的东西妨碍了你长期稳定的获利。如果想长期稳定地获利，那么整体的交易应该是一个过程，而绝不是简简单单的一次预测或者一次全仓买入。其间至少包括：①如何处理判断失误？②最大亏损能够被控制在什么范围内？③什么时间追买？什么时间获利了结？④市场出现非人力因素，如何处理？⑤预期的目标是多少？是否满意？⑥当市场价格变化以后，如何修正自己的交易计划？

大多数投资者心中都有一个强烈的愿望，就是希望他们的每一次交易都是正确的。但是理智地思考一下，华尔街的顶尖交易员在10年中的平均正确率仅仅是35%左右，你能做到多少？你是否现在就比他们优秀？

（2）在理论上无懈可击，在实践上经得起反复的验证，在统计学上有较高的胜算率，一般需达到70%以上。这点也是检验交易系统是否"科学"的重要标准。

（3）以铁的纪律严格执行。建立交易系统的最重要的作用在于可以规避主观情绪的影响，客观理性地按照买卖逻辑和买卖信号来进行操作。当你选择了一套符合你个性的交易系统操作，一定要将它贯穿交易的始终，不要轻易地改变它。在交易过程中最忌讳"朝三暮四"。最好的交易系统不认真执行亦是破铜烂铁，在捍卫原则方面需要有铁的纪律，既不在交易系统出现买入卖出信号后优柔寡断，怀疑系统的有效性，亦不在非本系统指示的机会时心猿意马，放弃其他的诱惑与机会。

挑选庄股的技巧

要跟庄首要一个问题是要找到庄家。现在两市个股繁多，想挑好庄股、骑好黑马，就必须得用心了。珍珠大多被掩盖在沙子里，而一些打扮得花枝招展的股票又是带刺的玫瑰，稍不留神双手就被扎得鲜血淋漓，成为庄家出货的牺牲品。

一、如何选择庄股

选择庄股时需要注意以下几点。

（一）历史炒作度低

历史炒作度，这是笔者提出的一个概念，简单地讲就是近年来是否被热炒过。历史炒作度主要包括以下几个要素。

1. 上一轮炒作的幅度

对于牛股的炒作幅度我们这样定义，上一轮炒作中，从最低点到最高点涨幅达到1倍的我们称作中级行情，低于1倍的属于反弹行情或短庄行为，高于1倍的可称为大牛行情。对于近年炒作度在大牛行情以上的股票，我们应该优先回避。这是因为，近年被恶炒之后，其价格严重偏离价值。一旦庄家离场，随后出现的价值回归路线极为漫长，偶然出现的反弹并不能说明该股已经转势。从筹码分布的角度来看，就是庄家在高位派发之后，形成套牢盘无数，芸芸散户都在山顶站岗，眼巴巴地盼望着解放军前来营救。这样的股票自然不敢再有庄家强行拉上去了。每一次反弹都成了出货的机会。如图9-5所示，波导股份（600130）的走势图。

该股在2007年度为亏损股，但在2007年的大牛市中被庄家从2元多，炒到了5月29日的最高点8.6元！炒作幅度之大可想而知。经过"5·30"的大跌之后，随着2007年下半年大盘的飞涨，该股依然难有表现。到了2007年9月14日，最高点也仅回到了7.38元，这一次反弹成了最后的出货机会。如图9-6所示，到了2008年该股重返2元多，最低曾达到1.68元。

这也是不少的庄家喜欢新股的原因。新股上市依赖未被充分炒作，上档无套牢盘，拉升较为轻松，因此常能得到庄家的青睐。

2. 上一轮炒作距离现在的时间

若上一轮炒作的幅度为1倍的中级行情，则从高点算起至少半年之内不宜再买入；

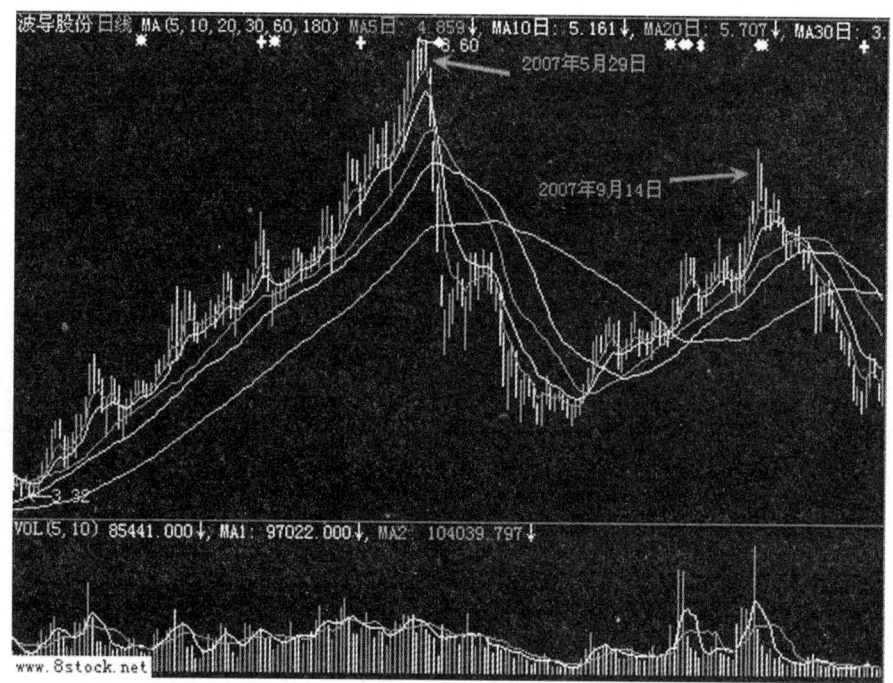

图9-5

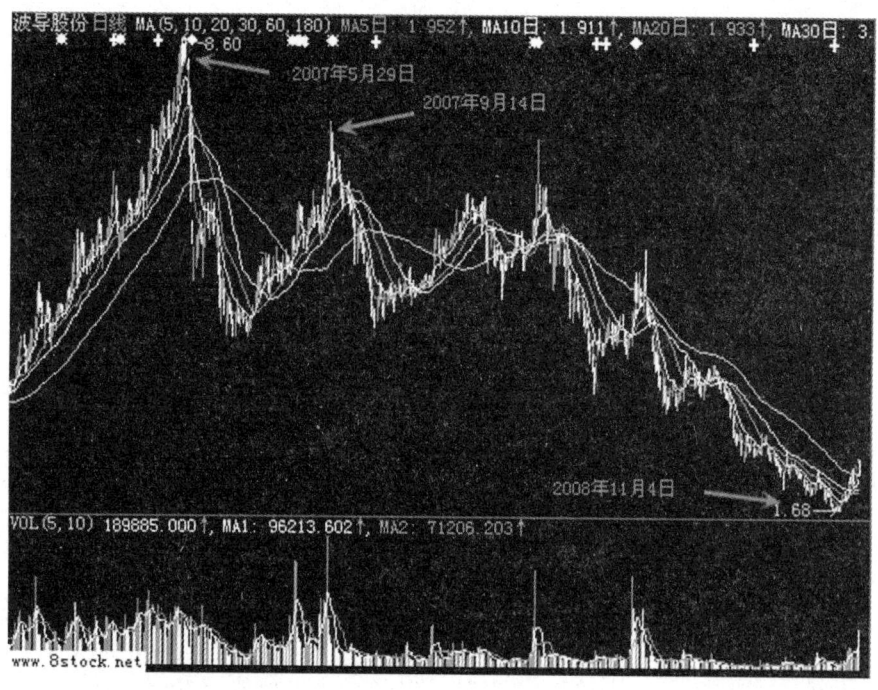

图9-6

升幅达到两倍的大牛行情，则1年之内不宜再买入；

依升幅达到了10倍的暴牛行情，则5年内不应考虑再有大的行情，期间的都只能算

作反弹，难以形成转势。

如图9-7所示，该类股票在2007年涨幅达到5倍，两年之内不宜作中线。

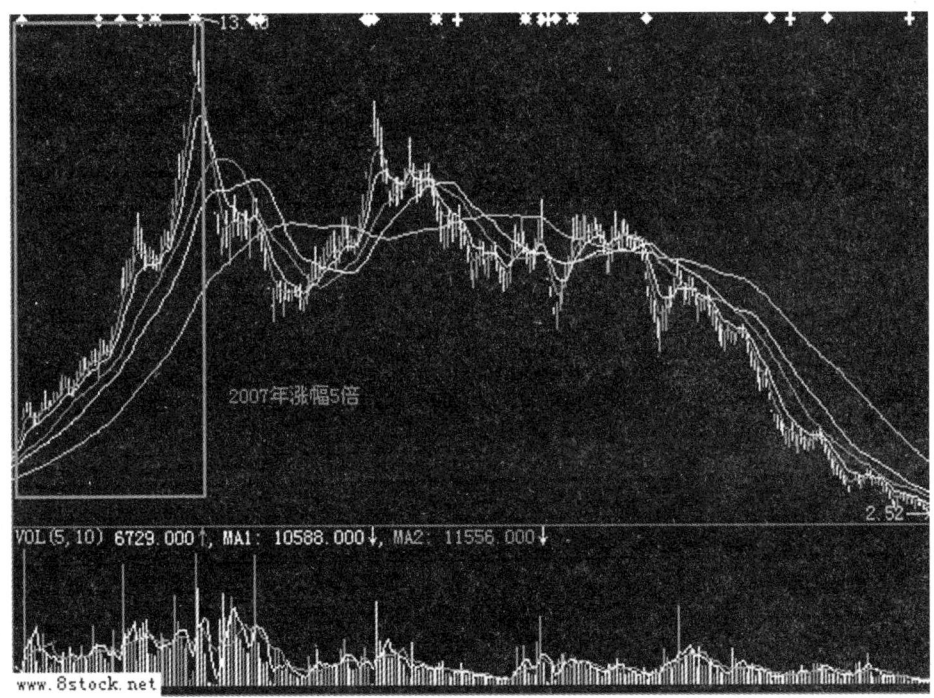

图9-8

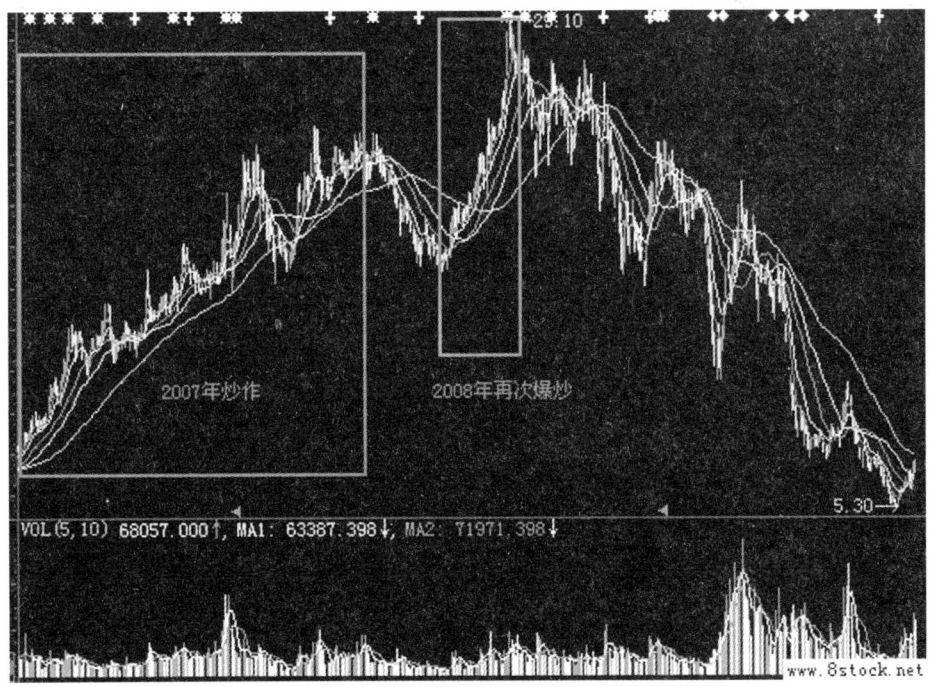

图9-8

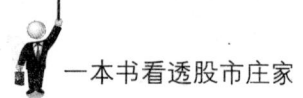

3. 被炒作的次数

一般来说，前期被爆炒的次数越少越好，也就是中级行情以上的炒作次数出现越少对后期走势越有利。如图9-8，该股在2007年的牛市中完成第一次炒作，涨幅3倍，属于一次中级行情。第二轮操作从2007年11月开始，至2008年1月，涨幅再接近1倍。此类股票数年理应回避，不应再做中线考虑。

（二）小盘股优先

翻开历史庄股，庄股横行之时十有八九是小盘股。究其原因，恐怕不外乎以下几点：

（1）小盘股流通市值小，对资金要求不高；投入的资金量较小，不需要巨额资金，因此极受中小机构青睐。

（2）易达到控盘目的，坐庄的时间相对可短，风险可控程度高，充分满足庄家的控制欲。

（3）小盘股对大盘指数影响小，不易引起监管层的注意。

（4）小公司才有机会发生突飞猛进的改观。即使虚假包装起来，通过关联交易等不法手段，略施小计，就能暗度陈仓。

（5）易于改造及重组，规模小的企业遗留问题往往也轻，即使产业转型、彻底地改组亦不需太费力气。

（6）在双方的配合上，大公司相对规范，小公司易配合支持。

（7）股本扩张能力大，日后派发时可借助高送配作掩护套现。

（8）利于长庄运作，许多小盘股主力运作时间长达两三年以上，通过波段式运作，将其作为提款机，数年下来累计涨幅惊人。

如图9-9所示，联华合纤（600617）的走势图。

该股总股本16 719万股，流通股5 415万股，流通市值在2008年仅2亿多，可谓典型的袖珍股。该股2007年先从5元多炒至2007年4月的22元多。庄家出局后大跌，最低至2007年7月的9元多。2007年7月中旬庄家开始第二轮炒作，连拉数个涨停，短短十多天时间股价接近翻倍。该股庄家翻云覆雨，拉升易如反掌，就是因为盘子较小的原因。

（三）题材股优先

为了炒作的顺利，庄家大多与上市公司充分合作，争取公司适时推出题材予以配合，题材越独特、越新颖，越能引起市场的追捧。找到富有特色的题材，等于成功了一半。我们在寻找庄股时，也应该对个股的情况进行题材的挖掘，有题材与无题材的股票，以题材股优先。炒作的题材不外乎以下几种：

（1）收购或者控股题材。

（2）合资合作或者股权转让。

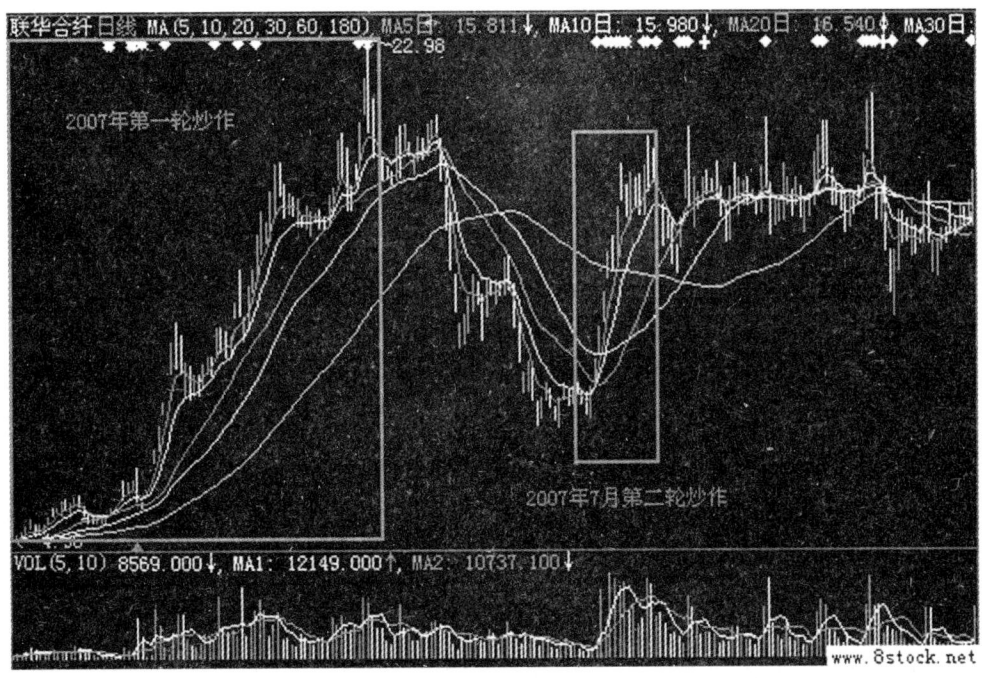

图9-9

（3）分红配股题材。

（4）经营业绩是否有大的改观。

（四）紧跟市场热点与龙头

热点板块个股反映了主力资金的分布情况，有良好的板块效应的个股易得到人们的认同，形成良好的市场跟风效应，因此选股要把握市场热点。每一轮行情都有一个主流热点，都有一个主攻板块。历史经验表明，在一轮中级行情中，紧紧把握该轮行情的主流热点，紧跟市场龙头股，往往能取得超过大盘的收益。

主流热点往往具有以下的优点：

（1）行情启动的时间最早。主力板块一般在市场最沉闷的时期揭竿而起，成为多头反击的急先锋。

（2）主力介入最深，一般会形成良好的板块炒作效应。某个板块或个股爆发力度，取决于主力介入的深度。从走势上看，主流板块云集了各路庄家，主力普遍介入较深，有备而来，可谓"蓄之愈久，发之愈急"，主力的深度介入，为展开大行情提供坚实的基础。而一些超跌类个股长期运行在下降通道内，短线资金仓促建仓，吸筹不充分，虽有补涨行情，但持续性不强，机会较难把握。

（3）行情持续性最长。作为一轮中级行情的领头羊，主流热点、市场龙头持续性往往较其他股好，只要龙头振臂一呼，其他庄家纷纷呼应，接力棒不断由这个庄股传

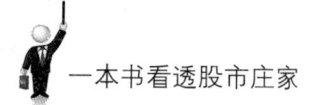

到另一个庄股，对行情起到前仆后继的作用。

（4）市场辐射性最广、号召力最强。

投资者在把握市场热点时，应注意热点会时时变换，龙头亦会经常"皇帝轮流做"，某一板块的龙头出现调整时，往往意味着该板块将陷入调整，此时宜及时从该板块中撤离。

二、庄家选股的依据

庄家用资金这"看不见的手"决定着某股是否有行情，以及行情的大小。因此散户选股时不能单从个人喜好出发，而应首先看看庄家喜欢什么样的股票，亦即是了解庄家的"择偶条件"才能有的放矢。

对于庄家来说，坐庄前必须经过认真的调查、周密细致的分析与决策、严密的计算和严格的管理。选股是坐庄的重要一环，庄家在这个环节一般都很慎重。一般来说，庄家的选股依据是从以下几方面来考虑的：一是基本面，二是技术面，三是题材面，四是操作面。

（一）基本面分析

首先，庄家会综合考虑宏观经济环境、市场人气、公司情况等各方面因素。庄家通常选择在宏观经济运行已达到谷底并有回升迹象时，或是大盘下探到最低点要求反弹时进庄。此时，股市经过较长时期的熊市或大跌，风险已充分释放，继续下跌的空间及可能性都很小。同时，庄家还会协调同交易所、上市公司、上层领导等各方面的关系，以保证炒作过程的畅通无阻。

其次，庄家会重视分析个股的下列情况：①募股配股资金产生效益的质量与时间；②未分配利润及资本公积金、净资产值；③有无送股历史，流通股比例。庄家偏好选择有利润增长潜力、未分配利润多、资本公积金与净资产值高、无送股历史、流通股占总股的1/3以上的股票。

最后，庄家还会考虑基本面是否有改观潜力。那些基本面优异、受到国家产业政策扶持的市场热点股票，由于市场前景看好，价格不菲，容易导致筹码分散，庄家难以吸到货。但那些基本面差，人人避之未及的股票，若能通过潜在题材出现而使基本面得到改观，就会成为庄家青睐的对象。

（二）技术面分析

一是看流通盘的大小是否合适。盘小，易于达到控盘目的。被选中股票的流通盘必须是有利于炒作的，即流通盘的大小要与操作者本身资金量相配合，若庄家控制某股流通筹码50%以上，股价自然可由庄家说了算，因而小盘股被庄家追求的可

能性大增。近年上市的新股流通盘日渐趋大，老股中流通盘在5 000万股以下的个股逐渐成为珍稀动物，屡被各路庄家反复炒作，这个庄家后脚刚走别的庄家前脚已挤进来。

　　由于庄家的资金来源复杂，因此庄家在选股时不自觉地遵循"有什么样的钱，选什么样的股"的原则。用太大的资金炒作太小的股票会有一种杀鸡用宰牛刀的感觉，而用太小的资金炒作太大的盘子又会感到力不从心，推不动盘口。一般来说，如果庄家能够控制住某种股票50%以上流通筹码，庄家便能左右股价。所以，资金规模小的庄家也只能选择中小盘。近年上市的新股流通盘日趋增大，老股中流通盘在5 000万股左右的个股便成为多数庄家关注的焦点。而像万科、深发展这样的龙头股，流通市值在数亿元以上，除大机构有实力问鼎外，庄家只能敬而远之，而2007年上市的中国石油、中国神华，更是一般的机构都无法撼动。当然，资金雄厚的庄家也并非只选大盘股炒作，大机构炒大盘股通常是为了控制大盘指数，激发市场人气。

　　二是看筹码分布是否合适。所谓筹码分布，是指筹码在不同价位、不同投资者手中的分布。从筹码分布中可以看出上方套牢区主要集中在什么部位，在哪一类投资者手中。

　　三是看当前个股走势。看个股是已经初步探底完成，还是正处于下跌的途中，逆个股走势而为往往很难有成效。

（三）题材面分析

　　题材和概念的运用是我国证券市场的一大特色。我们几乎每天都可以在各种媒体上看到或听到各种各样的题材和概念，什么高科技纳米、稀缺性资源、成长性绩优、垄断性行业、股权的置换、新生的重组等不一而足，这些都是庄家出货的借口。在庄家的操作步骤中，出货是最为关键的一点，因此，题材的选用也就十分重要了。

　　在上述的选股条件中，其实还有几点是庄家不可忽视的，一是所选目标股应该是近些年来没有爆炒过的个股，一般个股大涨回落之后，至少要经过一两年的调整、沉寂期，有的时间会更长。二是所选目标股是否有其他的庄家机构潜伏在内，否则的话庄家之间的搏杀将十分惨烈，坐庄成功的难度也会成倍增大，这个当然是应该尽力避免的情况。

（四）操作面分析

　　在操作面上，庄家应在资金使用效率上高要求、少失误。许多庄家选股时偏好那些股性活跃、包袱较轻的个股，以求稳定。特别在股价处于高位或低位时，庄家会坚决地逆反操作。股价与指数位于高位的市场现象有：

　　（1）巨量现象反复出现；

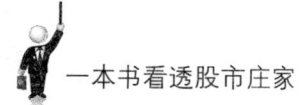

（2）对于大跌散户麻痹；

（3）众多中线指标高位；

（4）较多的获利盘，且散户多集中在热门股上获利。

利多放大，利空也涨；反之，则说明股价与指数处于低位。庄家往往喜欢在股价较低时闹革命，而不喜欢再给高价推波助澜。股价价位选择的一个基本原则，是应该至少有50%以上的上升空间才会进入原来的密集成交区，只有这样，庄家才能做到进退自如。选股的实质就是信息评判和研发能力的较量。庄家除了对基本面、技术面、题材面、操作面进行周密细致的研究外，往往还注重其他一些因素。如从产业政策、母公司或主管部门及公司自身的管理者和管理水平、产品结构和市场潜力等方面进行调查，从国内外的相同或相近行业、关联行业以及潜在竞争者角度分析，以确保找到最佳目标。

三、选择介入的时机

即使顺利找到了庄股，如果处在庄家的收集筹码期间介入，后面还将有漫长的建仓和洗盘的时间等着，稍不留神就可能被洗出来。因此，散户跟庄炒股若能准确判断庄家的持仓情况，盯牢一只建仓完毕的庄股，在其即将拉升时介入，必将收获一份财富增值裂变的惊喜。

股价涨不涨，关键看庄家炒不炒。庄家什么时候最有炒作激情？庄家在廉价筹码吃了一肚子时最有激情。这里面的关键是如何发现庄家已筹码锁定。

一般具备了下述特征之一就可初步判断庄家筹码锁定，建仓已进入尾声。

（1）放很小的量就能拉出长阳或封死涨停。新股的庄家进场吸货，经过一段时间收集，如果庄家用很少的资金就能轻松地拉出涨停，那就说明庄家筹码收集工作已近尾声，具备了控盘能力，可以随心所欲地控制盘面。

（2）K线走势我行我素，不理会大盘而走出独立行情。有的股票，大盘涨它不涨，大盘跌它不跌。这种情况通常表明大部分筹码已落入庄家囊中：当大势向下，有浮筹砸盘，庄家便把筹码托住，封死下跌空间，以防廉价筹码被人抢去；大势向上或企稳，有游资抢盘，但庄家由于种种原因此时仍不想发动行情，于是便有凶狠的砸盘出现，封住股价的上涨空间，不让短线热钱打乱炒作计划。股票的K线形态就横向盘整，或沿均线小幅震荡盘升。

（3）K线走势起伏不定，而分时走势图剧烈震荡，成交量极度萎缩。庄家到了收集末期，为了洗掉短线获利盘，消磨散户持股信心，便用少量筹码作图。从日K线上看，股价起伏不定，一会儿到了浪尖，一会儿到了谷底，但股价总是冲不破箱顶也跌

不破箱底。而当日分时走势图上更是大幅震荡。委买、委卖之间价格差距也非常大，有时相差几分，有时相差几毛，给人一种莫名其妙、飘忽不定的感觉。成交量也极不规则，有时几分钟才成交一笔，有时十几分钟才成交一笔，分时走势图画出横线或竖线，形成矩形，成交量也极度萎缩。上档抛压极轻，下档支撑有力，浮动筹码极少。

（4）遇利空打击股价不跌反涨，或当天虽有小幅无量回调但第二天便收出大阳，股价迅速恢复到原来的价位。突发性利空袭来，庄家措手不及，散户筹码可以抛了就跑，而庄家却只能兜着。于是盘面可以看到利空袭来当日，开盘后抛盘很多而接盘更多，不久抛盘减少，股价企稳。由于害怕散户捡到便宜筹码，第二日股价又被庄家早早地拉升到原位。

四、牛股周线捕捉法

一般来说，时间周期越短的K线图，灵敏度也越高，时效性也越强。但短期K线的缺点是随时间波动较大、反应过于灵敏，从而无法依此判断未来股价的大方向，而中长期K线在判断大的趋势上往往能发挥意想不到的作用。要从更长的周期把握股价的走势，需要应用周线图来观察。一般来说，在周线图上，我们可通过观察周线与日线的共振、二次金叉、阻力位、背离等几个现象寻找买卖点。

周线反映的是股价的中期趋势，而日线反映的是股价的日常波动，若周线指标与日线指标同时发出买入信号，信号的可靠性便会大增，如周线KDJ与日线KDJ共振，常是一个较佳的买点。日线KDJ是一个敏感指标，变化快，随机性强，经常发生虚假的买、卖信号，使投资者无所适从。运用周线KDJ与日线KDJ共同金叉（从而出现"共振"），就可以过滤掉虚假的买入信号，找到高质量的买入信号。不过，在实际操作时往往会碰到这样的问题：由于日线KDJ的变化速度比周线KDJ快，当周线KDJ金叉时，日线KDJ已提前金叉几天，股价也上升了一段，买入成本已抬高。为此，激进型的投资者可在周线K、J两线勾头、将要形成金叉时提前买入，以求降低成本。

当股价（周线图）经历了一段下跌后反弹起来突破30周线位时，我们称为"周线一次金叉"。不过，此时往往只是庄家在建仓而已，我们不应参与，反而应保持观望；当股价（周线图）再次突破30周线时，我们称为"周线二次金叉"，这意味着庄家洗盘结束，即将进入拉升期，后市将有较大的升幅。此时可密切注意该股的动向，一旦其日线系统发出买入信号，即可大胆跟进。

周线的支撑与阻力，较日线图上的可靠度更高。从周线角度来看，不少超跌品种第一波反弹往往到达了60周均线附近就有了不小的变化。以周K线形态分析，如果上冲周K线以一根长长的上影线触及60周均线，这样的走势说明60周线压力较大，后市价格多半还要回调；如果以一根实体周线上穿甚至触及60周均线，那么后市继续上涨、彻底突破60周均线的可能性很大。

实际上60周均线就是日线图形中的年线，但单看年线很难分清突破的意愿，走势往往由于单日波动的连续性而不好分割，而周线考察的时间较长，一旦突破之后稳定性较好，我们有足够的时间来确定投资策略。

日线的背离并不能确认股价是否见顶或见底，但若周线图上的重要指标出现底背离和顶背离，则几乎是中级以上底（顶）的可靠信号，大家不妨回顾过去重要底部和顶部时的周线指标，对寻找未来的底部应有良好的借鉴作用。

在大盘的弱势环境中，K线图上连续数周阳线的股票成为牛股的概率极大。如果此时周阳线依托5周线稳步上行，途中未有效跌破5周线，此时可择机介入。股价上行过程中，若周线中出现小的周阴线，若此时的周阴线缩量，亦不会破坏牛股的走势。

如图9-10所示，界龙实业（600836）的周线图。

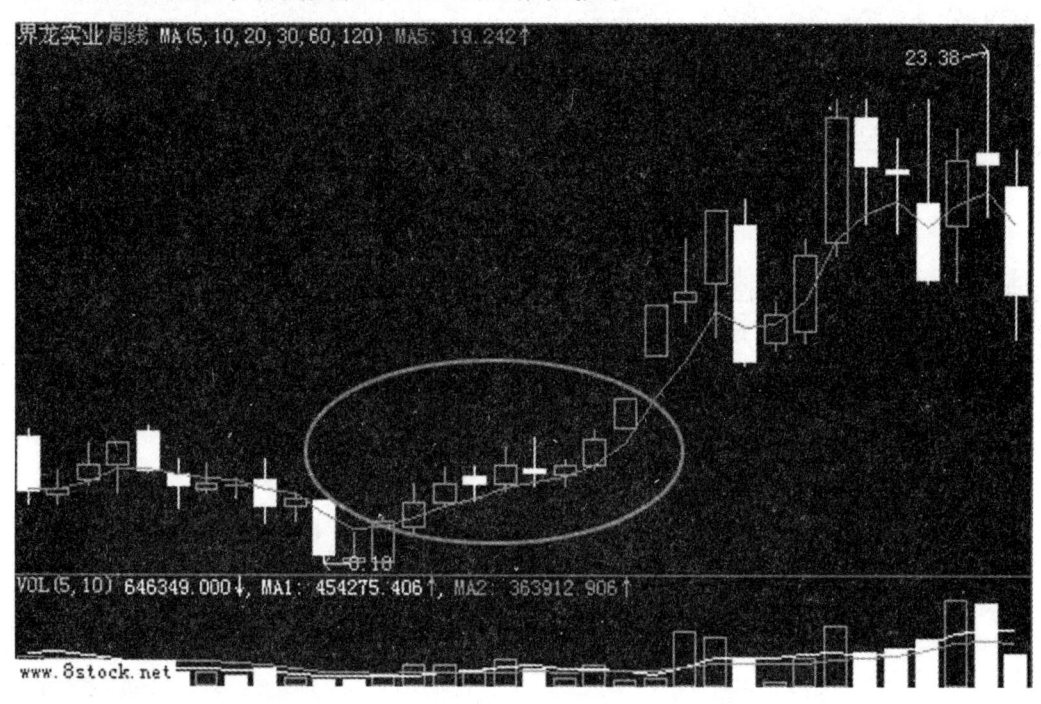

图9-10

该股在2007年11月开始的几周中，周线呈小阳线碎步向上，依托5周线走势良好，途中虽出现两根小阴线，但量到较小，不影响中线牛股的走势。随后该股稳步上行，虽然2008年的大熊市，同期个股普遍跌得稀里哗啦的，该股依然走出了从低点算起翻出三倍的行情，可谓不易。图9-11是日线图。

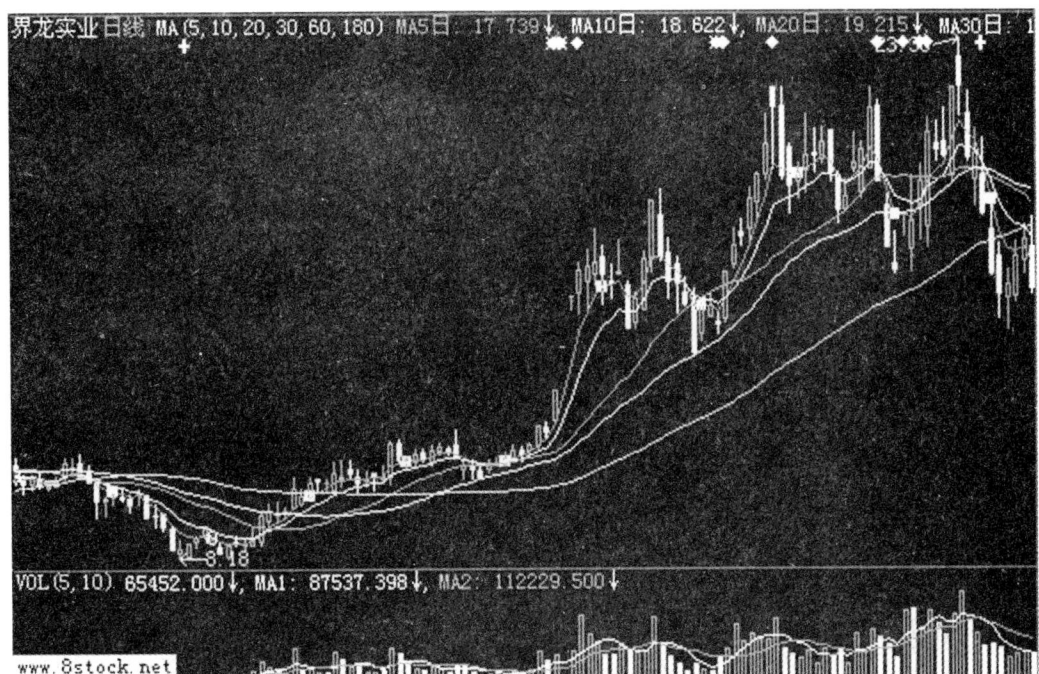

图9-11

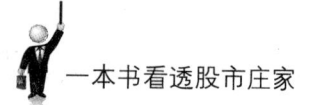

庄家的特征剖析

找对庄股非常关键，如果千挑万选后挑出的股票是一只庄家早已经开溜、只剩下无数套牢散户的"死股"，那么结果可想而知。因此，我们有必要对庄家的特征进行一些剖析。

一、庄股的共性

笔者在这里总结了庄股的一些共性，也就是庄股的一些常见特征。

（1）走势独立，不跟随大盘波动。庄股由于有庄家资金的控制，具备独立行情，个股走势不跟随大盘波动，甚至往往逆势而动。大盘跌势中个股的抗跌性明显好于大盘。

这是因为，在建仓阶段，逆市拉抬便于快速拿到筹码；在震盘阶段，利用先期搜集到的筹码，不理会大盘走势，对倒打压股价，造成技术上破位，引起市场恐慌，进一步增加持筹集中度；在拉升阶段，由于在外浮筹稀少，逆市上涨不费吹灰之力，其间利用对敲等违规虚抬股价手法，股价操纵易如反掌，而且逆市异军突起，反而容易引起市场关注，培植跟风操作群体，为将来顺利出货打下伏笔；到了出货阶段，趁大势企稳回暖之机，抓住大众不再谨慎的心理，借势大幅震荡出货，待到货出到一定程度，就上演高台跳水反复打压清仓的伎俩，最终股价回到原位。

（2）做盘迹象明显。庄股常常会出现大阴线、大阳线、上下长影线数量较多但绝对股价波动不大。从盘面看，交易行为表现异常，股价莫名其妙地低开或高开，尾盘拉高收盘价或偶尔出现较大的买单或抛单，人为做盘迹象非常明显。还有盘中走势时而出现强劲的单边上扬，突然又大幅下跌，起伏剧烈，这种现象在行情末期尤其明显，说明庄家控盘程度已经非常高。

庄股在尾市经常发生砸盘方式的异动。

（3）成交量表现异常。无庄股的走势成交量一般较为温和，而庄股出成交量忽大忽小，表现较为异常。这是因为庄家无论是建仓还是出货都需要有成交量配合，有的庄家会采取底部放量拉高建仓的方式，而庄股派发时则会造成放量突破的假象借以吸引跟风盘介入从而达到出货目的。另外，庄家也经常采用对敲、对倒的方式转移筹码或吸引投资者注意。无论哪一种情况都会导致成交量的急剧放大，而这些行为显然已经违反了法律的有关规定。同时由于庄股的筹码主要集中在少数人手中，其日常成交

量会呈现极度萎缩的状况，从而在很大程度上降低了股票的流动性。

（4）对消息面的反应敏感。一般来说，市场好追风，市场股价会有效反映消息面的情况，利好消息有利于股价上涨，利空则股价下滑的居多。然而，庄股则不然，庄家往往与上市公司联手，上市公司事前有什么样的消息，庄家都了然于胸，甚至私下蓄意制造所谓的利空、利好消息，借此达到庄家不可告人的目的。例如，庄家为了能够尽快完成建仓，人为散布不利消息，进而运用含糊其辞的公告最终动摇投资者的持股信心。又如，待到股价涨幅惊人后，以前一直不予承认的利好传闻却最终兑现，但股价却是见利好出现滞胀，最终落得个暴跌。

（5）题材概念明显。庄股的炒作一般离不开题材概念的炒作，中小盘股尤为明显。市场中有人认为概念的营造要比上市公司的业绩改观来得容易，而且具有更大的想象空间。如2008年股市上流行的农业概念、奥运概念、灾后重建概念等。当然，其中不乏确有受益的公司，但这些概念往往被庄家借机"拿来"，浑水摸鱼。

（6）股价易暴涨，也易暴跌。庄家的走势常常表现出暴涨暴跌，因为在市场环境较为宽松的条件下，做庄的基本过程就是先拼命将股价推高，或者同上市公司联系，通过送股等手段造成股价偏低的假象；在获得足够的空间后开始出货，并且利用投资者抢反弹或者除权的机会连续不断地抛出以达到其牟取暴利的目的，其结果就是股价长期下跌不可避免。造成这种局面，同目前上市公司股利分配政策不完善也有一定关系。庄家客观上不可能依靠现金分红来获取回报并降低风险，在二级市场赚取差价成为唯一选择。

（7）业绩波动异常。中长线庄股的庄家与上市公司大多有着密切的联系，庄股的市场表现则同公司基本面关联较紧。在股价拉高过程中，公司业绩会有明显提高，似乎股价的上涨是公司业绩增长的反映，有较强的迷惑性，如对应银广夏股价连续翻番的是业绩的翻番，而这种由非正常因素引起的公司业绩是异常提高还异常恶化都是不正常的现象，对股东的利益都会造成损害。同时很多庄股在股价下跌到一定阶段后，业绩随即出现大滑坡，这种上市公司利润的数据就很值得怀疑。

二、老股庄家的特征

所谓老股，是相对"新股"而言，是指上市已久，前期有庄家炒作过的股票。该类股票的庄家要想吸筹，必须是股价已有了充分的回调，场内几乎无获利盘。一般而言，前期没有爆炒过的股票从前期高位回落超过50%时，基本上可认为回调到位。若前期上涨幅度不是特别大的股票，回调幅度超过30%时，市场中的获利盘已微乎其微了。

但如果前期庄家进行过爆炒，到了非理性的高度，则要具体分析了，可参考笔者

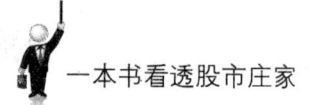

前文提到的"历史炒作度"概念。

以上情况股价基本上可以满足庄家进场的条件。有时候，股价难以满足上述条件，庄家会先吸一部分筹码，然后借势打压或者让上市公司出利空配合来砸低股价，最终满足价位上的要求。

仅仅有价位上的条件，仍不能确认庄家是否进场，判断庄家进场与否的关键性标志是成交量。如果价位条件满足后，低位明显出现放量扫盘单，则说明庄家已经开始进场了。

由于老股上档套牢盘重，很多人不愿意割肉，庄家要在低位诱使散户割肉必须通过低位对敲震荡，吸引散户作差价或让人认为该股难以有效突破而失去耐心，最终斩仓"缴械"。

所以老股于低位的放量，特别是较短时间内换手超过100%的情形，可以认为是庄家进场的标志。

三、新股庄家的特征

（一）新股的优势

庄家普遍有喜新厌旧的习气，历史上曾有段时期达到逢新必炒的地步。这是因为新股在满足庄家进场的条件上有如下几个优势：

（1）上市的定位可做手脚。我们注意各类专业机构对新股的定位鲜有特别准确的，这里面既有庄家作怪的因素，也有上市公司的因素。

（2）筹码收集容易。老股的筹码收集庄家往往需要玩尽手段，而新股的收集筹码容易，速度快，一大批抽签专业户新股上市首日必然会套现出局。若盘中庄家再玩点手法，这些筹码交出来更容易。

（3）无套牢盘。新股由于未炒作过，因此在后拉升时，上档无套牢盘，减少拉升成本。

（4）制造题材容易。新股公积金高而股本较小，易于用公积金转增扩股，人为制造题材。

（5）新股暂无亏损之忧，散户跟进热情高。

（二）庄家如何挑选新股

其实庄家对新股并不是来者不拒，而是有比较严格的条件。若不符合庄家的"择新条件"，是难以得到庄家的青睐的。

一般来说，庄家喜爱的新股具有以下特征：

行业是否独特。新股大多属概念式炒作，因而属于朝阳行业的个股便成了主力是

否介入的关键。特别是一批行业独特、市场占有率高的成长股迅速成为市场新贵。

关注发行中签率和上市换手率。若中签率低，表明市场看好的人众多，庄家收集筹码困难，此股无论有多好的题材，也难以有较佳的表现。

重点关注少数民族地区的上市公司。由于这些地区上市公司较少，当地政府为树立形象，也常会推出一些利好配合，在物以稀为贵的情况下，主力也乐于炒作此类股票，使少数民族概念股股性十分活跃。

关注量价关系。一般来说，有庄介入的个股上市当日都会保持低调，常常会出现高开低走的局面，甚至上市几天内连创新低。

盘子适中。如果市场资金面不是很充裕，流通盘大于5 000万股的个股常难有大的作为。

（三）如何判断庄家入驻

庄家挑选新股有一定的条件，那么什么样的情况下可以判断庄家已经入驻呢？根据笔者多年的统计研究表明，以下条件应当关注。

（1）首日换手率高。一般来说，上市首日换手率应超过50%。换手越高，说明庄家介入的可能性越高，自后拉升的高度可能会较高。若换手率较低，则说明筹码惜售，不便于庄家建仓或控盘，上攻的空间会打折扣。当然，这里还要区分有无多家机构争抢筹码，如有，则股票日后的表现会延期或打折扣。

（2）完成首个100%换手率时，股价有强势表现。强庄在做新股时可能会采取连续拉升的方法，这一般出现在上市首日股价定位不高的情形，上市首日定位适中，庄家采用连续拉升的手法快速建仓。更多的庄家会选择横盘振荡来完成首个100%换手率，以完成建仓任务。

我们来看一个例子：

如图9-12所示，鱼跃医疗（002223）在2008年4月18日上市，由于当时处在大熊市之中，该股上市定位价格并不高，首日换手59.56%。熊市中庄家收集筹码也较为容易，上市后3个交易日换手即达到了97.49%，第四个交易日100%换手之后收出长阳，庄家介入特征明显，在次日再次拉涨停。该股上市后虽处在2008年的大熊市中，但依然逆势走出了一波行情。

（3）在大盘无忧时，新股中的庄股股价不会跌破上市首日的最低价。首日庄家如果大举介入，后市必然会护盘，否则让跟庄者拿到一大批比自己仓底货还便宜的筹码，那是庄家难以容忍的。偶尔跌破也是为了震仓，时间短，幅度浅（不超过10%）。若出现中期调整，反正市场上敢于买进的人会很少，庄家借机打压再补更低位的筹码则又另当别论。

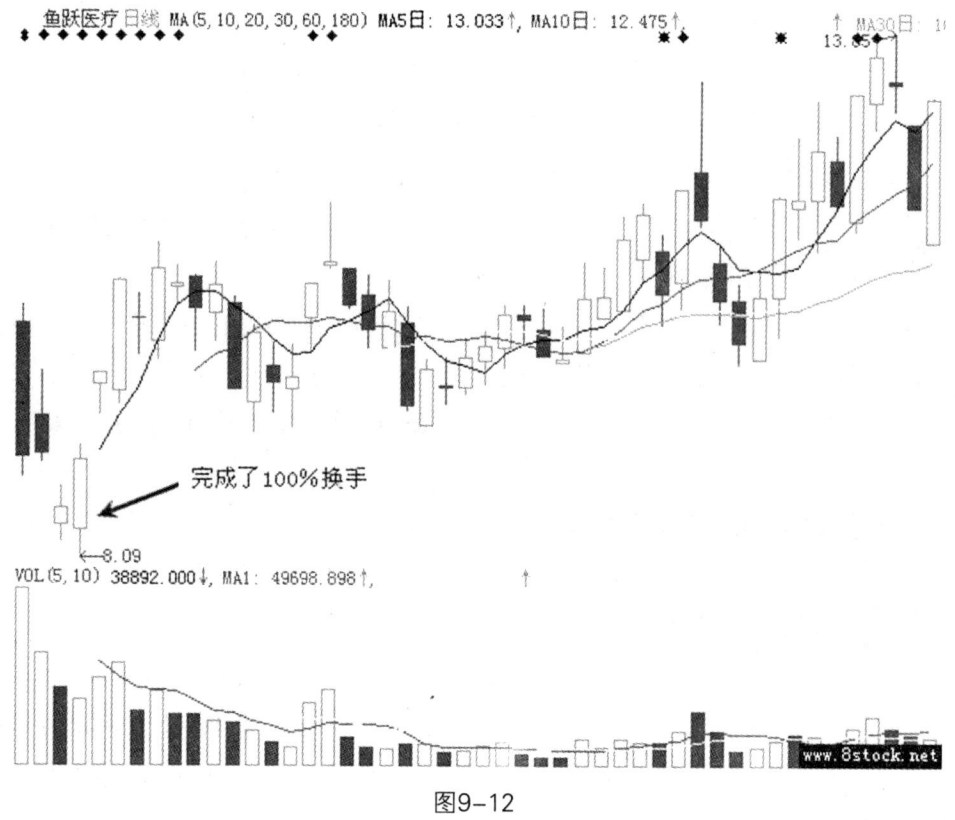

图9-12

（4）上市首页未经恶炒。近年来新股上市首日爆炒的例子越来越多，从2008年的紫金矿业到2009年10月的创业板，上市首日都被恶炒，有的首日涨幅达到了200%以上。首日爆炒之后，必将留下大量的套牢盘，给庄家的介入制造了大量的麻烦。

例如，创业板上市首页，比照招股价格，金亚科技收盘涨幅最高，达209.73%，南风股份收盘涨幅最小，为75.84%。按照算术平均看，28家创业板公司上市首日的平均涨幅达到106%，都达到了非理性的高度。创业板挂牌一周后，"套人"最深股票跌近五成，庄家自然避之唯恐不及。

四、庄家的强弱特征

在股市上操作，庄家既是中小投资者的对手、敌人，又是中小投资者所依赖的对象、朋友。只有跟着庄家的节奏，跟着庄家所操作的个股走，才能够有机会获利。尤其是要跟着较强的庄家，获利的机会才会较多。反之，如果没有跟着庄家，或者跟着较弱的庄家，则获利的机会将大打折扣，甚至亏损。

一般来说，判断庄家的强弱，有如下几点标准：

（1）在突发性利空出来时，股价走势坚挺。突发性利空包括大盘和上市公司两方

面。这种"突发性"往往许多机构都没有思想和资金等方面的准备，常常是以股价的下跌来回应，而实力强大的庄家则有能力应付和化解各种不利因素，不会轻易随波逐流，它在利空的情况下可能会以横盘，甚至逆市上扬的走势来表现。

（2）与同类板块中的其他个股比较。在目前的市场中，板块联动是较为明显的一个规律，常常表现为齐涨齐跌。而较强庄家介入的个股，在大部分基本条件相差不大的条件下，则会在走势上强于同类板块中的个股。

（3）在各种基本条件接近的情况下，特别是走势形态差不多的时候，一般流通盘较大个股的可信度要高于流通盘较小的个股。因为流通盘偏大，意味着庄家需要更强的实力、更多的资金去操作和控制它。

（4）从时间角度来说，能够更长时间保持独立于大盘走势的个股，其控盘的庄家实力相对就比较强，表现在股价形态上，中、短期均线呈多头排列，形态上升趋势明显，涨跌有序，起伏有章，这也是强庄的特征之一。

单纯从K线判断，一般强庄股多表现为红多绿少，这表明涨的时间多于跌的时间，阳K线的实体大于阴K线的实体，庄家做多的欲望较强，市场的跟风人气也比较旺盛。

可以经常性地观察到，个股在上涨的时候力度比较大，在涨幅的前列常常看到它的影子；而下跌的时候幅度却远远小于其他的个股，并且成交量高于盘中个股的一般水平。

以上所列只是强庄的一部分特征，每个投资者还可以根据自己的经验去寻找其他的一些判断方法。但在跟庄的同时不要忘记，选择适当的大势背景及时间，是操作中较为关键的要点。

五、市场庄家的动向特征

市场庄家的行动往往极为诡秘，一般股民很难掌握其行踪。但是，由于庄家资金大，出入很不方便，多多少少总会留下一些痕迹，聪明而细心的散户总能从细微的变化中揣度出庄家的意图，从而掌握其动向。其实，只要你有心，你可以使用交易周转率判断法去判断庄家的动向。

（一）交易周转率判断法

周转率也称换手率，指在一定时间内市场中股票转手买卖的频率，是反映股票流通性强弱的指标之一。其计算公式为：

周转率（换手率）＝（某一段时期内的成交量）÷（可流通总股数）×100%

周转率越高，越表明此种股票的进出频繁，受投资者关注。周转率高，价位上升，显示买方需求大，可能有主力收集，要往上作价；周转率高，价位却下降，显示

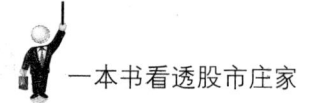

市场抛压大，主力可能在派发。而周转率低，价位上升，显示抛压已轻；周转率低，价位下降，显示仍有抛压，表示可能没有主力参与。

（二）平均每笔成交分析法

每天的成交股数除以成交的笔数，就可以得出每笔的平均成交量。从每笔成交量的多寡，可以发现主力大户的动向。

通常在大势不佳的长期空头市场，成交量日见萎缩，不论是大市的总平均量还是个股的平均量均较往昔减少甚多。相反，在大势向上的多头市场中，平均每笔的成交量也随价递增。具体来说平均每笔成交量与股价的关系有下列几条判定原则：

（1）平均每笔成交量增加，当前的股价也能配合上升，意味着主力在继续做多，行情将继续上涨，跟进做多较为适宜。反之，平均每笔成交量增加，但股价却没有配合上升，则表示主力暗中大笔卖出，行情可能进入整理或回跌局面，不要轻易跟进。

（2）平均每笔成交量突然减少，而其股价也在下跌，若非有突发利空的影响，只要跌幅不是很深，就表示市场主力业已惜售股价，再跌有限，可逢低买进做多；若平均每笔成交量突然减少非有利空影响，而其股价却为上升时，则表示持股者虽然惜售，但因无较大的主力参与，行情的涨幅有限，不宜盲目跟进。

（3）不论是否有利多或利空消息的影响，只要个别股的平均量超过或低于正常平均量，则该股的走势，多将于近期产生向上或向下的变化。至于影响平均量变动的因素，若为转账所致，只要这些转账并非为大股东持股的抵押，则可以将其视为股价波动征兆。

（4）在高价圈或低价圈产生的平均每笔成交量明显增加或减少的情况，要特别予以关注，准确性很高。高价圈下跌的可能性较大，不宜跟进；低价圈上涨的可能性较大，可做多跟进。

（三）大笔成交分析法

由于庄家的资金量大，所以进出时很少会像散户那样一笔单子才10手8手的，庄家一旦进场成交的笔数都会很大，少则100手，多则上千手，这些大手笔只有庄家才能做到。因此，分析大笔成交也是中小投资者发现庄家的有效方法，观察成交明细表投资者应注意以下几点：

（1）成交笔数的大小和该股的价位有关，如20元左右的高价股，100手也可算为大手笔；如5元左右的低价股，100手可能仅是一个中户所为。

（2）连续性的大手笔成交才是庄家所为，常反映为股价的稳步上升和大手笔的连续出现。

（3）在一段时间内大手笔成交出现的密度非常密集，如在一分钟之内出现好几

笔大手笔成交，必是庄家行为。说明庄家急于拉升和出货，如一天之内仅有几笔大手笔，说明庄家并不急于有所动作。

（4）当某只股票有非常好的底部形态，如发现成交笔数在逐步增大，股价在小幅上涨，此时往往是较好的进场机会。尤其是在卖1位有大笔卖单，但是被数笔较大买单在极短的时间吃掉，投资者应在大笔卖单快被吃完时进场抢单。当股价已经过较长时间的连续上升，在买1位置有大笔托单，一旦有数笔主动性大抛单卖出，将可能是庄家急于出货，应填低价位迅速卖出股票，抢在庄家前面。

（5）大手笔成交与流通股本的大小有非常明显的相关性，流通股本大的股票成交手笔也较大，流通股本较少的股票成交手笔也相应地小。

（6）在股票连续的下跌途中，成交笔数往往较大，说明此时是散户行为，庄家还未入场，投资者可以持币观望。

（四）委托买、卖笔数及成交笔数分析法

此方法是利用电脑辅助交易时所统计出的一定时间内的委托成交单数及成交值表作为判断的依据，具体比较"委托买进笔数"、"委托卖出笔数"和"成交笔数三者之间的互动、大小关系，加上当日股价变动趋势来综合研判市场主力的动向，具体方法是：

（1）当"委托买进笔数"大于"成文笔数"，又大于"委托卖出笔数"时，说明一笔卖出的数量造成多笔买进的成交数量，如果当日的股价是上涨的，表明市场主力正在酌量出货；如果当日的股价是下跌的，那就表明市场主力已经大量出货。如此这般，散户宜抓紧时间"下轿"了。

（2）当"委托卖出笔数"大于"成交笔数"，又大于"委托买进笔数"时，说明一笔买进的数量造成了多笔卖出的数量。如果当日股价上升，即为市场主力在大量买进；而如果当日股价下跌，则表示市场主力在酌情买进；但如果当日的股价大跌，那就是主力庄家在进货时被散户套牢了。

（3）当"成交笔数"大于委托买进笔数，也大于"委托卖出笔数"时，表示多空分歧甚大，正在酝酿新的一轮行市。不过，如果这三个数字极为接近，就表示要买和要卖的此时都达到了目的，市场主力有的看好，有的不看好。

总之，经过综合分析，投资者是可以把握庄家动向的。这样，股民除了可以防止受到市场主力操纵外，还可以针对庄家行为，制定出相应策略，从而利用庄家，即预先上轿，等着庄家拉抬。

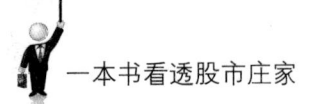

庄家坐庄资金的分配

一、坐庄资金的分类

庄家的特点注定了庄家在坐庄过程中必须做到两点：第一，庄家要下场直接参与竞局，这样才能赢；第二，庄家还得有办法控制局面的发展，让自己稳操胜券。因此，庄家要把仓位分成两部分，一部分用于建仓，这部分资金的作用是直接参与竞局，在底部打进货，拉高后出去，中间一段空间是其净获利，庄家赚钱主要靠这部分资金；另一部分用来拉抬和应付各种突发性事件，可称作控盘资金。而且控盘这部分资金风险较大，一圈庄做下来，这部分资金获利很低甚至可能会赔，庄家赚钱主要还是要靠建仓资金。

控盘是有成本的，所以，要坐庄必须进行成本核算，看控盘所投入的成本和建仓资金的获利相比如何，如果控盘成本超出了获利，则这个庄就不能再做下去了。一般来说，坐庄是必赢的，控盘成本肯定比获利少。因为做庄控盘虽然没有超越于市场之外的手段无成本地控制局面，但股市存在一些规律可以为庄家所利用，可以保证控盘成本比建仓获利要低。

控盘的依据是股价的运行具有非线形，快速集中大量的买卖可以使股价迅速涨跌，而缓慢的买卖即使量已经很大，对股价的影响仍然很小。只要市场的这种性质继续存在下去，庄家就可以利用这一点来获利。股价之所以会有这种运动规律，是因为市场上存在大量对行情缺乏分析判断能力的盲目操作的股民，他们是坐庄成功的基础。随着股民总体素质的提高，坐庄的难度会越来越大，但做庄仍然是必赢的，原因在于做庄掌握着主动权，市场大众在信息上永远处于劣势，所以在对行情的分析判断上总是处于被动地位，这是导致其群体表现被动的客观原因。这个因素永远存在，所以，市场永远会有这种被动性可以被庄家利用。

这两部分资金的作用不同，使用方法也不同。建仓资金一般需要提前进，建仓后还要等待时机，由于从建仓到完成拉抬中间时间长短不确定，要看市场状况而定，所以，这部分资金要以自有资金为主，建了仓不管捂多长时间都没关系。庄家拉抬要等到天时、地利、人和配合才行，要等待寻找时机，机会出现，果断动手。一旦启动，一般在十几天之内就可以完成拉抬，以后就开始出货了，一个月内拉抬资金就可以出

来了。拉抬资金只是短期使用，可以在拉抬时临时借来，拉抬完成就可以还了。控盘资金的另一部分是用来应付突发性危机的，就像打仗要保留预备队一样，这笔钱平时是不能轻易动的，只有在出现危机时才能动用。庄家手里如果没有这笔资金就会很不安全，一旦出现意外无法应付，可能使整个炒作失败，造成重大损失。所以，这笔资金一定是庄家自有的，可称为预备资金。

拉抬资金和预备资金统称控盘资金。控盘资金以持币为主，建仓资金以持股为主；控盘资金以短线操作为主，建仓资金以中长线操作为主；控盘资金长空短多，建仓资金做长多。两笔资金如庄家的两个拳头，相互配合，有章法地打击市场大众。

二、坐庄资金的分配

庄家在坐庄时要根据情况决定如何分配这两笔资金。一般而言，越有长期投资价值的公司，庄家建仓越多，投资价值变小，庄家建仓也相应变小。庄家建仓多，锁定筹码多，外面流通筹码少，则盘子好控制，分配在控盘上的资金可以少一些；庄家建仓少则盘子不好控制，相应的控盘资金必须多一些。两个极端情况是绝对绩优股的通吃炒作和垃圾股不打底仓的快进快出。前者庄家把几乎全部资金都用来建仓，只留很少的资金控盘就够了，因为反正外面的筹码已经很少，已不需要控盘了；后者则几乎全部资金用做控盘，不打底仓，靠一拉一砸中间拼一个缝获利。

影响庄家资金分配的另一个因素是庄家的资金背景，庄家是否有方便的融资渠道做后盾。如果有条件融资，庄家就可以多一些拉抬资金，拉抬可以猛一些，但持续时间短；如果没有条件融资，则庄家只能靠自有资金炒作，庄家可能会多分一些资金用做建仓，而拉抬资金就会不宽裕。这种股上涨时显得力不从心，要使用技巧，借助大势，一点一点往上拉。但由于是自有资金，可以长期持续地拉抬，形成慢牛走势。

还有一类超级庄家，资金多到必须同时做几只股票，这时，他们可以"分散建仓，集中拉抬，轮番炒作"。先分别在几只股票上建好仓，然后以一笔拉抬资金，一个一个拉上去再撤出来，形成轮番炒作。这笔拉抬资金和总的建仓量比起来是比较少的，所以资金利用率比较高。如果是小庄留这么少比例的拉抬资金就会感觉力不从心，但对超级庄家来说，这笔资金的绝对值并不少，他可以集中使用。对其中任何一门股来说，拉抬资金都足够充裕，炒作起来如同大力士，身大力猛，三下五除二就把盘子拎到了高空，然后把拉抬资金一撤，换手又去炒别的了。拉抬资金撤出时难免会引起一些震荡，但庄家不在乎这一点空间损失，因为拉抬时已经打出富裕来了。拉抬资金撤出后建仓资金再慢慢出。这样在一轮行情中，一笔拉抬资金可以拉起几只股票。这种庄家做起来就颇有些组织战役的味道了。先做谁，后做谁，由谁来启动拉

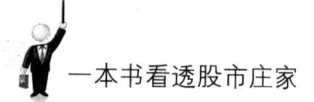

抬，由谁来跟进，由谁来掩护撤退等都要安排。这种拉抬必然比较快，因为拉起来以后还要撤出来去拉下一只。跟上这种有实力的庄家是最好的。

三、庄家资金分配和股价走势的关系

另外，庄家如何分配资金决定了股价的走势。筹码锁定多的股票，庄家不利用短期波动挣钱，所以没有短线的暴涨暴跌，盘面上没有力度的小阴小阳没有震荡地走，盘子显得发飘。庄家不打底仓的股票，由于把全部资金用做短线炒作，故拉抬资金充裕，涨得迅猛有声势；但"飘风不终朝，骤雨不终日"，来得快去得也快，经过一段长时间再看，则涨涨跌跌在原地没动。而前一类短线涨跌并不迅猛的股票，一段时间下来，可以累积相当大的涨幅。大部分股票处于中间。庄家的最终目的还是要把价格炒上去，但由于控盘能力受限，所以不能直接拉抬，而要采取一些技巧调动市场力量，借力使力，才能以少量的资金把盘子拉上去。所以有时盘面上会出现相当标准的技术形态，这是在号召大家跟着抬轿。

庄家建仓量不同也决定了股票最终的目标位，前面曾经讨论过，随着股价上涨，未锁定流通市值变大，控盘困难增大，限制了庄家炒作的最高目标位。如果锁定筹码多，庄家可以向上打开较大空间，目标位可以高一些；如果建仓少，则目标必须低一些。那种建仓较少目标位也较低的庄家，靠建仓仓位获利受限，而控盘上分配了大量资金不能白白操作不获利。这种股票会成震荡向上的走势，庄家不仅要挣大钱还要利用每一次震荡挣钱。

总的来看，庄家仓位情况和走势关系是这样的：庄家锁定的筹码多，则短线波动少，上涨平稳，以中长线趋势为主，上涨空间大；庄家建仓减少，则上涨过程中短线震荡成分增加，中长线上升趋势趋缓，边震荡边上升；庄家仓位更少，则以短线震荡为主，长期看来根本不上涨。对不同性质的庄家要采取不同的策略对付。

庄家成本的判断技法

我们前面章节提到的短线庄家、中线庄家和长线庄家，一般是指他们在市场上的持股成本。也只有锁定了他们持股的成本，才具备分析的手段和意义，才能够以此判断出庄家的操作周期、真实实力与行为。

在实战中，投资者可以根据计算的庄家成本，来判断庄家有无获利空间以及获利大小。若目前价位庄家获利日薄甚至市价尚低于成本，该股前景光明；若目前价位庄家已有丰厚的利润，那这样的股票庄家随时有可能出逃，风险较大，要小心为妙。庄家的成本也就是庄家的底细，看清了庄家的底牌，就可以做到在操作上有的放矢，不再惧怕庄家的软硬兼施，看清了股价的涨跌不过是庄家跟我们玩的心理游戏而已。

一、庄家成本的分类

在前面章节中，我们谈到庄家的机构组成时，就谈到了庄家的成本包括许多的综合费用，如建仓的成本、拉升的成本、出货的成本、资金拆借的成本、公关交际的成本、人员费用的成本等。庄家的成本这么复杂，我们要得到这些准确的数据是不可能的，只能根据股价的走势、成交量的变化大致地去分析、判断，最多只能算一个近似值。

我们将庄家的成本分为主要的几类，包括进货成本、利息成本、拉升成本、公关成本、交易成本等。

（一）进货成本

庄家资金量大进场时必然会耗去一定吸筹资金，这部分是庄家的进货成本。

（二）利息成本

利息成本也叫融资成本。除了少数自有资金充足的机构外，大多数庄家的资金都是从各种渠道筹集的短期借贷资金，要支付的利息高，有的还要从坐庄赢利中按一定比例分成。因此坐庄时间越久利息支出越高，持仓成本也就越高。有时庄家贷款到期，而股票又没有获利，那只好再找资金，拆东墙补西墙了，或者被迫平仓出局。

（三）拉升成本

大多数庄家需要盘中对倒放量制造股票成交活跃的假象，因此仅交易费用一项就花费不少。另外，庄家还要准备护盘资金，在大盘跳水或者技术形态变坏时进行护盘，有时甚至要高买低卖。

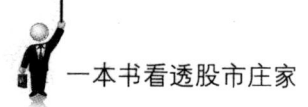

（四）公关成本

庄家的公关优势包括多层，而主要有管理层、券商、银行、上市公司、中介机构等，这些机构的重要性是不言而喻的，庄家也应为此付出必要成本，否则坐庄就很难做上去。

（五）交易成本

尽管庄家可享受高额佣金返还，但庄家的印花税还是免不了的，这笔费用不得不计入持仓成本之中。

二、建仓成本计算方法

由于其中大部分类型的成本是我们无法算计的，我们能够探索的只是庄家的建仓成本。

（一）平均价测算

庄家若通过长期低位横盘来收集筹码，则底部区间最高价和最低价的平均值就是庄家筹码的大致成本价格。此外圆形底、潜伏底等也可以用此方法测算持仓成本。庄家通过拉高吸筹的，成本价格会更高一些。

一般而言，中线庄家建仓时间大约在40~60天，即8~12周，取其平均值为10周，则从周K线图上，10周均价线我们可客观认为主力的成本区这种算法有一定的误差，但不会偏差10%。作为一个庄家，其操盘的个股升幅最少在50%以上，多数为100%。一般而言，一个股票从一波行情的最低点到最高点的升幅若为100%，则庄家的正常利润是40%。我们把主力的成本算出以后，在这价位上乘以150%，即为庄家的最低目标位。不管道路是多么曲折，股价迟早都会到达这个价位。庄家若非迫不得已，绝不会亏损离场。庄家资金大，有时候会进出两难。

（二）统计换手率测算

对于老股，在出现明显的大底部区域放量时，该区域可作为庄家建仓的成本区，具体计算办法是计算每日的换手率，直到统计至换手率达到100%为止，以此时的市场平均价，作为庄家持仓成本区。对于新股，很多庄家选择在上市首日就大量介入，一般可将上市首日的均价或上市第一周的均价作为庄家的成本区。

（三）最低价测算

最低价位之上的成交密集区的平均价就是庄家建仓的大致成本，通常其幅度大约高于最低价的15%~30%。

（四）股价测算

以最低价为基准，低价股在最低价以上0.5~1.5元，中价股在最低价以上1.5~3.0

元，高价股在最低价以上3.0~6.0元。

（五）用SSL指标测算

SSL指标显示股价的成交密集区和支撑位、压力位，成交密集区内平均价位附近对应的巨大成交量的价位就是庄家的建仓成本。

（六）公式测算

庄家持仓成本＝（最低价＋最高价＋最平常的中间周的收市价）÷3。作为庄家，其控盘的个股升幅最少应在50%以上，大多数为100%。一般而言，一只股票从一段行情的最低价到最高价的升幅若为100%，则庄家的正常利润是40%。

（七）新老股测算

（1）新股上市后，股价的运行一直保持较为强势的特征，如果在连续好几个交易日股价总体向上，换手频繁，并且一周之内达到了100%以上，这种情况下，股票的平均价格就大致接近庄家的成本。

（2）上市当日换手率超过60%的新股，庄家的成本线在上市首日开盘价与收盘价之平均值附近。这是因为，新股上市当日，一级市场申购专业户大量抛售套现，此时正是收集筹码的最佳时机，看好该股的庄家常进场大肆吸货。因此，一旦上市首日换手率超过60%，当天的平均价必然是庄家进货的成本价。尤其是在弱势时，一些中大盘股或行业属性一般股不被散户看好，上市低开低走，庄家正好趁机大量吸货。一旦庄家收集过程完成，日后的拉抬幅度往往是首日收盘价与开盘价之平均值的2~3倍，甚至4~5倍。散户只要在此区域进货，又能捂住3个月乃至半年以上，常有惊人的获利。

（3）上市首日换手率不足50%的次新股，庄家成本一般在60日均线与120日均线之间。大多数庄家收集筹码不可能集中于一日，上市若首日未能拿足筹码，庄家需要一定的时间吸货。对大多数刚上市新股，庄家如果立即拉高吸货，往往成本较高，需慢慢吸纳。据笔者观察，大多数庄家一般收集筹码需要2~4个月甚至更长时间，收集完毕之后，在大市适度活跃时择机拉抬，发动一波行情。因此，60日均线与120日均线之间的价位往往是庄家成本区域，散户在这个区域择机介入，取胜的把握较大。

（4）冷门老股的庄家成本在底部反复拉抬、箱形震荡最高价与最低价之均值处。一些股票因利空调整得十分充分，股价已跌深跌透、无人关照，此时有心庄家正好赶来收集破烂然后施展手法变金子。但要想哄出散户手中廉价筹码并非易事。唯一办法是反复拉抬、打压。这时股价K线图及成交量特点是：K线小阴小阳或连绵阴线伴随萎缩成交量之后，突然来一两根大阳线同时伴随成交量的放大。然后，又是萎缩成交量和连绵阴线或小阴小阳，如此反复几次，股价上下箱形震荡，成交量间隔性放大。

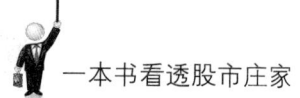

庄家的成本就在箱顶与箱底之中位附近。散户在箱底或箱子中位进货埋伏，一旦庄家筹码收集完毕发力上攻，升幅甚为可观。

（5）慢牛股庄家成本通常在10日均线与30日均线之间的黄金通道内。有些朝阳行业潜力股，主力机构因看好该股基本面在里面长期驻守，耐心运作，只要该股基本面不发生重大变化，庄家就不会出局。其走势特点是股价依托10日均线、30日均线震荡上行，缓慢盘升，庄家手法不紧不慢，不温不火，股价偏离5日均线过远则回调，技术整理几天，一碰到30日支撑线就上行，然后再次触及5日线又回调，成交量既不放得过大，也不萎缩太小，始终保持一个比较适中的水平。这种慢牛股的庄家成本区域就在10日均线与30日均线之间。散户在此区域进货，赚钱的概率极大。

（八）通用方法

选项择吸货期内趋中的最低价与最高价，再加上平均价之总和，然后再除以3，这种方法简单实用。一般吸货建仓越长则利息、人工、公关、机会成本都会增加。一般要略上浮15%以下，如有达到两三年的建仓庄家时，则成本核算会要再加上20%，35%为宜，一般一年取用10%较合适。

庄家持仓量的判断技法

在长期的操盘实践中，我们发现有个规律：无论是短线、中线还是长线庄家，其控盘程度最少都应在20%以上，只有控盘达到20%的股票才做得起来。如果控盘不到20%，原则上是不可能做庄的。如果控盘在20%~40%，股性最活，但浮筹较多，上涨空间较小，拉升难度较高；如果控盘量在40%~60%，这只股票的活跃程度更好，空间更大，这个程度就达到了相对控盘，大多数都是中线庄家；若超过60%的控盘量，则活跃程度较差，但空间巨大，这就是绝对控盘，大黑马大多产生在这种控盘区。一般来，说控盘度是越高越好，因为个股的升幅与持仓量大体成正比的关系。也就是说，一只股票的升幅，一定程度上由介入资金量的大小决定，庄家动用的资金量越大，日后的升幅越可观。

我们在分析中发现，一只股票流通盘总数的20%左右一般是锁定不动的，无论行情怎样变化，这部分筹码也不会跑出来，也就是说这部分是死的。这是因为这几种情况：一个股票总有人要做长线，无论股价如何暴涨暴跌，他们就是不走；或者说有一部分人在高位深套，"死猪不怕开水烫"，把股票压箱底了，不想跑了；或者投资者出差或出国了；投资者忙于其他事情忘了买股票这回事；等等。这部分筹码大约占整个股票流盘通20%左右。这批人等于为庄家锁仓。这些人的筹码就像是压在箱子底，庄家想把他们手里的筹码骗出来非常难。前几年曾经有一个这样的例子，在亿安科技涨到100元的时候，某大证券报曾报道过有个70多岁的股民老太太手里还握有两万股亿安科技，已经买了好几年。营业部查出股票来，但却找不到老太太（地址已变更），就想通过媒体提醒她。但这个老人说不定连报纸都不看。这个例子中的股票就属于这20%里面的数。

流盘盘中除了20%不流动的股票，剩下的80%是流动筹码。在这部分筹码中，属于最活跃的浮筹只占流通盘30%，当庄家把这部分最活跃的浮筹控制完毕，如果不考虑股价因素，市场中每日卖出的浮筹就非常少了，所以庄家持有30%的筹码就能大体控盘。其余50%是相对稳定的持有者，只有在股价大幅度上涨或行情持续走低时，它们才会陆续地跑出来。如果庄家在剩下的50%浮筹中再控制20%，手里的筹码就有50%，庄家基本上就可以随意做图形了。

所以，一只股票的筹码从流动到稳定分布是这样的：30%是浮动筹码，最容易流

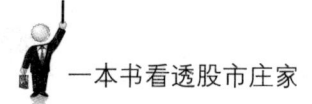

动；接下来20%是相对稳定，只有大涨或大跌时才会卖出；再下来15%的稳定部分，只有涨的时间长了才卖出；后面的15%更加稳定，只有技术形态变坏了才会卖出；最后20%是长期稳定，涨也不卖，跌也不卖，基本上处于死亡状态，总之死了都不卖。

但是，是不是庄家手里的筹码越多越好呢？这也不是，如果控盘60%以上，那么外面流动的筹码只有20%，市场中没有财富效应，赚钱的人很少，这只股票的走势就会慢慢变得呆滞，从易涨难跌到难涨难跌，成交量也很少。而且庄家控制的筹码越多，占用资金越多，撤退越难，所以，除了"皇帝女儿不愁嫁"的好股以外，庄家一般都希望尽可能少占用资金。

如果跟庄做短线，最好是跟持仓量50%~60%的庄家，如果做中线，就跟持仓量60%左右的。而要做到这一点，就要能对庄家持仓总量进行准确判断。

判断庄家持仓时，周线图的参考意义最大。参看个股的周K线图，周均线参数可设定为5、10、20，当周K线图的均线系统呈多头排列时，就可以证明该股有庄家介入。只有在庄家大量资金介入时，个股的成交量才会在低位持续放大，这是庄家建仓的特征。正因为筹码的供不应求，使股价逐步上升，才使周K线的均线系统呈多头排列，我们也就可初步认定找到了庄家。

我们在判断庄家持仓总量的时候有一种简单的方法，即一波行情从底部到顶部上涨的过程中，如果成交量是1亿股，那么庄家一般会占有其中的30%。在操作的时候还可以再简单一点，从庄家介入的那天开始到大规模拉升之前，算一下这段过程中总共成交量是多少股。如果算到最后，成交量是5亿股，那么庄家的持仓量大约是1亿5千万股。有一种例外，就是有的庄家是在一段过程中收集的，在另外一段过程中不管了，到下一段又重新开始介入，那么就可以一段一段地算。

实践中具体如何估算庄家仓位轻重呢？在判断庄家持仓量时我们一般用以下几种方法。

一、换手率计算

用换手率来计算是一种最直接有效的方法。在低位成交活跃、换手率高，而股价涨幅不大的个股，通常为庄家吸货。此间换手率越大，主力吸筹越充分。"量"与"价"似乎为一对互相不甘示弱的小兄弟，只要"量"先走一步，"价"必会紧紧跟上"量"的步伐，投资者可重点关注"价"暂时落后于"量"的个股。

换手率的计算公式为：换手率=成交量÷流通盘100%。计算庄家开始建仓到开始拉升时的这段时间的换手率，怎样确认庄家开始建仓呢？参考周K线图的K线的均线系统由空头转为多头排列，证明有庄家介入，周MACD指标金叉可认为是庄家开始建仓的

标志，这是计算换手率的起点。

一般股价在上涨时，庄家所占的成交量比率大约是30%，而在股价下跌时庄家所占的比率大约是20%。但股价上涨时放量，下跌时缩量，假设放量÷/缩量＝2÷1，可得出一个推论：前提假设为若上涨时换手200%，则下跌时的换手应是100%，这段时间总换手率为300%，则可得出庄家在这段时间内的持仓量＝200%×30%－100%×20%＝40%，即庄家在换手率达到300%时，其持仓量才达到40%，即每换手100%时其持仓量为40%÷300%×100%=13.39%，从MACD指标金叉的那一周开始，到你所计算的那一周为止，把所有各周的成交量加起来再除以流通盘，可得出这段时间的换手率，然后再把这个换手率乘以13.3%得出的数字即为庄家的控盘度。一个中线庄家的换手率应在300%~450%，只有足够的换手，庄家才能吸足筹码。

一般而言，当换手总率达到200%时，庄家会加快吸筹，拉高建仓，因为低价筹码已没有了，这是短线介入的良机。而当换手总率达到300%时，庄家基本都已吸足筹码，接下来庄家是急速拉升或强行洗盘，应从盘口去把握主力的意图和动向，切忌盲目冒进而被动地从短线变为中线。

在平时的看盘中，我们可跟踪分析那些在低位换手率超过300%的个股，然后综合其日K线、成交量并结合一些技术指标来把握介入的最佳时机，必有厚报。

至于成本，可采用在所计算的那段时间内的最低价加上最高价，然后除以2，即为庄家的成本区，庄家的第一目标为成本乘号×（50%+1）。

二、根据吸货期的长短判断

对吸货期很明显的个股，简单算法是将吸货期内每天的成交量乘以吸货期，即可大致估算出庄家的持仓量，庄家持仓量＝吸货期×每天成交量（忽略散户的买入量）。吸货期越长，庄家持仓量越大；每天成交量越大，庄家吸货越多。因此，若投资者看到上市后长期横盘整理的个股，通常为黑马在默默吃草。有些新股不经过充分的吸货期，其行情难以持续。

三、根据大盘整理期该股的表现来分析

有些个股吸货期不明显，或是老庄卷土重来，或是庄家边拉边吸，或在下跌过程中不断吸货，难以明确划分吸货期。这些个股庄家持仓量可通过其在整理期的表现来判断。

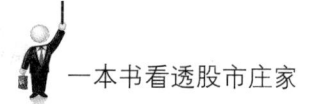
庄家利润率的判断技法

前面提到了庄家的成本，庄家的成本包括许多的综合费用，如建仓的成本、拉升的成本、出货的成本、资金拆借的成本、公关交际的成本、与上市的合作成本、人员费用的成本等。谈到了庄家的成本，很多投资者会比较关心庄家的利润，庄家的利润到底是多大？一只股票一般拉升多少才有利润空间？

庄家坐庄的主要目的是为了获利，庄家在坐庄过程中所付出的费用必定有一个最低成本。庄家在炒股票的过程中，也必然有一个庄家的最低利润和行业的平均利润率。考虑中国股市的实际情况，股价以翻倍的位置作为卖出目标的基础庄家在坐庄的过程中，不管使用何种手段，都必须是从低价买入到高价卖出，这是股价运动的真理。庄家要获利，也必须要把股价从低价位推到高价位。这个空间随庄家的实力、大盘的情况而有所不同。但是，要获得坐庄的这个行业的平均利润，都必须要有一个最低的拉升幅度，即从低位到高位间的100%的上涨空间。

按照我们的操盘经验，一般来说，一只股票上涨100%的空间，这个时候庄家的利润率应该维持在30%～40%。这里的100%是指股价从一段行情的最低价到最高价的幅度，40%为净利润，如包括10%的资金成本，毛利润在50%，且为庄家的正常收益。例如，某只股票的最低价为10元，庄家吸货一般要消耗20%左右的空间，即股价在12元附近为庄家的吸货成本，拆借资金年利息一般在10%左右。巾线庄家坐庄时间一般要经历一年以上的时间，利息成本消耗10%。坐庄过程中要经历的吸筹、洗盘、震仓、拉升、出货等工作都要耗去各种成本，一般在10%～20%，并且庄家不可能完全在高位派发于中的筹码。例如，股价从10元上涨到20元，高位派发空间需要20%~30%，即股价在17～20元之间都是庄家的派发空间，这样又耗去升幅20%~30%。各种成本累计高达60%～70%，这就是庄家坐庄的"行业平均成本"，即目标个股上升100%的幅度，庄家实际只能获利30%~40%。

当然，这个比例是有出入的，如果操盘手的水平较高，融资能力强，庄家的公关和消息发布比较到位，这个利润率将可以上升5%~10%，但毛利润绝不超过60%。如果这个庄家做得较差，融资能力弱，市场环境差，这个利润率将下降5%~10%，但毛利润绝不低于30%。30%~40%的利润区域是庄家坐庄的行业平均利润，如果低于这个利润，则很多庄家将会退出这个高风险的行业。

　　另外一个问题，庄家在拉高的过程中，庄家的成本变化如何？是不是也是一路增加？这个不一定。同样的道理，如果操盘手的水平较高，庄家的公关和消息发布比较到位，在拉升的过程中有相关的利好宣传配合，在股价拉升的过程中，即使拉高的高度达到了100%，庄家的持仓量是可以减少的而不是增加的。拉高过程中没有增加持仓，但还是会增加一些成本。这里举个例子，（其中不考虑10%的涨跌板限制）某只股票在拉升过程中，第一天买进100万股，价格是9元，第二天卖出100万股，价格是10元，看起来是赚了100万元，但实际上在有些情况下是需要庄家高买低卖的。千万不要认为庄家在低位买了高位卖，很多庄家当天从8元拉到10元，然后从10元跌到8元，在8元涨到10元的过程中，很多股票都是在9.9~10元时买的，然后在跌回来的时候要出货，当天不能增加持仓，出的时候很多都是从8.8元到8.9元之间出的货，实际上就是庄家在做倒差价，才能使市场的人继续跟进，所以有些时候股票在底部放量，真实的原因是庄家在卖，散户在接。一般来说，庄家在高位卖出，低位再护盘这种情况不多见，如果出现这种情况，一般股票都做得比较绵软。

　　按照上面利润率的计算，这些成本要获得利润，从低点买进到高点出货，必须要有100%左右的涨幅空间（超短线突击的游资除外）。当然这个拉升过程是比较曲折的，途中可能经历多次洗盘震仓。但也有例外，一些高度控盘的庄股也有可能以迅雷不及掩耳之势连续拉升，把跟风盘都排除在外。如2007年6月21日开始，古井贡酒连拉出了14个涨停板，股价从9元一直涨到了34元。像这种情况，能把一个没有基本面支持的股票连拉14个涨停板，庄家期间必须高度控盘，应该达到股票总流通量的80%以上。